■2025年度高等学校受験用

慶應義塾女子高等学校

収録内容一覧

★この問題集は以下の収録内容となっています。また、編集の都合上、解説・解答、解答用紙を省略させていただいている場合もございますのでご了承ください。

（○印は収録、一印は未収録）

入試問題の収録内容		解説・解答	解答用紙
2024年度	英語・数学・国語	○	○
	作文	—	—
2023年度	英語・数学・国語	○	○
	作文	—	—
2022年度	英語・数学・国語	○	○
	作文	—	—
2021年度	英語・数学・国語	○	○
	作文	—	—
2020年度	英語・数学・国語	○	○
	作文	—	—
2019年度	英語・数学・国語	○	○
	作文	—	—
2018年度	英語・数学・国語	○	○
	作文	—	—
2017年度（29年度）	英語・数学・国語	○	○
	作文	—	—

★当問題集のバックナンバーは在庫がございません。あらかじめご了承ください。

●凡例●

【英語】

≪解答≫

〔　〕　①別解
②置き換え可能な語句（なお下線は置き換える箇所が２語以上の場合）
（例）I am〔I'm〕glad〔happy〕to～

（　）　省略可能な言葉

≪解説≫

1，2…　本文の段落（ただし本文が会話文の場合は話者の１つの発言）

〔　〕　置き換え可能な語句（なお〔　〕の前の下線は置き換える箇所が２語以上の場合）

（　）　①省略が可能な言葉
（例）「（数が）いくつかの」
②単語・代名詞の意味
（例）「彼（＝警察官）が叫んだ」
③言い換え可能な言葉
（例）「いやなにおいがするなべにはふたをするべきだ（＝くさいものにはふたをしろ）」

//　訳文と解説の区切り

cf.　比較・参照

≒　ほぼ同じ意味

【数学】

≪解答≫

〔　〕　別解

≪解説≫

（　）　補足的指示
（例）（右図１参照）など

〔　〕　①公式の文字部分
（例）〔長方形の面積〕＝〔縦〕×〔横〕
②面積・体積を表す場合
（例）〔立方体ABCDEFGH〕

∴　ゆえに

≒　約、およそ

【社会】

≪解答≫

〔　〕　別解

（　）　省略可能な語

＿＿　使用を指示された語句

≪解説≫

〔　〕　別称・略称
（例）政府開発援助〔ODA〕

（　）　①年号
（例）壬申の乱が起きた（672年）。
②意味・補足的説明
（例）資本収支（海外への投資など）

【理科】

≪解答≫

〔　〕　別解

（　）　省略可能な語

＿＿　使用を指示された語句

≪解説≫

〔　〕　公式の文字部分

（　）　①単位
②補足的説明
③同義・言い換え可能な言葉
（例）カエルの子（オタマジャクシ）

≒　約、およそ

【国語】

≪解答≫

〔　〕　別解

（　）　省略してもよい言葉

＿＿　使用を指示された語句

≪解説≫

〈　〉　課題文中の空所部分（現代語訳・通釈・書き下し文）

（　）　①引用文の指示語の内容
（例）「それ（＝過去の経験）が～」
②選択肢の正誤を示す場合
（例）（ア，ウ…×）
③現代語訳で主語などを補った部分
（例）（女は）出てきた。

／　漢詩の書き下し文・現代語訳の改行部分

慶應義塾女子高等学校

所在地	〒108-0073 東京都港区三田2-17-23
電　話	03-5427-1674
ホームページ	https://www.gshs.keio.ac.jp
交通案内	JR山手線・京浜東北線 田町駅10分 都営地下鉄浅草線・三田線 三田駅8分 地下鉄南北線・都営地下鉄三田線 白金高輪駅10分

普通科　女子

くわしい情報は
ホームページへ

▌応募状況

年度	募集数	受験数	合格数	倍率
2024	推薦約30名	125名	32名	3.9倍
	一般約70名	448名	146名	3.1倍
	帰国若干名	39名	16名	2.4倍
2023	推薦約20名	113名	25名	4.5倍
	一般約80名	450名	131名	3.4倍
	帰国若干名	42名	17名	2.5倍
2022	推薦約20名	143名	24名	6.0倍
	一般約80名	437名	127名	3.4倍
	帰国若干名	60名	22名	2.7倍

▌試験科目　（参考用：2024年度入試）

〔推薦〕適性検査，面接
〔一般・帰国生〕国語・英語・数学，作文

▌施設・環境

現校舎の完成により，教育施設は充実し，格段の教育効果をあげている。これに加えて，都心にありながら，ひとたび校門をくぐると周囲の喧噪から隔絶した別天地が出現する。旧徳川邸を校庭に生かしているので，武家屋敷の庭園の面影を残し，その雅味と静寂から，ここに学ぶものはおのずと落ち着いた環境に同化されてゆく。

また，慶應義塾大学に近接しているため，すみやかに大学の雰囲気になじむことができる。大学図書館を利用して勉学することもできるし，三田祭その他の催しに接することもできよう。

▌本校の特色

本校では，必修科目を最小限にとどめ，生徒各自の関心や才能に応じて履修できるよう多彩な選択科目が設置されている。例えば，外国語は一貫して英語だけを履修することもできれば，英語と同時にフランス語やドイツ語や中国語を学ぶこともできる。また，慶應義塾大学の教員が担当するものもあり，将来の進路決定に役立っている。

このような独自のカリキュラムによって，各生徒は豊かな個性と才能を伸ばすことができる。

また，本校は，生徒数が少ないため，教師は各生徒の個性を十分に把握でき，それに応じた教育を施している。

さらに，海外の諸国との交換留学は，生徒たちの国際感覚を養うのに役立っている。

▌進路状況

本校卒業生は，推薦により，慶應義塾大学の各学部へ進学することができる。学部の決定は生徒の希望を第一とし，これに併せ，本校における3年間の勉学の結果を十分考慮したうえでなされる。

なお，慶應義塾大学に設置されている学部は，文学部・経済学部・法学部・商学部・医学部・理工学部・総合政策学部・環境情報学部・看護医療学部・薬学部の10学部である。

また，志を立てて他大学に進学する卒業生もいる。

◎慶應義塾大学への進学状況（2023年3月卒業生）

文学部	経済学部	法学部	商学部	医学部
11	55	54	21	5
理工学部	総合政策学　部	環境情報学　部	看護医療学　部	薬学部
25	2	6	2	7

編集部注―本書の内容は2024年3月現在のものであり，変更されている場合があります。正確な情報は，学校のホームページ等で必ずご確認ください。

出題傾向と今後への対策　英語

出題内容

	2024	2023	2022
大問数	5	5	5
小問数	49	38	42
リスニング	×	×	×

◎大問５題，小問数40～50問程度の出題。構成は長文読解問題４題，作文問題１題となっている。

2024年度の出題状況

1 長文読解総合―説明文

2 長文読解総合―説明文

3 長文読解総合―対話文

4 長文読解総合―説明文

5 テーマ作文

解答形式

2024年度	記　述／マーク／併　用

出題傾向

長文読解がメインで，分量が多く，内容も高度である。課題文は説明文と対話文が例年出題されている。長文読解の設問は内容真偽や要旨把握といった内容を問うものから，和文英訳，整序結合など，英文の正確な理解を問うものまで，英語の総合力が問われる内容になっている。50語程度のテーマ作文が毎年出題されている。

今後への対策

長文読解は数多くの英文を読み，内容をできるだけ速く正確に把握できるよう練習しておくこと。英作文は，実際に手を動かさないと上達しない。まずは基本構文を覚え，それをアレンジして書いてみるとよい。書いた作文は必ず先生などに見てもらい，確認すること。仕上げに過去問で出題形式や時間配分を確認しておこう。

◆◆◆◆◆ 英語出題分野一覧表 ◆◆◆◆◆

分野		年度	2022	2023	2024	2025 予想※
音声	放送問題					
	単語の発音・アクセント					
	文の区切り・強勢・抑揚					
語彙・文法	単語の意味・綴り・関連知識					
	適語(句)選択・補充					
	書き換え・同意文完成		●	●	●	◎
	語形変化		●	●	●	◎
	用法選択					
	正誤問題・誤文訂正					
	その他					
作文	整序結合		●	●	●	◎
	日本語英訳	適語(句)・適文選択				
		部分・完全記述	●	●		◎
	条件作文					
	テーマ作文		●	●	●	◎
会話文	適文選択					
	適語(句)選択・補充					
	その他					
長文読解	内容把握	主題・表題				
		内容真偽	●	●	●	◎
		内容一致・要約文完成			■	△
		文脈・要旨把握	★	●	■	◎
		英問英答	●	●	■	◎
	適語(句)選択・補充		■	■	■	◎
	適文選択・補充		●	■	■	◎
	文(章)整序					
	英文・語句解釈(指示語など)		●	■	■	◎
	その他					

●印：１～５問出題，■印：６～10問出題，★印：11問以上出題。
※予想欄　◎印：出題されると思われるもの。　△印：出題されるかもしれないもの。

出題傾向と今後への対策　数学

出題内容

2024年度

大問５題，17問の出題。1は小問集合で，数の性質と方程式の応用問題。2は場合の数に関する問題。条件を満たす並び方を，人数の少ないときから考え，徐々に増やして求めていくもの。3は関数で，放物線と直線に関するもの。平行線の性質など，図形の知識を要する問題もある。4は平面図形。平易な内容。5は空間図形で，立方体の中にできる２つの正四面体の共通部分などについて問うもの。

2023年度

大問５題，16問の出題。1は小問集合で，方程式の応用と数の性質に関する問題。2は特殊・新傾向問題。６チームが総当たりの試合をしたときの勝敗による得点について問うもの。3は関数で，放物線と直線に関するもの。図形の知識も要する。4は平面図形で，円に内接している四角形について問うもの。5は空間図形で，三角柱の中に球がある図について問うもの。

作…作図問題　証…証明問題　グ…グラフ作成問題

解答形式

2024年度	記述／マーク／併用

出題傾向

小問集合題が１題で，他は各分野の総合題となることが多い。総合題は，関数$y=ax^2$と一次関数や図形，数の性質，平面図形，空間図形，場合の数に関する問題などが見られる。数学的な想像力，推理を必要とする個性的な問題が多く，難度が高いものもある。

今後への対策

小問集合題や大問の前半の問題は，特に難度が高くないので確実に得点したい。基礎力をつけたうえで，応用問題に取り組もう。個性的な問題は，まず，問題文から条件を正確に読み取り，まとめられるよう練習しよう。また，文字を自在に使えるようにしておきたい。

◆◆◆◆◆ 数学出題分野一覧表 ◆◆◆◆◆

分野		2022	2023	2024	2025予想※
数と式	計算，因数分解	■			△
	数の性質，数の表し方		●	●	△
	文字式の利用，等式変形				
	方程式の解法，解の利用				
	方程式の応用	■	●	■	◎
関数	比例・反比例，一次関数				
	関数$y=ax^2$とその他の関数	★	★	★	◎
	関数の利用，図形の移動と関数				
図形	（平面）計量	★	★	★	◎
	（平面）証明，作図				
	（平面）その他				
	（空間）計量	★	■	■	◎
	（空間）頂点・辺・面，展開図			★	△
	（空間）その他				
データの活用	場合の数，確率			■	△
	データの分析・活用，標本調査				
その他	不等式				
	特殊・新傾向問題など	■	★		△
	融合問題				

●印：１問出題，■印：２問出題，★印：３問以上出題。
※予想欄　◎印：出題されると思われるもの。　△印：出題されるかもしれないもの。

出題傾向と今後への対策　国語

出題内容

2024年度

随筆　論説文

課題文

一 竹久夢二「新方文記」
二 長谷川眞理子『進化的人間考』

2023年度

論説文　古文　小説

課題文

一 齋藤　孝『なぜ日本語はなくなってはいけないのか』
二『建礼門院右京大夫集』
三 菊池　寛『マスク』

2022年度

随筆　論説文

課題文

一 長谷川櫂『理想なき現代の喜劇』
二 内田　樹『日本習合論』

解答形式

2024年度　記　述／マーク／併　用

出題傾向

課題文は，それほど長くないが，記述式解答ばかりなので，全体の分量としてはかなり多い。内容理解に関する設問は高度で，かなり難度の高い試験となっている。国語の知識に関する問題は，毎年品詞分解の設問が出題されている。

今後への対策

課題文は，文学的文章では小説と随筆が同程度の頻度で出題されているので，日頃から著名な作家などの随筆も読んでおくとよい。また，知識題は絶対に落とせないので，問題集を使って知識の整理・確認をしておくこと。

◆◆◆◆◆ 国語出題分野一覧表 ◆◆◆◆◆

分野		年度	2022	2023	2024	2025予想※
現代文	論説文 説明文	主題・要旨	●		●	◎
		文脈・接続語・指示語・段落関係		●		△
		文章内容	●	●	●	◎
		表現	●		●	◎
	随筆 日記 手紙	主題・要旨				
		文脈・接続語・指示語・段落関係				
		文章内容	●		●	◎
		表現				
		心情				
	小説	主題・要旨				
		文脈・接続語・指示語・段落関係				
		文章内容		●		△
		表現				
		心情		●		△
		状況・情景				
韻文	詩	内容理解				
		形式・技法				
	俳句 和歌 短歌	内容理解		●		△
		技法				
古典	古文	古語・内容理解・現代語訳		●	●	◎
		古典の知識・古典文法		●		△
	漢文	(漢詩を含む)				
国語の知識	漢字 語句	漢字	●	●	●	◎
		語句・四字熟語	●	●	●	◎
		慣用句・ことわざ・故事成語	●		●	◎
		熟語の構成・漢字の知識				
	文法	品詞	●	●	●	◎
		ことばの単位・文の組み立て				
		敬語・表現技法				
	文学史		●	●	●	◎
作文・文章の構成・資料						
その他						

※予想欄　◎印：出題されると思われるもの。　△印：出題されるかもしれないもの。

合格を勝ち取るための

本書の使い方

本書に掲載されている過去問をご覧になって，「難しそう」と感じたかもしれません。でも，大丈夫。ほとんどの受験生が同じように感じるのです。高校入試の出題範囲は中学校の定期テストに比べて広いですし，残りの中学校生活で学ぶはずの，まだ習っていない内容からも出題されているかもしれません。

ですから，初めて本書に取り組む際には，点数を気にする必要はありません。点数は本番で取れればいいのです。

過去問で重要なのは「間違えること」です。自分の弱点を知るために，過去問に取り組むのです。当然，間違った問題をそのままにしておいては意味がありません。

本書には，長年にわたって高校受験に関わってきたベテランスタッフによる詳細な解説がついています。間違えた問題は重点的に解説を読み，何度も解きなおしてください。時にはもう一度，教科書で復習するのもよいでしょう。

別冊として，抜き取って使える解答用紙を収録しました。表示してあるように拡大コピーをとれば，実際の入試と同じ条件で，何度でも過去問に取り組むことができます。特に記述問題では解答欄の大きさがヒントになる場合があります。そうした，本番で使える受験テクニックの練習ができるのも，本書の強みです。

前のページにある「出題傾向と今後への対策」もよく読んで，本校の出題傾向に慣れておきましょう。

2024年度 慶應義塾女子高等学校

【英　語】（60分）

1　次の文章を読んで設問に答えなさい。

Scientists have found hand prints next to ancient drawings on cave walls in many parts of the world. Because many of these drawings show animals such as horses and deer, they believed they were painted by male hunters, perhaps to remember the animals they killed or as some form of magic to improve the success of the next hunting trip. In 2014, an American researcher named Dean Snow analyzed hand prints in eight cave sites in France and Spain and determined they were made by females.

Snow had read research done by a scientist named John Manning. Manning looked at the length of the ring and index fingers for men and women. He wrote that women usually have ring and index fingers of about the same length. However, men's ring fingers are usually longer than their index fingers. Based on Manning's research, Snow created a computer program that could predict whether a hand print was male or female. Snow said that 24 of the 32 hands he looked at in France and Spain were female.

Some experts doubted Snow's research. One of them, Dale Guthrie, did some research that was similar to the one Snow did. His work was based mainly on the differences in the width of the thumb and palm. He thinks most of those hand prints came from young boys. "Caves were probably boring for adults, but perhaps young boys explored them for adventure," he suggests. He and a few other scientists believe the boys drew pictures of what was on their minds when they were in the caves — scary mammals.

We may never know the truth. Snow's work also left out an important question. [A]

［注］ ring finger：薬指　index finger：人差し指　predict：予測する
width：幅　palm：手のひら

問1　①～⑩に入る最も適切な1語を本文中より抜き出し，以下の要約文を完成させなさい。ただし，同じ語を2度以上使わないこと。

For many years, scientists believed that cave drawings were done by (①), perhaps as a way of improving their success at (②). It was probably also related to a kind of (③). Dean Snow used the research of John Manning to challenge this belief. Snow (④) the hand prints found in some of the caves. Since Manning said that the male (⑤) finger is often shorter than the (⑥) finger, Snow believes that most of them were (⑦) based on the length of the fingers. There are some scientists who do not believe Snow's results. One of them did a (⑧) study, but looked at different parts of the (⑨). He thinks (⑩) probably created this art out of their fear of mammals.

問2　[A] を補うのに最も適切なものを①～④より1つ選び，番号で答えなさい。

① "Why are women's fingers longer than those of men ?"
② "Why did the women paint the caves ?"
③ "How did the women get into the caves ?"
④ "How did the women kill the animals ?"

2 次の文章を読んで設問に答えなさい。

You've probably heard people say, "We only have to look at the sky for our energy needs." If it were only that simple. Looking is one thing, but trying to control the power of that star is another. We have made progress, and as the cost of solar panels continues to (① d—), they will become more popular. However, in this age of climate change, many people complain that we are not moving quickly enough to achieve a world of clean energy. Scientists at Caltech University in the U.S.A. have found a way to get us (1)<u>there</u> faster by gathering sunlight in space and turning it into energy. This is called space-based solar power, or SBSP for short, and has the potential to change our lives.

On Earth, sunlight can be blocked by clouds. Also, at night, there is no sunlight. But in space, the sun (あ) 99% of the time. As a result, there's much more solar power in space than there is on Earth. The scientists wanted to capture this power and send it to Earth using new technology. In January of 2023, they sent a satellite with high-tech equipment into space to carry out some experiments.

First, solar panels on the satellite (い) solar energy and sent it to a receiver on the roof of a university building on Earth. The scientists were able to confirm that a small amount of energy reached the receiver. This experiment proved for the first time ever that it was possible to transmit wireless energy to Earth from space. How did they do it? Well, the answer is in the way electromagnetic waves move. Imagine two ocean waves as they travel in the same direction. If the tops of the waves are at the same height, they combine to make a bigger wave. But if the top of one wave meets with the low point of another wave, the waves produce a smaller wave. Similar to ocean waves, the scientists found a way to combine the electromagnetic waves at just the right time. This new technology allowed them to produce a stronger energy.

One of the challenges of SBSP is finding the right type of solar panels. Radiation from the sun and the large amount of space dust can damage them. This is why solar panels [A]. In order to withstand those severe conditions, the Caltech scientists tested different types of solar panels in space. The results of this second experiment are expected to be announced at a later date.

A solar power station in space will need to be (う) if we want to gather large amounts of solar power and send that energy to Earth. It works the same way as a solar power station on Earth does, except it is floating in space! To get an idea of the size we are talking about, think of the International Space Station (ISS). That's about the size of a soccer field flying through the air! In fact, the ISS itself is an example of SBSP. It [B]. Not only the ISS, but thousands of satellites in space use the sun's energy to power them.

Making large power stations in space for Earth's energy needs has always been closer to science fiction than reality. One of the problems is how to transport all those solar panels into space. If the panels are too (ア), they can't provide much (イ). But (ウ) panels will use too much (エ) on the rockets. Scientists are looking at origami for help. They think the design of the panels could be improved using this ancient art.

Another big issue facing SBSP is (② m—). Rockets, satellites, solar panels, and a lot of other expensive equipment will be needed. Unless new and cheaper technology is found, this energy source might remain (I). However, this isn't stopping countries such as China and Japan. Similar to America, they are considering SBSP as a way to replace fossil fuels. In fact, China hopes to have a space-based solar energy station by 2030 to help with its power needs. With more and more governments feeling pressure to reach their climate goals, SBSP might be one of the solutions.

［注］ Caltech：カリフォルニア工科大学　satellite：衛星　receiver：受信
transmit：送電する　wireless：無線　electromagnetic wave：電磁波
height：高さ　withstand：耐える　International Space Station：国際宇宙ステーション

問1　(①)，(②)にそれぞれ最も適切な1語を補いなさい。ただし，指定された文字で書き始めること。

問2　下線部(1)の指すことがらを5語以内の英語で答えなさい。

問3　(あ)～(う)に入る語を次より1つずつ選び，文脈に最も適した形で答えなさい。ただし，同じ語を2度以上選ばないこと。

light，build，collect，shine，carry

問4　［A］，［B］を補うように，次の語句を並べかえなさい。

［A］に用いる語句：they do，last as，in space，don't，as，on Earth，long

［B］に用いる語句：attached，the solar panels，receives，from，to it，its electricity

問5　(ア)～(エ)に入る語の組み合わせとして最も適切なものを①～④より1つ選び，番号で答えなさい。

① (ア) large (イ) power (ウ) small (エ) space
② (ア) small (イ) space (ウ) large (エ) power
③ (ア) small (イ) power (ウ) large (エ) space
④ (ア) large (イ) space (ウ) small (エ) power

問6　(Ⅰ)に入る最も適切な2語を本文中より抜き出しなさい。

問7　本文の内容に合っているものを①～⑨より3つ選び，番号の小さい順に答えなさい。

① Gathering solar power on Earth is not as effective as gathering solar power in space.
② In one experiment, scientists checked if wireless energy could be sent from Earth to space.
③ When a low point of one ocean wave meets the high point of another wave, a bigger wave will be produced.
④ Caltech scientists sent a satellite into space and were able to carry out two successful experiments.
⑤ Thanks to the experiments carried out by the Caltech scientists, America can now use space-based solar power for its energy needs.
⑥ In order for space-based solar power to become a reality, scientists will have to figure out how to make better solar panels.
⑦ By using origami techniques, scientists will be able to create smaller rockets to transport solar panels.
⑧ Other countries besides America are looking at spaced-based solar power as a source of their energy needs.
⑨ America and China have announced plans to make solar power stations in space to deal with the danger of climate change.

問8　How did Caltech scientists transmit wireless energy？

① By using ocean waves to create stronger energy.
② By sending a satellite to the sun to carry out experiments.

③ By inventing stronger solar panels.
④ By combining electromagnetic waves in a specific way.

3 次の会話文を読んで設問に答えなさい。

Bob : Did you hear about the four kids who survived 40 days in the Amazon rainforest ?
Ann : Yeah. The newspaper said the airplane they were traveling on crashed. [A]
Bob : Sadly, one of them was the children's mother. They were probably so scared.
Ann : I guess they slept next to the plane for the first few nights.
Bob : Right. When their food ran out, they tried to walk through the jungle.
Ann : That's when they got lost and couldn't find their way back to the plane.
Bob : The article said they belonged to an indigenous group and grew up in the Amazon.
Ann : So they were familiar with the fruits and seeds of the jungle.
Bob : [B] Many rainforest plants were producing fruit at that time.
Ann : Maybe that saved them.
Bob : I think it did. Government soldiers tried dropping boxes of food from helicopters. They hoped the children might come across them.
Ann : That was a good idea.
Bob : [C] The jungle was too thick with plants so it was hard for them to move around.
Ann : The newspaper said that hundreds of soldiers looked for the kids day and night.
Bob : Local volunteers as well, including their father and other relatives.
Ann : So who found them ?
Bob : One of the soldier's rescue dogs. It stayed with them until the soldiers arrived.
Ann : I think they were found quite close to the plane crash, right ?
Bob : Yes, it was only a few kilometers away. Because there was no place to land a helicopter, the soldiers airlifted the kids to a hospital.
Ann : What an amazing story ! Do you think you can survive something like that ?
Bob : It depends. I know the first thing we should do is STOP.
Ann : Stop for what ?
Bob : [D] STOP stands for stop, think, observe, and plan.
Ann : Oh, I see. That makes sense.
Bob : After you do that, finding a good source of water should be a priority.
Ann : [E]
Bob : We can look for streams or rivers. If we can't find any, we can drink rainwater.
Ann : OK, what's next ?
Bob : We need to build a shelter to protect ourselves from the weather and animals.
Ann : The kids in the Amazon used branches and leaves to build one.
Bob : That was smart. The important thing is to stay warm and dry.
Ann : Wow Bob ! You seem to have good survival skills.

［注］ crash：衝突する　indigenous：先住民族の
helicopter：ヘリコプター　airlift：空輸する

問１ [A]～[E]を補うのに，最も適切なものを①～⑩より１つずつ選び，番号で答えなさい。ただし，同じ番号を２度以上選ばないこと。

① They never found them though.　② The father helped them.
③ They were lucky.　④ Where did they search ?
⑤ That's not what I mean.　⑥ How were they found ?
⑦ How do we do that ?　⑧ All the adults on the plane died.
⑨ To look for some food.　⑩ How will we know ?

問２　本文の内容に合うように，次の質問の答えとして最も適切なものを①～④より１つずつ選び，番号で答えなさい。

1　Which of the following is not true about this dialogue ?
① Soldiers and volunteers all searched for the missing kids.
② Because the kids grew up in the Amazon, they were familiar with the jungle.
③ After finding some food, the kids went back to the plane.
④ Boxes of food were dropped from helicopters.

2　Which of the following is not a reason the children survived ?
① They grew up in the Amazon.
② They were able to walk around easily.
③ They could find food on their own.
④ They had some knowledge of the local plants.

3　Based on STOP, which of the following should you not do ?
① Take some time to calm down.
② Look at the things that are around you.
③ Think of a way to be rescued.
④ Shout for help in every direction.

問３　次のア～オを，子供たちがとった行動の順番になるように並べかえなさい。
ア　They flew in a helicopter.
イ　They stayed next to the plane.
ウ　They met soldiers.
エ　They walked through the jungle.
オ　They saw a rescue dog.

問４　Based on the dialogue, what did the children do to protect themselves from the weather ? Answer in English and use 4 words.　主語と動詞のある文の形で答えること。

4　次の文章を読んで設問に答えなさい。

[A]　Claudia Goldin, a Harvard University professor, recently made history by becoming the third woman to receive the Nobel Prize in Economics, and the first to win it by herself rather than sharing it.　Her important research helps us understand the ongoing gender gap in the workplace, explaining why women worldwide are less likely to work and are paid less when they do.

[B]　Goldin's work is driven by the clear difference in employment between men and women. Globally, only about half of women have paid jobs compared to 80% of men.　Experts think that it is a waste of an opportunity, as many skilled women are either not entering the workforce or are not taken seriously for employment.　The gender pay gap, where women in developed countries earn 13% less on average than men, also makes women less interested in making careers or getting higher education.

[C]　Goldin looked closely at the reasons behind these differences. Her research showed that they often resulted from women's choices based on their low expectations for the future. (1)Some women didn't realize they had many job choices, and others felt too busy with family duties.

[D]　To get a better understanding of what was going on, Goldin carefully researched 200 years of labor market data. (2)This process was not easy, as women's work was frequently not respected. Activities like farm work supporting husbands and small home-based businesses were often not recorded. Goldin had to create new databases using old statistics and surveys to show how much women really worked.

[E]　Correcting the historical record led to some surprising findings. During the Industrial Revolution, as economies shifted from farms to factories in the U.S. and Europe, fewer women joined the workforce. This was not what many people, including researchers in this field, had expected. The progress in expanding female employment was slowed down to a certain degree by (3)women's expectations and experiences, as they often observed their mothers staying at home, even after their children had grown.

[F]　Goldin also discovered that marriage was a more serious barrier to women's employment than it had been thought. At the start of the 20th century, when around 20% of women were employed, only 5% of married women worked, as many laws stopped them from continuing their employment. These laws were changed later, and the number of married women with jobs kept rising towards the end of the 20th century.

[G]　(4)With the increase in the number of women in the workforce and higher education, the gender pay gap decreased. Yet, it didn't disappear. Goldin examined two centuries of pay difference data and found that it narrowed during specific periods, such as the first half of the 19th century and from 1890 to 1930 as jobs that involved office work and paperwork became more needed.

[H]　[A], the gap didn't decrease as much from 1930 to 1980. Becoming parents was found to be one of the main reasons for that. Once women became mothers, their pay usually started to decline, and it didn't grow as fast as men's, even for those with similar professional backgrounds. Companies often expect employees to be able to work at all hours, which can be challenging for women with more childcare responsibilities.

[I]　Goldin expressed worries over the declining workforce participation of women in some countries. She focused on the need to examine family relationships together with employment. Goldin suggested that women need more support, often from their partners, in balancing childcare and work responsibilities. Creating a fairer relationship with partners can lead to greater gender equality.

[J]　When asked about the first thing she did upon hearing that she had won the Nobel Prize, Goldin responded with what she said to her husband, who had asked how he could help : "I told him to take the dog out and make some tea, and that I had to prepare for a press conference."

［注］ drive：動機づける　employment：雇用　workforce：労働　statistics：統計
Industrial Revolution：産業革命　decline：減少する
employee：雇用者　participation：参加

問1　以下の見出しに対して最も適切な段落を，［A］～［J］から1つずつ選びなさい。ただし，同じ記号を2度以上選ばないこと。

1. Careful Research on Labor Market Data
2. Narrowing the Gender Pay Gap
3. Surprising Historical Findings
4. Workplace Challenges for Mothers

問2　下線部(1)を日本語に直しなさい。

問3　下線部(2)の理由として最も適切なものを①～④より1つ選び，番号で答えなさい。

① 過去の女性に関するデータが膨大で作業するのが大変だった。
② 女性はあまり働いていなかったので尊敬に値する存在ではなかった。
③ 女性の畑仕事や家庭で行った仕事が記録から抜けていた。
④ 過去の統計や調査は古いものばかりで利用することができなかった。

問4　下線部(3)に最も影響を与えていると思われる存在を日本語で答えなさい。

問5　次の文が，下線部(4)とほぼ同じ意味になるように(ア)，(イ)にそれぞれ最も適切な1語を補いなさい。ただし，指定された文字で書き始めること。

As more women started working and going to university, the (ア　d—) in pay between men and women got (イ　s—).

問6　[A]を補うのに最も適切なものを①～④より1つ選び，番号で答えなさい。

① And　② Because　③ However　④ Also

問7　本文の内容に合っているものを①～⑥より2つ選び，番号の小さい順に答えなさい。

① Claudia Goldin is the first woman ever to receive the Nobel Prize in Economics.
② Experts believe it is a problem that many skilled women are not entering the workforce.
③ Goldin's research showed that women's decisions about their employment often resulted from their parent's choices.
④ The gender pay gap kept decreasing strongly over the past century.
⑤ During the Industrial Revolution, more women joined the workforce.
⑥ Marriage was an important factor in women's employment in the early 20th century.

問8　次の質問に英語で答えなさい。ただし，主語と動詞のある文の形で答えること。

Based on the text, what is necessary for women to balance childcare and work responsibilities?

5　What does diversity mean to you?　Give an example (or examples) of how you've experienced diversity in your life.　Write in English and use about 50 words.　Please write the number of words in the space (　words) on the answer sheet.

【数　学】（60分）

（注意）　1．途中の計算や式などもすべて解答用紙に書いておくこと。

2．図は必ずしも正確ではありません。

1　次の問いに答えなさい。

［1］　等式$a^2+b^2-2a-4b=20$が成り立つようなa，bの値の組をすべて求めなさい。ただし，aとbはどちらも自然数とする。

［2］　容器Aには濃度x％の食塩水360gが入っている。容器Aに水をyg加えると濃度$(x-1)$％の食塩水ができる。

(1)　xとyの関係について式をたて，xyをyの式で表しなさい。

(2)　容器Aに水をyg加えるのではなく，あやまって食塩をyg加えてしまい，すべて溶けて濃度$(x+9)$％の食塩水ができた。x，yの値を求めなさい。

2　材料費1人500円を生徒から集める。生徒は次の支払方法Aまたは支払方法Bのどちらかで払うものとする。

支払方法A：500円硬貨1枚を渡す。

支払方法B：1000円札1枚を渡し，お釣りとして500円硬貨1枚を受け取る。

次の＜条件＞を満たすような支払方法Aと支払方法Bの列の並び方の総数を調べたい。

＜条件＞

・　生徒は1列に並んで，その順に集金する。

・　支払方法Aと支払方法Bの生徒は同人数である。

・　前もってお釣りは用意せず，支払方法Aで集金した500円硬貨を支払方法Bのお釣りとする。

・　集金した500円硬貨は1つの箱に入れていき，お釣りが必要なときに取り出していく。先頭の生徒から集金する前，箱の中は空である。

＜条件＞を満たすような支払方法Aと支払方法Bの並び方について，次の問いに答えなさい。

［1］　生徒が全部で2人のときは先頭の生徒が支払方法A，2人めの生徒が支払方法Bという並び方だけであるから1通りである。生徒が全部で4人，6人のとき，＜条件＞を満たす並び方は全部でそれぞれ何通りあるか答えなさい。

［2］　空欄(ア)～(ケ)にあてはまる数字を答えなさい。

生徒が全部で8人のとき，＜条件＞を満たす並び方の総数を次のように考えた。列の先頭から奇数番めの生徒の集金を終えたときには，箱の中の500円硬貨の枚数が0枚にはならないから，＜条件＞を満たす8人の並び方は次の4つの場合に分けることができる。

(a)　先頭から2人めの集金を終えたときに初めて箱の中の500円硬貨が0枚になる場合

(b)　先頭から4人めの集金を終えたときに初めて箱の中の500円硬貨が0枚になる場合

(c)　先頭から6人めの集金を終えたときに初めて箱の中の500円硬貨が0枚になる場合

(d)　先頭から8人めの集金を終えたときに初めて箱の中の500円硬貨が0枚になる場合

(a)～(d)の場合について，次のように考える。

(a)　先頭の生徒から2人めまでの並び方が(　ア　)通りで，残り6人の並び方が(　イ　)通り

(b)　先頭の生徒から4人めまでの並び方が(　ウ　)通りで，残り4人の並び方が(　エ　)通り

(c)　先頭の生徒から6人めまでの並び方が(　オ　)通りで，残り2人の並び方が(　カ　)通り

(d)　先頭の生徒が支払方法A，8人めが支払方法B，2人めから7人めまでの6人が＜条件＞を満たす並び方であればよいから(　キ　)通り

したがって，生徒が全部で8人のとき，＜条件＞を満たす並び方は，全部で

（ ア ）×（ イ ）+（ ウ ）×（ エ ）+（ オ ）×（ カ ）+（ キ ）=（ ク ）通りある。

同様に考えると，生徒が全部で10人のとき，＜条件＞を満たす並び方は全部で（ ケ ）通りある。

3 放物線 $y=x^2$ 上に3点 A$(-2,\ 4)$，B$(b,\ b^2)$，C$(c,\ c^2)$があり，原点を通り四角形OABCの面積を2等分する直線を l，直線ABと直線 l の交点をDとする。直線ABの傾きは2で，直線 l の式が $y=\dfrac{22}{3}x$ のとき，次の問いに答えなさい。ただし，$0<c<b$ とする。

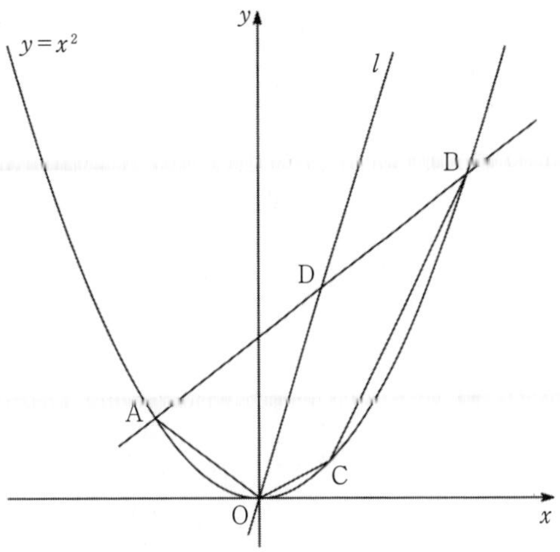

［1］ b の値を求めなさい。

［2］ 直線AB上に点Eを，△OAD=△ODEとなるようにとるとき，点Eの x 座標を求めなさい。ただし，点Eは点Aと異なる点とする。

［3］ c の値として考えられるものをすべて答えなさい。

4 △ABCは鋭角三角形で，AB=12，BC=14，CA=10である。頂点Aから辺BCに垂線を引き，その交点をD，∠Bの二等分線と∠Cの二等分線それぞれに頂点Aから垂線を引き，その交点をそれぞれM，Nとする。次の問いに答えなさい。

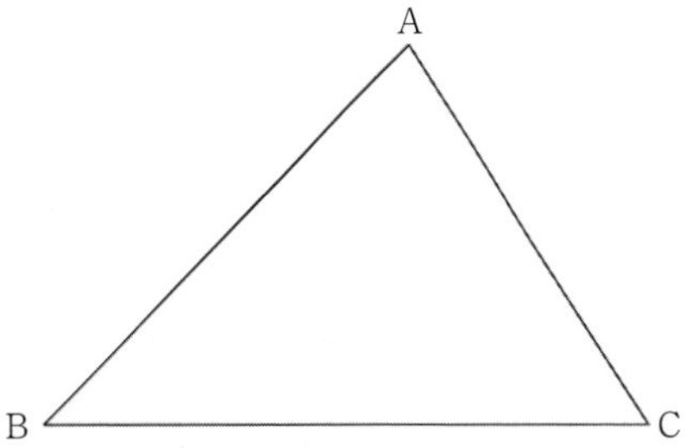

［1］ CDの長さを求めなさい。

［2］ ADの長さを求めなさい。

［3］ 直線AMと辺BCの交点をO，直線ANと辺BCの交点をPとする。BPの長さとCOの長さを求めなさい。

［4］ MNの長さを求めなさい。

5 辺の長さが a である立方体ABCD-EFGHについて，次の問いに答えなさい。

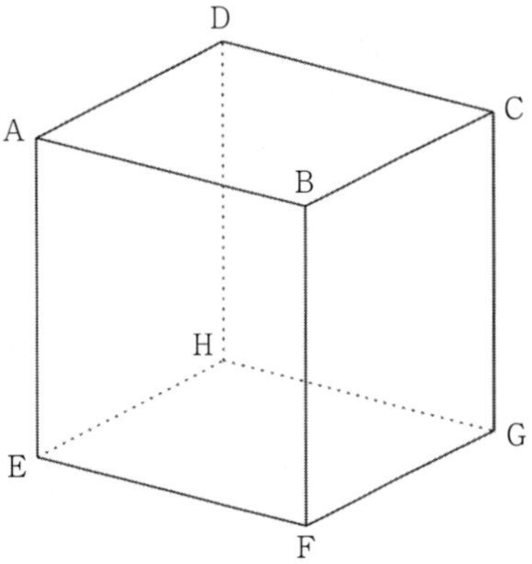

［1］ 正四面体AFCHの体積 V を a で表しなさい。

［2］ 正四面体AFCHと正四面体BGDEの共通部分の立体図形をQとする。

(1) 正四面体AFCHの面AFCと，正四面体BGDEの辺の交点はいくつあるか答えなさい。

(2) 正四面体AFCHの面AFCと，正四面体BGDEの面の交線はいくつあるか答えなさい。

(3) 立体図形Qの頂点，辺，面はそれぞれいくつあるか答えなさい。

(4) 立体図形Qの体積 W を a で表しなさい。

【作　文】（六〇分）

次の文章は、ネルソン・マンデラがリーダー像について語ったものである。

これを読んで、自分の経験に触れながら、あなたの考えを六〇〇字以内で述べなさい。

リーダーとは、羊飼いのようなものである。敏捷《びんしょう》な羊に先頭を行かせ、残りの羊をその後に従わせ、自分は群れの一番後ろにいる。誰も後ろから導かれているとは気づかずに。

じ、「あなたは何もわかってくれない」という恨みが生じる。この何やかやにもかかわらず、E共同幻想こそがヒトを共同作業に邁《まい》進させ、ここまでの文明を築いてきたのだろう。そして、互いの思いを一致させることは、相変わらずたいへん難しい作業であり、それができた時、できない時に伴う様々な感情を私たちは備えているのである。

（長谷川眞理子『進化的人間考』より）

問一 波線部1～4のカタカナを漢字で、漢字の読みをひらがなで書きなさい。

問二 [X]に最もよくあてはまる表現を次の中から選び、番号で答えなさい。

1 共同作業を促進している
2 最終目標を共有している
3 自己欲求を満たしている
4 互いに勝手に動いている

問三 傍線部Aとは、どのようなものか、文中から句読点を含み三十字以内で抜き出しなさい。

問四 傍線部Bの対義語を次の中から選び、番号で答えなさい。

1 依頼　2 強制　3 自由
4 従順　5 秩序

問五 傍線部Cについて、筆者はなぜこのように考えているのか、本文のことばを用いて説明しなさい。

問六 傍線部Dについて、これはどのようなものか、説明しなさい。

問七 傍線部Eについて、これはなぜか、説明しなさい。

問八 次の中から本文の内容に合致するものには○、合致しないものには×を記しなさい。

1 子どもが楽しそうに何かをしているのを見るのは、おとなにとっても楽しいことである。
2 「私」と「あなた」が「外界」を見て、存在を理解し合うことが、三項表象である。
3 文法によって記号の並びに意味を持たせ、コミュニケーションの手段とするのが言語である。
4 対象を指し示す記号で意味を見出すことは、人間にしかできない能力である。
5 言語は意思疎通をスムーズにしてくれるものなので、言語がなくては共同作業は成立しない。

問九 本文中の＝＝の部分を、例にならって品詞分解し、それぞれの品詞名を答えなさい。ただし、活用のあるものは文中での活用形も答えなさい。

	名詞	助詞	名詞	助詞	名詞	助動詞 終止形
(例)	これ	は	今年	の	試験問題	です

し、自分の欲求を満たそうということである。「空が青いですね」「寒い」など、世界を描写する「発言」はほとんど2カイムだ。ひるがえって、言葉を覚え始めたばかりの子どもの発話の九割以上がものの要求ということはない。もちろん要求もするが、「ワンワン」「お花、ピンク」「あ、〇〇ちゃんだ」「落ちちゃった」など、世界を描写する。単に世界を描写して何をしたいのか。先ほど述べたように、他者も同じことを見ているという確認、思いを共有しているということの確認である。つまり、三項表象の理解を表現しているのだ。

　チンパンジーの認知能力は非常に高度である。彼らは、かなり高度な問題をも解くことができる。しかし、どうやら彼らに三項表象の理解はない、というか3乏しい。一頭一頭のチンパンジーは世界に対してかなりの程度の理解を持っているのだが、その理解を互いに共有しようとしないのである。高機能のコンピュータがたくさんあるが、それらどうしがつながっていない、というような状況だろうか。だから、世界を描写してうなずき合おうとはしないのである。Cチンパンジーが時代を超えて蓄積されていく文化を持っていないのは、このためだろう。

　三項表象の理解があり、互いに思いを共有する素地があれば、そこから言語が進化するのは簡単であるように思う。言語獲得以前の子どもたちがやっているように、思いの共有さえあれば、あとはその対象に名前をつけていくのは簡単なはずだ。

　また、三項表象の理解があれば、目的を共有することができる。私が外界に働きかけて何かしようとしている。その「何か」をあなたが推測し、同じ思いを共有することができれば、「せいのっ！」と共同作業をすることができる。言語コミュニケーションはその共同作業をずっとスムーズに促進させてくれるが、言語がなくても共同作業はできる。言葉の通じない外国でも、表情や身振り手振りで人々は意思疎通することができる。それは、とりもなおさず、先ほどの「私は、あなたが何を考えているかを知っている、ということをあなたも知っている、ということを私は知っている」からだ。

　チンパンジーは、みんなでサルを狩るなど、共同作業に見えることをする。しかし、本当に意思疎通ができた上での共同作業ではないらしい。他者が何をしているかを推測することのできる高度なコンピュータが、その知識をもとに［　X　］というほうが、彼らの行動をよりよく描写していると私は思う。

　私たちは、外界についてそれぞれが自分自身の表象を持っている。いわば個人的表象だ。それを表現するのが言語である。言語で表されたものは公的表象となる。その公的表象を受け取った他者は、それについて独自の個人的表象を持つ。誰も他者の心を見ることはできないので、個人的表象はあくまでもその個人しか理解できないものである。「リンゴ」という言葉で表される公的表象は、秋冬の赤い果物、少しすっぱい、青森や長野が有名、アップルパイのもと、などである。しかし、「リンゴ」という言葉で何を思うかは、人それぞれに異なる。

　「自由」「勇気」「繁栄」「正義」など、もっと抽象的な概念になると、公的表象とそれぞれの個人的表象の間には、「リンゴ」のような具体的なものの表象よりもずっと多くの、微妙な違いが生じるに違いない。それでも人々は、言語で表される公的表象でコミュニケーションを取り、共同作業を行わねばならない。その公的表象がD各個人の持つ表象の最大公約数としてうまく機能している限り、共同作業はうまくいくだろう。実際、かなりうまくいっているからこそ、この社会は動いている。

　しかし、本質的に、それは共同幻想なのだろう。何か探しているような4素振りを見せる人に対し、「何かお探しですか？」と聞くのは、本質的にはおせっかいなのだろう。人の心なんて本当は計り知れないものなのだから。それでも大方は当たっている。相手も、そう察してくれることを期待している。それが外れた時に誤解が生

二　次の文章を読んで、あとの設問に答えなさい。

まだ言葉も十分には話せない小さな子どもが、何かを見て興味を持ったとしよう。その子はどうするだろう？　そちらを指さしたり、手を伸ばしたりしながら、あーあー、などと発声し、一緒にいるおとなの顔を見るに違いない。おとながそちらを見てくれなければ、かなりしつこく、おとなの注意をそちらに向けさせようとするだろう。これは、実によくある光景だ。

その声や動作に気づいたおとなは、子どもがさしている方向を見て、何が子どもの興味を引いたのかを理解すると、子どもと顔を見合わせ、「そうだね、○○だね」と話しかける。その言葉を子どもが理解できなくてもかまわない。それでも、動作や表情、視線によって、子どもは、おとなが同じものを見て興味を共有してくれていることを確認する。そして、それは、子どもにとってもおとなにとっても楽しいことなのだ。

今こうやって描写したのが、三項表象の理解である。つまり、「私」と「あなた」と「外界」という三つがあり、「私」が「外界」を見ていて、「あなた」も同じその「外界」を見ている。そして、互いに目を見交わし、互いの視線が「外界」に向いていることを見ることで、両者が同じその「外界」を見ていることを、了解し合う。「外界」に関する心的表象を共有していることを理解し合う、ということだ。

このように描写すると非常にややこしいが、先に述べたように子どもでもやっていることだ。「外界」をイヌとすると、子どもがイヌを見て指さし、「ワンワン」と言う。そして母親を見る。母親もそちらを見て、また子どもと顔を見合わせ、「そうね、ワンワンね、かわいいわね」と言う。あまりにも普通のことに思われるが、これが、どれだけ1シンエンな意味を含んでいることか。

ヒトの心の中で行われているこのプロセスを描写すると、「私は、あなたがイヌを見ているということを知っている」、「あなたは、私がイヌを見ているということを知っている」、そして、「お互いにそのことを知っている」となる。しかし、これを一文で表そうとすれば、「私は、あなたがイヌを見ているということを知っている、ということをあなたは知っている、ということを私は知っている」となる。この文章を理解するよりも、実際に子どもと目を見合わせながらイヌを見るほうが、ずっと簡単だ。しかし、この簡単なことは三項表象の理解であり、実はA非常に高度な認知能力の結果なのである。

言語とは、対象をさし示す記号であり、それらの記号を文法規則で組み合わせて、さらなる意味を生み出すことのできるシステムである。そして、対象をさし示すために使われる記号は、その対象物の性質とは無関係な表象である。たとえば、イヌを「イヌ」と呼ぼうと、「dog」と呼ぼうと、何でもよい。それらは、イヌという動物の性質とは関係なく、B任意に選ばれている。

そして、様々な記号を結びつけて、さらなる意味を生み出すための文法規則がある。だから、「ヒトがイヌを噛《か》む」と「イヌがヒトを噛む」とでは意味が全く異なるのだ。このような任意の記号と文法規則を備えたコミュニケーションシステムを持つ動物は、ヒト以外にはいない。

そこで、ヒトの言語の進化をめぐって、様々な議論が行われてきた。ヒトと最も近縁な動物であるチンパンジーがどこまで言語を習得できるのかを探るために、チンパンジーに対する言語訓練の実験も何十年にわたって行われてきた。その結果、チンパンジーはたくさんの任意な記号を覚えるが、文法規則は習得しないことがわかった。その他にもいろいろなことがわかった。しかし、最も重要な発見は、言葉を教えられたチンパンジーが別に話したいとは思わない、ということではないだろうか。

数百の単語を覚えたチンパンジーたちが自発的に話す言葉の九割以上は、ものの要求なのである。「オレンジちょうだい」「くすぐって」「戸を開けて」など、教えられたシグナルを使って他者を動かき」と書いてある。

幾干《いくばく》もない私の交友の中でさえ、人の心が荒《すさ》み尖《とが》って、ある人は、その温情が、堪《た》えぬばかり5カンショウ的になり、絶望的な厭世《えんせい》を起こしたものがあり。またある人は、ただもう眼前の生活の6イカクに、持っている物は放すまいとし、取れるものならみんな自分の物にしようとするのだ。命ばかりを取りとめて、すべてを失ったものは、すべての欲がなくなったようだし、少しでも被害の少ないもの、何がしを取り残したものは、いやが上にも、所有しようとしているのを私は見た。（中略）

私達にとって欧州戦争は、対岸の Y ほどの実感もなかったが、こん度の震災で、ほんとうに、世界思想の推移をはっきりと見たようにおもう。我等は何を成すべきかを、私どもは、ことに新しく考えねばならない。

（竹久夢二『新方丈記』より）

＊たとえば一朝にして～…琵琶湖を掘った土を盛って一夜にして富士山ができたとするような話は近江八幡に伝わる伝承や『三才図会』『近江輿地誌』など江戸期の文章にも残る。妙義山の伝承は典拠不明だが、類似の伝承があったものと思われる。

＊三越、白木…いずれも日本橋にあった百貨店の名

問一 波線部1～6のカタカナを漢字で、漢字の読みをひらがなで書きなさい。

問二 X に最もよくあてはまる語を次の中から選び、番号で答えなさい。

1 豪華　2 質実

3 粗末　4 適当

5 平滑

問三 Y に最もよくあてはまる語を漢字二字で記しなさい。

問四 傍線部Aについて、筆者にはなぜこのように聞こえたのか、説明しなさい。

問五 傍線部Bについて、筆者がこのように考えるのはなぜか、次の中から最も適切なものを一つ選び、番号で答えなさい。

1 復興の象徴として街に植樹していこうと思ったから
2 世界思想に先駆け都市緑化に向かう好機となったから
3 防災林として緑が重要であることが明らかになったから
4 利殖のために木を伐採したことで街が狭苦しくなったから

問六 傍線部Cについて、筆者はどのような文化が「再び栄えるに違いない」と考えているか、筆者がその文化をどう評価しているかも含めて説明しなさい。

問七 傍線部Dとは、どういうことか、説明しなさい。

問八 傍線部Eとは、どういうことか、説明しなさい。

問九 傍線部Fとは、どういうものか、説明しなさい。

問十 傍線部Gについて、この作品と共に三大随筆と称される古典作品の名を二つ、それぞれひらがなで記しなさい。

問十一 傍線部Hについて、これはなぜか、説明しなさい。

問十二 傍線部Iの現代語訳として、次の中から最も適切なものを一つ選び、番号で答えなさい。

1 どのような所を占有し、どのような仕事をすれば、少しの間でも身を落ち着け、心をなぐさめられるだろうか
2 どのような所を閉ざし、どのような技術を用いれば、少しの間でも理想的な家に住み、心をなぐさめられるだろうか
3 どのような所を惜しみ、どのような技を持てば、少しの間でも蓄えを持ち、心をなぐさめられるだろうか
4 どのような所をひきしめ、どのような性格でいれば、少しの間でも恋人と過ごし、心をなぐさめられるだろうか

二〇二四年度
慶應義塾女子高等学校

【国語】（六〇分）

一　次の文章は、一九二三年九月一日の関東大震災を体験した筆者が、そこから約二週間の見聞をまとめたものである。これを読んで、あとの設問に答えなさい。

　東京は私の住む郊外でさえ、日のうちは蟬《せみ》も鳴かず、鳥さえ飛ばなくなってしまった。初秋《はつあき》の夜《よ》のたださえ寂しいに、Aさすがに虫も、音《ね》を忍んで鳴いている。震災以来蚊もあまり出なくなった。

（中略）

　灰色の東京を見下ろして、最も心づよく眼にうつるものは、緑の立木である。上野公園、芝公園、日比谷公園、山王の森、愛宕《あたご》山、宮城等を見渡すとき、これ等《ら》の森の木が、どんなに猛火と戦ったかを、今更のように感ぜずにはいられない。Bそれにつけても、新しく造られる大東京は、緑の都市でなくてはならない。

　清水公園を宅地に開放したり、弁慶橋を1テッパイして堀を埋《うず》めて住宅を造るという議があったが、そんなにまで人間が、自然の風光を無視して、利殖のために、たださえ住みにくい東京をもっと狭苦しく2趣きのないものにしようとした3俗吏達も、いまは思い知ったであろう。

　戦勝以来一躍して世界の日本帝国になって、その商業主義、唯物主義が所謂《いわゆる》文化の絶頂を示した観があったが、自然の一揺《ゆす》りに、一瞬にしてぴしゃんこになってしまった。しかし破壊されたのは建築物に過ぎない、所謂C文化はまた再び栄えるに違いない。あやしげな文化建築、文化風俗、文化何々と。それにしても、こん度の災害はまだ我々の祖先が経験した、＊たとえば一朝にして富士山が近江の国から飛んだり、中禅寺湖から妙義山がけし飛んだような、地理的変動に比べれば、やさしいものだ。人畜の損傷の多かったのは、電気、瓦斯《がす》、水道、油等《とう》など謂《あら》ゆるD文明の利器が生んだ機械文明が力をかしたことも間接の原因になっている。

　山の手の方から下町の被害地を見物に出かける婦人達は、みんな親の仇《かたき》を打つような格好で、襷《たすき》がけに4足袋はだしだ。一番悪い着物をきて歩くというのも世間への遠慮であろう。大東京建設のために、失った家庭を再興するために、婦人達が生活を簡素に、衣食住を［X］にすることは好《よ》いことに違いないが、東京の若い女達が、喪に逢《あ》った未亡人のように、断髪にしたり、色彩のない着物をきたりするにも及ぶまい。どんな質素な衣服は作るにしても、優雅と趣きを失わない心掛けはもってほしい。金の高いものを身に着けなければ＊三越、白木で流行と称するものを持っていなければ、肩身を狭くおもっていたような、つまりE商業主義の犠牲になっていた婦人達も、これからは、金で品物を買わないで頭で買わなくてはならない。つまり自分の趣向を持って生活する時がきたわけだ。

　幾日かのテント生活の経験は、私達に原始的な素朴な勇敢な気性と、同時に、F最も進歩した未来の生活を暗示した、善き教訓を与えた。私達は多くの家族と、種々の家庭が、急造のテントの下で、相扶《たす》け相励まして、一つ釜で一つの火で食事をした。一つの火を中心に幾家族かが、生活することは、やがて来《きた》る時代を暗示しているとおもう。火の用心から言って、主婦の能率増進の上から、社交和楽の点から、この得がたい経験を生かしたいものだとおもう。

　G方丈記の昔にも「勢ひあるものは貪欲《どんよく》深く、ひとり身なる者は人に軽しめらる。H宝あれば恐れ多く、貧しければ歎《なげ》き切なり。頼めば身他の奴《やっこ》となり、人をはごくめば心恩愛《おんあい》につかはる。世に従へば身苦し、また従はねば狂へるに似たり。Iいづれの所をしめ、いかなる業をしてか、暫《しば》しこの身をやどし、玉ゆらも心をなぐさむべ

2024年度／慶應義塾女子高等学校

英語解答

1 問1 ① men ② hunting ③ magic ④ analyzed ⑤ index ⑥ ring ⑦ female ⑧ similar ⑨ hand ⑩ boys

問2 ②

2 問1 ① decrease ② money

問2 a world of clean energy

問3 あ shines い collected う built

問4 A in space don't last as long as they do on Earth

B receives its electricity from the solar panels attached to it

問5 ③ 問6 science fiction

問7 ①, ⑥, ⑧ 問8 ④

3 問1 A…⑧ B…③ C…① D…⑤ E…⑦

問2 1…③ 2…② 3…④

問3 イ→エ→オ→ウ→ア

問4 They built a shelter.

4 問1 1…D 2…G 3…E 4…H

問2 (例)職業の選択肢が多くあることに気づいていない女性もいれば，家庭ですべきことで忙しすぎると感じている女性もいた。

問3 ③ 問4 (自分の)母親

問5 ア difference イ smaller

問6 ③ 問7 ②, ⑥

問8 More support from their partners is (necessary).

5 (例) To me, diversity means doing what I want to do regardless of gender. Last year, I tried to become the first female captain of my school's kendo team in its 95-year history. Although I failed, I was happy that a lot of boys encouraged me to run in the election and voted for me. (54語)

1 〔長文読解総合―説明文〕

≪全訳≫❶科学者たちは，世界各地で洞窟の壁面に描かれた古い絵画の隣に手形を見つけてきた。これらの絵画の多くは馬や鹿といった動物を表しているので，彼らはそれらが男性の猟師たちによって，おそらく殺した動物を記憶するためか，次の狩猟の成功率を上げる何らかの形の魔術として描かれたものだと信じていた。2014年に，ディーン・スノーという名のアメリカ人研究者がフランスとスペインの８つの洞窟遺跡にある手形を分析し，それらは女性たちによってつけられたと結論づけた。❷スノーはジョン・マニングという名の科学者によって行われた研究を読んでいた。マニングは男性と女性の薬指と人さし指の長さに着目した。彼は，女性はたいてい薬指と人さし指の長さがだいたい同じだと書いていた。しかしながら，男性の薬指はたいてい人さし指よりも長い。マニングの研究に基づいて，スノーは手形が男性のものか女性のものかを予測できるコンピュータープログラムをつくった。スノーは彼がフランスとスペインで見た32点中24点は女性のものだとした。❸スノーの研究を疑問視する専門家もいた。その１人であるデール・ガスリーはスノーが行ったのと似たいくつかの研究を行った。彼の研究は主に親指と手のひらの幅の違いに基づいていた。彼はそれらの手形のほとんどが幼い少年たちのものだったと考えている。「洞窟はおそらく大人たちにとっては退屈だったが，たぶん幼い少年たちは冒険でそれらを探検したのだ」と彼は主張している。彼と数人の他の科学者らは，少年たちは洞窟の中にいるときに心に浮かべていたもの，つまり，恐ろしい哺乳類たちを描いたのだと考えている。❹真実はわからないだろう。スノーの研究は重要な疑問も残した。A「女性たちはなぜ洞窟に手形を残したのだろうか」

問1＜要約文完成＞≪全訳≫長年，科学者たちは洞窟の絵画は①男性によって，たぶん②狩りの成功を導く手段として描かれたのだと信じていた。それはおそらくある種の③魔術にも関係していた。ディーン・スノーはこの考えに異議を唱えるためにジョン・マニングの研究を利用した。スノーは洞窟のいくつかで発見された手形④を分析した。マニングが男性の⑤人さし指はしばしば⑥薬指よりも短いとしていたので，スノーは指の長さに基づいてそれらのほとんどは⑦女性だったと考えている。スノーの研究結果を信じない科学者たちもいる。その１人が⑧似た研究を行ったが，⑨手の別の部位に着目した。彼は⑩少年たちがおそらく哺乳類への恐怖からこの芸術をつくり出したのだと考えている。

＜解説＞①第１段落第２文参照。male は「男性の，男性」。空所には名詞の複数形が入るが，本文で male の複数形 males は用いられていないことに注意。　②第１段落第２文参照。the success of the next hunting trip を their success at hunting と書き換える。　③第１段落第２文参照。be related to ～ は「～に関係する」。some form of ～「何らかの形の～」を a kind of ～「ある種の～」で書き換えている。　④第１段落最終文参照。 analyze「～を分析する」　⑤・⑥第２段落第４文参照。本文では longer だが，要約文では shorter が使われていることに注意。　⑦第２段落最終文参照。 female「女性の」　⑧第３段落第２文参照。be similar to ～「～に似た」　⑨第３段落第３文参照。thumb は「親指」。親指と手のひらは「手」の部位。　⑩第３段落後半参照。

問２＜適文選択＞第１段落では男性が，第３段落では少年が手形をつけた理由が推測されているが，第２段落で女性がつけた理由は推測されていない。②の paint は「(壁など)に塗る」という意味。

2〔長文読解総合─説明文〕

≪全訳≫❶おそらく「エネルギー需要のためには空に目を向けさえすればよい」と人々が言うのを聞いたことがあるだろう。そんなに簡単であればよいのだが。目を向けることとその星の力を制御しようとすることは別のことだ。進歩はしてきており，太陽光パネルの費用は下がり続けているのでより普及するだろう。しかしながら，この気候変動の時代において，多くの人がクリーンエネルギーの世界を達成できるほど十分速やかに進んでいないと嘆いている。アメリカ合衆国カリフォルニア工科大学の科学者たちが，宇宙で太陽光を集めてそれをエネルギーに変換することによって私たちをそこにより早く導いてくれる方法を発見した。これは宇宙太陽光発電，あるいは短くSBSPと呼ばれ，私たちの生活を変える可能性を秘めている。❷地球上では，太陽光は雲に遮られてしまうことがある。また，夜間は，太陽光がない。しかし，宇宙では99パーセントの時間太陽が照っている。結果として，宇宙には地球上よりもはるかに多くの太陽光があるのだ。科学者たちは新しい科学技術を駆使してこの力をとらえて地球に送りたいと考えていた。2023年１月に，彼らはいくつかの実験を行うために，高度技術を搭載した衛星を宇宙へ送った。❸まず，衛星に取りつけられた太陽光パネルが太陽エネルギーを集めて，それを地球上にある大学の建物の屋根に取りつけられた受信機へと送った。科学者たちは少量のエネルギーが受信機に到達したことを確認することができた。この実験は，宇宙から地球へ無線エネルギーを伝送できることを史上初めて証明した。彼らはどうやってそれを行ったのだろうか。さて，その答えは電磁波の動き方にある。同じ方向に向かっている２つの海洋波を思い浮かべてほしい。波の頂点が同じ高さにあれば，それらは結合してさらに大きな波を形成する。しかし，もし一方の波の頂点が他方の波の低点と重なると，それらの波はより小さな波を生み出す。海洋波に似ていることから，科学者らは電磁波をぴったりと適時に結合する方法を発見した。この新しい科学技術により，電磁波がより強力なエネルギーを生み出すことを可能にしたのだ。❹SBSPに関する１つの難題は，適切な種類の太陽光パネルを見つけることである。太陽からの放射と大量の宇宙塵がそれらを傷める可能性がある。これが$_{\text{A}}$宇宙の太陽光パネルが地球上のものほど長くもたない理由である。こういった厳しい条件に耐えるために，カリフォルニア工科大学の科学者たちは異なる種類の太陽光パネルを宇宙でテストした。この２回目の実験の結果は後日発表される予定である。❺大量の太陽エネルギーを集めてそのエネルギーを地球に送りたければ，宇宙での太陽光発電所をつくる必要があるだろう。それは地球上の太陽光発電所と同じように機能するが，宇宙に浮いているという点は除く。今話題にしている規模についてイメージするには，国際宇宙ステーション(ISS)を考えてみるといい。それは空中を漂流するサッカー場といった規模だ。実際，ISS自体がSBSPの例である。それは$_{\text{B}}$取りつけられた太陽光パネルから電力を受け取っている。ISSだけでなく，宇宙にある無数の衛星が自身の動力を得るため太陽エネルギーを利用している。❻地球のエネルギー需要のために宇宙に巨大な発電所をつくることは，ずっと現実よりもサイエンスフィクションに近いことだった。問題の１つは，それら全ての太陽光パネルをいかにして宇宙へ運ぶかである。パネルが小さすぎれば多くの動力は供給できない。しかし，大きなパネルはロケットで場所を取りすぎることになる。科学者たちは助けを求めて折り紙に着目している。彼らはこの古い技芸を用いればパネルのデザインを改良できると考えているのだ。❼SBSPが直面しているまた別の大きな課題は資金である。ロケット，衛星，太陽光パネル，そしてその他多くの高価な器材が必要となる。新しくより安価な科学技術が発見されないかぎり，このエネルギー源はサイエンスフィクションのままかもしれない。しかしながら，このことが中国や日本といった国々を止めることにはなっていない。アメリカに類して，それらの国は化石燃料に代わる手段としてSBSPを検討している。実際，中国はその動力需要を賄うために，2030年までに宇宙を基地とした太陽光発電所を持ちたいと考えている。ますます多くの政府が気候目標へ達することにプレッシャーを感じている中，SBSPはその解決策の１つとなるかもしれない。

問１＜適語補充＞①前後の文脈より，太陽光パネルの費用がどうし続けるとそれらがより普及するかを考える。continue to ～ で「～し続ける」。decrease のほか，decline や drop も可。　②直後の文で，高価な器材が必要になると述べられていることから判断できる。

問２＜指示語＞この get us there は「私たちをそこへ導く」という意味。前文に目標地点が書かれている。　achieve「～を達成する」

問３＜適語選択・語形変化＞あ．空所を含む文は But で始まっていることから，前文の「太陽光がない」とは対照的な内容となる。３人称単数現在形になることに注意。なお，語群にある light は目的語を伴って「～を照らす」，あるいは light up の形で「輝く」の意味。　い．衛星に取りつけられた太陽光パネルは，地球に太陽エネルギーを送るためにまずそれをどうするかを考える。sent に合わせて過去形にする。　う．前後の内容から「宇宙での太陽光発電所が建設される必要があるだろう」という文意になると予想できる。need to の後に続く受け身の形である。build－built－built

問４＜整序結合＞A．This is why ～ は「これが～の理由だ，だから～だ」という意味で，'～' が結果，This が受ける直前の内容がその理由となる。宇宙が太陽光パネルにとって過酷な環境であることを述べた前文と語群より，空所は宇宙と地球上での太陽光パネルを比較した文になると予想できる。last「持続する，続く」を why で始まる節の動詞として使えれば，'not as ～ as …'「…ほど～ではない」の形で「宇宙での太陽光パネルは地球上ほど長くはもたない」という意味になるとわかる。語群の they は solar panels を，do は last を受けている。　B．空所直前の It は前文の the ISS「国際宇宙ステーション」のこと。前後の内容と語群から「ISSは太陽光パネルから電力を受け取る」という内容になると予想できるので，'receive *A* from *B*'「*A*を*B*から受け取る」の形で，receives its electricity from the solar panels とする。残りは過去分詞 attached で始まる語句として attached to it「それに取りつけられた」とまとめて('attach *A* to *B*'「*A*を*B*に取りつける」の受け身の形)，the solar panels を後ろから修飾する。

問５＜適語選択＞宇宙に太陽光パネルを運ぶ際の問題を論じた文。選択肢から，パネルが小さすぎる場合と，大きすぎる場合の問題を考える。

問６＜適語句補充＞remain ～ は「～のまま残る，～であり続ける」，文頭の Unless は「～でないかぎり」の意味なので，より安価な科学技術が発見されないと，宇宙太陽光発電がどういう状態であり続けるかを考える。前文で開発上の問題が論じられていることから，実現から遠い状態を指す語が入ると考えられるので，その内容を表す２語を探す。

問７＜内容真偽＞①「地球上で太陽光を集めるのは，宇宙で太陽光を集めるのほど効率的ではない」…○　第２段落第４文の内容に一致する。effective「効率的な」　②「ある実験で，科学者たちは無線のエネルギーが地球から宇宙へと送信されうるかどうかを確認した」…×　第３段落第３文参照。地球から宇宙ではなく，宇宙から地球へと送信した。　③「ある海洋波の低点が他の波の頂点に重なるとより大きな波が形成される」…×　第３段落第８文参照。大きな波でなく小さな波が形成される。　④「カリフォルニア工科大学の科学者たちは宇宙に衛星を送って２つの成功実験を成し遂げた」…×　第４段落最終文より，２つ目の実験結果はまだ発表されていない。carry out ～「～を果たす，成し遂げる」　⑤「カリフォルニア工科大学の科学者たちによって行われた実験のおかげで，アメリカは現在そのエネルギー需要のために宇宙太陽光発電を利用できている」…×　第６段落第１文参照。宇宙太陽光発電の実用化はまだ遠い。　⑥「宇宙太陽光発電が現実となるためには，科学者たちはよりよい太陽光パネルのつくり方を解明しなければならないだろう」…○　第４段落および第６段落の内容に一致する。　⑦「折り紙の技術を適用することで，科学者らは太陽光パネルを搬送するためのより小さなロケットをつくることができるだろう」…×　第６段落最終文参照。折り紙が着目されているのはロケットではなくパネルの改良のため。　⑧「アメリカに加えて他の国々もそのエネルギー需要の源として宇宙太陽光発電に注目している」…○　最終段落第４文以降の内容に一致する。　⑨「アメリカと中国が，気候変動の危機に対処するために宇宙に太陽光発電所をつくる計画を発表した」…×　このような記述はない。

問８＜英問英答＞「カリフォルニア工科大学の科学者たちはどのようにして無線エネルギーを伝送したか」―④「電磁波を特有の方法で結合することによって」　第３段落第５～９文参照。電磁波の仕組みを応用した特有の方法で送信した。　specific「特定の，特有の」

3〔長文読解総合―対話文〕

≪全訳≫❶ボブ(Ｂ)：アマゾンの熱帯雨林で40日間生き抜いた４人の子どもたちのことは聞いた？❷アン(Ａ)：ええ。新聞によると彼らが乗って旅行していた飛行機が墜落したのよね。$_A$その飛行機に乗っていた大人たちは全員死亡したって。❸Ｂ：悲しいことに，そのうちの１人は子どもたちの母親だったんだよ。彼らはとても怖かっただろうな。❹Ａ：最初の何夜かは飛行機の近くで眠ったのだと思うわ。❺Ｂ：そうだね。食料が尽きたら，ジャングルの中を歩いてみたんだよ。❻Ａ：彼らが迷って飛行機に戻る道が見つけられなくなってしまったのはそのときね。❼Ｂ：記事によると彼らは先住民グループに属していてアマゾンで育ったらしい。❽Ａ：だからジャングルの果実や種に詳しかったのね。❾Ｂ：$_B$彼らは幸運だったね。その頃，たくさんの熱帯雨林植物が実をつけていたから。❿Ａ：たぶんそれで彼らは助かったのね。⓫Ｂ：そうだと思うよ。政府の兵士たちがヘリコプターから食料の入った箱を落としてみたんだよ。子どもたちがそれらを見つけるかもしれないと願ってたんだ。**12**A：それはいい考えね。**13**B：Cでも，彼らがそれらを見つけることはなかったんだ。ジャングルは植物が生い茂りすぎていたから彼らにとって動き回るのは難しかったんだよ。**14**A：新聞によると，何百人もの兵士が昼夜を問わず子どもたちを捜したのね。**15**B：地域のボランティアたちもね，その中には彼らの父親や他の親類もいたんだ。**16**A：それで誰が彼らを見つけたの？**17**B：兵士の救助犬の１頭だよ。その救助犬は兵士たちが到着するまで彼らと一緒にいたんだ。**18**A：彼らは飛行機の墜落現場のかなり近くで発見されたと思うけど，そうでしょ？**19**B：うん，わずか数キロ離れた所だった。ヘリコプターを着地させる場所がなかったから，兵士たちは子どもたちを病院まで空輸したんだよ。**20**A：すごい話ね！　あなたならそんなことを生き延びられると思う？**21**B：場合によるね。はじめにすべきことはSTOPだとは知ってるよ。**22**A：何のために止まるの？**23**B：D僕が言いたいのはそういうことじゃないよ。STOPは，stop，think，observe，それにplanの略だよ。**24**A：ああ，なるほど。そういうことね。**25**B：それをした後は，よい水の源泉を見つけることが最優先事項だね。**26**A：Eそれはどうやってするの？**27**B：小川や川を探せばいいんだ。何も見つけられなかったら，雨水を飲めばいい。**28**A：わかったわ，次は何？**29**B：自分たちを天候や動物から守るためのシェルターをつくる必要があるね。**30**A：アマゾンの子どもたちは枝や木の葉を使ってそれをつくったのよね。**31**B：それは賢明だったね。重要なことは暖かく乾いた状態でいることだから。**32**A：わあ，ボブ！　あなたはすばらしいサバイバル技術を持っているようね。

問１＜適文選択＞A．直後の文の them が⑧の All the adults を指している。　B．直後の文の「多くの植物が実をつけていた」という内容が lucky だった理由になっている。 produce「～を生産する，(実など)をつける」　C．直後の文の内容が，落下させた食料を子どもたちが見つけられなかった理由になっている。①にある them は boxes of food を指す。　D．この前でボブが言ったSTOPに関するやりとり。アンは文字どおり，「止まる」の意味で解釈して，止まる目的を尋ねているが，ボブは直後でSTOPの本当の意味を説明している。 stand for ～「～を表す，意味する」　E．直後のボブの返答は「よい水源の見つけ方」と考えられる。

問２＜英問英答＞1．「次のうちこの対話について正しくないのはどれか」―③「いくらか食料を見つけた後，子どもたちは飛行機に戻った」 第６段落参照。飛行機には戻れなかった。　2．「次のうち子どもたちが生き延びた理由でないのはどれか」―②「彼らは容易に歩き回ることができた」 第13段落参照。　3．「STOPに基づくと，次のうちすべきではないのはどれか」―④「あらゆる方角に助けを求めて叫ぶ」 第23段落参照。

問３＜要旨把握＞イ．「彼らは飛行機の近くにとどまっていた」(第４段落)／→エ．「彼らはジャングルの中を歩いた」(第５段落)／→オ．「彼らは救助犬に遭遇した」(第17段落第１文)／→ウ．「彼らは兵士たちに会った」(第17段落第２文)／→ア．「彼らはヘリコプターで飛行した」(第19段落)

問４＜英問英答＞「対話に基づくと，子どもたちは自分たちを天候から守るために何をしたか。英語で答え，４語用いなさい」―「彼らはシェルターを建てた」 第29，30段落参照。

4〔長文読解総合―説明文〕

≪全訳≫**A**ハーバード大学の教授であるクラウディア・ゴールディンは，経済学分野でノーベル賞を受賞した３人目の女性，また共同でではなく単独でそれを受賞した最初の女性となって最近歴史に名を残した。彼女の重要な研究は，なぜ世界中の女性たちが働きにくく，働いたら賃金がより低いのかを説明しており，職場で続いている性差を理解するのに役立つ。**B**ゴールディンの研究は，男性と女性の間での雇用における明確な違いが原動力となっている。世界的には，男性が80パーセントであるのに対し，女性は約半数しか有給の職を持っていない。専門家たちは，多くの熟練した女性たちが労働力に参入していないか，雇用の場でまともに扱われていないので，それは機会の無駄であると考えている。性別による賃金格差も，先進国の女性は男性よりも平均して13パーセント稼ぎが少ない状況で，キャリアを形成したりより高度な教育を受けたりすることへの女性の関心を低下させている。**C**ゴールディンはこれらの差異の裏側にある理由を精査した。彼女の研究はそれらがしばしば将来への低い期待に基づいた女性たちの選択に起因していることを示していた。一部の女性たちは職業の選択肢が多くあることに気づいておらず，また他の女性たちは家庭での任務で忙しすぎると感じていた。**D**起こっていることについてよりよく理解するために，ゴールディンは200年間の労働市場のデータを注意深く研究した。女性たちの仕事は往々にして尊重されていなかったため，このプロセスは容易ではなかった。夫を手伝っての畑仕事や家庭で行った細かな仕事といった活動はしばしば記録されていなかった。ゴールディンは，女性たちが実際にはどんなにたくさん働いていたかを示すために古い統計や調査を用いて新しいデータベースをつくらなければならなかった。**E**歴史的な記録を修正することがいくつかの驚くべき発見につながった。産業革命の間，アメリカやヨーロッパでは経済が農場から工場へと遷移していたので，労働力に参入する女性はより少なくなった。これは，この分野の研究者たちを含む多くの人々が想定していたことではなかった。女性の雇用拡大の進展は，彼女たちがしばしば子どもたちが成長した後も家にいる母親に気づいていたことで，女性たちの期待と経験によってある程度まで減速した。**F**ゴールディンは，結婚が考えられてきたよりも女性の雇用の深刻な障壁であったことも発見した。20世紀初頭，約20パーセントの女性たちが雇用されていた頃，多くの法律が雇用を継続することを阻止していたため既婚女性は５パーセントしか働いていなかった。これらの法律は後に改定され，職を持つ既婚女性の数は20世紀末にかけて上昇し続けた。**G**職場や高等教育における女性の数の増加に伴って，性別による賃金格差は減少した。しかし，それはなくなりはしなかった。ゴールディンは，２世紀分の賃金格差のデータを調べ，19世紀前半や1890年から1930年のような特定の期間には，事務作業や書類事務を含んだ仕事がより求められるようになったことで，賃金格差が縮まったことを発見した。**H**しかしながら，1930年から1980年には格差はさほど減少しなかった。親になることがその主な理由の１つであると判明した。女性はひとたび母親となると，その賃金はたいてい下がり始め，似たような職業上の経歴を持っていたとしてもそれは男性の賃金ほど速く伸びなかった。企業はしばしば従業員にいつでも働けることを期待し，それは育児への責任がより大きい女性たちにとっては難しいことでありえる。**I**ゴールディンは，いくつかの国々で女性の労働力への参加が減少していることを憂えている。彼女は雇用とともに家族の関係性を調べる必要性に焦点を当てた。ゴールディンは，女性たちは育児と仕事の責任との均衡を保つうえで，より多くのサポート，主にパートナーからのサポートが必要であることを示唆した。パートナーとより公平な関係性をつくることがより広範な性別間の平等につながるのだ。**J**ノーベル賞を受賞したと聞いたときに彼女が最初にしたことを尋ねられたとき，ゴールディンは自分がどう支援できるかを尋ねてきた夫に対して言った言葉でこう答えた。「彼に犬を散歩に連れていってお茶をいれるように言って，私は記者会見の準備をしなければならないと言ったんです」

問１＜要旨把握＞１．見出しの意味は「労働市場のデータの入念な調査」。段落[D]第１文に… researched 200 years of labor market data とある。　２．見出しの意味は「性別間の賃金格差の縮小」。見出しの narrow は「～を縮小する」という他動詞，段落[G]第３文の narrow は「小さくなる」という意味の自動詞。　３．見出しの意味は「驚くべき歴史的発見」。段落[E]に some surprising findings とある。 finding(s)「発見(したこと)」　４．見出しの意味は「母親にとっての職場の困難」。段落[H]では，子どもを持つ女性の職場での困難な点が挙げられている。

問２＜英文和訳＞‘Some＋名詞 ～, and others …’「～する〈名詞〉もあれば，…する〈名詞〉もある」の形。realize「～に気づく」の目的語は，that が省略された名詞節の they had many job choices。 busy with ～「～で忙しい」 duty「義務，任務」

問３＜文脈把握＞容易ではなかった理由は，直後の as women's work 以下で説明されており（この as は‘理由’を表す接続詞），その次の文がその具体例となっている。 farm work「畑仕事」

問４＜文脈把握＞下線部を含む文は，女性の雇用の拡大が，女性自身の期待や経験によって減速したという内容。as 以下がその理由となっており，女性たちが働いていない自身の母親を目にしていたことが述べられている。

問５＜書き換え―適語補充＞「職場や高等教育における女性の数の増加に伴って，性別による賃金格差は減少した」→「より多くの女性が働いたり大学に行ったりし始めたので，男性と女性の間の賃金におけるア差異はイより小さくなった」 gap「格差」を difference「差異」，decrease「減少する」を get smaller「より小さくなる」と書き換える。

問６＜適語選択＞前の段落と直後の文を結ぶ接続詞。前の段落は特定の時代に男女の賃金格差が減少したことを述べ，直後の文はまた別の時代にはさほど減少しなかったことを述べているので，‘逆接’の関係になっている。

問７＜内容真偽＞①「クラウディア・ゴールディンは史上初めて経済学分野でノーベル賞を受賞した女性である」…× 段落［A］第１文参照。３人目の女性である。 ②「専門家たちは多くの熟練した女性たちが労働力に参入していないのは問題だと考えている」…○ 段落［B］第３文の内容に一致する。 a waste of ～「～の無駄」 ③「ゴールディンの研究は女性たちの雇用に関する決断はしばしば彼女たちの両親の選択の結果であることを明らかにした」…× 段落［C］第２文参照。彼女たち自身の将来への低い期待の結果である。 ④「性別間の賃金格差は前世紀にわたって激減し続けた」…× 段落［G］最終文および段落［H］第１文参照。減少した期間と，減少しなかった期間があった。 ⑤「産業革命の間，より多くの女性が労働力に参入した」…× 段落［E］第２文参照。その間，労働力に加わった女性の数は減った。 ⑥「結婚は20世紀初頭には女性の雇用における重要な要素だった」…○ 段落［F］第１，２文の内容に一致する。 serious barrier「深刻な障壁」 important factor「重要な要素」

問８＜英問英答＞「本文に基づくと，女性が育児と仕事での責任の均衡を保つために必要なのは何か」―「パートナーからのより多くの支援である」 段落［Ｉ］第３文参照。

5〔テーマ作文〕

「あなたにとって多様性とは何を意味しますか。生活の中で体験した多様性の例（複数も可）を挙げてください。英語で書き，約50語を使用してください。解答用紙の（ words）欄に単語数を記入してください」 解答例で使われている重要表現は以下のとおり。 regardless of ～「～にもかかわらず」 ‘encourage＋人＋to ～’「〈人〉が～するよう励ます」 run in the election「選挙に立候補する」 （別解例）I think diversity is about meeting people who are different from you and accepting the differences between you and them. I have a very close friend from India. We look different and think differently but enjoy being with each other. I believe our differences are broadening our minds.（48語）

2024年度／慶應義塾女子高等学校

数学解答

1 ［1］ $(a,\ b)=(1,\ 7),\ (4,\ 6),\ (5,\ 5),\ (6,\ 2)$

［2］ ⑴ $xy=y+360$

⑵ $x=10,\ y=40$

2 ［1］ 4人のとき…2通り

6人のとき…5通り

［2］ ア…1　イ…5　ウ…1　エ…2

オ…2　カ…1　キ…5　ク…14

ケ…42

3 ［1］ 4　［2］ 5　［3］ $2\pm\sqrt{2}$

4 ［1］ $\dfrac{38}{7}$　［2］ $\dfrac{24\sqrt{6}}{7}$

［3］ BP＝4，CO＝2　［4］ 4

5 ［1］ $\dfrac{1}{3}a^3$

［2］ ⑴ 3個　⑵ 3本

⑶ 頂点の数…6個

辺の数…12本　面の数…8面

⑷ $\dfrac{1}{6}a^3$

1 〔独立小問集合題〕

［1］＜数の性質＞$a^2+b^2-2a-4b=20$ を変形すると，$a^2-2a+b^2-4b=20$，$(a^2-2a+1)+(b^2-4b+4)=20+1+4$，$(a-1)^2+(b-2)^2=25$ となる。a，b は自然数だから，$a-1$ は0以上の整数，$b-2$ は-1以上の整数である。$0+25=25$，$9+16=25$ より，$0^2+5^2=25$，$3^2+4^2=25$ だから，$(a-1,\ b-2)=(0,\ 5),\ (3,\ 4),\ (4,\ 3),\ (5,\ 0)$が考えられ，$(a,\ b)=(1,\ 7),\ (4,\ 6),\ (5,\ 5),\ (6,\ 2)$となる。

［2］＜連立方程式の応用＞⑴ x％の食塩水360gに含まれる食塩の量は $360\times\dfrac{x}{100}=\dfrac{18}{5}x$(g)である。水を y g加えると，$x-1$％の食塩水は $360+y$gできるので，含まれる食塩の量は$(360+y)\times\dfrac{x-1}{100}=\dfrac{(x-1)(360+y)}{100}$(g)である。水を加えても含まれる食塩の量は変わらないから，$\dfrac{18}{5}x=\dfrac{(x-1)(360+y)}{100}$ が成り立つ。両辺を100倍して，$360x=(x-1)(360+y)$，$360x=360x+xy-360-y$，$xy=y+360$……①となる。　⑵ x％の食塩水360gに食塩を y g加えると，含まれる食塩の量は $\dfrac{18}{5}x+y$gとなる。また，$x+9$％の食塩水は $360+y$gできるので，含まれる食塩の量は，$(360+y)\times\dfrac{x+9}{100}=\dfrac{(x+9)(360+y)}{100}$(g)とも表せる。よって，含まれる食塩の量について，$\dfrac{18}{5}x+y=\dfrac{(x+9)(360+y)}{100}$ が成り立ち，両辺を100倍して，$360x+100y=(x+9)(360+y)$，$360x+100y=360x+xy+3240+9y$，$xy=91y-3240$……②となる。①を②に代入して，$y+360=91y-3240$ より，$90y=3600$，$y=40$ となり，これを①に代入して，$x\times40=40+360$，$40x=400$，$x=10$ となる。

2 〔データの活用―場合の数〕

［1］＜場合の数＞前もっておつりは用意しないので，先頭の生徒は支払方法Aである。また，支払方法Aで集金した500円硬貨をおつりとするので，途中で，支払方法Bの生徒の数が，支払方法Aの生徒の数より多くなることはない。生徒が4人のとき，支払方法A，Bの生徒は4÷2＝2(人)ずつだから，並び方は，A→A→B→B，A→B→A→Bの2通りある。生徒が6人のとき，支払方法A，Bの生徒は6÷2＝3(人)ずつだから，並び方は，A→A→A→B→B→B，A→A→B→A→B→B，A→A→B→B→A→B，A→B→A→A→B→B，A→B→A→B→A→Bの5通りある。

[2]＜場合の数＞生徒が8人のとき，支払方法A，Bの生徒は8÷2＝4(人)ずつである。(a)の場合，先頭から2人目までの並び方はA→Bの1通り，残り6人の並び方は，[1]の6人のときの並び方となるから，5通りある。(b)の場合，先頭から4人目までの並び方は，A→A→B→Bの1通りあり，残り4人の並び方は，[1]の4人のときの並び方となるから，2通りある。(c)の場合，先頭から6人目までの並び方は，A→A→A→B→B→B，A→A→B→A→B→Bの2通りあり，残り2人の並び方は，生徒が2人のときの並び方となるから，1通りある。(d)の場合，生徒が6人のときの並び方が5通りより，2人目から7人目までの6人の並び方は5通りある。先頭の生徒が支払方法A，8人目の生徒が支払方法Bなので，(d)の場合の並び方は，5通りある。したがって，生徒が8人のときの並び方は，1×5＋1×2＋2×1＋5＝5＋2＋2＋5＝14(通り)ある。次に，生徒が10人のとき，同様に考えると，㋐先頭から2人目の集金を終えたとき初めて箱の中の500円硬貨が0枚になる場合，㋑先頭から4人目の集金を終えたとき初めて箱の中の500円硬貨が0枚になる場合，㋒先頭から6人目の集金を終えたとき初めて箱の中の500円硬貨が0枚になる場合，㋓先頭から8人目の集金を終えたとき初めて箱の中の500円硬貨が0枚になる場合，㋔先頭から10人目の集金を終えたとき初めて箱の中の500円硬貨が0枚になる場合に分けられる。㋐の場合，先頭から2人目までの並び方が1通り，残り8人の並び方が14通りあり，㋑の場合，先頭から4人目までの並び方が1通り，残り6人の並び方が5通りあり，㋒の場合，先頭から6人目までの並び方が2通り，残り4人の並び方が2通りあり，㋓の場合，先頭から8人目までの並び方が5通り，残り2人の並び方が1通りある。また，㋔の場合，2人目から9人目までの8人の並び方が14通りだから，14通りある。したがって，生徒が10人のときの並び方は，1×14＋1×5＋2×2＋5×1＋14＝42(通り)ある。

3 〔関数―関数 $y=ax^2$ と一次関数のグラフ〕

≪基本方針の決定≫[2]　AD＝DE である。　　[3]　OB∥CE となることに気づきたい。

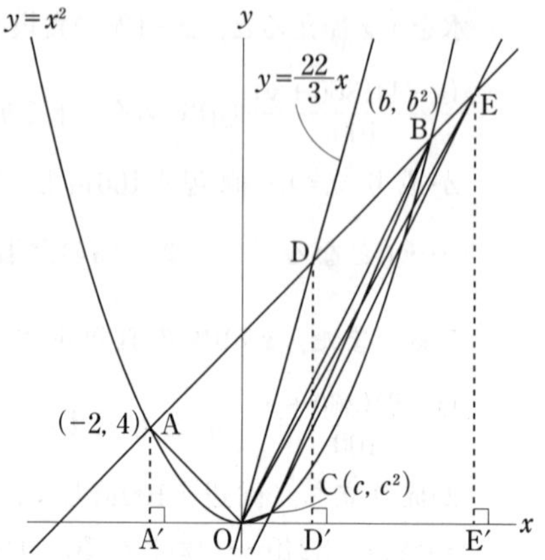

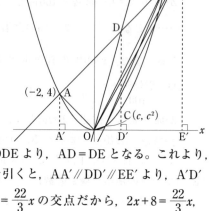

[1]＜x座標＞右図で，直線ABの傾きは2だから，その式は $y=2x+k$ とおける。A$(-2,\ 4)$ を通るので，$4=2\times(-2)+k$ より，$k=8$ となり，直線ABの式は $y=2x+8$ である。B$(b,\ b^2)$ は直線 $y=2x+8$ 上にあるから，$b^2=2b+8$，$b^2-2b-8=0$，$(b+2)(b-4)=0$　$\therefore b=-2,\ 4$　$b>0$ だから，$b=4$ である。

≪別解≫A$(-2,\ 4)$，B$(b,\ b^2)$ より，直線ABの傾きは，$\frac{b^2-4}{b-(-2)}=\frac{(b+2)(b-2)}{b+2}=b-2$ と表せる。これが2だから，$b-2=2$ が成り立ち，$b=4$ となる。

[2]＜x座標＞右図で，△OAD，△ODE の底辺をそれぞれ辺AD，辺DE と見ると，高さは等しいから，△OAD＝△ODE より，AD＝DE となる。これより，3点A，D，Eから x 軸にそれぞれ垂線AA′，DD′，EE′ を引くと，AA′∥DD′∥EE′ より，A′D′＝D′E′ となる。[1]より，点Dは直線 $y=2x+8$ と直線 $y=\frac{22}{3}x$ の交点だから，$2x+8=\frac{22}{3}x$，$\frac{16}{3}x=8$，$x=\frac{3}{2}$ となり，点Dの x 座標は $\frac{3}{2}$ である。よって，2点A，Dの x 座標より，D′E′＝A′D′＝$\frac{3}{2}-(-2)=\frac{7}{2}$ だから，点Eの x 座標は $\frac{3}{2}+\frac{7}{2}=5$ である。

[3]＜x座標＞右上図で，直線ODは四角形OABCの面積を2等分するので，△OAD＝〔四角形DOCB〕である。△OAD＝△ODE だから，〔四角形DOCB〕＝△ODE である。2点O，Bを結ぶと，

△ODB＋△OBC＝△ODB＋△OBE より，△OBC＝△OBE となる。これより，OB∥CE となる。$b=4$ より，$b^2=4^2=16$ だから，B(4, 16)であり，直線 OB の傾きは $\frac{16}{4}=4$ である。直線 CE の傾きも 4 だから，その式は $y=4x+n$ とおける。点 E は直線 $y=2x+8$ 上にあり，x 座標が 5 だから，$y=2\times5+8=18$ より，E(5, 18)である。直線 $y=4x+n$ は点 E を通るので，$18=4\times5+n$，$n=-2$ であり，直線 CE の式は $y=4x-2$ となる。C(c, c^2)は直線 $y=4x-2$ 上の点となるから，$c^2=4c-2$ より，$c^2-4c+2=0$ となり，$c=\frac{-(-4)\pm\sqrt{(-4)^2-4\times1\times2}}{2\times1}=\frac{4\pm\sqrt{8}}{2}=\frac{4\pm2\sqrt{2}}{2}=2\pm\sqrt{2}$ となる。ともに $0<c<4$ を満たすので，$c=2\pm\sqrt{2}$ である。

4 〔平面図形─三角形〕

≪基本方針の決定≫［1］ △ACD と△ABD で三平方の定理を用いる。

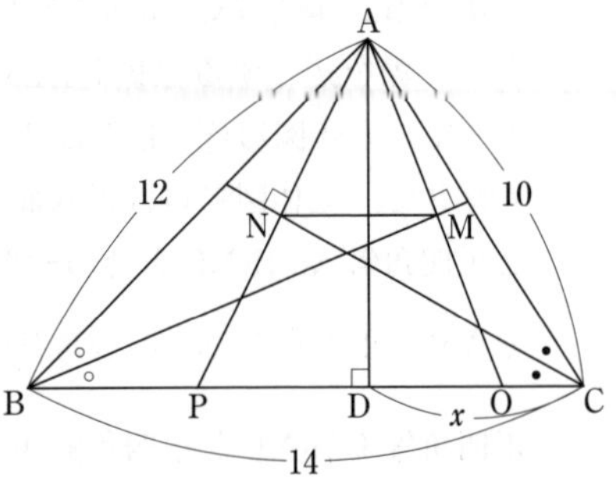

［1］**＜長さ─三平方の定理＞**右図で，CD＝x とおくと，BD＝BC−CD＝14−x と表せる。AD⊥BC だから，△ACD，△ABD で三平方の定理より，$AD^2=AC^2-CD^2=10^2-x^2$，$AD^2=AB^2-BD^2=12^2-(14-x)^2$ となり，$10^2-x^2=12^2-(14-x)^2$ が成り立つ。これを解くと，$100-x^2=144-(196-28x+x^2)$，$100-x^2=144-196+28x-x^2$，$28x=152$，$x=\frac{38}{7}$ となる。

［2］**＜長さ＞**右図で，［1］より，$AD=\sqrt{10^2-x^2}=\sqrt{10^2-\left(\frac{38}{7}\right)^2}=\sqrt{\frac{3456}{49}}=\frac{24\sqrt{6}}{7}$ である。

［3］**＜長さ＞**右上図で，CN＝CN，∠ACN＝∠PCN，∠CNA＝∠CNP＝90° より，△ACN≡△PCN だから，PC＝AC＝10 である。これより，BP＝BC−PC＝14−10＝4 となる。同様に，△ABM≡△OBM だから，OB＝AB＝12 となり，CO＝BC−OB＝14−12＝2 である。

［4］**＜長さ─中点連結定理＞**右上図で，△ACN≡△PCN より，AN＝PN であり，△ABM≡△OBM より，AM＝OM である。よって，△AOP で中点連結定理より，$MN=\frac{1}{2}OP$ となる。OP＝BC−BP−CO＝14−4−2＝8 だから，$MN=\frac{1}{2}\times8=4$ である。

5 〔空間図形─立方体〕

図 1

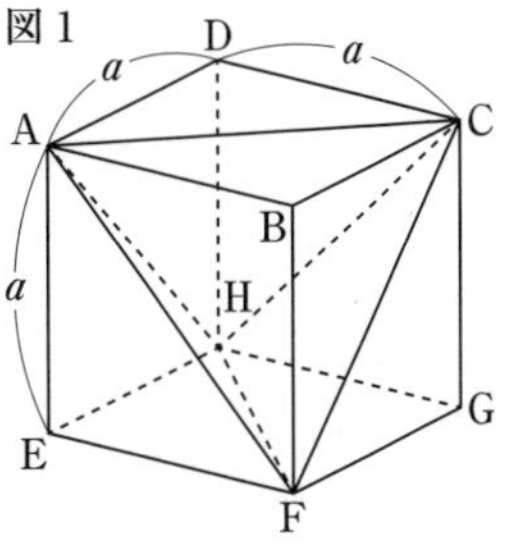

図 2

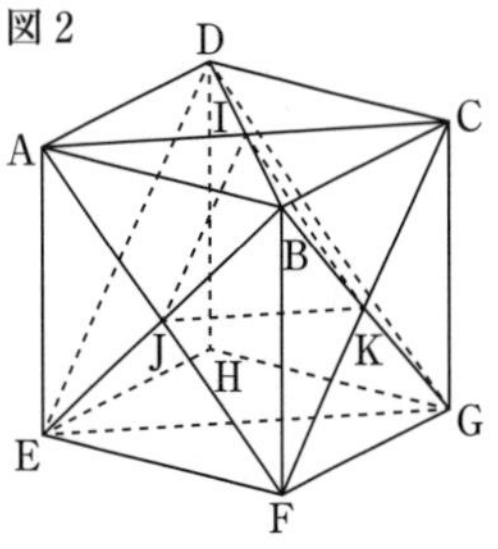

［1］**＜体積＞**右図 1 で，正四面体 AFCH は，立方体 ABCD-EFGH から，4 つの合同な三角錐 ABCF，AEFH，CGFH，ADCH を取り除いた立体と見ることができる。〔立方体 ABCD-EFGH〕＝a^3，〔三角錐 ABCF〕＝$\frac{1}{3}\times$△ABC×BF＝$\frac{1}{3}\times\left(\frac{1}{2}\times a\times a\right)\times a=\frac{1}{6}a^3$ だから，V＝〔立方体 ABCD-EFGH〕−4〔三角錐 ABCF〕＝$a^3-4\times\frac{1}{6}a^3=\frac{1}{3}a^3$ である。

［2］**＜交点・交線の数，頂点・辺・面の数，体積＞**(1)右上図 2 で，正四面体 BGDE の辺は，辺 BD，辺 BE，辺 BG，辺 DE，辺 EG，辺 DG の 6 本ある。このうち，面 AFC と交わるのは，辺 BD，辺

BE，辺 BG であり，交点は，図２の点Ｉ，点Ｊ，点Ｋの３個ある。 ⑵図２で，面 AFC と交わる正四面体 BGDE の面は，面 BDE，面 BEG，面 BDG であり，交線は線分 IJ，線分 JK，線分 IK の３本ある。 ⑶図２で，３点Ｉ，Ｊ，Ｋは立方体 ABCD-EFGH の面の対角線の交点であるから，正四面体 AFCH の面 AFC 以外の３つの面，面 AFH，面 CFH，面 ACH について，正四面体 BGDE の面との交線を考えると，その交線は，立方体 ABCD-EFGH の面の対角線の交点を結ぶ線分となる。右図３で，辺 AH と辺 DE の交点をＬ，辺 FH と辺 EG の交点をＭ，辺 CH と辺 DG の交点をＮとすると，面 AFH と正四面体 BGDE の面の交線は線分 JL，線分 JM，線分 LM，面 CFH と正四面体 BGDE の面の交線は線分 KM，線分 KN，線分 MN，面 ACH と正四面体 BGDE の面の交線は線分 IL，線分 IN，線分 LN である。立体図形Ｑは，これらの交線を辺とする立体 IJKLMN であり，正八面体である。よって，立体図形Ｑの頂点は６個，辺は12本，面は８面ある。

図３

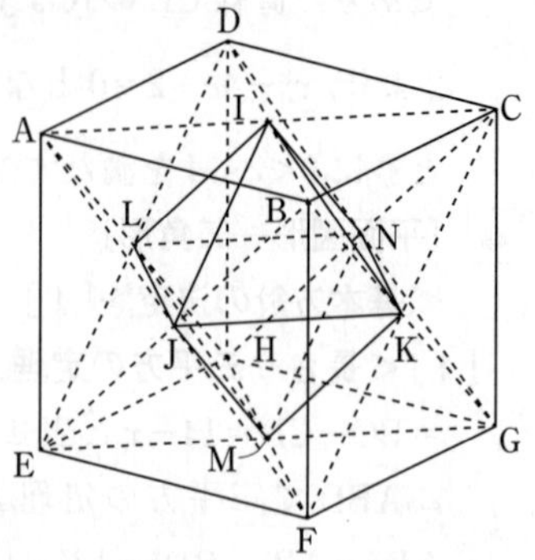

⑷図３で，立体図形Ｑは正八面体なので，正四角錐 I-JKNL と正四角錐 M-JKNL を合わせた立体と見ることができる。立方体 ABCD-EFGH の１辺の長さが a より，正方形 JKNL の対角線の長さも a なので，〔正方形 JKNL〕$=\frac{1}{2}\times a\times a=\frac{1}{2}a^2$ である。また，正四角錐 I-JKNL と正四角錐 M-JKNL の高さはいずれも $\frac{1}{2}a$ である。よって，立体図形Ｑの体積 W は，$W=2$〔正四角錐 I-JKNL〕$=2\times\frac{1}{3}\times\frac{1}{2}a^2\times\frac{1}{2}a=\frac{1}{6}a^3$ となる。

＝読者へのメッセージ＝

関数 $y=ax^2$ のグラフは放物線です。放物線は，英語で，パラボラ（parabola）といいます。パラボラアンテナは，断面が放物線の形になっています。なぜ放物線の形になっているかは，高校で，放物線について学習するとわかります。

国語解答

一 問一　1　撤廃　2　おもむ　3　ぞくり　4　たび　5　感傷　6　威嚇

問二　2　　問三　火事

問四　震災による東京の惨状に衝撃を受けた筆者には，誰もがつらさに耐えている中で，虫さえも鳴くのを遠慮しているように感じられたから。

問五　3

問六　商業主義や唯物主義に基づくもので，「文化」とはいっても，営利や物質的な豊かさのみを追求するような，表層的な文化。

問七　便利で快適な生活のために科学技術が生み出した機械文明が，かえって震災の被害を大きくした，ということ。

問八　営利のみを重視する企業の意図に乗せられ，高額なものや流行のものを身につけなければならないと思い込まされていたこと。

問九　一つの火を中心に複数の家族が身を寄せ合って，助け合い励まし合いながらともに暮らす生活。

問十　まくらのそうし，つれづれぐさ

問十一　財産を所有していると，それを失うことに対する心配が募るから。

問十二　1

二 問一　1　深遠　2　皆無　3　とぼ　4　そぶ

問二　4

問三　「外界」に関する心的表象を共有していることを理解し合う

問四　2

問五　文化は世界に対する理解が共有されて成立するが，チンパンジーは，世界をかなり理解していても，その理解を互いに共有しようとしないから。

問六　ある外界について個々人がそれぞれ持っている異なった個人的表象に，共通して含まれているもの。

問七　他者の意図がわかるという前提に立てば，相手と同じ目的に向かって共同作業を進めることができるから。

問八　1…×　2…×　3…○　4…○　5…×

問九　見(動詞・連用形)／て(助詞)／くれ(動詞・未然形)／なけれ(助動詞・仮定形)／ば(助詞)

一〔随筆の読解─自伝的分野─回想〕出典：竹久夢二「新方丈記」（石井正己『関東大震災百年──文豪たちの「九月一日」』所収）。

問一＜漢字＞1．「撤廃」は，取り除いて廃止すること。　2．音読みは「趣味」などの「シュ」。　3．「俗吏」は，役人をあざけっていう語。　4．「足袋」は，和装のときの布製の履物のこと。　5．「感傷的」は，感じやすく，すぐに悲しくなったり寂しくなったりするさま。　6．「威嚇」は，威力でおどすこと。

問二＜文章内容＞「大東京建設のために，失った家庭を再興するため」に，「生活を簡素に」し，衣食住も質素で誠実なものにしようと考えることは，よい。

問三＜ことわざ＞自分には関係のないことなので痛みもかゆみも感じないことを，「対岸の火事」という。

問四＜文章内容＞震災直後の東京はすっかり荒れ果て，建物も人々の家庭も失われて，誰もがつらい思いをしている。そのため，この光景に衝撃を受け，胸を痛めている「私」には，秋の虫もいつものように鳴くことをためらって遠慮がちに鳴いているように感じられるのである。

問五＜文章内容＞「私」は，「上野公園，芝公園，日比谷公園，山王の森，愛宕山，宮城等を見渡すとき，これ等の森の木が，どんなに猛火と戦ったか」を感じた。これらの緑が，防災林としての役目を果たしたと考えられるのである。

問六＜文章内容＞「再び栄えるに違いない」とされているのは，「あやしげな文化建築，文化風俗，文化何々」である。建築物は「破壊された」が，「文化」をよそおった建物や風習・ならわしなどは，また新たなものが生まれてくるだろうと，「私」は見ている。ただし，それらは「あやしげな」ものである。震災前には「商業主義，唯物主義が所謂文化の絶頂を示した観があった」が，それと同様の，営利や物質的な豊かさばかりを求めて内実の伴わない表層的なものがまた出てくるだろうと，「私」は考えているのである。

問七＜文章内容＞「電気，瓦斯，水道，油等など謂ゆる文明の利器が生んだ機械文明」が火事を起こすなどで「間接の原因」となり，震災による「人畜の損傷」がよけい大きくなったのである。

問八＜文章内容＞震災前に「文化の絶頂を示した観」のあったものが「商業主義」であるが，商業主義とは，何よりも営利を目指す立場である。「金の高いものを身に着けなければ三越，白木で流行と称するものを持っていなければ，肩身を狭くおもって」しまうのは，その「商業主義」に乗せられ，高価なものや流行しているものを買わなければならないと思い込まされているからである。

問九＜文章内容＞「一つの火を中心」に複数の家族が生活することは，「やがて来る時代を暗示」している。震災直後の「多くの家族と，種々の家庭が，急造のテントの下で，相扶け相励まして，一つ釜で一つの火で食事をした」という状況こそが，これから人々が向かっていくべき暮らし方だと考えられるのである。

問十＜文学史＞古典の三大随筆といわれるものは，清少納言の『枕草子』，鴨長明の『方丈記』，兼好法師の『徒然草』である。

問十一＜古文の内容理解＞「宝」を所有していると，それが何かで失われることを恐れて，人は，常に心配することになる。

問十二＜現代語訳＞「しめ」は，「占む」の連用形で，「占む」は占有する，という意味。「いかなる業」の「業」は，生業のこと。「やどし」は，「宿す」の連用形で，とどめる，という意味。

二〔**論説文の読解—自然科学的分野—人類**〕出典：長谷川眞理子『進化的人間考』「三項表象の理解と共同幻想」。

≪本文の概要≫「私」と「あなた」と「外界」があり，「私」と「あなた」が同じ「外界」を見ており，互いに目を見交わして互いの視線が「外界」を向いていることを見ることで，両者が同じその「外界」を見ていることを了解し合う。これが，三項表象の理解である。ヒトだけが，言語というコミュニケーションシステムを用いて，三項表象の理解を表現する。非常に高度な認知能力を持つチンパンジーも，三項表象の理解は乏しい。三項表象の理解があれば，目的を共有し，共同作業をすることができる。私たちは，外界についてそれぞれが自分自身の表象，いわば個人的表象を持っており，それが言語で表現されたものは，公的表象となる。その公的表象を受け取った他者は，それについて独自の個人的表象を持つ。公的表象とそれぞれの個人的表象の間には違いがあるはずであるが，それでも人々は，言語で表現される公的表象でコミュニケーションを取り，共同作業を行う。しかし，意思が疎通できている，共同作業がうまくいっていると思うのは，本質的に共同幻想だと思われる。

問一＜漢字＞1.「深遠」は，意味や内容が奥深いこと。　2.「皆無」は，全くないこと。　3.音読みは「貧乏」などの「ボウ」。　4.「素振り」は，表情や動作などに表れた様子のこと。

問二＜文章内容＞チンパンジーの場合，「一頭一頭のチンパンジーは世界に対してかなりの程度の理解を持っている」が，その世界に対する理解を「互いに共有しよう」とはしない。チンパンジーが「共同作業に見えること」をしていても，それは「本当に意思疎通ができた上での共同作業」ではないらしい。コンピュータにたとえていえば，チンパンジーは「他者が何をしているかを推測することのできる高度なコンピュータ」ではあるが，推測できたからといって目的を共有して共同作業をしているわけではなく，推測した内容に基づいてそれぞれがバラバラに動いているといえる。

問三＜文章内容＞「三項表象の理解」とは，「『私』と『あなた』と『外界』という三つがあり，『私』が『外界』を見ていて，『あなた』も同じその『外界』を見ている。そして，互いに目を見交わし，互いの視線が『外界』に向いていることを見ることで，両者が同じその『外界』を見ていることを，了解し合う」ということである。つまり，「三項表象の理解」では，「『外界』に関する心的表象を共有していることを理解し合う」ということができている。

問四＜語句＞「任意」は，その人の自由な意思に任せること。対義語は，人の自由な意思を権力によって一方的に押さえつけて無理に従わせることをいう「強制」。

問五＜文章内容＞文化とは，人々が世界についての理解や行動様式などを共有し，それを時代を超えて伝えて「蓄積」していくことで成り立つものである。しかし，チンパンジーは，「世界に対してかなりの程度の理解を持っているのだが，その理解を互いに共有しようとしない」ため，文化といえるようなものを生み出すことはない。

問六＜表現＞「最大公約数」は，比喩的に複数の間に見られる共通点を表す。それぞれの個人は，外界についてその人自身の表象，「いわば個人的表象」を持っている。その内容は，その人独自のものであり，他の人の表象と共通する部分もあれば，そうではない部分もある。しかし，その共通する部分が，言語で表され一般的に通用している公的表象とほぼ一致していれば，同じ言語でとらえている事柄がほぼ同様ということになり，共同作業はしやすくなる。

問七＜文章内容＞個々人の個人的表象に共通する部分があり，それが言語で表されて複数の人に共有されていれば，その人々は言語を使って同じ内容を了解しているので，共同作業はしやすくなる。とはいえ，人の心は「本当は計り知れないもの」だから，意思が疎通できている，共同作業がうまくいっていると思うのは，共同でそう思い込んでいるだけの「共同幻想」である可能性が高い。それでもだいたいは当たっており，その「共同幻想」を信じれば，人々は，同じ目的に向かってともに進んでいくことができる。

問八＜要旨＞子どもが，自分の興味を持ったものと同じものを大人が見て「興味を共有して」いることを確認するのは，「子どもにとってもおとなにとっても楽しいこと」である（1…×）。「私」が「外界」を見ていて，「あなた」も同じその「外界」を見ており，「両者が同じその『外界』を見ていることを，了解し合う」ことが，「三項表象」である（2…×）。言語とは，「対象をさし示す記号」を「文法規則で組み合わせ」て「さらなる意味を生み出すことのできるシステム」であり，ヒトだけが持つ「任意の記号と文法規則を備えたコミュニケーションシステム」である（3…○）。このようなシステムを持つ動物は「ヒト以外にはいない」のであり，ヒトは，文法規則によって「様々な記号を結びつけて，さらなる意味を生み出す」ことができるが，他の動物にはそれができない（4…○）。言語コミュニケーションは，「共同作業をずっとスムーズに促進させてくれる」けれども，「言語がなくても共同作業はできる」のであり，「表情や身振り手振り」で意思疎通は可能である（5…×）。

問九＜品詞＞「見」は，上一段動詞「見る」の連用形。「て」は，助詞。「くれ」は，下一段動詞「くれる」の未然形。「なけれ」は，打ち消しの助動詞「ない」の仮定形。「ば」は，助詞。

2023年度 慶應義塾女子高等学校

【英　語】（60分）

1　各設問(A)～(C)に答えなさい。

(A)　次の文章の内容を表したものとして最も適切なものを①～④より１つ選び，番号で答えなさい。

According to a recent report on global food consumption, the amount of food thrown away at home is nearly 570 million tons every year.　That's 11% of food produced worldwide for humans to consume.　When we add the amount of food which is lost and thrown away from production to retailing, something shocking becomes clear — nearly 40% of all food produced around the world is never put into human mouths.

［注］ consumption：消費　production：生産　retailing：小売り　percentage：パーセンテージ

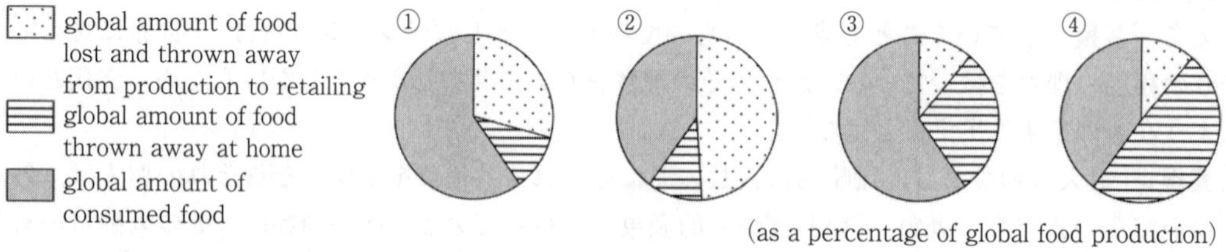

(B)　次の文章の［ A ］，［ B ］を補うのに最も適切なものを①～④より１つずつ選び，番号で答えなさい。

Food loss and waste occurs at every step of the way, from producing to consuming food, but we should recognize the differences in timing between developed and developing regions.　In developed regions, ［　　A　　］.　A large amount of food is left to spoil in cabinets or refrigerators after they buy food products, or remains on the dinner table at home.　In developing regions, however, ［　　B　　］.　It seems to be caused by the low level of technology used in harvesting, packing, and transporting food products.

［注］ timing：タイミング　developed：発展した

① a lot of food is saved by those who produce food products
② a lot of food is thrown away by those who consume food products
③ food is lost more often while it is produced and delivered
④ food is provided more often when people are in need

(C)　次のグラフの内容を表したものとして最も適切なものを①～④より１つ選び，番号で答えなさい。

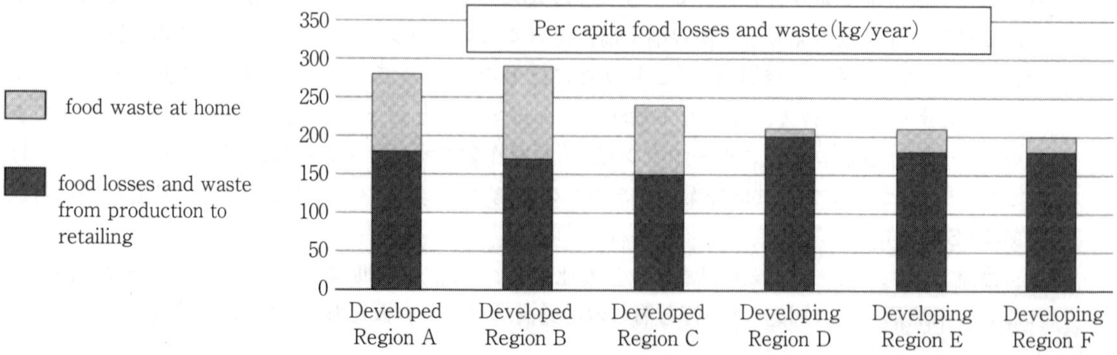

［注］ per capita：一人当たりの

① The annual per capita food losses and waste before reaching home is not as large as the annual per capita food waste at home in all of the regions.

② The total amount of the annual per capita food losses and waste from production to retailing and food waste at home in Developing Region D is smaller than that in Developed Region A.

③ The annual per capita food losses and waste from production to retailing in Developed Region C is larger than that in Developing Region E.

④ Developed Region B has not only the largest annual per capita food losses and waste before reaching home but the largest annual per capita food waste at home of all the regions.

2 次の文章を読んで設問に答えなさい。

Our world is full of superstitions. Superstition is a belief or behavior that is not based on human reason or scientific knowledge, but is thought to bring good or bad luck. While some superstitions such as lucky number 7, unlucky number 13, four-leaf clover, black cats, or wishing on a falling star are widely known, other superstitions are quite personal, like eating specific food before important events or wearing a person's lucky color.

There was a survey to ask Americans if they believe in superstitions or not. The result is nearly half of Americans answered they believe in some superstitions. When we separate the people in the survey into groups, some interesting tendencies appear. [A] People with college degrees and those without college degrees have almost an equal level of belief in superstitions. The survey also shows that the percentage of people who believe in superstitions decreases with the increase in age. In addition, there is a gender difference. (1)Superstitious beliefs are (あ) popular in men than in women, but the number of people who say they are "very" superstitious, not "only a little" superstitious or "somewhat" superstitious, is (い) among men than among women. Of course no survey can be a perfect mirror of the whole world. It might be impossible to say for sure that any one group may be more or less superstitious, but we can (ア) out there are some tendencies for each group.

There is a world, however, which has many superstitious people even though it has various groups of people. Can you guess which world it is ? It is the sports world ! Sport has always been full of superstitions, even for the best athletes in the world. Four out of five professional athletes have at least one superstition. A lot of famous athletes are known for their unique superstitious beliefs and behaviors. Baseball player Wade Boggs believed the number 7 and 17 to be his lucky numbers. Before a night game, he always ran his sprints exactly at 7:17 PM. (2)テニス選手の Serena Williams は，勝ち続けている限り，トーナメントが終わるまで同じ靴下をくり返し履くことで知られている。 Football player Cristiano Ronaldo always steps onto the football ground with his right foot.

(3)Do these superstitions make a difference ? From the scientific point of view, they have nothing to do with performance. Surprisingly, however, superstitions can have a positive effect. Researchers say that they reduce anxiety, increase confidence and help athletes relax. It is also known that they release the chemicals which help athletes to focus better. Many athletes believe if they keep their own superstitions, they can perform well. For them, superstitions are precious good luck charms that can't be (イ) with money.

Many researchers, however, say that superstitions can be harmful, too. Once, a superstition caused a problem for a football club. Two players had the same superstition — they both had to be the last person to leave the locker room before the game, but neither of them was willing to give it up. Both of them got frustrated and anxious, and this (ウ) in a poor performance. Another example is one American football player who used to believe in a superstition which was not common. Before each game, he climbed on top of the television in his hotel room and jumped to the bed. The superstition might be hard to understand, but (4)he had a unique belief that this would protect him from getting hurt on the field. However, one time, he missed the bed and fell. His injury made him miss a game.

Do you have or do you want to have your own superstition for good luck? Surely it is possible that superstitions have a positive effect and (エ) you to success. In fact, it is said that 70% of American students depend on good luck charms for better academic performance. But what happens if you sit down to take an examination and realize you've forgotten your good luck charms? Well, in that case, you don't have to worry. Remember your superstition is nothing more than your own invention. Never let superstition control you. Instead, make use of it wisely!

［注］ superstition：迷信，験《げん》かつぎ　belief：信じること，信念　clover：クローバー
tendency：傾向　superstitious：迷信深い，験《げん》をかつぐ　somewhat：やや，いくぶん
good luck charm：お守り

問1　[A] を補うのに最も適切なものを①～④より1つ選び，番号で答えなさい。

① Education greatly influences the level of believing in superstitions.
② People with the same level of education show a similar tendency.
③ Education has little effect on how superstitious a person is.
④ People with higher education are more superstitious than those without it.

問2　次の文は下線部(1)の内容を説明したものである。(あ)，(い)を補うのに最も適切なものを①～⑤より1つずつ選び，番号で答えなさい。ただし，同じ番号を2度以上選ばないこと。

「男性よりも女性の方が迷信や験《げん》かつぎを信じる人が多いが，『ほんの少し』や『やや，いくぶん』ではなく『とても』迷信深いあるいは験《げん》をかつぐと答えるのは男性の方が多い。」

① more　② less　③ fewer　④ larger　⑤ smaller

問3　(ア)～(エ)を補うのに最も適切な語を次より1つずつ選び，文脈に合う形で答えなさい。ただし，同じ語を2度以上選ばないこと。

lead, enter, result, involve, buy, compete, figure

問4　下線部(2)を英語に直しなさい。

問5　下線部(3)を以下のように具体的に書きかえた場合，(　)を補うのに最も適切な1語を本文中より抜き出しなさい。

Do these superstitions have any real (　　) on sports results?

問6　下線部(4)を日本語に直しなさい。ただし，"this" が指す具体的な内容を明らかにすること。

問7　本文の内容に合っているものを①～⑥より2つ選び，番号で答えなさい。

① Widely-known superstitions are based on human reason or scientific knowledge, but personal superstitions aren't.
② According to the survey, younger people have a higher tendency to believe in superstitions than older people.
③ About 80% of professional athletes hesitate to have more than one superstition because they are unable to keep them all.
④ An American football player couldn't participate in a game because of the injury he got while

he was performing his superstitious behavior.

⑤ It is wise not to have your own superstition because it can produce a negative effect and cause a failure.

⑥ 30% of American students are said to forget to bring their good luck charms when they take an examination.

3 次の会話文を読んで設問に答えなさい。

Alice : What is that, Kaori ?

Kaori : It's an origami bird I made last night. I couldn't sleep because I was still adjusting to the time difference between Japan and here in London. I [I] or a crossword puzzle in my suitcase, and I found my origami papers.

Alice : [A]

Kaori : I sometimes need to do so, but it doesn't always require a lot of thought. In a way, it reminds me of counting. Counting is basically a simple task. But when you are counting a lot of things, you must concentrate or (1)you will lose your place.

Alice : Origami and counting are similar in a sense.

Kaori : Yes. But for me, origami is more creative and exciting than counting. The name of origami simply means "paper folding." [B]

Alice : Like what ?

Kaori : (2)折り紙の最も魅力的な点の１つは，１枚のシンプルな紙がどのようにして美しく力強いものに変えられるのかを目にすることができることだ。 Alice, pull the origami bird's tail.

Alice : Yeah. Oh, it's amazing ! The bird's wings are flapping up and down ! How do you make this bird ? Do you make it with scissors and glue ?

Kaori : No, (ア a—) I need is just a single sheet of paper. I just use, um . . . I forget what to call the paper's shape . . .

Alice : (イ S—) shape ?

Kaori : Does it mean having four straight equal sides and four angles of 90° ?

Alice : Yes.

Kaori : That's it ! [C] That's the only thing I need. And as it is thin, we can fold it many times.

Alice : I see. Oh, Kaori ! You are smiling and showing the dimple in your left cheek. It brings back memories when we were little !

Kaori : What do you mean ?

Alice : Your dimple is in your left cheek, and mine is in my right cheek. We used to pretend it meant that we were twins.

Kaori : Really ? I don't remember that.

Alice : My mom likes (3)this story and tells me even now as a good memory of our life in Japan.

Kaori : I am happy I have a nice friend from childhood. Thank you for letting me stay with your family for two weeks.

Alice : My pleasure. And my mom will be excited with this moving origami, just like me ! She says origami is a great Japanese tradition and she would like to learn it someday.

Kaori : I will offer her some lessons while I'm staying here.

Alice : [D]
Kaori : Of course, it's my pleasure.
Alice : Then, you can teach me first. And I'll help you teach my mom as an assistant. (4)I'll be passing the tradition up instead of down.
Kaori : I think we will be good partners !

［注］ flap：羽ばたきする　side：(平面図形の)辺　dimple：えくぼ　pretend：偽って主張する

問１　［Ⅰ］を補うように，次の語句を並べかえなさい。
like, for, a book, searching, something, was

問２　[A]〜[D]を補うのに最も適切なものを①〜⑧より１つずつ選び，番号で答えなさい。ただし，同じ番号を２度以上選ばないこと。
① Are you looking forward to learning origami ?
② Thanks for telling me the name.
③ It's an unfamiliar place for doing origami.
④ Can you give me a few, too ?
⑤ You don't always carry origami with you.
⑥ But there is more to it than that.
⑦ Do you concentrate when you do origami ?
⑧ People name it after origami.

問３　下線部(1)とは，具体的にどのようになるということか。日本語で答えなさい。

問４　下線部(2)を英語に直しなさい。

問５　（ア），（イ）にそれぞれ最も適切な１語を補いなさい。ただし，指定された文字で書き始めること。

問６　下線部(3)の具体的な内容を日本語で答えなさい。

問７　次の文は下線部(4)が表す内容を具体的に説明したものである。[あ]，[い]にそれぞれ適切な日本語を補いなさい。ただし，２箇所ずつある[あ]，[い]には，それぞれ同じ日本語が入る。
「伝統を，[あ]から[い]にではなく，[い]から[あ]に伝えること。」

4　次の文章を読んで設問に答えなさい。

Today the potato is the fourth most important crop in the world, after wheat, rice, and corn. But in the past the crop was seen with doubt by some, as well as with passion by others.

Potatoes have a very rich and interesting history. For thousands of years, they were grown and eaten every day by people living in South America. (1)This daily food was not only preserved by drying and stored in case of poor harvest, but was also used to heal burns more quickly.

The explorers from Spain first came across the potato when they arrived in the Inca Empire in South America in the 16th century. At the time they [Ⅰ] was, but they gradually began to use it as a food to store and eat on their ships and later brought it to their country.

The 1600s saw potatoes spread throughout Europe, but many people regarded them with doubt and anxiety. Some could not believe that it was possible to eat the part of the plant that grew under the ground, so they ate the leaves instead. This made them sick because there is poison in the leaves. In the 1700s, the upper-class people in France and Prussia recognized it was easy to grow potatoes, and that they could better feed their population with them. But (2)彼らはジャガイモに関して多くの人々が抱いた疑念を取り除くという難題に取り組まなければならなかった。 In order to encourage the French people to see the potato as a fashionable plant, King Louis XVI put its flowers in the hole of a button of his dress, and his wife, Marie Antoinette, put ones in her hair. The king of Prussia tried to improve his people's image by planting potatoes in the royal field and placing many soldiers around it. Not surprisingly, the field made people curious. They thought that [A], and so they began to steal the potato plants for their home gardens and the plants quickly became popular.

Although the upper class people in France and Prussia needed to make a great effort to change people's image of the potato, (3)the Irish people immediately accepted the vegetable with great passion. Since the potato grew well in the cold and rainy climate of the land, a farmer could grow enough potatoes to feed his family. In fact, even without any major developments of agriculture technology, the Irish population increased to be twice as large between 1780 and 1841 thanks to potatoes.

At last, people realized that potatoes are one of the best crops around the world — they are relatively cheap, easy to grow and packed with a variety of nutrients. In October of 1995, the potato became the first vegetable to be grown in space. NASA and a university in America created the technology with the goal of feeding astronauts staying in space, and someday feeding people living on Mars. (4)Potatoes went from being one of the most misunderstood farm products to one of the most important foods on our planet, and in the future they might be in space, too.

［注］ wheat：小麦　the Inca Empire：インカ帝国　upper-class：上流階級の
Prussia：プロイセン王国　royal：王室の　nutrient：栄養素

問1　下線部(1)を日本語に直しなさい。

問2　［Ｉ］を補うように，次の語句を並べかえなさい。
the potato, to, valuable, realize, failed, how

問3　下線部(2)を英語に直しなさい。

問4　[A] を補うのに最も適切なものを①～④より１つ選び，番号で答えなさい。
① nothing worth stealing so frequently was definitely worth protecting
② anything worth protecting so carefully was absolutely worth stealing
③ anything many soldiers stole immediately was totally worth protecting
④ nothing many soldiers watched intensely was really worth stealing

問5　下線部(3)の理由として最も適切なものを①～④より１つ選び，番号で答えなさい。
① その野菜は隣国において大量に余っていたから
② その野菜は寒く雨の多い土地でもよく育ったから
③ その野菜を栽培する農業技術が大いに発展したから
④ その野菜のおかげで人口が急激に増加したから

問6　次の文が下線部(4)とほぼ同じ意味になるよう，（ア），（イ）にそれぞれ最も適切な１語を補いなさい。

Although they (ア) to be one of the most misunderstood farm products, someday potatoes might be one of the most important foods in (イ) as they are on our planet.

問7　次の質問に英語で答えなさい。ただし，主語と動詞のある文の形で答えること。
1　Which part of the potato containing poison did some people eat in the 1600s?
2　What did King Louis XVI and Marie Antoinette wear in order to change the French people's image of the potato?

5 Which do you think is better for reading, borrowing books from a library or buying books at a bookstore ? Tell us your idea with two or three reasons. Write in English and use about 50 words. Please write the number of words in the space (words) on the answer sheet.

【数　学】（60分）

（注意）　1．途中の計算や式などもすべて解答用紙に書いておくこと。

　　　　　2．図は必ずしも正確ではありません。

1　次の問いに答えなさい。

［1］　メスのメダカが15匹，オスのメダカがそのx倍入っている池に，新たに250匹のメダカを加えた。その250匹のうち，メスがオスよりも140匹多かったため，今度はメスの数がオスのx倍になった。xの値を求めなさい。

［2］　整数xに6を加えると整数mの平方になり，xから17を引くと整数nの平方になる。m，nはともに正として，m，n，xの値を求めなさい。

2　A，B，C，D，E，Fの6チームがおたがいに他チームと必ず1回だけ試合をすることにした。得点は次の規則で決めることにする。

＜規則＞

試合の勝ち負けが決まったときは，勝ちチームに2点，負けチームに0点を与える。

試合が引き分けになったときには，それぞれのチームに1点を与える。

この規則で各チームが5試合すべて終えたとき，AからEのチームの得点は

Aチーム　9点　　Bチーム　3点　　Cチーム　0点

Dチーム　4点　　Eチーム　9点

であった。次の問いに答えなさい。

［1］　試合が1つ終わると，両チームに与えられる点の合計は何点か。

［2］　次の文の(あ)～(く)にあてはまる数を答えなさい。

全6チームが試合を終えたとき，試合の総数は(　あ　)回になるから，Fチームの得点は(　い　)点である。AチームとEチームは得点が9点であるから，どちらも(　う　)勝(　え　)敗(　お　)引き分けである。したがって，Fチームは(　か　)勝(　き　)敗(　く　)引き分けしたことになる。

［3］　BチームとDチームの負け試合数が同数のとき，Bチームが引き分けた試合の相手チームを答えなさい。

3　図のように，放物線$y=ax^2$上に4点A，B，C，Dを，△OABが正三角形，△OCDが直角二等辺三角形となるようにとる。点Bからx軸に垂線BEをひき，点Eと線分CDの中点Fを結ぶ。線分EFと線分OB，ODの交点をそれぞれG，Hとし，点B，Dのx座標をそれぞれb，dとして次の問いに答えなさい。ただし，a，b，dは正の値，AB∥CDとする。

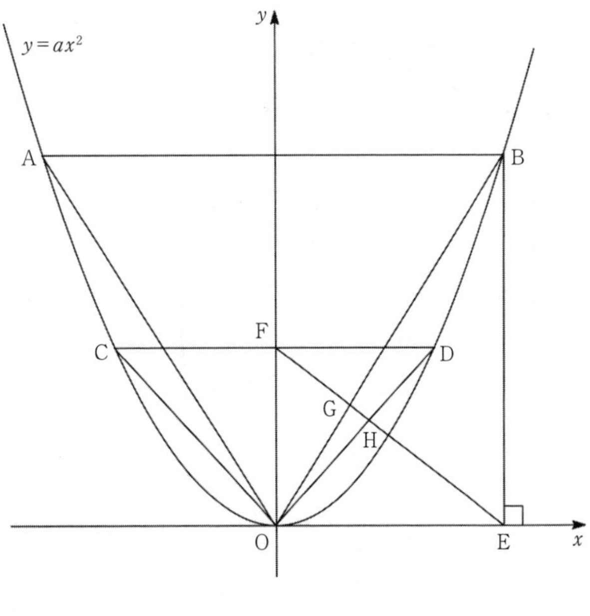

［1］　aを用いて，dを表しなさい。

［2］　$b:d$を求めなさい。

［3］　∠DHEの大きさを求めなさい。

［4］　FG：GEを求めなさい。

［5］　△OFGの面積が$\sqrt{3}$であるとき，aの値を求めなさい。

4　円に内接する四角形ABCDの２本の対角線は，点Eにおいて垂直に交わっている。点Eを通り，辺BCに垂直な直線をひき，辺BC，ADとの交点をそれぞれF，Gとする。BE＝20，CE＝15，FG＝17として，次の問いに答えなさい。

［１］　線分EFの長さを求めなさい。

［２］　∠DBC＝a°として，∠DEGの大きさをaを用いて表しなさい。

［３］　線分AG，ADの長さをそれぞれ求めなさい。

［４］　四角形ABCDの面積Sを求めなさい。

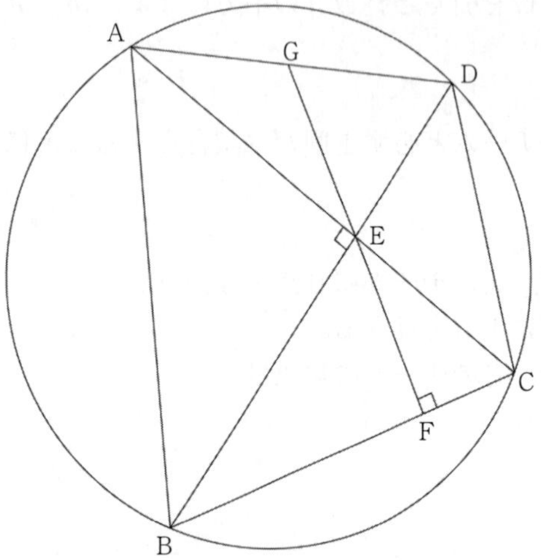

5　三角柱ABC-DEFにちょうど入る半径rの球Oがある。三角柱の底面は１辺の長さが４の正三角形であるとして，次の問いに答えなさい。ただし，円周率はπとする。

［１］　rの値と球Oの体積Vを求めなさい。

［２］　辺BE，CFの中点をそれぞれG，H，線分GE，HFの中点をそれぞれI，Jとし，点A，G，Hを含む平面Pで球Oを切ったときの切り口の図形の面積をS，点A，I，Jを含む平面Qで球Oを切ったときの切り口の図形の面積をTとする。S，Tの値を求めなさい。

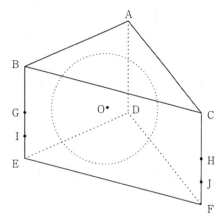

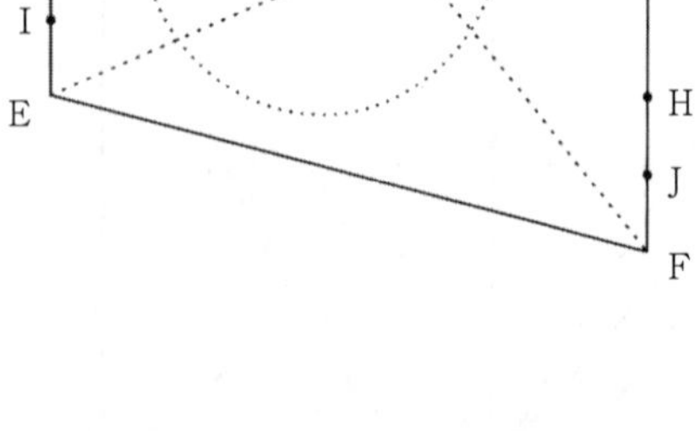

ことを感じた。自分がある男を、不快に思ったのは、E強者に対する弱者の反感ではなかったか。あんなに、マスクを付けることに、熱心だった自分迄《まで》が、時候の手前、それを付けることが、何うにも気恥ずかしくなって居る時に、勇敢に傲然《ごうぜん》とマスクを付けて、数千の人々の集まって居る所へ、押し出して行く態度は、可なり徹底した強者の態度ではあるまいか。兎《と》に角《かく》自分が世間や時候の手前、やり兼ねて居ることを、此の青年は勇敢にやって居るのだと思った。此の男を不快に感じたのは、此の男のそうした勇気に、圧迫された心持ちではないかと自分は思った。

（菊池　寛「マスク」より）

問一　波線部1と2について、それぞれ漢字の読みをひらがなで書き、意味を簡潔に記しなさい。

問二　傍線部Aについて、これはなぜか、説明しなさい。

問三　傍線部Bとは、どのような勇気か、説明しなさい。

問四　傍線部Cについて、この時に「私」が抱いていた思いはどのようなものか、説明しなさい。

問五　傍線部Dとは、どういうことか、「自分」につながるように説明しなさい。

問六　傍線部Eの「強者」と「弱者」について、それぞれどういう人物か、本文のことばを用いて説明しなさい。

問七　作者は出版社の社長としてある文学賞を創設した。若くして自殺した友人の名を冠したその文学賞の名をひらがなで記しなさい。

問八　本文中の＝＝の部分を、例にならって品詞分解し、それぞれの品詞名を答えなさい。ただし、活用のあるものは文中での活用形も答えなさい。

（例）

名詞	助詞	名詞	助詞	名詞	助動詞 終止形
これ	は	今年	の	試験問題	です

【作　文】（六〇分）

世の中には、「科学的である」と考えられているものと、「科学的でない」と考えられているものがあります。この両者を分ける基準は、何だと思いますか？　具体例を示しながら、その基準を六〇〇字以内で述べなさい。

その後から四十度の熱になったと云う報知を受けたときには、二三日は気味が悪かった。

　A毎日の新聞に出る死亡者数の増減に依《よ》って、自分は一喜一憂した。日毎に増して行って、三千三百三十七人まで行くと、それを最高の記録として、僅《わず》かばかりではあったが、段々減少し始めたときには、自分はホッとした。が、自重した。二月一杯は殆《ほとん》ど、外出しなかった。友人はもとより、妻までが、自分の臆病を笑った。自分も少し神経衰弱の恐病症《ヒポコンデリア》に罹って居ると思った。が、感冒に対する自分の恐怖は、何《ど》うにもまぎらすことの出来ない実感だった。

　三月に入ってから、寒さが一日一日と、引いて行くに従って、感冒の脅威も段々衰えて行った。もうマスクを掛けて居る人は殆どなかった。が、自分はまだマスクを除《の》けなかった。

「病気を怖れないで、伝染の危険を冒すなどと云うことは、それは野蛮人の勇気だよ。病気を怖れて伝染の危険を絶対に避けると云う方が、文明人としての勇気だよ。誰も、もうマスクを掛けて居ないときに、マスクを掛けて居るのは変なものだよ。が、それは臆病でなくして、B文明人としての勇気だと思うよ。」

　自分は、こんなことを云って友達に弁解した。又心の中でも、幾分かはそう信じて居た。

　三月の終わり頃まで、自分はマスクを捨てなかった。もう、流行性感冒は、都会の地を離れて、山間僻地《へきち》へ行ったと云うような記事が、時々新聞に出た。Cが、自分はまだマスクを捨てなかった。もう殆ど誰も付けて居る人はなかった。が、偶《たま》に停留場で待ち合わして居る乗客の中に、一人位黒い布片《ぬのきれ》で、鼻口を掩《おお》うて居る人を見出した。自分は、非常に頼もしい気がした。ある種の同志であり、2知己であるような気がした。自分は、そう云う人を見付け出すごとに、自分一人マスクを付けて居ると云う、一種のてれくささから救われた。自分が、真の意味の衛生家であり、生命を極度に愛惜する点に於《お》いて一個の文明人であると云ったような、誇りをさえ感じた。

　四月となり、五月となった。D遉《さすが》の自分も、もうマスクを付けなかった。ところが、四月から五月に移る頃であった。また、流行性感冒が、ぶり返したと云う記事が二三の新聞に現われた。自分は、イヤになった。四月も五月になって、まだ充分に感冒の脅威から、脱け切れないと云うことが、堪らなく不愉快だった。

　が、遉の自分も、もうマスクを付ける気はしなかった。日中は、初夏の太陽が、一杯にポカポカと照らして居る。どんな口実があるにしろ、マスクを付けられる義理ではなかった。新聞の記事が、心にかかりながら、時候の力が、自分を勇気付けて呉《く》れて居た。

　丁度五月の半《なか》ばであった。市俄古《シカゴ》の野球団が来て、早稲田で仕合《しあい》が、連日のように行われた。帝大と仕合がある日だった。自分も久し振りに、野球が見たい気になった。学生時代には、好球家の一人であった自分も、此《こ》の一二年殆ど見て居なかったのである。

　その日は快晴と云ってもよいほど、よく晴れて居た。青葉に掩われて居る目白の高台が、見る目に爽やかだった。自分は、終点で電車を捨てると、裏道を運動場の方へ行った。此の辺の地理は可《か》なりよく判《わか》って居た。自分が、丁度運動場の周囲の柵《さく》に沿うて、入場口の方へ急いで居たときだった。ふと、自分を追い越した二十三四ばかりの青年があった。自分は、ふとその男の横顔を見た。見るとその男は思いがけなくも、黒いマスクを掛けて居るのだった。自分はそれを見たときに、ある不愉快な激動《ショック》を受けずには居られなかった。それと同時に、その男に明らかな憎悪を感じた。その男が、何となく小憎らしかった。その黒く突き出て居る黒いマスクから、いやな妖怪的な醜さをさえ感じた。

　此の男が、不快だった第一の原因は、こんなよい天気の日に、此の男に依って、感冒の脅威を想起させられた事に違いなかった。それと同時に、自分が、マスクを付けて居るときは、偶にマスクを付けて居る人に、逢《あ》うことが嬉《うれ》しかったのに、自分がそれを付けなくなると、マスクを付けて居る人が、不快に見えると云う自己本位的な心持ちも交じって居た。

二

次の文章を読んで、あとの設問に答えなさい。

A十二月一日ごろなりしやらむ、B夜に入《い》りて、雨とも雪ともなくうち散りて、村雲騒がしく、ひとへに曇りはてぬものから、むらむら星うち消えしたり。引き被《かづ》き臥《ふ》したる衣《きぬ》を、更けぬるほど、C丑二《うしふたつ》ばかりにやと思ふほどに、引き退《の》けて、空を見上げたれば、ことに晴れて、D浅葱《あさぎ》色なるに、光ことごとしき星の大きなるが、むらもなく出でたる、なのめならずおもしろくて、花の紙に、箔《はく》をうち散らしたるによう似たり。E今宵《こよひ》初めて見そめたる心地す。先々も星月夜見なれたることなれど、これは折からにや、ことなる心地するにつけても、ただ物のみ覚ゆ。

X をこそながめなれしか Y の夜の
深きあはれを今宵知りぬる

（『建礼門院右京大夫集』より）

＊浅葱色…薄い藍《あい》色。水色。

問一 X・Y に最もよくあてはまる語を次の中から選び、番号で答えなさい。（同じ番号は一度しか使えない。）

1 雨　2 雲　3 月　4 花
5 光　6 星　7 物　8 雪

問二 傍線部Aについて、「十二月」の月の異名をひらがな（現代仮名づかい）で記しなさい。

問三 傍線部Bについて、この日の夜の様子として、正しいものをすべて選び、番号で答えなさい。

1 雨も雪も降らずに月が美しく輝いていた。
2 雨や雪が舞うように花びらが散っていた。
3 月のない日で夜更けには星が輝いていた。
4 ぶ厚い雲があたり一面を覆い隠していた。
5 夜の初め頃は雨まじりの雪が降っていた。

問四 傍線部Cについて、「丑二」は何時頃か、もっとも近い時刻を次から選び、番号で答えなさい。

1 午後十時頃　2 午前〇時頃
3 午前二時頃　4 午前四時頃

問五 傍線部Dについて、なぜ夜空が「浅葱色」なのか、説明しなさい。

問六 傍線部Eとはどういうことか、説明しなさい。

三

次の文章を読んで、あとの設問に答えなさい。

一九二〇年、全世界で一億人以上の死者が出た流行性感冒が日本でも広がっていた。「私」は体質的な問題で、急な運動をしたり今回の感冒に罹《かか》ったりすれば命が危ういという診断を医者から受けていた。

こうした診察を受けて以来、生命の安全が刻々に脅かされて居るような気がした。1殊に、丁度その頃から、流行性感冒が、猛烈な勢いで流行《はや》りかけて来た。医者の言葉に従えば、自分が流行性感冒に罹ることは、即ち死を意味して居た。その上、その頃新聞に頻々と載せられた感冒に就いての、医者の話の中などにも、心臓の強弱が、勝負の別れ目と云《い》ったような、意味のことが、幾度も繰り返されて居た。

自分は感冒に対して、脅《おび》え切ってしまったと云ってもよかった。自分は出来る丈《だけ》予防したいと思った。最善の努力を払って、罹らないように、しようと思った。他人から、臆病と嗤《わら》われようが、罹って死んでは堪《たま》らないと思った。

自分は、極力外出しないようにした。妻も女中も、なるべく外出させないようにした。そして朝夕には過酸化水素水で、含漱《うがい》をした。止むを得ない用事で、外出するときには、ガーゼを沢山詰めたマスクを掛けた。そして、出る時と帰った時に、叮嚀《ていねい》に含漱をした。

それで、自分は万全を期した。が、来客のあるのは、仕方がなかった。風邪がやっと癒《なお》ったばかりで、まだ咳《せき》をして居る人の、訪問を受けたときなどは、自分の心持ちが暗くなった。自分と話して居た友人が、話して居る間に、段々熱が高くなったので、送り帰すと、議活動を行っています。当時、インドで塩はイギリスの植民地当局による4センバイ制がしかれており、高い税金がかけられ、インド人が自由に作ることができませんでした。
　そこでガンジーは弟子たちとともに海岸まで5エンエンと歩いて向かい、小さな塩のかたまりを拾い集めるという行動に打って出ました。この姿はインド民衆の圧倒的な支持を集めただけでなく、全世界にイギリスの6オウボウさを知らしめたのです。
　こうした根気強い独立運動の結果、最終的にイギリスは植民地支配を維持できなくなり、インドの独立が認められました。
　ガンジーの独立運動は、C私たち日本人にとっても無関係ではありません。
　数年前、日本企業を含む多国籍企業がタックスヘイブンとして有名なイギリス領ケイマン諸島に多額の資産をため込み、課税逃れを行っている7ジッタイが報じられました。
　現実に、データの上でも超富裕層である二十人程度が、世界人口の収入の低いほうの半分の総資産と同額の富を独占しているといわれています。異常なまでの富の集中と経済格差が進行しています。
　日本企業ですらない企業、日本に納税を行っていない企業のもとで、日本人が低収入で働かされているのだとしたら、暢気《のんき》に英語ができる人をもてはやしている場合ではありません。
　経済格差の問題は一[X]一[Y]に解決するものではなく、私たち個人ができることも限られています。しかし、私たちは英語コンプレックスから抜け出すことはできるはずです。
　現在は、翻訳ソフトが進化し、YouTubeのコメント欄の英語もいろいろな言語に訳されるようになりました。各言語間の翻訳も同様です。
　それぞれの母語で思考・表現できる時代がAIの進化によってやって来ることを期待しています。
　私が日本の人たちに問いかけたいのは、日本語の美しさに触れないまま8ショウガイを終えてしまって本当にいいのだろうか、ということです。D『平家物語』の美しい言葉の響きを知ることもなく、英語を習得しなければならないというプレッシャーを抱えながら生きていく人生のほうが本当に素晴らしいと言い切れるのでしょうか。

（齋藤　孝『なぜ日本語はなくなってはいけないのか』より）

＊タックスヘイブン…課税が免除あるいは軽減されるなど、税制上の優遇措置をとっている国や地域のこと。

問一　波線部1～8のカタカナを漢字で、漢字の読みをひらがなで書きなさい。

問二　[X]・[Y]に最もよくあてはまる漢字一字をそれぞれ記し、四字熟語を完成させなさい。

問三　本文には次の一文が省略されています。どこに入れたらよいか、その箇所の、直後の五字を句読点を含み記しなさい。

　英語力が経済成長につながるのであれば、英語を公用語とするフィリピンが世界有数の経済大国になってもおかしくなかったはずです。

問四　傍線部Aについて、筆者はどのようなところを「良い」としているのか、本文のことばを用いて説明しなさい。

問五　傍線部Bについて、筆者はなぜこのように考えているのか、本文のことばを用いて説明しなさい。

問六　傍線部Cについて、当時のインドの状況と、現代の日本の状況で筆者が重なると考えている部分はどこか、「～という状況」につながるように、本文から最も適切な部分をそれぞれ抜き出しなさい。

問七　傍線部Dについて、『平家物語』の文体を何文というか、漢字四字で記しなさい。

二〇二三年度 慶應義塾女子高等学校

【国　語】（六〇分）

一 次の文章を読んで、あとの設問に答えなさい。

自分が入社しようとする会社が英語を公用語としているので、入社したら英語を使わなければならない。その状況に文句を言う筋合いはありません。嫌なら他の会社を選ぶことができるからです。

しかし、すでに勤務している会社が「英語ができなければ一定の役職以上に昇進できない」というルールを設けたとなると話は別です。少なくともショックを受ける人が出ます。公的な性格の強い企業が、英語力を基準に社員のキャリアを押さえ付けるのは、人権上問題があるのではないかとさえ感じます。

そもそも「英語ができなければ国際的なビジネスはできない」という思い込みはどこから生まれたのでしょうか。

日本は明治維新を経て世界の強国へと成長し、第二次世界大戦後の復興期には急激な経済成長を経験し、世界第二位の経済大国へと上り詰めました。この国力の伸張は、日本人の英語力によって成されたのでしょうか。

しかし、現実には英語を公用語とする国々よりも、日本ははるかに経済的な成功をおさめることができました。つまり、英語力と経済力は必ずしもイコールではないということです。

明治維新や経済成長を可能にしたのは、日本人一人ひとりが日本語でしっかりと考えられるタフな脳を持っていたからです。

第二次世界大戦で日本の国土は一面焼け野原となりましたが、生き残った人々には日本語で考える脳が残されていました。戦後に英語を勉強したからではなく、戦前の教育を受けていた人たちが経済復興を下支えしたのです。

そう考えると、戦前の教育を全否定しながら戦後の復興を讃《たた》えるというのは筋が通らない話です。戦後の復興を讃えるなら、A戦前の教育の良い部分もきちんと評価する必要があります。

戦後の経済成長を成し遂げたことからもわかるように、戦前の教育は軍国主義の要素を除けば、かなり精度の高いものであり、精神の強さを育てるものでありました。そして、その根本に日本語教育があったのは間違いありません。

もちろん、戦前と現在では時代背景が異なります。今はグローバル化が加速している時代であり、企業が世界的な潮流を無視してビジネスを行うのは1コンナンです。しかし、そうであっても、日本の企業が英語力を絶対視することは、本当にコストパフォーマンスのよい選択なのでしょうか。

英語力を重視する企業は、他の能力に優先して英語ができる人材を積極的に採用します。逆にいえば、多少は英語以外の能力に欠けていても許されるということです。これはB長期的に見て企業価値を損ねることにつながるのではないか、と私は2危惧しています。

外国語を話せるのは基本的によいことです。外国語を習得しようとする努力も素晴らしいですが、だからといって日本語しかできないことにコンプレックスを持つ必要があるとは思いません。

日本では、英語が得意な人を持ち上げたり、英語ができないことにコンプレックスを感じたりする風潮があります。私はこの風潮にどうしても納得できません。英語ができることと知性の高さを同一視すべきではないと考えるからです。

英語に対するコンプレックスには危うさが潜んでいます。インド独立の父であるマハトマ・ガンジーは『真の独立への道』（田中敏雄訳、岩波文庫）という著書の中で、インドでは英語ができるインド人が、英語ができないインド人を搾取《さくしゅ》していることを3喝破しました。その上で、インド人は英語を使うべきではないとも主張しました。

ガンジーは「塩の行進」と呼ばれる非暴力・不服従運動による抗

2023年度／慶應義塾女子高等学校

英語解答

1 (A) ①　(B) A…②　B…③
(C) ②

2 問1 ③　問2 あ…②　い…④
問3 ア figure　イ bought
ウ resulted　エ lead
問4 (例) Tennis player Serena Williams is known to wear the same socks over and over until the tournament is over, as long as she keeps winning.
問5 effect
問6 (例)彼は，試合前にホテルの自室でテレビの上からベッドに飛び降りることが，競技場でけがをすることから守ってくれるという独自の信念を持っていた。
問7 ②，④

3 問1 was searching for something like a book
問2 A…⑦　B…⑥　C…②　D…④
問3 (例)自分がどこまで数えたかわからなくなるということ。
問4 (例) One of the most attractive points of origami is that we can see how a simple piece of paper can be changed into something beautiful and powerful.
問5 ア all　イ Square
問6 (例)カオリとアリスが幼い頃，カオリの左のほほとアリスの右のほほにえくぼがあることから2人は双子だと言い張っていたこと。
問7 あ 親　い 子

4 問1 この日常的な食物は，乾燥して保存され，凶作に備えて蓄えられただけでなく，やけどをより早く治すためにも使われた。
問2 failed to realize how valuable the potato
問3 (例) They had to deal with the challenge of removing the doubts that many people had about potatoes.
問4 ②　問5 ②
問6 ア used　イ space
問7 1 They ate the leaves.
2 They wore potato〔its〕 flowers.

5 (例) I think that borrowing books from a library is better. First, we can talk with a librarian and ask for advice about which books to read. Second, we can try reading books we wouldn't normally buy at a bookstore. And finally, we don't have to keep many books at home.
(50語)

1 〔長文読解総合—説明文〕

(A)＜要旨把握＞≪全訳≫世界の食料消費に関する最近の報告によると，家庭で捨てられる食料の総量は毎年およそ5億7000万トンである。これは，人間が消費するために世界で生産される食料の11％だ。生産から小売までの間に失われたり捨てられたりする食料の量を足すと，驚くべきことが明らかになる。世界中で生産される食料全体の40％近くが人の口に入らないのだ。／(グラフ横の説明：上から)世界で生産から小売までの間に失われたり捨てられたりする食料の総量／世界の家庭で捨てられる食

料の総量／世界の食料消費量

＜**解説**＞家庭で捨てられる食料について述べた第１，２文の内容に合うのは①と②。このうち，食料の損失と廃棄の総量について述べた最終文の内容に合うのは①。

⑻＜**適文選択**＞≪**全訳**≫食料ロスと食料廃棄は，食料の生産から消費までの過程のどの段階でも生じるが，先進地域と発展途上地域とのタイミングの差を認識すべきである。先進地域では，$_{\text{A}}$多くの食料が食品を消費する人々によって捨てられる。食品を買った後に家庭で大量の食料が戸棚や冷蔵庫の中に入れられたままだめになったり，あるいは食卓で残ったりする。しかし，発展途上地域では，$_{\text{B}}$食料は生産や流通の間に失われることの方が多い。これは，食料の収穫や梱包，運送に使われる技術のレベルが低いことによると思われる。

＜**解説**＞A・B．ともに直後の文が空所に入る文の具体的な説明になっていることを読み取る。このように英語では，‘抽象’→‘具体’の順で説明されることが多い。by those who ～ は「～する人々によって」の意味。

⒞＜**内容真偽―グラフを見て答える問題**＞≪**全訳**≫１人当たりの食料ロスと食料廃棄(kg/年)／家庭での食料廃棄／生産から小売までの間の食料ロスと食料廃棄／先進地域A～C／発展途上地域D～F

＜**解説**＞①「全ての地域において，年間１人当たりの家庭に届くまでの食料ロスと食料廃棄は，家庭での食料廃棄ほど大きくない」…×　②「発展途上地域Dにおける，年間１人当たりの生産から小売までの食料ロスと食料廃棄と家庭での食料廃棄の総量は，先進地域Aより少ない」…○　③「先進地域Cにおける，年間１人当たりの生産から小売までの食料廃棄は発展途上地域Eより多い」…×　④「先進地域Bは，年間１人当たりの家庭に届くまでの食料廃棄だけでなく，家庭での食料廃棄も全地域の中で最も大きい」…×　‘not only ～ but (also) …’「～だけでなく…も」

２〔**長文読解総合―説明文**〕

≪**全訳**≫❶私たちの世界は迷信や験かつぎに満ちている。迷信や験かつぎとは，人間の理性や科学的知識に基づかないが，幸運あるいは不運をもたらすと考えられている信念や行動である。幸運の数字７や不幸の数字13，四つ葉のクローバー，黒猫，流れ星に願いをかけることなどよく知られた迷信や験かつぎもあれば，重要なイベントの前に特別な食べ物を食べる，あるいは個人のラッキーカラーを身につけるなど，全く個人的な迷信や験かつぎもある。❷アメリカ人に，迷信や験かつぎを信じるかどうか尋ねる調査があった。結果は，半分近くのアメリカ人が何らかの迷信や験かつぎを信じていると答えた。調査の参加者をグループに分けるといくつかの興味深い傾向が現れる。$_{\text{A}}$ある人が迷信や験かつぎをどれほど信じるかに，教育はほとんど影響しない。大卒の人とそうでない人は迷信や験かつぎを信じる度合いがほぼ同じである。またその調査から，迷信や験かつぎを信じる人の割合は年齢が上がるにつれて減ることもわかった。それに加えて性別による差もある。男性よりも女性の方が迷信や験かつぎを信じる人が多いが，「ほんの少し」や「やや，いくぶん」ではなく「とても」迷信深い，あるいは験をかつぐと答える人は女性より男性に多い。もちろん，世界全体を完全に反映する調査はない。あるグループが他のグループより迷信深い，あるいは迷信深くないと断言することは不可能だろう，しかし，それぞれのグループに何らかの傾向があることはわかる。❸しかし，さまざまなグループの人がいるにもかかわらず迷信や験かつぎを信じる人が多い世界がある。それはどんな世界だと思うだろうか。それはスポーツの世界だ。スポーツはいつだって迷信や験かつぎに満ちている，世界最高のスポーツ選手についてさえもだ。プロのスポーツ選手５人のうち４人は少なくとも１つの迷信や験かつぎを持っている。多くの有名選手は独自の迷信的信念や行動で知られている。野球選手のウェイド・ボッグスは数字の７と17が自分のラッキーナンバーだと信じていた。ナイトゲームの前に，彼は必ず午後７時17分ぴったりに全力疾走した。テニス選手のセリーナ・ウィリアムズは，勝ち続けているかぎり，トーナメントが終わるまで同じ靴下を繰り返し履くことで知られている。サッカー選手のクリスティアーノ・ロナウドはいつも右足からサッカーグラウンドに足を踏み入れる。❹これらの験かつぎは効果があるのだろうか。科学的視点からは，それらはパフォーマンスに無関係だ。しかし驚くべきことに，験かつぎにプラスの効果がある場合がある。研究者たちによると，験かつぎは不安を和らげ，自信を高め，選手をリラックスさせる。また，それによって選手が集中するのに役立つ化学物質が放出されることが知られている。多くの選手は，自分の験かつぎを続けていればうまくやれると信じている。彼らにとって，験かつぎはお金で買えない貴重なお守りなのだ。❺しかし，験かつぎが有害だという研究者も多い。かつて，験かつぎがあるサッカークラブに問題を起こしたことがあった。２人の選手が同じ験かつぎを信じていた。それは，試合前にロッカールームを最後に出るというものだったが，２人のどちらもそれを断念しようとしなかったのだ。彼らは２人ともいらいらして不安になり，それは結果としてパフォーマンスの悪さにつながった。また別の例として，変わった迷信を信じていたアメリカンフットボールの選手がいる。試合前に毎回，彼はホテルの部屋のテレビの上に上りベッドに飛び降りていた。この験かつぎは理解し難いかもしれないが，彼はこれが自分を競技場でけがをすることから守ってくれるという独自の信念を持っていたのだ。しかしあるとき，彼はベッドに降り損ねて転倒した。そのけがのせいで，彼は試合に出場できなかった。❻あなたは，幸運のための自分自身の迷信や験かつぎを持っている，あるいは持ちたいと思うだろうか。確かに，迷信や験かつぎにはプラスの効果があって，あなたを成功に導く可能性がある。実際，アメリカ人学生の70％が学業成績の向上のために幸運のお守りを当てにしていると言われている。しかし，もし試験の席についてお守りを忘れたことに気づいたらどうなるだろう。いや，その場合も心配する必要はない。あなたの迷信や験かつぎはあなたが自分で考え出したものにすぎないことを思い出そう。迷信や験かつぎに支配されるままになってはいけない。反対に，それを賢く利用するのだ。

問１＜適文選択＞直後の文が空所に入る内容の具体的な説明になっていることを読み取る。ここも‘抽象’から‘具体’という流れになっている。

問２＜適語選択＞あ．popular を修飾できるのは more と less。女性の方が験かつぎをする人が多いのだから，男性には less popular「(女性よりも)人気がない」ということ。　い．文の骨組みは，the number of people is (　) among men than among women である。number「数」の大小は large，small で表す。与えられた日本語より，男性の方が多いことがわかる。

問３＜適語選択・語形変化＞ア．figure out で「わかる，理解する」。助動詞 can の直後なので原形のままでよい。　イ．with money と合わせて「お金で買えない」という意味になればよい。「お金で買えない」は「お金で買われることができない」ということ。　buy－bought－<u>bought</u>　ウ．result in ～ で「～という結果になる」。過去の出来事なので過去形にする。　エ．‘lead＋人＋to ～’で「〈人〉を～に導く」。主語 superstitions に対応する述語動詞として and で結ばれている have と同じく現在形にする。

問４＜和文英訳＞２つ前の文を参考に，主語は Tennis player Serena Williams とする。「～することで知られている」は be known to ～，あるいは be known for ～ing で表せる。「繰り返し」は over and over や repeatedly，「トーナメントが終わるまで」は until the tournament is over，または until the end of the tournament などとする。「～するかぎり」は‘as long as＋主語＋動詞’で表せる。「勝ち続ける」は keep〔continue〕 winning，あるいは continue to win としてもよい。

問５＜書き換え＞make a difference は「重要である，影響を生じる」という意味で，下線部は前後の文脈より「スポーツ選手の験かつぎがパフォーマンスに影響するだろうか」という文意になる。Surprisingly で始まる２文後の文がこの問いかけに対する答えになっており，ここに superstitions can have a positive effect とある。書き換え文はこの文をより詳しく「これらの験かつぎはスポーツの結果に何らかの実際の影響を生じるのだろうか」と書き換えている。　have an effect on ～「～に影響する」

問６＜英文和訳＞a unique belief「独自の信念」の後の that は‘同格’を表し「～という独自の信念」と訳すことができる。that節中の主語 this は「彼」が行っていた験かつぎの行動を指すので，その内容を「～すること」と具体的に述べる。動詞は‘protect＋人＋from ～ing’「〈人〉を～することから守る」の形になっている。

問７＜内容真偽＞①「広く知られた迷信や験かつぎは人の理性か科学的知識に基づいているが，個人的な迷信や験かつぎはそうではない」…×　第１段落第２文参照。広く知られた迷信や験かつぎも科学的知識に基づくものではない。　②「調査によると，若い人の方が年長者よりも迷信や験かつぎを信じる傾向がある」…○　第２段落第６文の内容に一致する。　③「プロのスポーツ選手の約80％は２つ以上の験かつぎをすることをためらうが，それはそれらを全部守ることができないからだ」…×　このような記述はない。　④「あるアメリカンフットボール選手は，験かつぎの行動中にしたけがのせいで試合に出られなかった」…○　第５段落後半の内容に一致する。　⑤「自分独自の迷信や験かつぎは，マイナスの影響が出て失敗につながることがあるので，持たない方がいい」…×　第６段落第２文参照。「プラスの効果があって，あなたを成功に導く可能性がある」と言っている。　⑥「アメリカ人学生の30％は試験のときに幸運のお守りを持ってくるのを忘れると言われている」…×　このような記述はない。

3〔長文読解総合―対話文〕

≪全訳≫❶アリス(A)：あれは何，カオリ？❷カオリ(K)：私が昨日の夜につくった折り紙の鳥よ。日本とここロンドンの間の時差にまだ慣れていなかったから眠れなかったの。スーツケースの中で本かクロスワードパズルのようなものを探してたら，折り紙を見つけたのよ。❸A：A折り紙をするときは集中するの？❹K：そうしなきゃならないこともあるけど，いつもいっぱい考えなくてはならないというわけじゃないわ。ある意味，折り紙は数を数えることを連想させるの。数えるのは基本的には単純な作業よね。だけど，たくさんのものを数えるときは集中しなければならない，そうじゃないと自分がどこにいるのかわからなくなる。❺A：折り紙と数えることはある意味で似ているのね。❻K：うん。でも私にとって，折り紙は数えることよりも創造的でおもしろいわ。折り紙という名前は単に「紙を折ること」ということよ。Bでも，そこにはそれ以上のものがあるの。❼A：どんな？❽K：折り紙の最も魅力的な点の１つは，１枚のシンプルな紙がどのようにして美しく力強いものに変えられるのかを目にすることができることよ。アリス，その折り紙の鳥のしっぽを引っ張ってみて。❾A：うん。あっ，すごい！　鳥の翼が上下にはばたくわ！　この鳥はどうやってつくるの？　はさみとのりを使ってつくるの？❿K：違うよ，必要なのは１枚の紙だけ。使ったのは，ええと…その紙の形をなんて言うのか忘れちゃった。11A：正方形？12K：それって，長さの等しい４つの辺と90度の角が４つあるという意味？13A：ええ。14K：それだわ！ Cその名前を教えてくれてありがとう。必要なのはそれだけ。それで，それは薄いから何回も折り畳めるの。15A：なるほどね。あっ，カオリ！　あなたがほほ笑んでいると左のほほにえくぼができてる。私たちが小さかった頃を思い出すわ！16K：どういう意味？17A：あなたのえくぼは左のほほで，私のは右のほほにあるの。私たちはよく，それは双子だって言って遊んでいたのよ。18K：本当？　私は覚えていないわ。19A：私のお母さんはその話が好きで，日本での生活のいい思い出として今でも私にその話をするのよ。20K：すてきな幼なじみの友達がいて幸せだわ。２週間の間，あなたの家にステイさせてくれてありがとう。21A：どういたしまして。お母さんもこの動く折り紙を見たら喜ぶわ，私みたいにね！　お母さんは，折り紙は日本のすばらしい伝統で，いつかそれを習いたいって言ってるの。22K：ここにいる間に，お母さんに何度か教えてあげるよ。23A：D私にも少し教えてくれる？24K：もちろん，喜んで。25A：じゃあ，まず私に教えて。そうしたら，あなたがお母さんに教えるのを私がアシスタントとして手伝えるわ。私はその伝統を，下じゃなくて上に伝えることになるのよ。26K：私たちはいいパートナーになれると思うわ！

問１＜整序結合＞この文の後半で「折り紙を見つけた」と言っているので，「何かを探していた」という文になると推測できる。search for ～ で「～を探す」なので，これの過去進行形で was searching for とし，for の目的語を something like a book「本のようなもの」とする。

問２＜適文選択＞A．直後のカオリの発言にある do so の内容を考える。この発言の最後で you must concentrate ... と言っていることから，この do so は⑦の concentrate を受けていると判断できる。　**B．**これを受けてアリスが「どんな？」と尋ね，カオリは折り紙の魅力について答えている。アリスがきいたのは，⑥の more の内容についてだと考えられる。　‘There is more to ～ than …’「～には…以上のものがある」　**C．**アリスが折り紙の形を表す英単語を教えてくれたのでカオリはお礼を言ったのである。　**D．**カオリがアリスの母に折り紙を教えてあげると言った後のアリスの発言。この後のやりとりから，アリスは自分にも教えてくれるかと尋ねたのだとわかる。a few の後ろに lessons が省略されている。

問３＜英文解釈＞「たくさんのものを数えるときは集中しなければならない，さもないと」に続く言葉。何かを数えているときのことを話していることから，「自分の場所を失う」とは「(自分がどこにいるかわからない→)どこまで数えたかわからなくなる」ということだと判断できる。

問４＜和文英訳＞文の骨組みとなる「折り紙の最も魅力的な点の１つは～ことだ」は One of the most attractive points of origami is that ～ と表せる。「～を目にすることができること」は that 以下に we can see ～ を続ける。「どのようにして～か」は‘how＋主語＋動詞...’で表せる。「１枚の紙」は a piece〔sheet〕of paper で，これに形容詞をつけるときは piece の前に置く。「～に変えられる」は can be changed into ～,「美しく力強いもの」は‘something＋形容詞’の形で表せる。　(別解例) One of the most fascinating aspects of origami is that you can see how a simple sheet of paper is transformed into something beautiful and strong.

問５＜適語補充＞ア．‘all＋主語＋need is ～’「〈主語〉が必要なのは～だけだ」の形。　**イ．**直後でカオリがその特徴を確認している。　square「正方形の」

問６＜指示語＞アリスが１つ前の発言で話していたエピソードを指す。この pretend は「～であると言い張る」という意味。「いい思い出」となる話なので，「２人ともえくぼがある」のみでなく

「双子だと言い張っていた」まで含めること。

問７＜英文解釈＞下線部の will be passing は「～することになる」と‘確定的な未来’を表す未来進行形。the tradition は具体的には折り紙のこと。アリスは，自分の母に折り紙を教えるカオリを手伝うということは，伝統を down「下」ではなく up「上」に伝えることになる，と言っている。これは言い換えれば「親から子に」ではなく，「子から親に」ということである。　instead of ～「～ではなく，～の代わりに」

4〔長文読解総合　説明文〕

≪全訳≫❶今日，ジャガイモは小麦，米，トウモロコシに次ぐ世界で４番目に重要な作物である。しかし過去には，熱意を持ってこの作物を見る人もいれば，疑いを持って見る人もいた。❷ジャガイモには非常に豊かで興味深い歴史がある。それは何千年もの間，南米に住む人々によって育てられ，毎日食べられていた。この日常的な食物は，乾燥して保存され，凶作に備えて蓄えられただけでなく，やけどをより早く治すためにも使われていた。❸16世紀にスペインの探検家が南米のインカ帝国に到着したときにジャガイモに出会った。その当時，彼らは$_{\text{I}}$ジャガイモがどれほど貴重か気づかなかったが，船上に貯蔵し食べる食品として徐々に使い始め，後に自国に持ち帰った。❹1600年代にジャガイモはヨーロッパ中に広がったが，多くの人々は疑いと不安の目でジャガイモを見ていた。植物の地中で育つ部分が食べられるということを信じない人々もいて，彼らはその代わりに葉を食べた。このせいで彼らは病気になった，というのは，葉には毒があるからだ。1700年代には，フランスとプロイセンの上流階級の人々が，ジャガイモは育てやすく，それを使えばよりうまく人民を養えることに気づいた。しかし，彼らはジャガイモに関して多くの人々が抱いた疑念を取り除くという難題に取り組まなければならなかった。フランス国民にジャガイモをおしゃれな植物と見てもらうために，国王ルイ16世は衣装のボタンの穴にジャガイモの花を挿し，彼の妻，マリー・アントワネットは髪にその花を飾った。プロイセンの王はジャガイモを王の畑に植えて多くの兵士をその周囲に配置することで，人々のイメージを向上させようとした。当然，その畑は人々の好奇心を呼び起こした。$_{\text{A}}$こんなに厳重に守る価値があるものなら何でも，間違いなく盗む値打ちがあると人々は考えたので，自宅の菜園に植えるためにジャガイモの苗を盗み始めて，ジャガイモは急速に普及した。❺フランスとプロイセンの上流階級の人々は国民のジャガイモのイメージを変えるのには大きな努力を必要としたが，アイルランドの人々は大きな熱意を持ってこの野菜をすぐに受け入れた。ジャガイモはその土地の寒くて雨の多い気候でよく育ったため，農民は家族を養うのに十分なジャガイモを栽培することができた。実際，農業技術に大きな発達がなくても，アイルランドの人口は1780年から1841年の間にジャガイモのおかげで２倍に増えた。❻ついに，人々はジャガイモが世界各地で最良の作物の１つであることに気づいた，ジャガイモは比較的安価で，育てやすく，種々の栄養を含んでいるのだ。1995年10月，ジャガイモは宇宙で栽培された最初の野菜になった。NASAとアメリカの大学は，宇宙に滞在する宇宙飛行士を養い，そしていずれは火星で生活する人々を養う目的でその技術を生み出した。ジャガイモは，地球で最も誤解された農産物の１つから最も重要な食品の１つとなり，そして将来は宇宙においてもそうなるかもしれない。

問１＜英文和訳＞‘not only *A* but also *B*’「*A*だけでなく*B*も」の形の文。‘*A*’の部分は preserved ... と stored ... が and で結ばれている。ここでの burn(s)は名詞で「やけど」の意味。　preserve「～を保存する」　in case of ～「～の場合に備えて」　heal「～を治す」

問２＜整序結合＞主語 they に続く動詞は failed。fail to ～ で「～し損ねる，～できない」という意味なので，failed to realize「気づかなかった」と続け，realize の目的語として「ジャガイモがどれほど貴重か」を表す疑問詞節を続けるが，how は「どれほど」という‘程度’の意味の場合は直後に形容詞〔副詞〕が続くので，how valuable とまとめることに注意。

問３＜和文英訳＞「彼らは～なければならなかった」→They had to ～ で始める。「～するという難題に取り組む」は deal with the challenge of ～ing／undertake the difficult task of ～ing などと表せる。「疑念を取り除く」は remove〔get rid of〕 the doubts とし，「疑念」を修飾する「ジャガイモに関して多くの人々が抱いた」は doubts の後ろに関係代名詞節(that) many people had about potatoes を置いて表す。 (別解例) They had to undertake the difficult task of getting rid of the doubts people had about potatoes.

問４＜適文選択＞ジャガイモのイメージを向上させるためにプロイセンの王が行ったことを述べた部分。空所直後の and so「その結果」に着目すれば，人々がジャガイモを盗み出す理由となる内容が入る。兵士が厳重に守っているのを見て，人々はジャガイモをよほど価値があるものだろうと思い，盗み始めたのである。 worth ～ing「～する価値がある」

問５＜文脈把握＞アイルランドの人々がジャガイモを歓迎した理由は，次の文に述べられている。ジャガイモはアイルランドの気候に適していたということである。

問６＜書き換え―適語補充＞下線部⑷の大意は「ジャガイモは地球で最も誤解された植物から最も重要な植物の１つになり，将来宇宙でもそうなるかもしれない」。これを書き換え文では，「ジャガイモは最も誤解された農作物の１つアだったが，いずれ，地球上でと同様，イ宇宙でも最も重要な食料の１つになるかもしれない」とする。 used to ～「かつて～だった」

問７＜英問英答＞１．「1600年代に一部の人々は，ジャガイモの毒を含むどの部分を食べたか」―「彼らは葉を食べた」 第４段落第１～３文参照。質問文に合わせて，They ate ～ の形で答える。

２．「国王ルイ16世とマリー・アントワネットは，フランスの人々が持つジャガイモのイメージを変えるために何を身につけたか」―「彼らはジャガイモの〔その〕花を身につけた」 第４段落中盤参照。wear は「～を身につけている」という意味なので，目的語は衣服だけにかぎらない。

5〔テーマ英作文〕

「図書館から本を借りるのと書店で本を買うのとでは，どちらが読書のために良いと思いますか。あなたの意見を，２，３の理由とともに教えてください。英語で書き，約50語を使用してください。解答用紙の(　words)欄に単語数を記入してください」 まず，設問の質問に答える形でどちらが良いと思うかを述べ，その後に理由を続ける。「２，３の理由」という指定があるので，first(ly), second(ly), ... など，順に伝える表現を用いるとよい。 (別解例) I think buying a book is better. I love reading a book with a cup of tea, but I'll be in trouble if I spill tea on a book I borrowed. I want to highlight important sentences to fully understand a book, but it is not allowed to write in a library book. (53語)

2023年度／慶應義塾女子高等学校

数学解答

1 ［1］ $\dfrac{7}{3}$

［2］ $m=12$，$n=11$，$x=138$

2 ［1］ 2点

［2］ あ…15　い…5　う…4　え…0
お…1　か…2　き…2　く…1

［3］ Fチーム

3 ［1］ $d=\dfrac{1}{a}$　［2］ $\sqrt{3}:1$

［3］ 75°　［4］ 1：3　［5］ $\dfrac{\sqrt{2}}{4}$

4 ［1］ 12　［2］ $90°-a°$

［3］ AG＝5，AD＝10　［4］ 299

5 ［1］ $r=\dfrac{2\sqrt{3}}{3}$，$V=\dfrac{32\sqrt{3}}{27}\pi$

［2］ $S=\dfrac{6}{5}\pi$，$T=\dfrac{4}{3}\pi$

1〔独立小問集合題〕

［1］＜方程式の応用＞はじめ，メスのメダカは15匹，オスのメダカはその x 倍なので，$15x$ 匹である。新たに加えた250匹は，メスがオスより140匹多いので，オスを a 匹とすると，メスは $a+140$ 匹と表せ，$a+(a+140)=250$ が成り立つ。これを解くと，$a=55$ となるから，新たに加えたオスは55匹，メスは $a+140=55+140=195$(匹)である。よって，加えた後，メスは $15+195=210$(匹)，オスは $15x+55$ 匹となる。メスがオスの x 倍になったので，$(15x+55)\times x=210$ が成り立つ。これを解くと，$15x^2+55x-210=0$，$3x^2+11x-42=0$ より，$x=\dfrac{-11\pm\sqrt{11^2-4\times3\times(-42)}}{2\times3}=\dfrac{-11\pm\sqrt{625}}{6}=\dfrac{-11\pm25}{6}$ となり，$x=\dfrac{-11-25}{6}=-6$，$x=\dfrac{-11+25}{6}=\dfrac{7}{3}$ となる。$x>0$ だから，$x=\dfrac{7}{3}$ である。

［2］＜数の性質＞x に6を加えると m の平方(2乗)，x から17をひくと n の平方になるので，$x+6=m^2$……①，$x-17=n^2$……②が成り立つ。①－②より，$6-(-17)=m^2-n^2$，$(m+n)(m-n)=23$ となる。m，n は正の整数だから，$m+n$ は正の整数であり，$m-n$ も正の整数である。また，$m+n>m-n$ となる。$23=1\times23$ だから，$m+n=23$……③，$m-n=1$……④である。③＋④より，$m+m=23+1$，$2m=24$，$m=12$ となり，これを③に代入して，$12+n=23$，$n=11$ となる。また，①より，$x+6=12^2$，$x+6=144$，$x=138$ である。

2〔特殊・新傾向問題〕

［1］＜点の合計＞試合の勝ち負けが決まったとき，勝ちチームに2点，負けチームに0点を与えるから，両チームに与えられる点の合計は $2+0=2$(点)である。また，引き分けになったとき，それぞれのチームに1点を与えるから，与えられる点の合計は $1+1=2$(点)である。よって，試合が1つ終わると，両チームに与えられる点の合計は2点である。

［2］＜試合数，得点，試合結果＞A，B，C，D，E，Fの6チームがそれぞれ他チームと1回ずつ試合をするから，試合の総数は，AとB，AとC，AとD，AとE，AとF，BとC，BとD，BとE，BとF，CとD，CとE，CとF，DとE，DとF，EとFの15回である。［1］より，1試合で与えられる点の合計が2点だから，15試合で6チームに与えられる点の合計は $2\times15=30$(点)である。Fチーム以外の得点の合計が $9+3+0+4+9=25$(点)だから，Fチームの得点は $30-25=5$(点)である。どのチームも5チームと試合をするので，5勝したときの得点は $2\times5=10$(点)である。AチームとEチームの得点が9点で，5勝のときの得点より1小さいから，AチームとEチームは4勝0敗1引き分けである。これより，この1引き分けは，AとEの試合だから，Fチームは，AチームとEチームに負けている。Fチームが残りの3試合で3勝したとすると，$2\times3=6$(点)に

なるが，得点は5点だから，残りの3試合は，2勝0敗1引き分けである。よって，Fチームは2勝2敗1引き分けとなる。

［3］＜**相手チーム**＞Cチームは，得点が0点だから，5試合全て負けている。よって，BチームはCチームに勝っている。Bチームは，得点が3点だから，引き分けが1回あり，1勝3敗1引き分けである。BチームとDチームの負け試合数が同数なので，Dチームの負け試合数は3回である。Dチームは，得点が4点だから，残りの2試合は勝ちで，2勝3敗0引き分けである。したがって，Bチームは，AチームとEチームに負け，Cチームに勝ち，Dチームに引き分けがないことから，Dチームとは引き分けていない。このことから，Bチームが引き分けた試合の相手はFチームである。

3 〔**関数—関数** $\boldsymbol{y=ax^2}$ **と一次関数のグラフ**〕

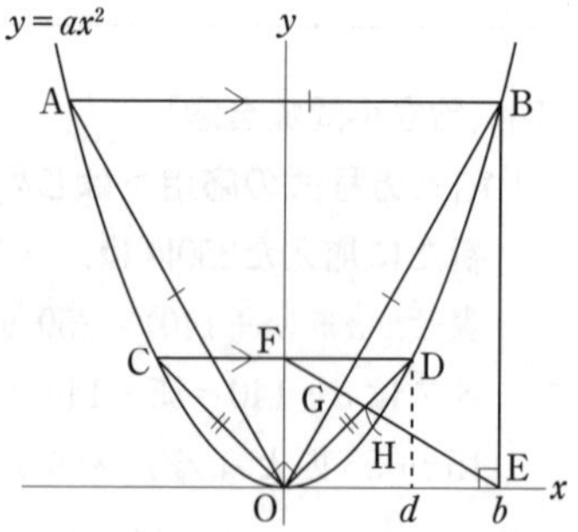

［1］＜$\boldsymbol{x}$**座標**＞右図で，△OCDが直角二等辺三角形より，OC＝ODだから，2点C，Dはy軸について対称な点である。点Fは線分CDの中点だから，y軸上にあり，△OFDも直角二等辺三角形となる。よって，OF＝FDだから，D$(d,\ d)$と表せる。点Dは放物線$y=ax^2$上にあるので，$d=ad^2$となり，両辺をdでわって，$1=ad$，$d=\dfrac{1}{a}$である。

［2］＜$\boldsymbol{x}$**座標の比**＞右図で，△OABが正三角形より，2点A，Bはy軸について対称な点となるから，AB∥OEより，∠BOE＝∠ABO＝60°となる。よって，△BOEは3辺の比が$1:2:\sqrt{3}$の直角三角形だから，BE＝$\sqrt{3}$OE＝$\sqrt{3}b$となり，B$(b,\ \sqrt{3}b)$と表せる。点Bは放物線$y=ax^2$上にあるので，$\sqrt{3}b=ab^2$となり，両辺をbでわって，$\sqrt{3}=ab$，$b=\dfrac{\sqrt{3}}{a}$である。［1］より，$d=\dfrac{1}{a}$だから，$b:d=\dfrac{\sqrt{3}}{a}:\dfrac{1}{a}=\sqrt{3}:1$となる。

［3］＜**角度**＞右上図で，△OFDが直角二等辺三角形より，∠FOD＝45°だから，∠HOE＝∠FOE－∠FOD＝90°－45°＝45°となる。また，［2］より，OE：OF＝$b:d=\sqrt{3}:1$だから，△OFEは3辺の比が$1:2:\sqrt{3}$の直角三角形であり，∠HEO＝30°となる。よって，△HOEで内角と外角の関係より，∠DHE＝∠HOE＋∠HEO＝45°＋30°＝75°である。

［4］＜**長さの比**＞右上図で，∠OGF＝∠BGEであり，FO∥BEより∠FOG＝∠EBGだから，△OFG∽△BEGである。よって，FG：GE＝OF：BEである。［3］より，OE：OF＝$\sqrt{3}:1$だから，OE＝$\sqrt{3}$OFであり，［2］より，BE＝$\sqrt{3}$OE＝$\sqrt{3}\times\sqrt{3}$OF＝3OFとなる。これより，OF：BE＝OF：3OF＝1：3だから，FG：GE＝1：3である。

［5］＜**比例定数**＞右上図で，△OFGと△OFEは底辺をそれぞれ辺FG，辺FEと見ると，［4］より，△OFG：△OFE＝FG：FE＝1：(1＋3)＝1：4となり，△OFE＝4△OFG＝$4\sqrt{3}$となる。OF＝d，OE＝$\sqrt{3}$OF＝$\sqrt{3}d$だから，△OFEの面積について，$\dfrac{1}{2}\times d\times\sqrt{3}d=4\sqrt{3}$が成り立つ。これを解くと，$d^2=8$　$\therefore d=\pm2\sqrt{2}$　$d>0$だから，$d=2\sqrt{2}$である。［1］より，$d=\dfrac{1}{a}$だから，$2\sqrt{2}=\dfrac{1}{a}$より，$2\sqrt{2}a=1$，$a=\dfrac{\sqrt{2}}{4}$となる。

4 〔**平面図形—円と四角形**〕

≪**基本方針の決定**≫［3］　△AEG，△DEGに着目する。

［1］＜**長さ**＞次ページの図で，∠BEC＝90°より，△BCE＝$\dfrac{1}{2}\times$BE$\times$CE＝$\dfrac{1}{2}\times20\times15=150$である。

△BCE で三平方の定理より，$BC=\sqrt{BE^2+CE^2}=\sqrt{20^2+15^2}=\sqrt{625}=25$ である。よって，EF⊥BC より，△BCE の面積について，$\frac{1}{2}\times25\times EF=150$ が成り立ち，$EF=12$ となる。

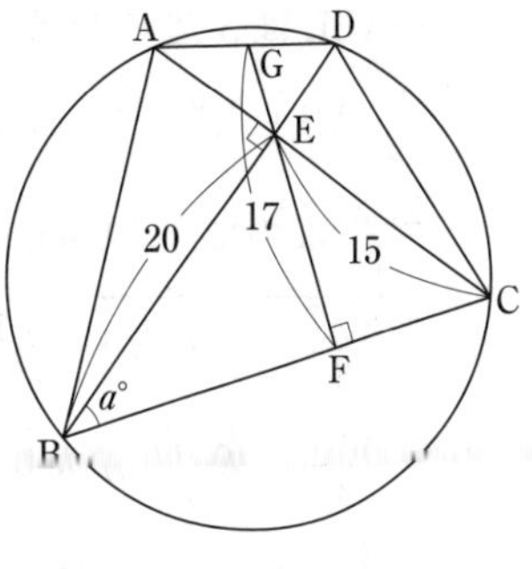

[2]＜角度＞右図の△BEF で，$\angle BEF=180^\circ-\angle BFE-\angle DBC=180^\circ-90^\circ-a^\circ=90^\circ-a^\circ$ となるから，対頂角より，$\angle DEG=\angle BEF=90^\circ-a^\circ$ となる。

[3]＜長さ＞右図で，[1]より，$EG=FG-EF=17-12=5$ である。

[2]より $\angle DEG=90^\circ-a^\circ$ だから，$\angle GEA=\angle AED-\angle DEG=90^\circ-(90^\circ-a^\circ)=a^\circ$ であり，$\overset{\frown}{CD}$ に対する円周角より，$\angle GAE=\angle DBC=a^\circ$ である。よって，$\angle GEA=\angle GAE$ となるから，△AEG は二等辺三角形であり，$AG=EG=5$ となる。また，△AED で，$\angle EDG=180^\circ-\angle AED-\angle GAE=180^\circ-90^\circ-a^\circ=90^\circ-a^\circ$ となるから，$\angle DEG=\angle EDG$ であり，△DEG も二等辺三角形である。これより，$DG=EG=5$ だから，$AD=AG+DG=5+5=10$ である。

[4]＜面積＞右上図で，$\angle BEC=\angle AED=90^\circ$，$\angle CBE=\angle DAE=a^\circ$ より，△BCE∽△ADE である。よって，$BE:AE=CE:DE=BC:AD=25:10=5:2$ となり，$AE=\frac{2}{5}BE=\frac{2}{5}\times20=8$，$DE=\frac{2}{5}CE=\frac{2}{5}\times15=6$ となる。したがって，$BD=BE+DE=20+6=26$ より，$S=\triangle ABD+\triangle CBD=\frac{1}{2}\times26\times8+\frac{1}{2}\times26\times15=299$ である。

5 〔空間図形─球と三角柱〕

[1]＜長さ，体積＞三角柱 ABC-DEF は，底面が1辺4の正三角形で，半径 r の球Oは三角柱 ABC-DEF にちょうど入るので，球の中心Oを通り底面に平行な平面で切断したときの断面は，右図1のようになる。図1のように，3点 A′，B′，C′ を定めると，△A′B′C′ は1辺4の正三角形であり，円Oは半径が r となり，△A′B′C′ の3辺に接する。円と辺 B′C′ の接点をKとすると，点Kは辺 B′C′ の中点となり，$B'K=\frac{1}{2}B'C'=\frac{1}{2}\times4=2$ である。また，$\angle OKB'=90^\circ$，$\angle OB'K=\frac{1}{2}\angle A'B'C'=\frac{1}{2}\times60^\circ=30^\circ$ より，△OB′K は3辺の比が $1:2:\sqrt{3}$ の直角三角形である。よって，$r=OK=\frac{1}{\sqrt{3}}B'K=\frac{1}{\sqrt{3}}\times2=\frac{2\sqrt{3}}{3}$ である。これより，球Oの半径は $r=\frac{2\sqrt{3}}{3}$ であり，体積は $V=\frac{4}{3}\pi\times\left(\frac{2\sqrt{3}}{3}\right)^3=\frac{32\sqrt{3}}{27}\pi$ となる。

図1

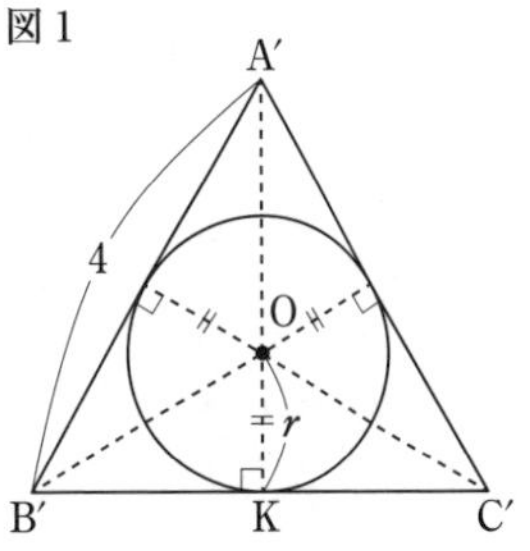

[2]＜面積＞右図2で，辺 BC，辺 EF の中点をそれぞれL，Mとし，LM と GH の交点をUとする。球の中心Oは平面 ALMD 上にあり，点G，点H がそれぞれ辺 BE，辺 CF の中点より，点Uも線分 LM の中点だから，点Uが球Oと面 BEFC の接点となる。平面P(平面 AGH)で球Oを切ったときの切り口の円の中心を O_1 とすると，〔面 ALMD〕⊥〔面 AGH〕だから，点 O_1 も面 ALMD 上の点となり，面 ALMD で切断したときの断面は次ページの図3のようになる。線分 O_1U が切り口の円の半径を表す。$\angle OO_1U=90^\circ$ だから，$\angle OO_1U=\angle ULA=90^\circ$，$\angle OUO_1=\angle UAL$ より，$\triangle OUO_1$∽△UAL となり，$O_1U:LA=OU:UA$ である。図2で，

図2

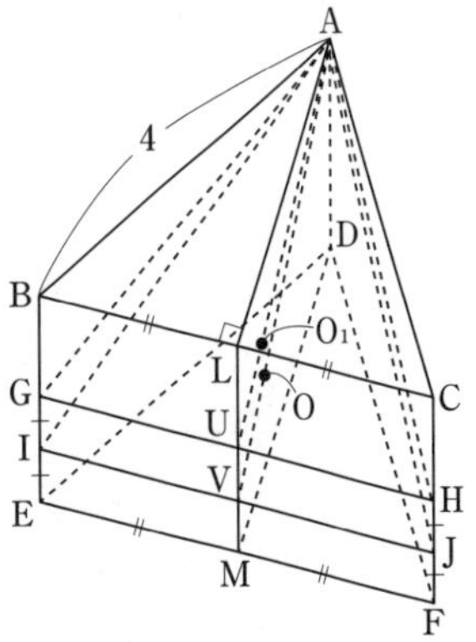

△ABLは3辺の比が1：2：$\sqrt{3}$の直角三角形だから，LA＝$\frac{\sqrt{3}}{2}$AB＝$\frac{\sqrt{3}}{2}\times4=2\sqrt{3}$である。また，図3で，OU＝LU＝$r=\frac{2\sqrt{3}}{3}$なので，△UALで三平方の定理より，UA＝$\sqrt{\mathrm{LU}^2+\mathrm{LA}^2}=\sqrt{\left(\frac{2\sqrt{3}}{3}\right)^2+(2\sqrt{3})^2}=\sqrt{\frac{120}{9}}=\frac{2\sqrt{30}}{3}$となる。よって，$\mathrm{O_1U}:2\sqrt{3}=\frac{2\sqrt{3}}{3}:\frac{2\sqrt{30}}{3}$が成り立ち，$\mathrm{O_1U}\times\frac{2\sqrt{30}}{3}=2\sqrt{3}\times\frac{2\sqrt{3}}{3}$，$\mathrm{O_1U}=\frac{\sqrt{30}}{5}$となるので，$S=\pi\times\left(\frac{\sqrt{30}}{5}\right)^2=\frac{6}{5}\pi$である。次に，図2で，LMとIJの交点をVとする。点I，点Jがそれぞれ線分GE，線分HFの中点より，点Vは線分UMの中点である。図3で，UV：LU＝UV：UM＝1：2より，UV：LV＝1：(1+2)＝1：3である。また，UO：LA＝$\frac{2\sqrt{3}}{3}:2\sqrt{3}=1:3$である。よって，△UVO∽△LVAとなるから，∠UVO＝∠LVAであり，点Oは線分VA上にある。このことから，図2で，点Oは平面Q(平面AIJ)上にあるので，平面Qで切ったときの切り口の半径は$r=\frac{2\sqrt{3}}{3}$であり，$T=\pi\times\left(\frac{2\sqrt{3}}{3}\right)^2=\frac{4}{3}\pi$となる。

図3

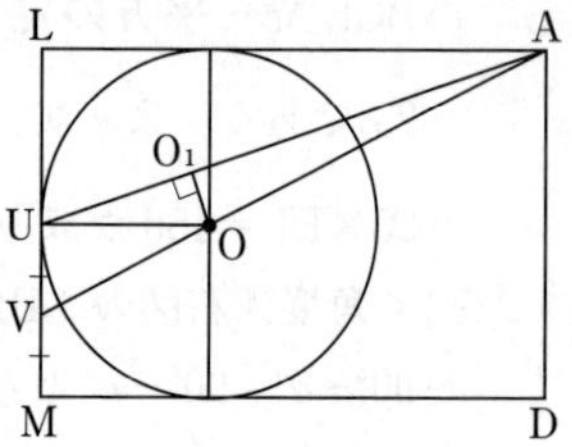

＝読者へのメッセージ＝

関数で使う座標平面は，フランスの哲学者，数学者であるルネ・デカルト(1596～1650)によって考案されたといわれています。「我思う，ゆえに我あり」は，デカルトが提唱した有名な命題です。

2023年度／慶應義塾女子高等学校

国語解答

一 問一 1 困難 2 きぐ 3 かっぱ
4 専売 5 延々 6 横暴
7 実態 8 生涯

問二 X 朝 Y 夕

問三 しかし，現

問四 日本語教育を根本として，日本語でしっかりと考えられるタフな脳と精神の強さを育てていたところ。

問五 英語力と知性の高さを同一視し，英語力重視で人材を採用すると，英語以外の能力に欠けた社員が増えて経営上マイナスになるから。

問六 **当時のインド** 英語ができるインド人が，英語ができないインド人を搾取している［という状況］
現代の日本 日本企業ですらない企業，日本に納税を行っていない企業のもとで，日本人が低収入で働かされている［という状況］

問七 和漢混淆［文］

二 問一 X…3 Y…6 問二 しわす

問三 3，5 問四 3

問五 雨雲が消えて明るい星がたくさん輝いているから。

問六 星の美しさにかつてないほど心を打たれたということ。

三 問一 1 こと［に］ **意味** とりわけ
2 ちき **意味** 自分のことをよく知っている人

問二 自分が流行性感冒に感染して死ぬ可能性が，死亡者が増えれば高まり，減れば低くなると思われたから。

問三 誰ももうマスクをつけていないときでも，病気を恐れ，伝染の危険を絶対に避けようと考えてマスクをつけ続ける勇気。

問四 伝染の危険が全くなくなったわけではないので，依然として伝染を恐れ，恐れるのが文明人だという誇りさえ感じる気持ち。

問五 伝染を極度に恐れ，マスクをつけている人がほとんどいなくなった三月の終わり頃になってもまだマスクをつけていた［自分］

問六 **強者** 時候や世間にかまわず，勇敢に傲然と自分を押し出す人物。
弱者 時候や世間を気にして自分の意志を曲げる人物。

問七 あくたがわりゅうのすけ［賞］

問八 なるべく(副詞)／外出さ(動詞・未然形)／せ(助動詞・未然形)／ない(助動詞・連体形)／ように(助動詞・連用形)／し(動詞・連用形)／た(助動詞／終止形)

一 〔**論説文の読解―社会学的分野―現代社会**〕出典；齋藤孝『なぜ日本語はなくなってはいけないのか』「努力しなければ日本語は守れない」。

≪本文の概要≫日本の明治維新や戦後の経済成長は，日本人の英語力によって成されたわけではなく，日本人一人ひとりが日本語でしっかりと考えられるタフな脳を持っていたからこそ可能になったことである。戦前の教育は，かなり精度の高い，精神の強さを育てるものであり，その根本には日本語教育があった。グローバル化が加速している時代にあっても，日本の企業が英語力を絶対視することは，長期的に見て企業価値を損ねることにつながるだろう。英語を絶対視する今の日本の風潮に，私は納得できない。英語ができることと知性の高さを同一視すべきではないと考えるからである。私たちは，英語コンプレックスから抜け出すことはできるはずである。現在は，翻訳ソフトが進化しており，今後AIの進化によって，それぞれの母語で思考・表現できる時代がやってくることが期待される。日本語の美しさを知ることもなく，英語を習得しなければならないというプレッシャーを抱えながら生きていく人生の方がすばらしいとは，言いきれないだろう。

問一＜漢字＞１.「困難」は，するのが難しいこと。　２.「危惧」は，気がかりであること。　３.「喝破」は，誤った説をしりぞけて真実を説き明かすこと。　４.「専売」は，国家が財政上などの目的で特定の物品の販売を独占すること。　５.「延々」は，いつどこで終わるのかわからないまま長く続くさま。　６.「横暴」は，わがままで乱暴な振る舞いをすること。　７.「実態」は，実際の状態のこと。　８.「生涯」は，生きている間のこと。

問二＜四字熟語＞「経済格差の問題」は，短い期間で解決するものではない。短い時日のことを，「一朝一夕」という。

問三＜文脈＞日本のめざましい「国力の伸張」は，「日本人の英語力によって成された」のだろうか。「英語力が経済成長につながる」なら，「英語を公用語とするフィリピンが世界有数の経済大国になってもおかしくなかったはず」であるが，現実には「英語を公用語とする国々」よりも，日本は「はるかに経済的な成功をおさめること」ができた。

問四＜文章内容＞明治維新や第二次世界大戦後の急激な経済成長を可能にしたのは，「日本人一人ひとりが日本語でしっかりと考えられるタフな脳を持っていた」ことである。そのような脳をつくったのが，戦前の教育である。また，戦前の教育は，「かなり精度の高いものであり，精神の強さを育てるもの」だった。そして，その根本には「日本語教育」があった。

問五＜文章内容＞英語力を重視する企業は，「他の能力に優先して英語ができる人材を積極的に採用」する。それは，逆にいえば，「多少は英語以外の能力に欠けていても許される」ということである。しかし，「英語ができることと知性の高さを同一視すべきではない」のであり，英語以外の能力が不足した社員ばかりでは，企業経営に支障を来しかねない。

問六＜文章内容＞ガンジーは，「インドでは英語ができるインド人が，英語ができないインド人を搾取している」ことを喝破した。今の日本では「日本企業ですらない企業，日本に納税を行っていない企業のもとで，日本人が低収入で働かされている」実態があり，一種の「搾取」があるといえる。

問七＜文学史＞『平家物語』は，和文と漢文の訓読の文体が混じった文語文で書かれている。この文体を，和漢混淆〔混交〕文という。

二〔**古文の読解―歌集**〕出典；『建礼門院右京大夫集』。

≪現代語訳≫十二月一日頃だっただろうか，夜になって，雨とも雪ともつかずぱらぱらと降って，村雲が慌ただしく行き来し，すっかり曇りきってしまわないけれども，まだらになって星は消えていた。(私は，)引きかぶって寝ていた衣を，夜更《ふ》けの頃，午前二時頃かと思う頃に，引きのけて，空を見上げたところ，特によく晴れて，水色であるところに，光がとりわけ強い星の大きいのが，一面に出ていたのは，ひととおりでなく趣があって，花色の紙に，箔を散らしたのによく似ていた。今宵初めて(星空を)見たような気持ちがする。これまでも星が月のように明るい夜は見慣れていたけれども，これは場合が場合だからだろうか，特にすばらしい気持ちがするにつけても，ただ物思いばかりされる。

〈月〉を物思いにふけりながら眺めることはしてきたが，〈星〉の夜の深い情趣は今宵初めて知ったことだ。

問一＜和歌の内容理解＞古くから，月を眺めるということはよくあった。作者も同様に，月は眺めてきただろうと思われる。しかし，この夜，作者は星が「花の紙に，箔をうち散らしたる」ような夜空を見て，「星の夜の深きあはれ」を深く感じた。

問二＜古典の知識＞旧暦の月の異名は，一月から順に，　睦月(むつき)，如月(きさらぎ)，弥生(やよひ)，卯月(うづき)，皐月(さつき)，水無月(みなづき)，文月(ふづき)，葉月(はづき)，長月(ながつき)，神無月(かんなづき)，霜月(しもつき)，師走(しはす)である。歴史的仮名遣いの語頭以外のハ行は，原則として現代仮名遣いでは「わいうえお」になるため，「しはす」は，「しわす」になる。

問三＜古文の内容理解＞太陰暦における「一日」の月は新月であり，この夜の空に月は見えていない(…３)。そして，夜に入ったときは「雨とも雪ともなくうち散りて」という天気だったが(…５)，後に作者が空を見上げたときには，すっかり晴れて星が出ていた(…３)。

問四＜古典の知識＞一日を二時間ごとに区切り，午前〇時の「子」から始めて順に十二支を当てる。その前後二時間がその十二支の「刻」で，その二時間を四分して「一つ，二つ……」とする。「丑の刻」は，午前二時前後の二時間で，「丑二つ」は午前一時半から二時ということになる。

問五＜古文の内容理解＞作者が夜更けに空を見上げたときには，雨雲は消え，空はよく晴れて大きな明るい星がたくさん出ていた。

問六＜古文の内容理解＞作者は，この夜，星の美しさに目を奪われた。これまでは特にそのような経験はなかったため，初めて見たような新鮮な驚きを持って星空を眺めたのである。

三〔小説の読解〕出典；菊池寛『マスク』。

問一＜語句＞１．「殊に」は，とりわけ，特に，という意味。　**２**．「知己」は，自分の心をよく知ってくれている人のこと。親友。単なる知人という意味で使われることもある。

問二＜文章内容＞新聞に出る死亡者数が増えるということは，感染が広がり重症化する人が増えていることを示し，逆に，死亡者数が減るということは，感染拡大が収まってきていることを示す。体質的な問題もあり，「感冒に対して，脅え切って」いた「自分」は，感染の危険が少しでも高くなると不安になり，少しでも低くなるとほっとした。

問三＜文章内容＞「病気を怖れないで，伝染の危険を冒す」のは，「野蛮人の勇気」である。対して，「文明人としての勇気」は，誰ももうマスクをつけていなくても「病気を怖れて伝染の危険を絶対に避ける」という勇気である。

問四＜心情＞感冒に対して「脅え切って」いた「自分」は，三月に入って感冒の脅威が衰えていき，周囲にマスクをつけている人がほとんどいなくなっても，まだマスクを外さなかった。「もう，流行性感冒は，都会の地を離れて，山間僻地へ行ったと云うような記事」が新聞に出ても，まだマスクを外さなかった。そして，「自分」は，そうすることで「自分が，真の意味の衛生家であり，生命を極度に愛惜する点に於いて一個の文明人であると云ったような，誇りをさえ」感じていた。

問五＜文章内容＞「自分」は，感染を何としても避けたいと思い，三月の終わり頃になって「もう殆ど誰も付けて居る人はなかった」ときでも，まだマスクを外さなかったが，そうはいっても，五月になればマスクをつけなくなった。

問六＜文章内容＞「自分」は，「マスクを付けることに，熱心だった」のに，「時候の手前，それを付けることが，何うにも気恥ずかしく」なってマスクを外してしまった。「自分」は，時候や世間の目を理由に自分を曲げてしまうような弱い人物だといえる。一方，マスクをつけていた「二十三四ばかりの青年」は，「勇敢に傲然とマスクを付けて，数千の人々の集まって居る所へ，押し出して」いったのであり，時候や世間の目などにかまわず，自分の意志を押し通す強い人物だといえる。

問七＜文学史＞菊池寛は，文藝春秋社を創立し，芥川龍之介賞(通称「芥川賞」)を創設した。芥川龍之介とは第一高等学校の同期生であり，二人は親友であった。

問八＜品詞＞「なるべく」は，活用のない自立語で，用言にかかる副詞。「外出さ」は，サ行変格活用の動詞「外出する」の未然形。「せ」は，使役の助動詞「せる」の未然形。「ない」は，打ち消しの助動詞「ない」の連体形。「ように」は，目的の助動詞「ようだ」の連用形。「し」は，サ行変格活用の動詞「する」の連用形。「た」は，完了の助動詞「た」の終止形。

2022年度 慶應義塾女子高等学校

【英　語】（60分）

1 次の文章を読んで設問に答えなさい。

(A) 以下は “corroborating” について述べた文章である。

> Corroborating means checking important details of an event in more than one text to see if the details are the same or not. Experts in history do this to find out what really happened in the past, because people often remember things differently. When you read more than one text about an event, pay careful attention to which details the texts share and which details are different.

次の文が “corroborating” の説明になるよう，[ア]～[ウ]を補う最も適切なものを①～⑥より1つずつ選び，番号で答えなさい。ただし，同じ番号を2度以上選ばないこと。

[　ア　]ことから，[　イ　]ために，1つの出来事に関する複数の文書を[　ウ　]こと。

① 何が実際に起きるのかを予想する
② 人々の価値観はしばしば変化する
③ 人々の記憶はしばしば食い違う
④ 共感する点としない点に注意して読む
⑤ 共通点と相違点に注意して読む
⑥ 何が実際に起きたのかを知る

(B) 以下の2つの文章は “corroborating” の資料である。

> Hi, my name's Gary Wallace. My friend Jake and I were hiking in the mountain on Sunday when we suddenly heard a big crashing sound. I looked up in the direction of the noise and saw two people. We saw both of them waving their hands, and thought they were trying to get our attention. One was an older man, I would say, and the other was a boy who looked like a teenager. The boy was wearing an orange jacket, and the man had a hat on. It was about 2:30 in the afternoon when we saw them.

> Hello, I'm Alice Simmons. I often walk in the mountains on weekends. On Sunday afternoon, at about 2:35, I heard a noise. I guess I thought some snow just fell down the side of the mountain. Then I looked down and saw a young boy and a tall man standing on a rock that stuck out on the side of the mountain. The boy was wearing jeans and a bright red jacket. Both of them seemed to be waving their hands at people who were farther down the mountain. At the time, I thought they were just being friendly, so I kept walking.

(i) 手を振る２人の人物をGary，Jake，Aliceが見たときの５人の位置関係を表す図として，最も適切なものを①～⑥より１つ選び，番号で答えなさい。ただし，この時点で彼ら５人は同じ山におり，この山に彼ら以外に人はいなかったものとする。

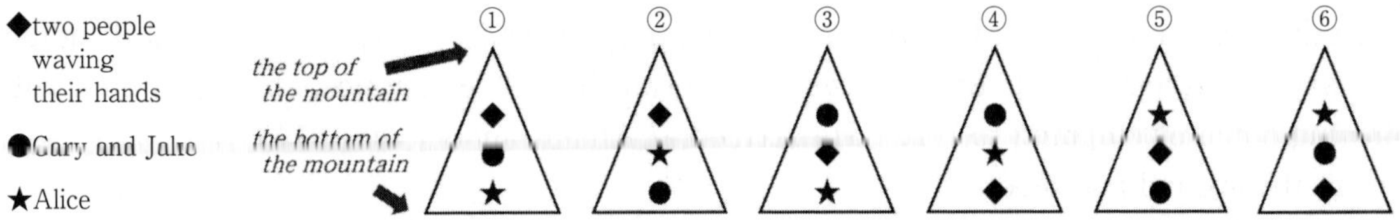

(ii) GaryとAliceが述べた内容に合っているものを①～④より１つ選び，番号で答えなさい。

① Both Gary and Alice think that because the man and the boy wanted Gary and Jake to notice them in trouble, they were waving their hands.

② When Alice heard a noise, she was worried that because of some snow falling down the side of the mountain, people hiking in the mountain might be in danger.

③ Gary as well as Alice thinks that one of the two people waving their hands was wearing a jacket and younger than the other.

④ Alice thinks Gary and Jake were good friends who liked hiking in the mountain, and that they greeted each other by waving their hands.

2 次の文章を読んで設問に答えなさい。

If a cheetah, a wolf, and an experienced runner all competed in a marathon, who would win? The cheetah would definitely start off fast. The wolf would probably pass the cheetah after a few miles. But an experienced runner would be the first to cross the finish line!

Marathon running is perhaps the best-known example of human long-distance running culture. (1)<u>What makes some people become top long-distance runners?</u> The amazing runners of Kenya seem to have found an answer. Iten is a small farming town at high altitude in Kenya. It is also home to many of the world's top marathon runners. Most of them are members of the Kalenjini. The Kalenjini usually have perfect bodies for running. Thanks to their thin bodies, long legs, and short waists, power is sent to the parts a runner needs most — the legs. And because Iten is 8,000 feet above (あ s—) level, the Kalenjini develop powerful lungs. They need them to get oxygen out of the thin air there. This gives the Kalenjini an important advantage when they compete in marathon races at lower altitudes.

Thousands of miles away from Iten, in the high mountains of Mexico, live the Tarahumara. They don't have much contact with the outside world. They don't compete in marathon races, but they are also known as top long-distance runners. They call themselves the running people. They run when playing traditional games and when competing in two or three day-long races over mountains. Their running ability comes from their physically active life, and also from the great respect they have for running. (2)<u>It is said that the Tarahumara run because of that.</u>

[A] In fact, it's difficult for most people to even finish a marathon. Then why do they run? Well, most people run for the joy of it. Some people do it for their health. Others want to (ア) their personal records. Each person has different reasons, but marathons definitely attract people all over the world. But how much do you know about marathons? Do you know why it is called a marathon and how and where it began?

The origin of the marathon (イ) back to a legend in Greece. In 490 B.C.E., the Greeks and the Persians had a battle in Marathon. The people of Athens, a city in Greece, believed that the Greeks would lose. So they were about to burn their own city before the Persians could enter and take control of it. But the Greeks defeated the Persians. A messenger called Pheidippides was sent to Athens to deliver the news. (3)He ran the whole distance, about 25 miles, without slowing down or stopping to rest. He arrived at Athens and shouted, "We've (ウ)!" — then fell to the ground and died.

The modern marathon didn't start until 1896. That year the first international Olympic Games were held in Greece. Someone said they should have a race to show their respect to Pheidippides. They used the same route they thought Pheidippides had used 2,400 years earlier — starting in Marathon and ending in Athens. The race was almost 25 miles long and the modern marathon was born.

After the 1896 Olympic Games, the distance of the marathon (エ) close to 25 miles, and was slightly different from race to race. (4)すべてのランナーが同じルートを走る限り，各レースの距離をまったく同じにする必要はないと考えられていたのだ。At the 1908 Olympic Games in London, however, the distance was extended to 26 miles in order to allow the royal family to watch the start of the race from the window of their castle. In order to make the race end in front of the royal family at the stadium, 385 yards were also added to the finish line. As a (い r—) of these changes, the distance of the marathon became 26 miles and 385 yards, or 42.195 kilometers. Later this became the standard distance of the marathon, and it is still used today!

［注］ finish line：(競走の)ゴール　Iten：イテン町　altitude：標高　the Kalenjini：カレンジン族
short waist：短い胴　oxygen：酸素　the Tarahumara：タラフマラ族　B.C.E.：紀元前
Greek：ギリシア人　Persian：ペルシア人　battle：戦い　Marathon：マラトン村
route：ルート　royal：王室の　yard：ヤード(距離の単位で，1ヤードは約91 cm)

問1　下線部(1)に対する答えとして本文で述べられていないものを①～⑥より2つ選び，番号で答えなさい。

①　適切な食事　　②　強力な肺機能
③　体をよく動かす生活　　④　走ることへの尊敬の念
⑤　走るのに最適な体　　⑥　短距離走の練習

問2　(あ)，(い)にそれぞれ最も適切な1語を補いなさい。ただし，指定された文字で書き始めること。

問3　下線部(2)を，"The Tarahumara" で始まるほぼ同じ意味の文に書きかえなさい。

問4　［A］を補う最も適切なものを①～④より1つ選び，番号で答えなさい。

①　The Kalenjini or the Tarahumara are not top long-distance runners at all.
②　Not all people are top long-distance runners like the Kalenjini or the Tarahumara.
③　Not only the Kalenjini and the Tarahumara but also ordinary people are top long-distance runners.
④　Top long-distance runners are not always the Kalenjini or the Tarahumara.

問5　(ア)～(エ)を補う最も適切な語を次より1つずつ選び，文脈に合う形で答えなさい。ただし，同じ語を2度以上選ばないこと。

remain, go, participate, win, remind, search, break

問6　下線部(3)とあるが，彼は何を阻止するためにこれほどまでに急いでいたのか。日本語で答えなさい。

問7　下線部(4)を英語に直しなさい。

問8　本文の内容に合っているものを①～⑥より2つ選び，番号で答えなさい。

① The Kalenjini are good at marathon races especially at lower altitudes because they need to get oxygen out of the thin air there.

② Both the Kalenjini and the Tarahumara live at high altitudes and are well-known as top marathon runners.

③ People all over the world are attracted by marathons because crossing the finish line is the biggest goal for them.

④ Although the people of Athens didn't expect the Greeks would win a battle in Marathon, the Greeks did.

⑤ The modern marathon began in 1896, but its distance was shorter than that of today's marathon.

⑥ At the 1908 Olympic Games in London, the marathon route was extended so that the royal family could easily watch both the start and end of the race from their living places.

3　次の会話文を読んで設問に答えなさい。

Mother : (1)Sorry I'm late. It was very crowded, so I had to park my car in Timbuktu!

Daughter : What did you say, mom? Did you say . . . "team book what"?

Mother : No, I said "Timbuktu." This word is probably difficult to recognize if you have never heard of it. People often use this word as a symbol of a place that is unknown, far away, or at the end of the earth.

Daughter : I had no idea at all! Is it a real place?

Mother : Some people don't think so. [A] It is a city in the country of Mali in West Africa. Timbuktu used to have two things that the rest of the world wanted — gold and salt. Once it was called the "City of Gold."

Daughter : Sounds like a nice place! Was Timbuktu covered in gold?

Mother : Some Europeans believed so and thought gold was as common as sand in Timbuktu. [B] We sometimes need to take some stories with a grain of salt. Do you understand what the expression "take with a grain of salt" means?

Daughter : Yes, it means not to believe everything somebody says.

Mother : Absolutely right. But still it is true that Timbuktu used to be a rich city thanks to gold and salt.

Daughter : I learned about the history of salt in social studies class. (2)古代には塩はとても貴重だったので，ローマの兵士はしばしばお金の代わりに塩で給料を支払われた。I don't think I want salt as my salary.

Mother : Me neither. But people of the past didn't mind at all.

Daughter : [C] They were different from you and me. In fact my teacher said the expression "worth one's salt" for describing a person who works hard comes from this story.

Mother : Really? A phrase still used today!

Daughter : Yes, but I wonder why salt was so highly appreciated. I use salt only for adding flavor to food.

Mother : It has been used to keep food fresh since the earliest times. Salt draws out the liquid from food that it touches. By doing so, salt is able to preserve the food for long periods of time. That's how (3)cucumbers can be made into pickles and meat can become bacon.

Daughter : [D] But there is still one thing that I don't understand. My teacher said a lot of salt was used when building the Great Wall of China. He said salt protects buildings in cold places.

Mother : Probably because of the way salt works. You know salt [I] freeze. When water changes into ice, it increases in volume. In order to stop ice from destroying the Great Wall, I guess they spread a lot of salt under it.

Daughter : I see. Oh, mom, it is almost 5 pm! Let's go and find a nice birthday present which makes dad smile. (4)Even if it's in Timbuktu!

［注］ Mali：マリ　grain：一粒　salary：給料　freeze：凍る　volume：体積

問１　下線部(1)とあるが，母と娘は何のために待ち合わせをしていたと考えられるか。最も適切なものを①～④より１つ選び，番号で答えなさい。

①　駐車場を探すため　　②　Timbuktu に行くため

③　塩の歴史を学ぶため　　④　誕生日プレゼントを買うため

問２　[A]～[D]を補うのに，最も適切なものを①～⑧より１つずつ選び，番号で答えなさい。ただし，同じ番号を２度以上選ばないこと。

①　I wonder how to pass them down.

②　It seems salt has many uses.

③　Yes, they absolutely minded it.

④　But actually it is.

⑤　We can make salt out of many things.

⑥　Even though you were familiar with it.

⑦　No, they didn't mind.

⑧　But it wasn't the case.

問３　下線部(2)を英語に直しなさい。

問４　次の文が，下線部(3)がどういうことの具体例であるのかを説明する文になるよう，[ア]～[エ]にそれぞれ適切な日本語を補いなさい。

[ア]が食品から[イ]を[ウ]ことによって，食品が[エ]ことの具体例。

問５　［ I ］を補うように，次の語句を並べかえなさい。

necessary for, is, the temperature, to, lowers, which, liquid

問６　次の文が，下線部(4)の "Timbuktu" の具体的な意味を含む文になるよう，[　　]に入る最も適切な英語を本文中より抜き出しなさい。

Even if it's in [　　　　]!

問７　次の会話文を読んで，Luke の発言の意味として最も適切なものを①～④より１つ選び，番号で答えなさい。

Brad : I read 10,000 pages of a mystery novel last night.

Luke : I will take your story with a grain of salt!

① Luke wonders why Brad was so eager to read last night.

② Luke is worried that Brad stayed up late to read last night.

③ Luke doesn't think that Brad read so many pages in one night.

④ Luke is excited to know how many pages Brad read in one night.

4 次の文章を読んで設問に答えなさい。

Laughter is mysterious — and we do laugh a lot. One study found that people laugh seven times for every 10 minutes of a conversation. Laughter seems to play an important role in our communication. It is one of the ways for us to show others that we wish to connect with them. In fact, in a study of thousands of examples of laughter, the speakers in a conversation were found to be 46 percent more likely to laugh than the listeners. We're also much more likely to laugh in a group. In another study, (1)young children between the ages of 2.5 and 4 laughed eight times more when they watched a TV cartoon with another child.

It is thought that laughter evolved as a way for animals to express playful feelings and form social relationships. Many mammals such as gorillas and even rats laugh when they are tickled and when they are enjoying physical play. But [I], though generally we can't stop laughing when we're tickled. One researcher says that hundreds of years ago, laughter would really have been a great survival tool for groups of humans. It worked as a glue that kept the group together. In addition, it helped tell the members of the group there was no need to be afraid of what was happening around them.

People from different cultures may laugh at different things, but people recognize laughter as laughter even when it is produced by someone from a very unfamiliar culture. Researchers from England who worked with the Himba in Namibia in Africa found the only positive sound made by the English researchers which the Himba recognized was laughter. What's interesting is that the opposite case was also true — the only positive sound [A] was laughter. Other positive feelings such as the joy of victory are expressed in very different ways in different cultures. For example, in the UK, it's not unusual for people to cheer. The Himba, on the other hand, produce an almost song-like "ay-ay-ay" sound when they are celebrating.

Laughter is helpful not only in forming our social relationships, but also in improving our health in several ways. When we laugh, the amount of air we get into the body increases, and that can make your heart, lungs, and muscles more active and stronger. Laughing can also help protect our body from diseases by increasing the illness-fighting cells. Moreover, we feel better after laughing because it releases the chemicals that make us feel happy and reduce the levels of stress.

(2)笑いは私たちの社会的生活や肉体や精神によい効果をもたらすけれども，私たちは時に笑うのが難しいと感じる, especially in tough times. In those cases, raise the corners of your mouth into a smile and then try laughing, even if you feel it is a little forced. When you've had your soft, quiet laughter, think about how you're feeling. Don't you feel your mind as well as muscles is more relaxed? (3)That's the real wonder of laughter.

［注］ likely：～する可能性が高い　tickle：くすぐる　the Himba：ヒンバ族

Namibia：ナミビア　cell：細胞

問1　下線部(1)を日本語に直しなさい。また，“another child”の後に省略されている英語を次のように補う場合，(ア)，(イ)に入るそれぞれ最も適切な1語を答えなさい。

. . . another child (ア) when they watched it (イ).

問2　[I]を補うように，次の語句を並べかえなさい。

to, action, don’t, humans, a physical, laugh, need

問3　A を補う最も適切な9語の英語を答えなさい。

問4　下線部(2)を英語に直しなさい。

問5　下線部(3)の具体的な内容として最も適切なものを①～④より1つ選び，番号で答えなさい。

①　笑いが強制されると心身ともに緊張すること

②　一緒に笑うとその人との絆《きずな》が深まること

③　自然な笑いでなくともリラックス効果があること

④　文化によって笑いの対象が異なること

問6　次の質問に英語で答えなさい。ただし，主語と動詞のある文の形で答えること。

1　According to one study, how often do we laugh when we have a conversation?

2　What do the chemicals released by laughing lower?

5　Which do you think is better, regular lessons in classrooms or online lessons? Tell us your opinion with two or three reasons. Write in English and use about 50 words. Please write the number of words in the space (　words) on the answer sheet.

【数　学】（60分）

（注意）　1．途中の計算や式などもすべて解答用紙に書いておくこと。

2．図は必ずしも正確ではありません。

1　次の問いに答えなさい。

［1］　次の式を計算しなさい。

(1)　2022^2+1978^2

(2)　$2044^2+1956^2+4022^2+3978^2$

［2］　ある小学校の6歳の児童をグループA，8歳の児童をグループB，9歳の児童をグループCに分けた。グループA全員の年齢の合計はグループB全員の年齢の合計の半分になった。その3年後，グループAとグループB全員の年齢の合計は，グループC全員の年齢の合計と同じになる。A，Bそれぞれのグループの人数をx人，y人として次の問いに答えなさい。

(1)　yをxで表しなさい。

(2)　グループCの人数が17人のとき，xとyの値を求めなさい。

2　図の斜線部分は△ABCを点Cを中心に回転させたときに辺ABの通過した部分である。点Bを中心とする半径ABの円Bと斜線部分の面積Sが等しくなるとき，次の問いに答えなさい。ただし，円周率をπとする。

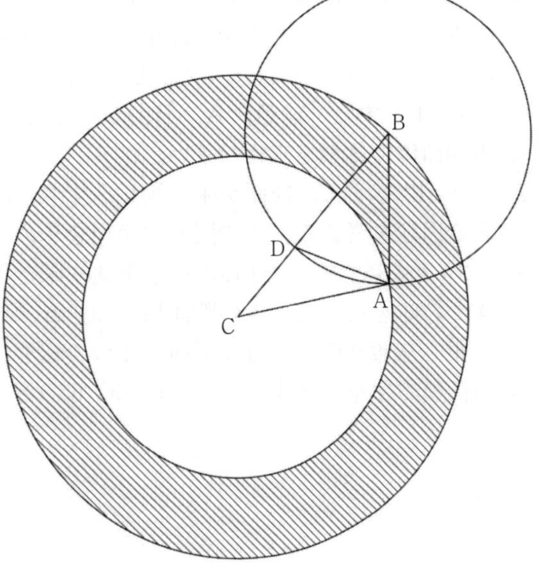

［1］　辺BC, CAの長さをそれぞれa，bとしてSをa，bを用いて表しなさい。

［2］　∠BACの大きさを求めなさい。

［3］　さらに，円Bと辺BCの交点をDとする。AD＝CDのとき，

(1)　∠DCA＝x°とすると，∠ADBの大きさをxを用いて表しなさい。

(2)　xの値を求めなさい。

(3)　$S=4\pi$のとき，△ABCの面積を求めなさい。

3　1から1000までの整数が円形に並んでいる。次のルールで整数に印をつけていく。

1．最初に1に印をつける。

2．印をつけた整数の次の整数から数えて12番目の整数に印をつけていく。すなわち1，13，25，37，…に印をつけていく。

3．何周かすると，一度印をつけた整数に再び印をつけることになるが，そこでやめる。

次の問いに答えなさい。

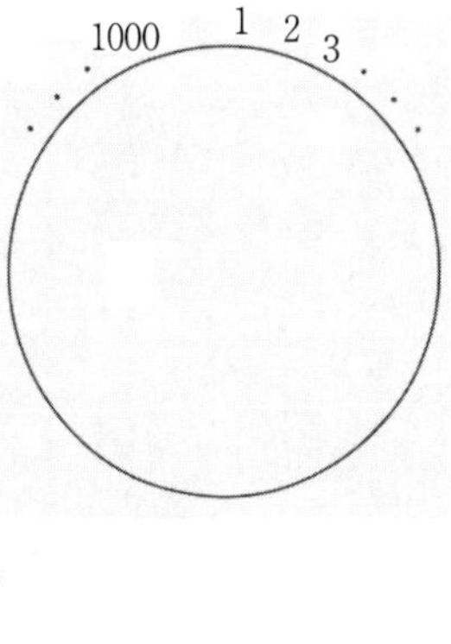

［1］　1周目で印をつけた整数の個数と2周目の最初に印をつけた整数を求めなさい。

［2］　印をつけるのをやめた後，印がついていない整数の個数を求めなさい。

4　図のように，点A$(0,\ 4)$を通る直線と放物線$y=ax^2$の2つの交点をB，Cとすると，△OABは線分OAを斜辺とする直角二等辺三角形になる。点Aを通るx軸と平行な直線と放物線の交点をDとし，線分OA上に点Eを∠ADB＝∠BDEとなるようにとる。点Bのx座標を負として，次の問いに答えなさい。

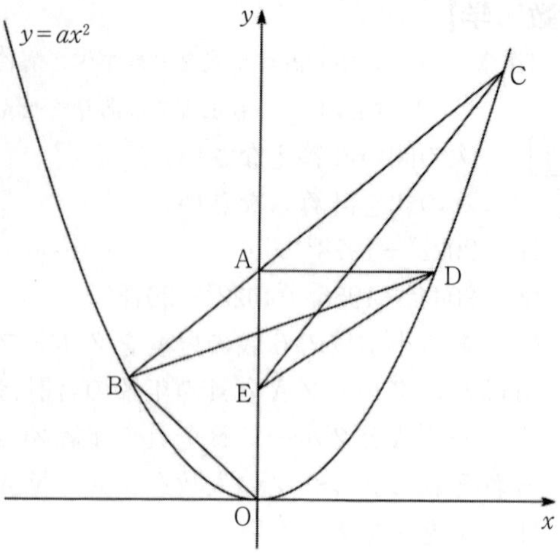

[1]　2点B，Dの座標および定数aの値を求めなさい。

[2]　点Cの座標を求めなさい。

[3]　線分ABの長さと，∠ABDの大きさを求めなさい。

[4]　△CEDの面積Sを求めなさい。

5　床の上に半径r cmの球Oと半径3 cmの球A，B，Cがあり，球Oに球A，B，Cが接していて，球A，B，Cの中心を結んでできる図形は正三角形である。次の問いに答えなさい。ただし，$r>3$とする。

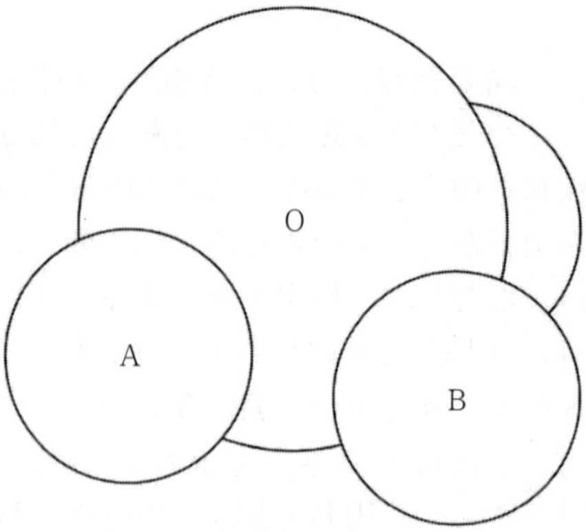

[1]　$r=4$とする。球O，A，B，Cの中心を結んでできる四面体の体積を求めなさい。

[2]　$r=12$とする。底面が床と接し，4つの球がちょうど入る円柱を考える。この円柱の半径を求めなさい。

[3]　$3<r<6$とする。球Oの中心を通り床と平行な平面で4つの球を切ったときの断面積の和をS，球A，B，Cの中心を通り床と平行な平面で4つの球を切ったときの断面積の和をTとする。$S：T=5：6$のとき，rを求めなさい。

5　発酵物質を使うと他集団にゴミと思われることがある。

問九　本文中の＝＝の部分を、例にならって品詞分解し、それぞれの品詞名を答えなさい。ただし、活用のあるものは文中での活用形も答えなさい。

（例）	これ	は	今年	の	試験問題	です
	名詞	助詞	名詞	助詞	名詞	助動詞 終止形

【作　文】（六〇分）

著名な心理学者だった河合隼雄《はやお》（一九二八～二〇〇七）の著書『こころの処方箋《せん》』（一九九二年）には、「道草によってこそ「道」の味がわかる」と題するエッセイが収められています。次の文章は、そのエッセイの一節です。

　ある立派な経営者で趣味も広いし、人情味もあり、多くの人に尊敬されている人にお会いして、どうしてそのような豊かな生き方をされるようになりましたかとお訊《き》きしたら、「結核のおかげですよ」と答えられた。

　学生時代に結核になった。当時は的確な治療法がなく、ただ安静にするだけが治療の手段であった。結核という病気は意識活動の方は全然おとろえないので、若い時に他の若者たちがスポーツや学問などにいそしんでいることを知りつつ、ただただ安静にしているだけ　というのは大変な苦痛である。青年期の一番大切な時期を無駄《むだ》にしてしまっている、という考えに苦しめられるのである。

　ところが、自分が経営者となって成功してから考えると、結核による「道草」は、無駄ではなかったのである。無駄どころか、それはむしろ有用なものとさえ思われる。そのときに経験したことが、今になって生きてくるのである。人に遅れをとることの悔しさや、誰もができることをできない辛さなどを味わったことによって、弱い人の気持がよくわかるし、死についても生についていろいろ考え悩んだことが意味をもってくるのである。

　右の文章を踏まえた上で、「道草によってこそ「道」の味がわかる」という表題についてのあなたなりの解釈を、あなたの経験を交えながら六百字以内で書きなさい。

を「需要に上限がないシステム」によって3制御することはできません。

だから、はっきり言い切りますけれど、農業を市場原理に従わせることはできません。農業は貨幣よりも市場よりも株式会社よりも古い。株式会社というシステムが普及しだしたのは十八世紀の話です。まだ二百五十年くらいの歴史しか持っていないシステムが、少なくとも二万三千年前から存在する生産活動に対して「そんなやり方じゃダメだ」と文句を言うとしたら、それは文句を言うほうが筋違いなのです。

それでも、現代社会には市場経済という仕組みが存在しており、グローバル資本主義の世界で僕たちは生きているわけですから、ある程度そういうものと折り合いをつけなければならない。でも、それはあくまで「折り合う」ことであって、市場経済やグローバル資本主義のルールに「従う」ということじゃない。

D農業と市場は原理が違います。無限に貨幣が欲しいという人たちの欲望で動いている市場と、太陽の恵み、大地の恵み、水の恵みを受けて耕作し、育った果実を生身の人間が飢えないために享受するという農業は4ソンリツする原理が違います。だから、市場は農業の原理が理解できないし、農業は市場の原理についてゆけない。そんなの当たり前なんです。できるのは「もともと食い合わせの悪いもの同士の折り合いをつける」ことだけなんです。でも、それはあくまでE暫定的な「折り合い」であって、本質的には市場と農業は「嚙《か》み合わない」ということを忘れるべきではないと思います。

（内田　樹『日本習合論』より）

問一　波線部1〜4のカタカナを漢字で、漢字の読みをひらがなで書きなさい。

問二　[V]・[W]に最もよくあてはまる語を漢字一字で入れ、言葉を完成させなさい。

問三　[X]・[Y]・[Z]に最もよくあてはまる語を次の中から選び、番号で答えなさい。（同じ番号は一度しか使えない。）

1　天文学　2　文学　3　危機　4　直接
5　積極　6　物理学　7　算術　8　道徳
9　体系　10　主観

問四　傍線部A・Eの、ここでの意味をあとの中から選び、それぞれ番号で答えなさい。

A　修辞
1　難しい言葉遣い　2　細やかな気遣い
3　美しい表現技術　4　上手なたとえ方
5　間接的言い回し

E　暫定
1　もともとの　2　とりあえず
3　なんとなく　4　決まりきった
5　おぼつかない

問五　傍線部Bをすると、なぜ飢餓を回避できるのですか、二点説明しなさい。

問六　傍線部Cについて、どのような点が「文明的」なのですか、次の中から正しい説明を選び、番号で答えなさい。

1　食文化は、各国文化として大切にしているから。
2　食文化は、文学や歴史と密接に関係しているから。
3　食文化は、人々の工夫の中で味を磨いていったから。
4　食文化は、生きていくための知恵で発展してきたから。
5　食文化は、破局的事態の回避のために文化になったから。

問七　傍線部Dについて、農業と市場の原理の違いを説明しなさい。

問八　文章の内容に合致するものに○、しないものに×をつけなさい。

1　市場経済のロジックで農業を従わせることはできない。
2　食文化のリテラシーが低い個体は、飢餓的状況に強い。
3　市場経済は、二万三千年前から続く農業に学ぶべきだ。
4　収益性の高い作物を作れば市場経済と折り合いがつく。

ことで、単一の農作物への需要の集中を回避させた。こうしておくと、たとえば、ある植物が病虫害や異常気象のせいで壊滅的な被害に2アっても、それを主食としていない集団にとっては直接的な影響はない。主食が採れなくなった集団でも、「[V]に[W]は代えられない」となればイモでもバナナでも豆でも食べる。

すべての集団が同じ植物を主食としていたら、その種が不作となったら、全集団が同時的に飢餓の危機に瀕《ひん》します。当然、主食の奪い合いが始まる。それを防ぐためには食習慣をずらすのがもっとも確実です。

調味料というのもそうです。あれは欲望の集中を防ぐための工夫です。どの集団も調味料には発酵物質を使います。要するに「腐ったもの」です。それを自分たちの主食の上にぶちまける。その調味料を使わない集団から見れば「腐敗したものを食べている」ようにしか見えない。手を出す気になれない。でも、これはすばらしい工夫なわけです。自分たちの食糧を安定的に確保しようと思ったら、周りの集団から「あいつらはゴミを食っている」と思われるのが一番安全だからです。他の集団から羨望されないものを食べているかぎり、奪われる気づかいはない。

主食を「ずらす」のも、調味料に「腐ったもの」を使うのも、いずれも人類が飢餓を回避するために思いついた生活の知恵です。食文化は飢餓ベースだというのはそういう意味です。人々が欲望するものをできるだけ分散して、欲望の対象が一つに集中しないようにする。

食文化というのはそういうシリアスなものです。食糧をどうやって安定的に供給するか、供給が止まったときにはどうやって食資源の奪い合いという破局的事態を回避するか、食文化というのはそのために作られたC文明的な仕組みなんです。

当然、農業もそのような食文化の歴史の中に置いて考察しなければなりません。人類七万年の「飢餓を回避する努力」の成果として農業があるからです。どんなことがあっても安定的・継続的に食糧を供給できること。それが農業のアルファであり、オメガです。だから、単一栽培を嫌って、多様な作物を耕作するのは当然なのです。ある農作物が病虫害で全滅しても、それと似たような栄養素を持っている作物が被害を受けずに育っていれば、飢餓は回避できる。農業における多様性の確保というのは集団存続のための基本です。人類の知恵が詰まっている。

ですから、食文化のリテラシーが高い人というのは「何でも食える」人のことです。世界のすべての食文化に等しくオープンマインドに接することのできる人です。他の人が「こんなもの食えるか！」と言って棄《す》ててしまうものを「おお、美味しい」と言ってぱくぱく食べられる人が飢餓にもっとも強い。親たちが子どもに「好き嫌いをしないで、何でも出されたものは食べなさい」とうるさくしつけたのは、別に[X]的なことを言っていたわけではありません。そのような食文化リテラシーの高い個体のほうが飢餓を生き延びるチャンスがあるから、そう教えていたのです。子どもたちが飢餓的状況を生き延びられるように、「何でも食べられる能力」を育成していたのです。

ですから、農業は、どうやっても市場のロジックとは合いません。市場は「たくさん金が欲しい」という原理だけで動いています。「どれだけあれば足りるか」ということは問題になりません。世界の超富裕層の中には一〇〇〇億ドルというような[Y]的な個人資産を持っている人たちがいます。毎日一億円使っても使い切るまでに三百年かかる。それでも、彼らはもっと金が欲しくて新しいビジネスモデルを開発したり、M&Aを繰り返したりしている。「足りる」ということがないのです。

農業は違います。食べる人間がいて、その胃袋に詰め込める量の[Z]的総和が「必要な農作物」の上限です。それ以上作ってもしょうがない。生身の人間の消化器がベースだからです。でも、金が欲しいという人には上限がない。「需要に上限のある生産活動」

つれづれなるままに、ひくらしすずりにむかひて、[X]を、[Y]、あやしうこそものぐるほしけれ。

問三　傍線部Aの現代語訳として最も適当なものを次の中から一つ選び、番号で答えなさい。

1　偽りがあるのだろうか。
2　偽りがないほうが良い。
3　偽りがないわけではない。
4　偽りがなくなってしまう。
5　偽りがあってはならない。

問四　傍線部Bについて、この場合の「偽り」とはどういうことですか、説明しなさい。

問五　傍線部C「下愚の性」とは、どのような人を表していますか、句読点を含めず十字で「人」に続くようにまとめなさい。

問六　傍線部Dの人物をどのような人のたとえと筆者は考えていますか、最も適当なものを次の中から一つ選び、番号で答えなさい。

1　狂人　　2　賢なる人
3　舜を学ぶ人　　4　人の賢を見て羨む人
5　賢なる人を見て憎む人

問七　兼好法師は、『徒然草』第八十五段の中で、読者に何を最も強く助言していますか、句読点を含めず十字以内でまとめなさい。

問八　傍線部Eに「最初の分岐点」とありますが、何と何の分岐点ですか、説明しなさい。

問九　傍線部Fの作者の作品に該当するものを次の中からすべて選び、番号で答えなさい。

1　『鼻』　　2　『門』　　3　『雪国』
4　『細雪』　　5　『夢十夜』　　6　『十三夜』
7　『人間失格』　　8　『夜明け前』　　9　『城の崎にて』
10　『仮面の告白』

問十　傍線部G『論語』は誰の言葉をまとめたものか。漢字で答えなさい。

問十一　傍線部H「経済における明治の国家主義」の中では、自己はどのように扱われるべきと渋沢栄一は述べていますか、説明しなさい。

問十二　傍線部Iについて、具体的にどのようなものを筆者は挙げていますか、その一文を見つけ、文中から句読点を含み最初と最後の五字を抜き出しなさい。

問十三　理想がないと、なぜ傍線部Jのような状況になるのですか、説明しなさい。

二

次の文章を読んで、あとの設問に答えなさい。

飢餓をいかに回避するかが食文化の基本です。僕たちは農業について語るときにはビジネスの用語を使い、食文化について語るときは文学的なA修辞を1クシする。農業と食文化について語る文章の中に「飢餓」というようなエッジの立った単語はふつう出てきません。でも、農業と食文化について語るときは、それが飢餓をいかに回避するかという人類史的な努力の成果だったという事実を忘れてはいけないと思います。人類の食文化は飢餓ベースです。餓死者を出さないこと、そのために人類は食文化を発展させてきたのです。

食文化は二つの工夫に集約されます。

一つは不可食物の可食化です。そのままでは食えないものをなんとか食えるようにする。そのために人類は驚異的な努力を積み重ねてきました。叩《たた》いてみる、焼いてみる、蒸してみる、燻蒸《くんじょう》してみる、挽《ひ》いてみる、水に晒《さら》してみる、日に干してみる……あらゆる動植物について、思いつくかぎりの調理法を試すことによって、「こんなもの絶対に食べられない」というものをなんとか可食化してきた。これが食文化の輝かしい成果です。

もうひとつはB食習慣の差別化です。隣接する集団と自分たちの集団の主食を「ずらした」のです。同じものを食べない。隣がバナナを主食にするなら、自分たちはイモを食べる。向こうが小麦なら、こちらは米を食べる。集団がそれぞれ主食のタイプをずらしてゆくることは前にも書いたが、理想には人間の限りない欲望を制御する力がある。国家主義の場合、人間は国家のために存在する、人間の欲望はすべて国家のために役立たせるべきであると考える。この国家という幕末・明治の理想はその後どうなったか。時代の空気の3ヘンセンをたどっておきたい。

E最初の分岐点は意外に早く訪れた。一九一二年(明治四十五年)、明治の国家主義を一身に体現していた明治天皇が亡くなったとき、日本人は国家とは異なる新たな理想との分岐点に立っていた。ところがF夏目漱石の『こゝろ』の先生が高等遊民でありながら「明治の精神に殉じる」、先生のこの自殺が象徴的に表しているように日本人は新しい理想の可能性をあっさり放棄してしまった。

昭和に入ると国家主義が変質した国粋主義が新たな時代精神となった。国粋主義は国家への貢献を理想とする点では国家主義と同じである。しかし明治の建国者たちの広い視野と健全な4ヘイコウ感覚を失った、いわば狂信的な国家主義だった。明治の国家主義は「国のために生きる」ことを求めたが、昭和の国粋主義は「国のために死ぬ」ことを5シいたのである。

昭和の国粋主義は一九四五年(昭和二十年)の敗戦によって終焉《えん》を迎える。このとき日本人はもう一度、国家に代わる新たな理想の可能性を手にした。それは日本国憲法のうたう国民一人一人の自由であり平等であったかもしれない。

ところが不幸にも東西冷戦がこの新たな理想を封じてしまった。新たな理想の候補であった自由と平等が＊イデオロギーの化け物となって戦ったのが東西冷戦だったからである。日本人は自由と平等を理想とするどころか恐れた。ただ半世紀近くつづいた冷戦中、東西陣営の掲げる自由、平等は互いに牽《けん》制し合いながら人間の欲望を制御する理想として働いた。

東西冷戦は一九九一年(平成三年)、ソ連(ソビエト社会主義共和国連邦)の突然の崩壊と自由主義陣営の一人勝ちで終結する。これによって東の6旗印だった平等は幻影となってしまった。一方、宿敵を失った西の自由は野放しとなり、アメリカのトランプ政権のような大衆迎合政治(ポピュリズム)の横行と経済格差の極端な拡大を招くことになった。

今人類の頭上にはぼろぼろに破れた自由と平等の旗が虚《むな》しくはためいている。

国家主義の時代、経済もまた国家建設のために動いていた。日本経済の基礎を築いた渋沢栄一(一八四〇—一九三一)は『G論語と算《そろ》盤《ばん》』にこう書いている。

事柄に対し如何《いか》にせば道理に契《かな》ふかを先《ま》づ考へ、而《しか》して其の道理に契つた遣方《やりかた》をすれば国家社会の利益となるかを考へ更に此《か》くすれば自己の為にもなるかと考へる、さう考へて見た時、若《も》しそれが自己の為にはならぬが、道理にも契ひ、国家社会をも利益するといふことなら、余は断然自己を捨《す》て、道理のある所に従ふ積《つも》りである。

H経済における明治の国家主義がみごとに要約されている。ここに立って眺めれば、渋沢のいう「国家社会の利益」という理想を失い、Iそれに代わる新たな理想も見出せなかった現代の日本の姿が浮かび上がる。J何の理想もない膨大なカネが日本中を飛び交っている。これが今の日本人が生き、そして死んでゆく社会の実態ではないか。

「十億円お年玉企画」のニュースを聞いてそんなことを考えたのだった。

(長谷川　櫂「理想なき現代の喜劇」より)

＊イデオロギー…社会的思想。

問一　波線部1～6のカタカナを漢字で、漢字の読みをひらがなで書きなさい。

問二　次の文は、『徒然草』の冒頭です。X・Yに最もよくあてはまる語をひらがな(現代仮名づかい)で記しなさい。

二〇二二年度
慶應義塾女子高等学校

【国　語】（六〇分）

一　次の文章を読んで、あとの設問に答えなさい。

「人の心、素直ならねば」とはじまる『徒然草』第八十五段。兼好法師はここで人間を二つに分類している。一つは「人の賢」立派な行いを見て羨む人、もう一つは憎む人である。原文を引く。

　人の心、素直ならねば、A偽り無きにしもあらず。然《さ》れども、自《おの》づから正直の人、などか無からん。己《おの》れ、素直ならねど、人の賢を見て羨むは、尋常《よのつね》なり。

　至りて愚かなる人は、偶々《たまたま》、賢なる人を見て、これを憎む。「大きなる利を得んが為に、少しきの利を受けず、B偽り飾りて、名を立てんとす」と譏《そし》る。己れが心に違《たが》へるに因りて、この嘲《あざけ》りを成すにて知りぬ。この人は、下愚《かぐ》の性《せい》、移るべからず。偽りて、小利《しょうり》をも辞すべからず。仮にも、賢を学ぶべからず。

人の立派な行いをみて羨む第一の部類の人は、自分もそうありたいと憧れる人であり、これが人として「尋常」ふつうなのだという。ところが第二の部類の憎む人は「あれは売名のためにやっているのだ」などと誹《そし》り、さらには嘲《あざけ》る。兼好法師いわく、こんなヤツらは「愚かなる人」バカ者であり、その「C下愚の性」腐りきった性根は死ぬまで直らない。

激しく指弾する理由がおもしろい。そんなバカ者は「偽りて、小利をも辞すべからず」。仮にも、賢を学ぶべからず」。自分の本心を隠してでも小さな利益を辞退することも、間違ってでも立派な行いを真似《まね》ることはできないというのである。兼好法師のいう「まなぶ」とは「まねぶ」つまり「まねる」ことなのだ。

怒濤《どとう》の結語がつづく。

　狂人の真似とて、大路を走らば、則《すなわ》ち狂人なり。悪人の真似とて、人を殺さば、悪人なり。驥《き》を学ぶは、驥の類ひ、舜《しゅん》を学ぶは、舜の徒《ともがら》なり。偽りても、賢を学ばんを、賢と言ふべし。

前半は説明を要しまい。「驥」とは日に千里を走るという名馬。駄馬でも名馬を真似て日に千里を走ればもはや名馬である。「舜」は中国古代の聖君。凡人が聖君を真似れば聖君と同等の人である。たとえ自分を偽ってでも立派な人を真似る人を立派な人というのだ。

二〇二〇年元日、大手ファッション通販の創業者が「ツイッターの自分のツイートをリツイートした人の中から千人に百万円ずつプレゼントする」という総額十億円にのぼるお年玉企画を発表した、そんなニュースが流れた。

人気獲得のために市民にパンを配ったローマ皇帝を引き合いに出すのは、この創業者が政治家ではないので適切ではないが、宴会の余興に小判をばらまいて芸者や太鼓持ちに拾わせたD紀伊国屋文左衛門を思い出してもいいだろう。兼好法師の分析を当てはめるなら、これは「賢なる」立派な行いをする人とみていいのか、それとも法師の想定しなかった事態なのか。

この話をするのは創業者を羨むからでも誇るためでもない。このニュースに東西冷戦終結（一九九一年、平成三年）以後の現代の空気を感じたからであり、理想を1ソウシツした戦後日本の「カネ」もついにここまできたかと思うからである。

西洋列強諸国に2侮られない立派な国を造りたい。江戸幕府が鎖国を破って国を開いた幕末、そして明治の時代精神（時代の空気）を一言でいえば、それは国家主義だった。国家主義とは国家への貢献を理想とする理想主義の一つである。

では理想とは何か。人間が欲望（金銭と性）に翻弄される動物であ

2022年度／慶應義塾女子高等学校

英語解答

1 (A)　ア…③　イ…⑥　ウ…⑤

(B)　(i)…⑤　(ii)…③

2 問1　①，⑥

問2　あ　sea　い　result

問3　The Tarahumara are said to run because of that.

問4　②

問5　ア　break　イ　goes　ウ　won　エ　remained

問6　アテネの人々が自分たちの街を焼き払うこと。

問7　(例) As long as all runners ran the same route, it was considered that there was no need to keep the distance of each race exactly the same.

問8　④，⑤

3 問1　④

問2　A…④　B…⑧　C…⑦　D…②

問3　(例) In ancient times, salt was so valuable that Roman soldiers were often paid in salt instead of money.

問4　ア　塩　イ　水分　ウ　抜き取る　エ　長持ちする

問5　lowers the temperature which is necessary for liquid to

問6　a place that is unknown, far away, or at the end of the earth

問7　③

4 問1　2歳半から4歳までの幼児は，他の子と一緒にテレビアニメを見たときに8倍も多く笑った

ア　than　イ　alone

問2　humans don't need a physical action to laugh

問3　made by the Himba which the English researchers recognized

問4　(例) Though laughter has a positive effect on our social life as well as our body and mind, we sometimes feel it difficult to laugh

問5　③

問6　1　We laugh seven times for every 10 minutes of a conversation.

2　They lower the levels of stress.

5 (例) I think that lessons in classrooms are better than online lessons. Firstly, I can concentrate more on learning in school than at home. Secondly, classes such as science experiments and P.E. can only be done at school. Thirdly, it is easier to have a discussion with friends and ask questions to the teacher. (53語)

1 〔長文読解総合―説明文〕

(A)＜要旨把握＞≪全訳≫corroborating「確証すること」とは複数の情報源において，ある出来事の重要な細部をチェックして，その細部が同じかどうかを確認することを意味する。歴史の専門家は，過去に実際に何が起こったかを知るためにこれを行う。なぜなら，人は物事を違うように覚えている

ことが多いからだ。ある出来事についての複数の情報源を読むときは，それらの情報源でどの細部が共有されていてどの細部が異なっているかに十分注意しなさい。

＜解説＞corroborating の理由，目的，内容がそれぞれア，イ，ウに入る。

(B)＜**長文読解総合—説明文**＞≪**全訳**≫こんにちは。私の名前はギャリー・ウォレスです。友人のジェイクと私が日曜日に山でハイキングをしていたところ，突然大きな衝突音が聞こえました。音の方向を見上げると２人の人がいました。２人とも手を振っているのが見え，彼らが私たちの注意を引こうとしているのだと思いました。１人は年配の男性で，もう１人は10代に見える少年でした。少年はオレンジ色のジャケットを着ていて，男性は帽子をかぶっていました。私たちが彼らを見たのは午後２時半頃でした。

こんにちは。アリス・シモンズです。私は週末によく山歩きをします。日曜日の午後２時35分頃，音が聞こえました。山腹を雪が滑り落ちただけだろうと私は思いました。そして見下ろすと，少年と背の高い男性が山腹に突き出した岩の上に立っているのが見えました。少年はジーンズと明るい赤のジャケットを着ていました。どちらも山のずっと下の方にいる人たちに手を振っているように見えました。その時点では，彼らはただ愛想よくしていただけなのだと思ったので，私は歩き続けました。

(i)＜**要旨把握**＞ギャリーとジェイクは手を振っている２人を見上げ，アリスは同じ２人を見下ろしている。

(ii)＜**内容真偽**＞①「ギャリーもアリスも，男性と少年がギャリーとジェイクに困っていることを知らせるために手を振っているのだと思った」…×　②「アリスは音を聞いたとき，雪が山腹を滑り落ちたので山をハイキングしている人々が危険だと心配した」…×　③「ギャリーはアリスと同様，手を振っている２人のうち１人はジャケットを着ていてもう１人より若いと思った」…○　④「ギャリーとジェイクは山のハイキングが好きな仲の良い友人どうしで，手を振って互いに挨拶しているのだとアリスは思った」…×

2 〔長文読解総合—説明文〕

≪**全訳**≫❶チーターとオオカミと経験豊富なランナーがマラソンで競い合ったら，誰が勝つだろうか。チーターは間違いなくスタートで飛び出すだろう。オオカミは数マイル後にチーターを追い抜くだろう。しかし，最初にゴールするのは経験豊富なランナーだろう。❷マラソンはおそらく人類の長距離走文化で最もよく知られた例だろう。何が一部の人を長距離走のトップランナーにするのだろうか。ケニアのすばらしいランナーたちはその答えを見つけたようだ。ケニアのイテンは標高の高い小さな農村である。ここは世界のトップマラソンランナーたちを多く輩出している。そのほとんどがカレンジン族という集団のメンバーだ。カレンジン族は概して，走るのに最適な体つきをしている。細い体，長い足，短い胴のおかげで，ランナーが最も必要とする脚にパワーが送られるのだ。また，イテンは標高8000フィートなので，カレンジン族は強力な肺を発達させている。薄い空気から酸素を得るために強い肺が必要なのだ。このことは，カレンジン族が標高の低い所で行われるマラソン大会に出場する際に，重要なアドバンテージとなる。❸イテンから何千マイルも離れたメキシコの高山地帯にはタラフマラ族が住んでいる。彼らは外の世界とあまり接触しない。マラソンレースには出場しないが，彼らもまた長距離のトップランナーとして知られている。彼らは自分たちを走る民族と呼んでいる。伝統的な遊びをするときや，２，３日かけて山々を越えて競走するとき，彼らは走る。彼らの走る能力は，体をよく動かす生活からくるものであり，また，走ることへの大いなる尊敬の念からくるものでもある。タラフマラ族が走るのは，そのためと言われている。❹A全ての人がカレンジン族やタラフマラ族のような長距離ランナーであるわけではない。それどころか，ほとんどの人にとってマラソンは完走することさえ難しい。では，なぜ人は走るのだろう。たいていの人はその楽しみのために走るのだ。健康のために走る人もいる。また，自分の記録を破りたいと思っている人もいる。理由は人それぞれだが，マラソンが世界中の人々を魅了していることは間違いない。しかし，あなたはマラソンについてどのくらい知っているだろうか。なぜマラソンと呼ばれるのか，どこでどのように始まったのか，知っているだろうか。❺マラソンの起源は，ギリシャの伝説に遡る。紀元前490年，ギリシャとペルシャがマラトンで戦った。ギリシャの都市アテネの人々はギリシャが負けると思っていた。そこで彼らは，ペルシャ人が入ってきて支配する前に，自分たちの街を焼き払おうとした。しかし，ギリシャはペルシャを打ち負かした。その知らせを伝えるためにフェイディピデスという使者がアテネに派遣された。彼は全距離約25マイルを，速度を落とすことなく，休むために立ち止まることもなく走った。アテネに到着した彼は「我々は勝った！」と叫び，そして地面に倒れ込んで死んだ。❻近代マラソンが始まったのは1896年である。この年，ギリシャで第1回国際オリンピック大会が開催された。誰かがフェイディピデスに敬意を表すためにレースをするべきだと言った。2400年前にフェイディピデスが走ったと思われる，マラトンを出発してアテネで終わるコースが使用された。そのレースは全長約25マイルで，近代マラソンが誕生したのだ。❼1896年のオリンピック以降，マラソンの距離はずっとほぼ25マイルのままで，レースごとに微妙に異なっていた。全てのランナーが同じ距離を走る限り，各レースの距離を全く同じにする必要はないと考えられていたのだ。しかし，1908年のロンドンオリンピックでは，ロイヤルファミリーが城の窓からレースのスタートを見られるようにと，距離が26マイルに延長された。また，競技場にいるロイヤルファミリーの目の前でレースを終了するために，ゴール地点も385ヤード先に延ばされた。これらの変更の結果，マラソンの距離は26マイルと385ヤード，すなわち42.195キロメートルになった。これが後にマラソンの標準距離となり，それが現在も使われているのだ。

問１＜要旨把握＞下線部(1)は，'make＋目的語＋動詞'「～に…させる」の形で主語が疑問詞 what の文で，長距離のトップランナーを生み出す原因を尋ねている。その答えとして，同じ段落でカレンジン族の perfect bodies for running と powerful lungs，次の段落でタラフマラ族の physically active life と great respect they have for running が挙げられている。

問２＜適語補充＞あ．above sea level「海抜」　　い．as a result「結果として」

問３＜書き換え＞'It is said that＋主語＋動詞の現在形…'「～は…と言われている」は，一般に'主語＋is/are said＋to不定詞…'の形に書き換えられる。

問４＜適文選択＞空所直後の In fact, it's difficult for most people to even finish a marathon. という内容から判断できる。この In fact は「いや実際は，それどころか」といった意味。②の Not all people ～ は「全ての人が～であるわけではない」という部分否定。

問５＜適語補充・語形変化＞ア．break a record で「記録を破る」。to不定詞の一部である。　イ．go back to ～ で「～に戻る，遡る」。３人称単数現在形で goes とする。　ウ．フェイディピデスは「勝利した」ことを伝えるために派遣された。 win－won－won　エ．空所の直後が形容詞であることに着目する。'remain＋形容詞'「～(の状態の)ままである」の形。

問6＜文脈把握＞下線部の前で，アテネの人々はペルシャとの戦いで負けると思って自分たちの街を焼き払おうとしていたと述べられている。使者フェイディピデスは味方の勝利をできるだけ早く伝えることによって，それを阻止しようとしたのである。

問7＜和文英訳＞「～する限り」→'as long as＋主語＋動詞…'，「～と考えられている」→It is considered〔thought〕～，「～する必要はない」→There is no need to ～，「～を全く同じにする」→keep〔make〕～ exactly the same。（別解例）It was thought that the distance of each race didn't have to be exactly the same as long as all runners ran the same route.／As long as all runners ran the same route, it was not considered necessary to keep the distances of each race exactly the same.

問8＜内容真偽＞①「カレンジン族は特に高度の低い所でマラソンに強い，なぜならそこの薄い空気から酸素を得る必要があるからである」…×　空気が薄いのは高度の高い場所。　②「カレンジン族とタラフマラ族はどちらも高度の高い所に住み，マラソンのトップランナーとして知られている」…×　第3段落第3文参照。タラフマラ族はマラソンレースに出ない。　③「世界中の人々はマラソンに魅了される，なぜならゴールラインを越えることが彼らの最大の目的だからだ」…×　後半部分に対応する記述はない。　④「アテネの人々はマラトンでの戦いでギリシャが勝利すると予想していなかったが，ギリシャは勝利した」…○　第5段落第2～5文に一致する。　⑤「近代のマラソンは1896年に始まったが，その距離は現在のマラソンより短かった」…○　第6段落および第7段落終わりの2文に一致する。　⑥「1908年のロンドンオリンピックでは，マラソンのコースは，ロイヤルファミリーがレースのスタートと終わりを住まいから簡単に見られるように延長された」…×　第7段落第4文参照。レースの終わりは競技場で見た。

3〔長文読解総合―対話文〕

≪全訳≫❶母(M)：遅くなってごめんね。とても混んでいて，ティンブクトゥに車を止めなきゃならなかったの！❷娘(D)：何て言ったの，ママ？　「チームブック何」？❸M：いいえ，「ティンブクトゥ」って言ったの。聞いたことがなければ，この言葉はたぶん聞き取りづらいわね。この言葉は未知の場所とか，ずっと遠くとか地球の果てにある場所のシンボルとしてよく使われるのよ。❹D：全然知らなかった！　それは本当にある場所なの？❺M：そう思っていない人もいるわ。A<u>でも実はあるのよ。</u>西アフリカのマリという国にある都市なの。ティンブクトゥには，残りの世界が欲しがっていた2つのものがあったの，金と塩がね。かつてそこは「金の都市」と呼ばれていたのよ。❻D：いいところみたいね！　ティンブクトゥは金に覆われていたのかしら？❼M：一部のヨーロッパ人はそう信じていて，ティンブクトゥでは金が砂と同じくらいありふれたものだと考えていたの。B<u>でもそんなことはなかった。</u>ときには話をa grain of salt「一粒の塩」と一緒にtake「受け取」らなくてはならないのよ。take with a grain of saltという表現の意味はわかる？❽D：ええ，人が言うことの全ては信じないということよ。❾M：そのとおり。でもそれでも，金と塩のおかげでティンブクトゥが豊かな街だったことは本当よ。❿D：社会科の授業で塩の歴史を習ったわ。古代には塩はとても貴重だったので，ローマの兵士はしばしばお金の代わりに塩で給料を支払われた。私は給料として塩は欲しくないけど。⓫M：私もよ。でも昔の人は全然気にしなかった。⓬D：C<u>うん，彼らは気にしなかった。</u>彼らはママや私と違う。実際，がんばって働く人を表すworth one's saltという表現はこの話からきているって先生が言ってたわ。13M：本当？　今でも使われるフレーズね！14D：ええ，でもどうして塩はそんなに貴重だとされたのかな。私は塩を料理の味付けに使うだけよ。15M：塩は大昔からずっと，食品を新鮮に保つために使われてきたの。塩は接触している食品から水分を抜く。そうすることで，塩は食品を長い期間保存することができるのよ。こうやって，キュウリはピクルスになり，肉はベーコンになるのよ。16D：D塩には多くの使い道があるみたいね。でもまだわからないことが１つあるわ。先生は，万里の長城をつくるときに大量の塩が使われたって言ってた。先生によると，塩は寒い場所で建物を守るんだって。17M：たぶん塩のはたらきのおかげね。あなたも知っているとおり，塩はI液体が凍るのに必要な温度を下げるのよ。水は氷になるとき，体積が増える。氷が万里の長城を破壊するのを防ぐために，彼らはその下に大量の塩をまいたんだと思うわ。18D：なるほど。あっ，ママ，そろそろ午後５時よ！　パパを喜ばせる誕生日プレゼントを買いに行きましょう。たとえそれがティンブクトゥにあってもね！

問１＜要旨把握＞最終段落参照。父親の誕生日プレゼントを買いに行こうとしている。

問２＜適文選択＞A．直前の Some people don't think so「そう(＝ティンブクトゥが本当にある場所だとは)思わない人もいる」に対し，直後では It is a city in the country of Mali と実在する場所であると言っているので，空所には「本当にある」という内容の文が入ると推測できる。④の it は Timbuktu を指し，is の後ろには前の娘の発言と重複する a real place が省略されている。　**B**．この後に続く take with a grain of salt の意味を考えれば，直前の「ティンブクトゥでは金が砂と同じくらいありふれたものだった」ことが事実ではなかったことがわかる。it wasn't the case の case は「事実，真相」という意味を表す。　**C**．直後の発言内容から娘は母の people of the past didn't mind at all「昔の人は全然気にしなかった」という発言に同意していることがわかる。日本語では「はい」という意味になるが，英語では否定文に対する同意は否定で表すことに注意。　**D**．自分の知らなかった塩の用途が説明された後の娘の発言であることから判断できる。この後，塩のまた別の用途の話に移っている。

問３＜和文英訳＞「とても～なので…」は‘so ～ that …’を用いる。that の後ろの「〈人〉に～で支払う」は‘pay＋人＋in ～’。pay だけで「賃金などを支払う」の意味を表すので，pay Roman soldiers in salt で「ローマの兵士たちに塩で給料を支払う」となる。これを受け身形にすればよい。　ancient times「古代」　valuable「貴重な」　instead of ～「～の代わりに」

問４＜要旨把握＞That's how ～「このようにして～」が受けている前の２文の内容を与えられた日本語に合うようにまとめればよい。　draw out ～「～を引き出す，抜き取る」

問５＜整序結合＞前後の salt, freeze と語群より，液体に塩を入れると凍る温度が下がる現象のことを述べていると考えられる。また，語群内で lowers the temperature，is necessary for というまとまりができ，‘is necessary for … to ～’「…が～するために必要である」の形も見える。まず，salt の後ろに lowers the temperature を置いて「塩は温度を下げる」とし，この後 the temperature の説明として which is necessary for liquid to (freeze)「液体が凍るのに必要な」とまとめる。

問６＜要旨把握＞第３段落参照。母が Timbuktu という言葉が象徴する場所について説明している。

問７＜要旨把握＞ブラッド：昨夜１万ページのミステリーを読んだよ。／**ルーク**：君の話はそのまま信じないよ。//第７，８段落より，take ～ with a grain of salt という表現は，「～を全ては信じない，～を話半分に聞く」という意味であるとわかる。この意味に当てはまるのは，③「ルークはブラッドが一晩でそんなにたくさんのページを読んだとは思っていない」。

4〔長文読解総合―説明文〕

≪全訳≫❶笑いは不思議なものだ――そして，私たちはよく笑う。ある研究によると，人は10分間の会話の間に7回笑う。笑いは私たちのコミュニケーションに重要な役割を果たしているようだ。それは，私たちが相手とつながりたいという気持ちを他の人々に見せる方法の1つなのだ。実際，何千もの笑いの例の調査において，会話中の話し手は聞き手よりも46パーセントも多く笑うことがわかっている。また，私たちは集団の中での方が笑う可能性がはるかに高い。別の研究では，2歳半から4歳までの幼児は，他の子と一緒にテレビアニメを見たとき8倍多く笑った。❷笑いは，動物が遊び心を表現し，社会的関係を形成する方法として進化したと考えられている。ゴリラや，さらにネズミでさえ，多くの哺乳類はくすぐられたときや体を動かす遊びを楽しんでいるときに笑う。しかし，I 人間は笑うために身体的な動きを必要としない，とはいえ，一般的に言えば私たちはくすぐられると笑いが止まらなくなるが。ある研究者は，数百年前に笑いは本当に人間の集団にとって重要な生存手段であっただろうと言う。笑いはその集団をまとめる糊《のり》としての役割を果たしていたのだ。さらに，笑いは集団のメンバーに，周囲で起こっていることを恐れる必要がないと伝えるのに役立っていた。❸文化が違えば笑いの対象も違うが，人は，全然知らない文化圏の人によって生み出されたとしても，笑いを笑いとして認識する。アフリカのナミビアでヒンバ族と一緒に仕事をしたイギリスの研究者たちは，イギリスの研究者たちが出した音の中でヒンバ族が認識した唯一のポジティブな音が「笑い」であることを発見した。興味深いのは，その逆のケースも当てはまったことだ――つまり，ヒンバ族が出した音の中でイギリスの研究者たちが認識した唯一のポジティブな音は笑いだったのだ。勝利の喜びなど他のポジティブな感情は文化によって表現方法が大きく異なる。例えば，イギリスでは声を出して応援することは珍しいことではない。一方，ヒンバ族の人たちは，祝っているときに「エイ・エイ・エイ」という歌のような音を出す。❹笑いは，私たちの社会的な関係を形成することにおいてだけでなく，いくつかの点で健康増進にも役立つ。笑うと体内に取り込む空気の量が増え，それによって心臓や肺，筋肉をより活発に，より強くすることができる。また，笑いは病気と闘う細胞を増やすことで，病気から体を守るのに役立つ。さらに，笑った後は気分が良くなるが，それは笑いが私たちを幸せな気分にさせてストレスのレベルを下げる化学物質を放出するからだ。❺笑いは私たちの社会的生活や肉体や精神によい効果をもたらすが，特に困難なとき，私たちは時に笑うのが難しいと感じる。そうした場合には，少々無理にでも口角を上げて笑顔をつくり，笑ってみるといい。柔らかく静かに笑えたら，自分がどう感じているか考えてみる。筋肉だけでなく心もリラックスしていると感じないだろうか。それこそが，笑いの真の驚くべきところなのだ。

問1＜**英文解釈**＞主語は young children between the ages of 2.5 and 4「2歳半から4歳までの幼児」，動詞は laughed，eight times more は「8倍多く」。この eight times more が何と比較してなのかを考えればよい。「8倍多く」笑ったのは when they watched a TV cartoon with another child「他の子と一緒にテレビアニメを見たとき」であり，その比較対象は「それを1人で見ていたときより」と考えられる。

問2＜**整序結合**＞直前に‘逆接’の But があるので，「動物はくすぐられたときや体を動かして遊んでいるときに笑う」という直前の内容と相反する内容になると考えられる。humans don't need a physical action「人間は身体的な動きを必要としない」とまとめて，この後ろに‘目的’を表すto不定詞として to laugh を続ければよい。

問3＜適語補充＞前にある‘—’の後はその前の the opposite case was also true の opposite case「反対のケース」を具体的に説明していると考えられる(このように‘—’は前の内容を具体的に説明する際に用いられることがある)。1つ前の文に，the only positive sound ... was laughter という同じ形があり，それと‘反対’になるように，the English researchers と the Himba を入れかえればよい。

問4＜和文英訳＞「～けれども」→though〔although〕～,「～によい効果をもたらす」→have a positive effect on ～,「時に」→sometimes,「～するのが難しいと感じる」→feel〔find〕it difficult to ～(it は to ～ を受ける形式目的語)。 (別解例) Although laughter has a positive effect on our social life, body, and mind, we sometimes find it difficult to laugh

問5＜指示語＞That＝the real wonder of laughter「笑いの真の驚くべきところ」であり，その内容は前の3文で述べられている。

問6＜英問英答＞1.「ある研究によると，会話しているときに私たちはどのくらいの頻度で笑うか」—「私たちは10分の会話ごとに7回笑う」 第1段落第2文参照。 2.「笑うことによって放出された化学物質は何を低くするか」—「それはストレスのレベルを下げる」 第4段落最終文参照。... because it(＝laughter) releases the chemicals that make us feel happy and reduce the levels of stress「(それは)私たちを幸せな気分にさせてストレスのレベルを下げる化学物質を放出するからだ」とある。 lower「～を下げる〔減らす〕」 reduce「～を減少させる」

5 〔テーマ英作文〕

「教室での通常授業とオンライン授業のどちらが良いと思いますか。あなたの意見を，2，3の理由とともに教えてください。英語で書き，約50語を使用してください。解答用紙の(words)欄に単語数を記入してください」 まず，設問の質問に答える形でどちらが良いと思うかを述べ，その後に理由を続ける。「2，3の理由」という指定があるので，first(ly), second(ly), ... など，順に伝える表現を用いるとよい。 (別解例) I think online lessons are better. You can take online courses at home, so you don't need to spend hours commuting to school. Moreover, some online courses allow you to watch lecture videos as many times as you need. This enables you to get a deeper understanding of topics covered in the courses. (53語)

2022年度／慶應義塾女子高等学校

数学解答

1 ［1］ (1) 8000968 (2) 40004840

［2］ (1) $y=\frac{3}{2}x$ (2) $x=8$, $y=12$

2 ［1］ $S=\pi(a^2-b^2)$ ［2］ 90°

［3］ (1) $2x°$ (2) 30 (3) $2\sqrt{3}$

3 ［1］ 1周目で印をつけた数の個数

…84個

2周目の最初に印をつけた数…9

［2］ 750個

4 ［1］ B$(-2, 2)$，D$(2\sqrt{2}, 4)$，$a=\frac{1}{2}$

［2］ (4, 8)

［3］ AB$=2\sqrt{2}$，∠ABD$=22.5°$

［4］ 4

5 ［1］ $12\sqrt{3}$cm³ ［2］ 15cm

［3］ 5

1〔独立小問集合題〕

［1］＜数の計算＞(1)2022＝2000＋22，1978＝2000−22 だから，与式＝$(2000+22)^2+(2000-22)^2=2000^2+2\times2000\times22+22^2+2000^2-2\times2000\times22+22^2=2000^2+22^2+2000^2+22^2=4000000+484+4000000+484=8000968$ となる。 (2)(1)と同様に考えて，$2044^2+1956^2=(2000+44)^2+(2000-44)^2=2000^2+44^2+2000^2+44^2=4000000+1936+4000000+1936=8003872$，$4022^2+3978^2=(4000+22)^2+(4000-22)^2=4000^2+22^2+4000^2+22^2=16000000+484+16000000+484=32000968$ となるので，与式＝8003872＋32000968＝40004840 である。

［2］＜連立方程式の応用＞(1)グループＡは６歳の児童が x 人だから，その年齢の合計は $6x$ 歳，グループＢは８歳の児童が y 人だから，その年齢の合計は $8y$ 歳である。グループＡ全員の年齢の合計がグループＢ全員の年齢の合計の半分なので，$6x=8y\times\frac{1}{2}$ が成り立つ。これを y について解くと，$4y=6x$ より，$y=\frac{3}{2}x$……①となる。 (2)３年後，グループＡの児童は６＋３＝９(歳)，グループＢの児童は８＋３＝11(歳)，グループＣの児童は９＋３＝12(歳)になる。３年後のグループＡとグループＢの全員の年齢の合計が，グループＣの17人の年齢の合計と等しいので，$9x+11y=12\times17$……②が成り立つ。①を②に代入して，$9x+\frac{33}{2}x=204$，$\frac{51}{2}x=204$ より，$x=8$(人)となり，これを①に代入して，$y=\frac{3}{2}\times8$ より，$y=12$(人)となる。

2〔平面図形―円〕

［1］＜面積＞右図で，斜線部分の面積 S は，半径がBC＝a の円の面積から半径がCA＝b の円の面積をひいたものになるから，$S=\pi a^2-\pi b^2=\pi(a^2-b^2)$ である。

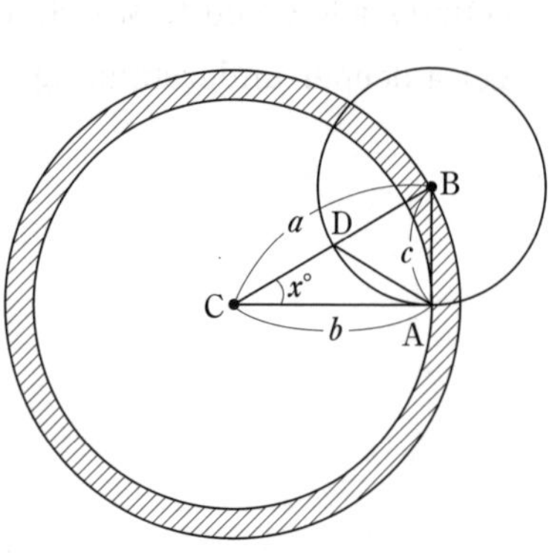

［2］＜角度＞右図で，AB＝c とすると，円Ｂの面積は πc^2 である。円Ｂの面積は斜線部分の面積と等しいから，$\pi c^2=\pi(a^2-b^2)$ が成り立ち，両辺を π でわって，$c^2=a^2-b^2$，$a^2=b^2+c^2$ となる。これより，△ABC は辺BC を斜辺とする直角三角形だから，∠BAC＝90° である。

［3］＜角度，面積＞(1)右図で，AD＝CD より，△ACD は二等辺三角形なので，∠DAC＝∠DCA＝$x°$ である。よって，△ACD で内角と外角の関係より，∠ADB＝∠DAC＋∠DCA＝$x°+x°=2x°$ となる。 (2)右上図で，円Ｂの半径より，AB＝DB だか

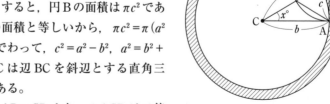

ら，△ABD は二等辺三角形であり，$\angle DAB=\angle ADB=2x°$ となる。よって，$\angle BAC=\angle DAC+\angle DAB=x°+2x°=3x°$ となる。［2］より $\angle BAC=90°$ だから，$3x°=90°$ が成り立ち，$x°=30°$ である。
(3)前ページの図で，(2)より $\angle DCA=30°$ であり，$\angle BAC=90°$ だから，△ABC は3辺の比が $1:2:\sqrt{3}$ の直角三角形である。これより，$a=2c$，$b=\sqrt{3}c$ となる。また，$S=4\pi$ より，$\pi(a^2-b^2)=4\pi$ が成り立つので，$a^2-b^2=4$ となる。よって，$(2c)^2-(\sqrt{3}c)^2=4$ となり，$4c^2-3c^2=4$，$c^2=4$ である。これより，$\triangle ABC=\frac{1}{2}bc=\frac{1}{2}\times\sqrt{3}c\times c=\frac{\sqrt{3}}{2}c^2=\frac{\sqrt{3}}{2}\times 4=2\sqrt{3}$ となる。

3 **〔特殊・新傾向問題〕**

［1］**＜印をつけた整数＞**1周目は，最初に1に印をつけ，その後，印をつけた次の整数からかぞえて12番目の整数に印をつけていくので，印をつけた整数は，12でわると1余る整数である。整数は1から1000まで1000個あるから，$1000\div 12=83$ あまり4より，12でわると1余る整数は84個ある。よって，1周目で印をつけた整数は84個ある。1周目で印をつけた最後の整数は，$12\times 83+1=997$ である。1000の後は1に戻るから，2周目の最初に印をつけた整数は $997+12-1000=9$ である。

［2］**＜印がついていない整数＞**［1］より，2周目の最初に印をつけた整数は9だから，2周目は，12でわると9余る整数に印がつく。$1000\div 12=83$ あまり4より，12でわると9余る整数は83個あるから，2周目で印をつけた整数は83個ある。2周目の最後に印をつけた整数は $12\times 82+9=993$ だから，3周目の最初に印をつけた整数は $993+12-1000=5$ である。3周目は，12でわると5余る整数に印がつく。同様に，12でわると5余る整数は83個あるから，3周目で印をつけた整数は83個ある。3周目の最後に印をつけた整数は $12\times 82+5=989$ だから，次に印をつけることになる整数は $989+12-1000=1$ となる。よって，3周目が終わったときに印をつけるのをやめる。1周目で84個，2周目で83個，3周目で83個の整数に印をつけたから，印がついていない整数は $1000-(84+83+83)=750$(個)ある。

4 **〔関数—関数 $y=ax^2$ と一次関数のグラフ〕**

［1］**＜座標，比例定数＞**右図で，△OAB は辺 OA を斜辺とする直角二等辺三角形なので，点Bから辺 OA に垂線 BH を引くと，△ABH，△OBH は合同な直角二等辺三角形となる。A(0, 4)より OA＝4だから，$BH=OH=AH=\frac{1}{2}OA=\frac{1}{2}\times 4=2$ となり，B(−2, 2)である。また，点Bは放物線 $y=ax^2$ 上にあるので，$2=a\times(-2)^2$ が成り立ち，$a=\frac{1}{2}$ となる。さらに，AD∥〔x 軸〕より，点Dの y 座標は4である。点Dは放物線 $y=\frac{1}{2}x^2$ 上の点だから，$4=\frac{1}{2}x^2$，$x^2=8$，$x=\pm 2\sqrt{2}$ より，点Dの x 座標は $2\sqrt{2}$ であり，$D(2\sqrt{2}, 4)$ である。

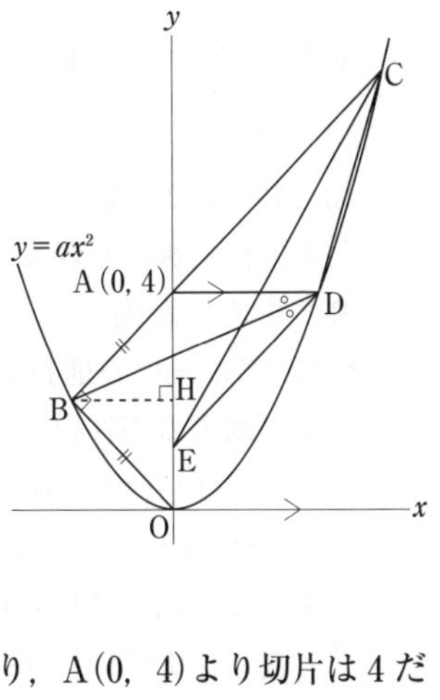

［2］**＜座標＞**右上図で，BH＝AH より，直線 BC の傾きは $\frac{AH}{BH}=1$ であり，A(0, 4)より切片は4だから，直線 BC の式は $y=x+4$ である。点Cは放物線 $y=\frac{1}{2}x^2$ と直線 $y=x+4$ の交点だから，$\frac{1}{2}x^2=x+4$ より，$x^2-2x-8=0$，$(x+2)(x-4)=0$　$\therefore x=-2, 4$　よって，点Cの x 座標は4であり，$y=4+4=8$ だから，C(4, 8)である。

［3］**＜長さ，角度＞**右上図で，△ABH は直角二等辺三角形なので，$AB=\sqrt{2}AH=\sqrt{2}\times 2=2\sqrt{2}$ である。また，［1］より点Dの x 座標が $2\sqrt{2}$ だから，$AD=2\sqrt{2}$ である。よって，△ABD は AB＝AD

の二等辺三角形であり，$\angle BAD=\angle BAH+\angle DAH=45^\circ+90^\circ=135^\circ$ だから，$\angle ABD=\angle ADB=(180^\circ-\angle BAD)\div 2=(180^\circ-135^\circ)\div 2=22.5^\circ$ となる。

［4］＜面積＞前ページの図で，［3］より $\angle ABD=\angle ADB$ であり，$\angle ADB=\angle BDE$ だから，$\angle ABD=\angle BDE$ となる。これより，錯角が等しいので，$BC/\!/ED$ であり，$S=\triangle CED=\triangle AED$ となる。$\angle ADE=2\angle ADB=2\times 22.5^\circ=45^\circ$ より，$\triangle AED$ は直角二等辺三角形だから，$AE=AD=2\sqrt{2}$ となり，$\triangle AED=\frac{1}{2}\times 2\sqrt{2}\times 2\sqrt{2}=4$ である。よって，$S=\triangle CED=4$ である。

5〔空間図形―球〕

［1］＜体積＞球Oの半径が4cm，球A，B，Cの半径が3cmより，$OA=OB=OC=4+3=7$ である。$\triangle ABC$ が正三角形なので，四面体OABCは正三角錐である。右図1で，球O，A，B，Cと床との接点をそれぞれO′，A′，B′，C′とする。このとき，$OO'\perp$〔面ABC〕となるから，OO' と面ABCの交点をHとすると，線分OHが，四面体OABCの底面を $\triangle ABC$ と見たときの高さとなり，$OH=OO'-AA'=4-3=1$ となる。$\triangle OAH$ で三平方の定理より，$AH=\sqrt{OA^2-OH^2}=\sqrt{7^2-1^2}=\sqrt{48}=4\sqrt{3}$ となる。$\triangle ABH$，$\triangle BCH$，$\triangle CAH$ は合同な二等辺三角形となるので，$\angle HAB=\frac{1}{2}\angle BAC=\frac{1}{2}\times 60^\circ=30^\circ$ となり，図形の対称性から，直線CHと辺ABの交点をMとすると，$\angle AMH=90^\circ$ となる。よって，$\triangle AMH$ は3辺の比が $1:2:\sqrt{3}$ の直角三角形だから，$AM=\frac{\sqrt{3}}{2}AH=\frac{\sqrt{3}}{2}\times 4\sqrt{3}=6$ となり，$AB=2AM=2\times 6=12$ となる。また，$\triangle AMC$ も3辺の比が $1:2:\sqrt{3}$ の直角三角形だから，$CM=\sqrt{3}AM=\sqrt{3}\times 6=6\sqrt{3}$ となる。したがって，$\triangle ABC=\frac{1}{2}\times 12\times 6\sqrt{3}=36\sqrt{3}$ より，〔四面体OABC〕$=\frac{1}{3}\times\triangle ABC\times OH=\frac{1}{3}\times 36\sqrt{3}\times 1=12\sqrt{3}\,(\mathrm{cm}^3)$ である。

図1

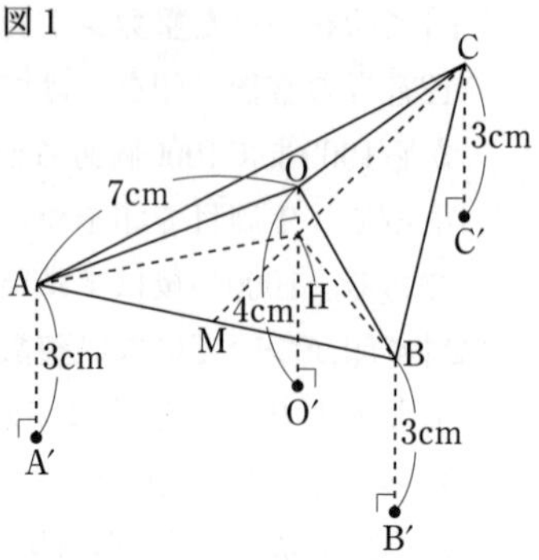

［2］＜長さ＞球Oの半径が12cmなので，$OA=OB=OC=12+3=15$ である。底面が床と接し，4つの球がちょうど入る円柱の側面と球A，B，Cの接点をそれぞれP，Q，Rとする。右図2で，点P，点Q，点Rはそれぞれ線分HA，HB，HCの延長上にあり，線分HP，HQ，HRの長さが，求める円柱の底面の半径となる。$OH=12-3=9$ だから，$\triangle OAH$ で三平方の定理より，$AH=\sqrt{OA^2-OH^2}=\sqrt{15^2-9^2}=\sqrt{144}=12$ となる。よって，求める円柱の底面の半径は，$HP=AH+AP=12+3=15$(cm)である。

図2

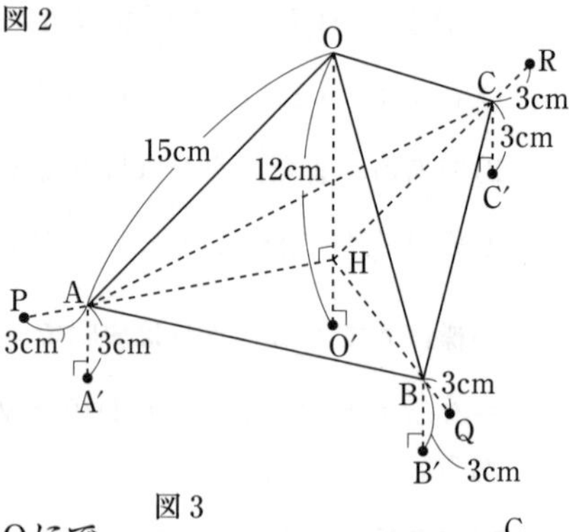

［3］＜長さ＞まず，点Oを通り床と平行な平面で切るとき，球Oにできる断面は半径 r cmの円だから，その面積は $\pi r^2\,\mathrm{cm}^2$ である。また，右図3で，$OH=r-3$ だから，点Oを通り床と平行な平面と，3点A，B，Cとの距離は，$r-3$ cmである。次ページの図4で，球Aにできる断面の円の半径を x cmとすると，三平方の定理より，$x^2+(r-3)^2=3^2$ が成り立ち，$x^2=-r^2+6r$ となるから，球Aの断面の面積は，$\pi x^2=\pi(-r^2+6r)$ となる。球B，球Cの断面の面積も同

図3

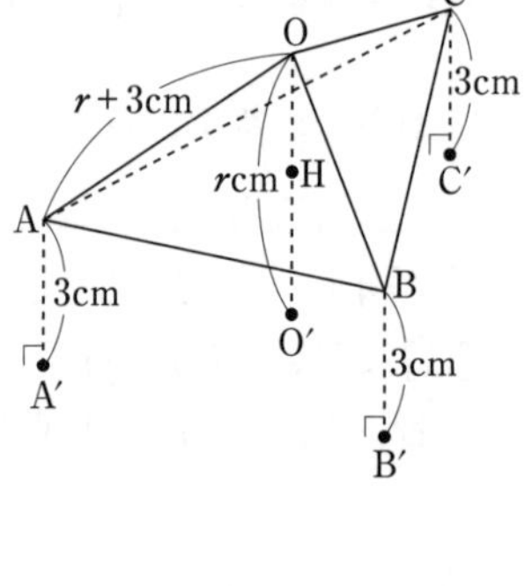

様だから，$S=\pi r^2+\pi(-r^2+6r)\times3=\pi(-2r^2+18r)$となる。次に，3点A，B，Cを通り床に平行な平面で切るとき，3つの球A，B，Cにできる断面はそれぞれ半径3 cmの円だから，その面積の和は，$(\pi\times3^2)\times3=27\pi$である。また，3点A，B，Cを通り床に平行な平面と点Oとの距離は$r-3$cmだから，球Oにできる断面の円の半径をy cmとすると，球Aの場合と同様に考えて，$y^2+(r-3)^2=r^2$より，$y^2=6r-9$となり，球Oの断面の面積は，$\pi y^2=\pi(6r-9)$となる。よって，$T=\pi(6r-9)+27\pi=\pi(6r+18)$となる。したがって，$S:T=5:6$のとき，$\pi(-2r^2+18r):\pi(6r+18)=5:6$が成り立つ。これを解くと，$6\pi(-2r^2+18r)=5\pi(6r+18)$，$-12r^2+108r=30r+90$，$12r^2-78r+90=0$，$2r^2-13r+15=0$より，$r=\dfrac{-(-13)\pm\sqrt{(-13)^2-4\times2\times15}}{2\times2}=\dfrac{13\pm\sqrt{49}}{4}=\dfrac{13\pm7}{4}$となり，$r=\dfrac{3}{2}$，5となる。$3<r<6$だから，$r=5$(cm)である。

図4

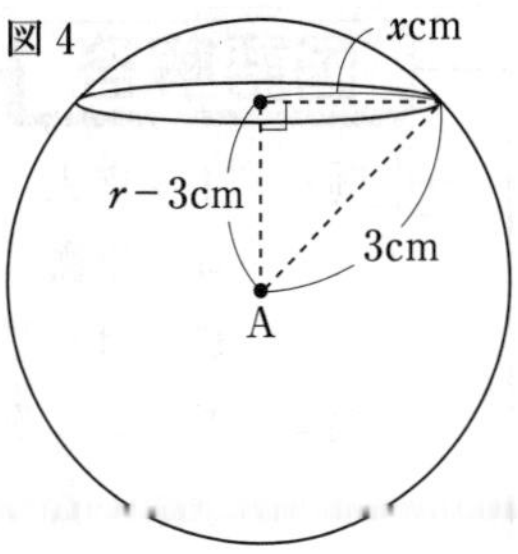

国語解答

一 問一　1　喪失　2　あなど　3　変遷　4　平衡　5　強　6　はたじるし

問二　X　こころにうつりゆくよしなしごと　Y　そこはかとなくかきつくれば

問三　3

問四　本当は小さな利益でも欲しいと思っているのに，名声など大きな利益を得るために，その本心を隠すこと。

問五　賢人の行いを謗り嘲る［人］

問六　1

問七　立派な人をまねること

問八　国家への貢献という国家主義の理想と，国家とは異なる新たな理想との分岐点。

問九　2，5　　問十　孔子

問十一　道理にかない，国家社会の利益になる事柄であれば，自分のためにはならなかったとしても，道理と国家社会の利益の方を優先して，自分の利益は捨てるべきである。

問十二　それは日本～しれない。

問十三　理想には人間の限りない欲望を制御する力があり，理想がなければ人間の欲望に翻弄されて膨大なカネが動く事態が生じるから。

二 問一　1　駆使　2　遭　3　せいぎょ　4　存立

問二　V　背　W　腹

問三　X…8　Y…1　Z…7

問四　A…3　E…2

問五　・各集団が主食のタイプをずらせば，単一の農作物への需要の集中を回避でき，農作物が不作の際の影響も少なくてすむから。
・発酵物質の調味料を使って他の集団から羨望されない物を食べていれば，食物を奪われる気遣いは不要であるから。

問六　4

問七　農業は，需要に上限のある生産活動で，人間が必要とする量の農作物しかつくらないという原理で動くのに対し，市場は，多くの金が欲しいという原理だけで動き，利益の追求に上限がない。

問八　1…○　2…×　3…×　4…×　5…○

問九　すばらしい(形容詞・連体形)／工夫(名詞)／な(助動詞・連体形)／わけ(名詞)／です(助動詞・終止形)

一〔随筆の読解─社会学的分野─現代社会〕出典；長谷川櫂「理想なき現代の喜劇」(「図書」2021年6月号掲載)。

問一＜漢字＞1．失うこと。　2．音読みは「侮蔑」などの「ブ」。　3．移り変わりのこと。　4．バランスのこと。　5．音読みは「強制」などの「キョウ」と，「強引」などの「ゴウ」。　6．行動の目標のこと。

問二＜文学史＞『徒然草』は，「つれづれなるままに，日くらし，硯《すずり》にむかひて，心にうつりゆくよしなしごとを，そこはかとなく書きつくれば，あやしうこそものぐるほしけれ」という一文で始まる。

問三＜語句＞「無きにしもあらず」は，ないということもない，ないわけではない，という意味。

問四＜文章内容＞「愚かなる人」は，「賢なる人」のことを，大きな利益を得ようとして少しの利益は受けようとせず，偽りで飾って名声を得ようとしていると非難する。「賢なる人」は，名声という大きな利益を得たいために，実は少しの利益でも欲しいという本心を隠しているのである。

問五＜文章内容＞「下愚の性」とは，「至りて愚かなる人」の「腐りきった性根」である。この「性根」を持つ人は，「賢なる人」を「偽り飾りて，名を立てんとす」と非難し，「嘲る」のである。

問六＜文章内容＞宴会の余興に小判をばらまいて芸者や太鼓持ちに拾わせた紀伊国屋文左衛門の行為は，「愚かなる人」から見た「賢なる人」の行為に当てはまりそうにも見える。しかし，「理想」やそれに基づく目的があったかどうかは疑わしい。これが単なる「余興」で，そこに「理想」がないのであれば，「法師の想定しなかった事態」であり，むしろ「狂人」の行為といえるだろう。

問七＜文章内容＞『徒然草』第八十五段では，人間を「『人の賢』立派な行い」を見て「羨む人」と「憎む人」に分類している。そして，「人の賢を見て羨む」のは世の常であること，「賢なる人」を憎むのは「下愚の性」であることが述べられたうえで，「偽りても，賢を学ばんを，賢と言ふべし」と結ばれている。偽ってでも「賢なる人」の立派な行いをまねることを，よしとするのである。

問八＜文章内容＞明治時代は，「国家への貢献を理想」とする「国家主義」の時代だった。明治天皇が亡くなったとき，日本人は，「国家とは異なる新たな理想」との「分岐点」に立っていた。

問九＜文学史＞『鼻』は，芥川龍之介の小説。『雪国』は，川端康成の小説。『細雪』は，谷崎潤一郎の小説。『十三夜』は，樋口一葉の小説。『人間失格』は，太宰治の小説。『夜明け前』は，島崎藤村の小説。『城の崎にて』は，志賀直哉の小説。『仮面の告白』は，三島由紀夫の小説。

問十＜文学史＞『論語』は，中国の春秋時代の学者であり思想家であった孔子(前551～前479年)の言行録である。

問十一＜文章内容＞渋沢栄一は，「事柄に対し如何にせば道理に契ふか」をまず考え，そうして「其の道理に契つた遣方をすれば国家社会の利益となるか」を考え，さらに「此くすれば自己の為にもなるか」と考えてみたとき，「若しそれが自己の為にはならぬが，道理にも契ひ，国家社会をも利益するといふことなら，余は断然自己を捨て，道理のある所に従ふ積りである」と述べている。「道理に契ふ」ことと「国家社会の利益となる」ことが，「自己の為」になることよりも，優先されているのである。

問十二＜文章内容＞昭和に入ると，「国家への貢献を理想」とする「国家主義」が変質した「国粋主義」が，「新たな時代精神」となった。しかし，この「国粋主義」が「敗戦によって終焉を迎える」ことになったとき，日本人には再び「国家に代わる新たな理想」を探るチャンスが訪れた。その「新たな理想」とは，「日本国憲法のうたう国民一人一人の自由であり平等」だったかもしれない。

問十三＜文章内容＞渋沢栄一が自己の利益を犠牲にしてでも「道理」や「国家社会の利益」を優先しようと考えることができたのは，彼の時代は「国家への貢献」という「理想」があったからである。「理想には人間の限りない欲望を制御する力」があり，経済を「国家建設のため」に動かすことができた。しかし，現代の日本では，「国家への貢献」は「理想」ではなく，「国家への貢献」に代わる「新しい理想」もない。そうなると，カネがあり余っている人の中には，紀伊国屋文左衛門が「宴会の余興に小判をばらまいて芸者や太鼓持ちに拾わせた」ことを思い起こさせる「十億円お年玉企画」のような，目的不明の現金ばらまきを行う人が出てくると考えられる。

二〔**論説文の読解―哲学的分野―哲学**〕出典；内田樹『日本習合論』「農業と習合」。

≪本文の概要≫人類は，飢餓を回避し，餓死者を出さないために，食文化を発展させてきた。食文化は，不可食物の可食化と食習慣の差別化という二つの工夫に集約される。集団ごとに主食をずらしたり，発酵物質を使ったりすることは，いずれも人類が飢餓を回避するために思いついた生活の知恵である。食文化は，食糧を安定的に供給し，供給が止まったときには食資源の奪い合いという破局的事態を回避するためにつくられた，文明的な仕組みなのである。農業も，そのような食文化の歴史の中に置いて考察しなければならない。単一栽培を嫌って多様な作物を耕作するのは，飢餓を回避し，集団を存続させるための基本である。「需要に上限のある生産活動」である農業を，「需要に上限がないシステム」である市場の原理によって制御することはできないので，農業を市場原理に従わせることはできない。できるのは暫定的な折り合いをつけることだけで，本質的には市場と農業は「嚙み合わない」ということを，忘れるべきではない。

問一＜漢字＞１．自由自在に使いこなすこと。　２．音読みは「遭難」などの「ソウ」。　３．思いどおりに動くよう，操作すること。　４．存在し，成立すること。

問二＜ことわざ＞事態が切迫すると，大事なものを守るために他のことを犠牲にするのもやむを得ない，ということを，「背に腹は代えられない」という。

問三＜表現＞Ｘ．「好き嫌いをしないで，何でも出されたものは食べなさい」としつけたのは，好き嫌いをしないのが人として正しいあり方だからではなく，好き嫌いがない方が「飢餓を生き延びるチャンスがあるから」である。　Ｙ．個人資産としての「一〇〇〇億ドル」は，天文学で扱うようなきわめて大きな数字である。　Ｚ．食べる人間の胃袋に詰め込める量を計算した合計が，「必要な農作物」の上限である。

問四＜語句＞Ａ．「修辞」は，言葉を美しく飾って表現する技術のこと。　Ｅ．「暫定」は，本式の決定ではなく，しばらくの間はこれ，と決めること。

問五＜文章内容＞食習慣の差別化とは，「隣接する集団と自分たちの集団の主食を『ずらした』」ということである。「集団がそれぞれ主食のタイプをずらして」いけば，「単一の農作物への需要の集中を回避」することができ，「その種が不作」でも，飢餓を避けられる。「調味料」も同じで，発酵物質からなるため，「その調味料を使わない集団から見れば『腐敗したものを食べている』ようにしか」見えず，調味料を使って「他の集団から羨望されないものを食べて」いれば，その食べ物を「奪われる気づかい」はない。

問六＜文章内容＞食文化の二つの工夫である「不可食物の可食化」も「食習慣の差別化」も，飢餓を回避するために人間が知恵を絞って生み出したという点で，食文化は「文明的」なのである。

問七＜文章内容＞市場は，「『たくさん金が欲しい』という原理だけで動いて」いる。どれだけ金があっても「足りる」ということはなく，その需要には「上限」がない。一方，農業では，人間が食べることのできる量の総和が「『必要な農作物』の上限」であり，それ以上のものはつくってもしょうがない。農業は，「需要に上限のある生産活動」であり，「必要」以上のものはつくらないというのが，農業の原理である。

問八＜要旨＞農業は「需要に上限のある生産活動」であり，これを「需要に上限がないシステム」である市場のロジックで制御することはできない（１…○）。「食文化のリテラシーが高い人」とは，「『何でも食える』人」であり，「何でも食える」なら，飢餓的状況にも強い（２…×）。農業と市場は原理が違い，「市場は農業の原理が理解できないし，農業は市場の原理についてゆけない」のだから，両者は「暫定的な『折り合い』」をつけることしかできず，「本質的には市場と農業は『嚙み合わない』ということを忘れるべきではない」のである（３・４…×）。ある集団で使っている発酵調味料が，他の集団では使われないものである場合，ある集団がその調味料を主食の上にぶちまけて食べていると，周りの集団から「あいつらはゴミを食っている」と思われる（５…○）。

問九＜品詞＞「すばらしい」は，形容詞の連体形。「工夫」は，名詞。「な」は，断定の助動詞「だ」の連体形。「わけ」は，名詞。「です」は，指定の意味を表す助動詞。

2021年度 慶應義塾女子高等学校

【英　語】（60分）

1　次の文章やグラフを読んで設問に答えなさい。

(A)

How can money make people happy?　In (1)one study, researchers gave people either $5 or $20 and told them to spend the money either on themselves or on others.　People who spent the money on others felt happier than the people who spent the money on themselves.　The amount of money did not matter.　What mattered was what they did with it.

(2)Another study was made with young children.　Researchers gave children under the age of 2 some crackers.　The researchers pretended to find another cracker and asked the children to give it to a "hungry" stuffed animal.　When the children did this, they felt happy.　But when the children were asked to give one of their own crackers away to the stuffed animal and did this, they felt much happier.

［注］　pretend：振りをする

(i)　下線部(1)の実験結果として最も適当なものを①～④より１つ選び，番号で答えなさい。

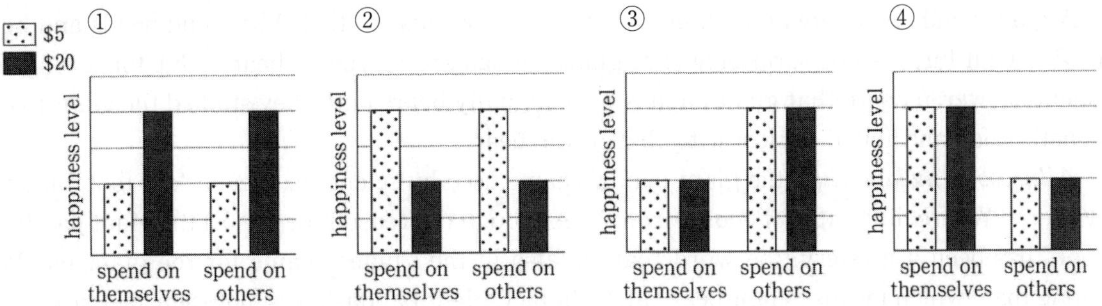

(ii)　次の文は，下線部(2)の実験結果を説明したものである。［　　］に入る最も適切なものを①～④より１つ選び，番号で答えなさい。

Even young children experienced happiness from giving to others.　Their happiness level was especially high when they ［　　　　］.

①　received their favorite crackers

②　used their own resources to help others

③　gave something that belonged to others

④　asked for more crackers than they could eat

(B)

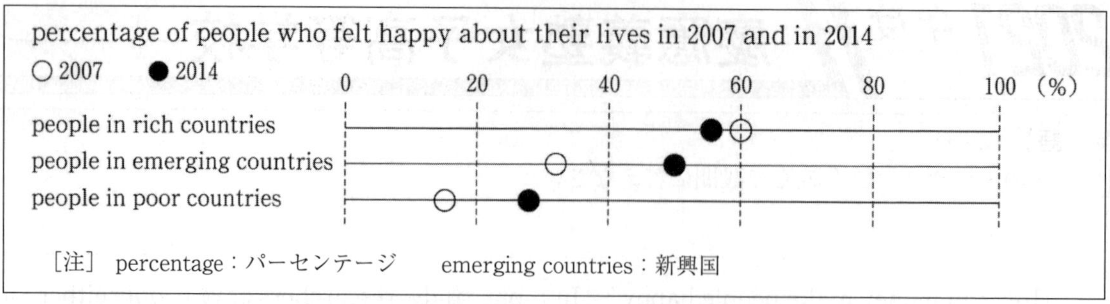

上のグラフの内容に合わないものを①～④より１つ選び，番号で答えなさい。

① More than half of the people in rich countries felt happy both in 2007 and in 2014.

② The percentage of people who felt happy was greater in 2014 than in 2007 in all three types of countries.

③ Emerging countries showed a higher percentage of people who felt happy in 2007 than poor countries showed in 2014.

④ When we compare three types of countries, the percentage of people who felt happy is the biggest in rich countries and the percentage of people who felt happy is the smallest in poor countries both in 2007 and in 2014.

2 次の文章を読んで設問に答えなさい。

A giant panda is a cute animal, but what is it? Because of their big round heads and bodies (ア) with fur, it's not surprising that giant pandas are a type of bear. But for a long time, scientists weren't sure that giant pandas were actually bears until they studied the giant panda's genetic code and found it closest to that of the bear.

Ailuropoda melanoleuca, the giant panda's name used by scientists, means "cat foot, black and white." Where did "cat foot" come from? Although the reason for (イ) the giant panda "cat foot" has been a mystery, the word "cat" is also in the Chinese name for the giant panda, da xiong mao, which means "giant bear cat." In fact, giant pandas' eyes, not their feet, are similar to those of cats. Both cats and giant pandas have vertical pupils, which are different in shape from humans' round pupils. Vertical pupils help animals that are active at night to see in the dark. Because giant pandas are active three times a day including late at night, their vertical pupils are helpful when they move around in the dark of night.

The English name "panda" comes from a word meaning "bamboo-eating animal." Bamboo is definitely giant pandas' favorite food, but do you know their main diet used to be the meat of an animal? Scientists think that their diet had to be changed because that animal died out. Giant pandas chose bamboo as their new food because (1)竹を得るために他の動物と争う必要がないほど彼らの生息地は竹がとても豊富だった. Giant pandas have eaten bamboo for a long time, but they still have stomachs made for meat which can only digest about 10% of the bamboo they eat. Most adult giant pandas eat 15 to 20 kilograms of bamboo every day to survive.

New research suggests that the black and white fur all over giant pandas' bodies is probably a result of their eating habits. (2)Because the bamboo giant pandas eat doesn't give them enough energy to sleep through the winter, they have to be active to keep eating all year round.

In order to do this, they have fur which makes their bodies match the environments in winter as well as in summer. Thanks to the black and white fur covering their bodies, giant pandas can hide and survive both in the snow and in the shade of the forests.

Giant pandas' ears and areas around their eyes are black for different reasons. Their black ears are useful to (ウ) enemies away. Animals which can harm giant pandas might run away when they see the black ears because many of the animals with black parts on their ears, such as tigers, are strong enough to scare them. Giant pandas' black areas around their eyes can also serve to tell other animals to stay away. When they stare down their enemies for the protection of their babies, their hairs around their eyes stand on end, and the enemies believe their eyes have become bigger. This makes giant pandas seem strong and angry enough to attack the enemies. The black areas surrounding their eyes also help them to remember each other because each circle is different in shape and size.

The loss of many bamboo forests put the giant panda on the list of endangered animals, but the population is slowly (エ) because of China's success in bringing back these forests. Giant pandas' popularity attracts a large amount of money to save them. That has made some people worried that (3)too much attention paid to the giant panda might lead to little care of other species in need, but this isn't true. In fact, the giant panda shares its habitat with many other endangered animals living in China. This makes the giant panda an "(4)umbrella species." All the efforts to protect the giant panda's habitat also help a lot of other species to survive.

［注］ fur：毛　genetic code：遺伝情報　vertical：縦長の　pupil：瞳　diet：食事
digest：消化する　stare down：にらむ　protection：保護　stand on end：逆立つ

問1　(ア)～(エ)を補う最も適切な語を次より1つずつ選び，文脈に合う形で答えなさい。ただし，同じ語を2度以上選ばないこと。

reduce, listen, keep, show, call, increase, cover

問2　下線部(1)を英語に直しなさい。ただし，"rich" を用いること。

問3　下線部(2)を日本語に直しなさい。

問4　下線部(3)を以下のように書きかえた場合，[A]，[B] を補う最も適切な8語の英語をそれぞれ答えなさい。

people might [A] because they [B]

問5　下線部(4)の意味として最も適切なものを①～④より1つ選び，番号で答えなさい。

① species whose protection brings the protection of giant pandas
② species whose protection is brought by the protection of giant pandas
③ species whose protection brings other species' protection
④ species whose protection is brought by other species' protection

問6　本文の内容に合っているものを①～⑥より2つ選び，番号で答えなさい。

① The bear has a closer genetic code to that of the giant panda than the cat has.
② The giant panda's name used by scientists means "cat foot, black and white" because they found giant pandas used to have feet which looked like those of cats.
③ Giant pandas as well as cats have pupils which are used to give various signs to others by changing shapes.
④ Most adult giant pandas can only digest about 15 to 20 kilograms of bamboo a day.
⑤ The black ears of giant pandas allow them to hide in the snow as well as in the shade of

the forests.

⑥ The black areas around giant pandas' eyes help them not only to protect their babies from their enemies but also to remember each other.

3 次の会話文を読んで設問に答えなさい。

Emma : I heard you rode in a hot air balloon.

Kate : I couldn't wait to tell you! I visited my aunt in Albuquerque, New Mexico. A large international hot air balloon festival was held and my aunt took me for a ride! At first it was scary and I felt I left my stomach back on the ground. Then I began to relax.

Emma : What a great experience! How do hot air balloons work? I know they have a burner underneath the balloon. [A]

Kate : By using the burner to heat the air inside the balloon, that air becomes lighter than the cooler air on the outside. This makes the hot air balloon go up. If the air inside the balloon is cooled, it begins to slowly come down. For this reason, the pilot turns the burner on and off.

Emma : That reminds me of the sky lantern festival I enjoyed in Taiwan last February! Sky lanterns don't have pilots of course, but how they work is the same. Instead of burners, they use candles.

Kate : I have seen that festival on TV! Something was written on the sky lanterns. What was it?

Emma : We write our own wishes on the sky lanterns because [ア] to pass on our messages to gods. But it is said the first message on a sky lantern was written by a person asking for help.

Kate : Asking for help? [B]

Emma : Chuko Liang Kongming, a Chinese strategist in the 3rd century. Some people say he came up with an idea of sending up a sky lantern with a message into the sky when he was surrounded by enemies. Actually, sky lanterns are also known as Kongming lanterns, named after him. But other people explain (1)the origin of the name differently. They say the sky lantern looks like the hat Kongming often wore in his pictures.

Kate : [C]

Emma : You should. Sky lanterns were sent up into the night sky at the festival and I loved it. But that hot air balloon festival you went to also sounds impressive.

Kate : Yes, it was fantastic. (2)何千人もの観光客が，700を超える熱気球が空をいっぱいにするのを見に世界中からやってきた。

Emma : Sounds great! What do pilots do when they want to turn right or left?

Kate : [D] Usually they can just travel in the direction of the wind.

Emma : Then the wind is very important for hot air balloons.

Kate : That's right. And the winds in Albuquerque are almost perfect. They are blowing from the north at lower altitudes, but from the south at upper altitudes. This means hot air balloons can fly back to their starting point.

Emma : How interesting!

［注］ hot air balloon：熱気球　Albuquerque, New Mexico：ニューメキシコ州アルバカーキ市
burner：バーナー　underneath：～の下部に　sky lantern：天灯
Chuko Liang Kongming：諸葛亮《しょかつりょう》　strategist：軍師　direction：方向　altitude：高度

問1　[A]～[D]を補うのに，最も適切なものを①～⑧より1つずつ選び，番号で答えなさい。ただし，同じ番号を2度以上選ばないこと。

① Actually they can't do much.　② These two are so similar!
③ But I'm not sure why.　④ How did they come across it?
⑤ They make full use of candles.　⑥ Tell me the name of the last person.
⑦ Do you know who wrote it?　⑧ I'll certainly check those out!

問2　[ア]を補うのに最も適切なものを①～④より1つ選び，番号で答えなさい。

① they say　② we say
③ they are said　④ we are said

問3　下線部(1)には2つの説がある。2つの説の内容を，それぞれ日本語で答えなさい。

問4　下線部(2)を英語に直しなさい。ただし，「700」は英語でつづること。

問5　右の図の中の矢印はアルバカーキ市における熱気球の動きを簡略化して示したものである。次の(A)(B)に答えなさい。

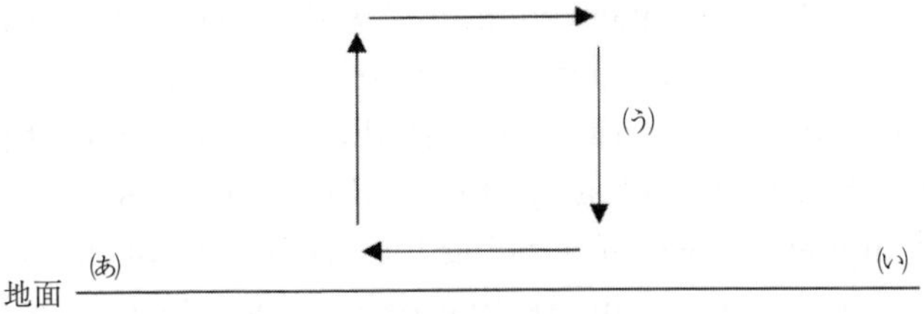

(A) (あ)，(い)それぞれの方角を日本語で答えなさい。

(B) また，(う)の時点の事柄として最も適切なものを①～④より1つ選び，番号で答えなさい。

① The burner is used to make the air inside the balloon lighter.
② The temperature of the air inside the balloon drops.
③ People write their own wishes for the success of the flight.
④ Pilots can just travel in the direction of the winds.

問6　次の質問に英語で答えなさい。ただし，主語と動詞のある文の形で答えること。

1 When Kate felt scared in the hot air balloon, what image came to her mind?
2 At which part of the day did Emma see sky lanterns going up into the sky?

4　次の文章を読んで設問に答えなさい。

You're shopping, and you see two similar products. How do you decide which one to buy? You might think you make this decision by yourself — but (1)this isn't always the case. You don't believe it? Try this. What letters are (ア　m—)?

APPLE　TREE　GRASS　GR______

What was the first word you thought of? Did you think of "green?" That's probably because we influenced your answer. The words "tree" and "grass" made you think of the color green, right? The color of the words influenced your decision. This is an example of how people are primed.

Priming happens when exposure to one stimulus changes how people behave or think later. The point is that people don't know they are influenced by the stimulus. Priming is using a stimulus like a word, image, sound or action. For example, research has found that we can prime someone to walk more [　I　] "carefully" or "old." If a child sees a bag of candy next to a red bench, the child might begin looking for or thinking about candy when he or she sees a red bench the next time.

Probably everyone has the experience of buying more than we need at a supermarket. (2)ある調査によると，私たちがスーパーマーケットで買ったものの３分の２が，もともとは買う予定のないものであった。So why do we buy them? It is because we are primed to.

Have you ever [II] the entrance of a supermarket? Well, it is because you will probably think (without even realizing it) about freshness when you see flowers. Flowers are beautiful, they smell nice, and many of them have bright colors — yes, flowers are fresh for us. If this is the first thing a person notices when he or she enters a supermarket, then he or she will be primed to think that every product at the supermarket is fresh and buy a lot. However, if that person always sees a garbage bag full of dirty things at the beginning of his or her shopping trip, (3)that person will be primed in an opposite way.

The use of color is also one type of priming. Did you ever notice that a lot of signs and packages use the color red? Research shows that red gives people warm feelings. We feel good about products connected with this color, so we want to buy them. Green, on the (イ o—) hand, makes products seem natural. Food companies often use green packages to make their food seem this way. Some studies have found that people often think of "health" when they see bright colors such as yellow and orange. As a result, people interested in healthy eating have a higher chance of noticing the product in packages in those colors.

There was an interesting experiment done in a supermarket. For two weeks, French and German music was played on alternate days and they recorded how much French wine and German wine were sold. As you can probably guess now, more French wine was sold on the French music days and more German wine was sold on the German music days. People who bought wine were asked to fill out (4)a simple survey before they left the supermarket. The results of the survey showed that they didn't notice the effects of music on their product choices. The music had a big effect on what people bought, but people didn't know it!

Priming is everywhere. When you go shopping next, you should consider the sights and sounds around you, and what they really mean.

［注］ exposure：接触すること　stimulus：刺激　freshness：新鮮さ
package：包装紙　alternate days：一日おき　consider：よく考える

問１　下線部(1)を日本語に直しなさい。ただし，“this”の具体的な内容を明らかにすること。

問２　(ア)，(イ)にそれぞれ最も適切な１語を補いなさい。ただし，指定された文字で書き始めること。

問３　［Ｉ］，［II］を補うように，次の語句を並べかえなさい。

［Ｉ］に用いる語句：like, by, slowly, them, having, words, read

［II］に用いる語句：flowers, located, wondered, are always, why, at

問４　下線部(2)を英語に直しなさい。ただし，「３分の２」は英語でつづること。

問５　下線部(3)に予測されることとして最も適切なものを①～④より１つ選び，番号で答えなさい。

①　購買意欲が高まる

②　店頭のゴミ袋を片付ける

③　入店直後に花を選ぶ

④　商品が新鮮ではないと感じる

問6　下線部(4)の具体的な質問内容として最も適切なものを①～④より1つ選び，番号で答えなさい。

① Did you notice that both French wine and German wine were sold today?

② Did you notice that either French music or German music was played today?

③ Did you notice that we recorded how much French wine and German wine were sold today?

④ Did you notice that French wine and German wine influenced your choice of French music and German music today?

5　Which news in Japan or foreign countries are you interested in most now? Explain the news and tell us your opinion of it. Write in English and use about 50 words. Please write the number of words in the space (　words) on the answer sheet.

【数　学】（60分）

（注意）　1．途中の計算や式などもすべて解答用紙に書いておくこと。

2．図は必ずしも正確ではありません。

1　Aさんは，値札に1個x円と表示されている商品を必要な個数だけちょうど買える金額のお金を封筒に入れた。商品が値札より安い価格で2日間売りに出されることになり，Aさんは必要な個数を2日間にわけて買うことにした。1日目はx円の100円引きの価格でy個買い，2日目はx円の4割引きの価格で1日目の1.5倍の個数を買い，必要な個数だけちょうど買うことができた。支払った金額は1日目より2日目の方が780円多かった。次の問いに答えなさい。

［1］　商品を値札どおりの価格x円でy個買うときの金額はxy円になる。xyをyを用いて表しなさい。

［2］　2日間とも封筒からお金を出して商品を買ったところ，封筒に残っていた金額は3720円であった。x，yの値を求めなさい。

2　直線$y=\frac{\sqrt{3}}{3}x+\frac{10\sqrt{3}}{3}$上にあり，$x$座標が$-16$である点をAとおく。この直線と放物線$y=\sqrt{3}x^2$との2つの交点のうち$x$座標の値が大きい方の点をBとおく。また，点Bを通り，y軸と平行な直線と放物線$y=-2\sqrt{3}x^2$との交点をCとおく。次の問いに答えなさい。

［1］　点Bの座標を求めなさい。

［2］　直線ACの式を求めなさい。

［3］　△ABCの面積Sを求めなさい。

［4］　△ABCの3辺に接する円の半径rを求めなさい。

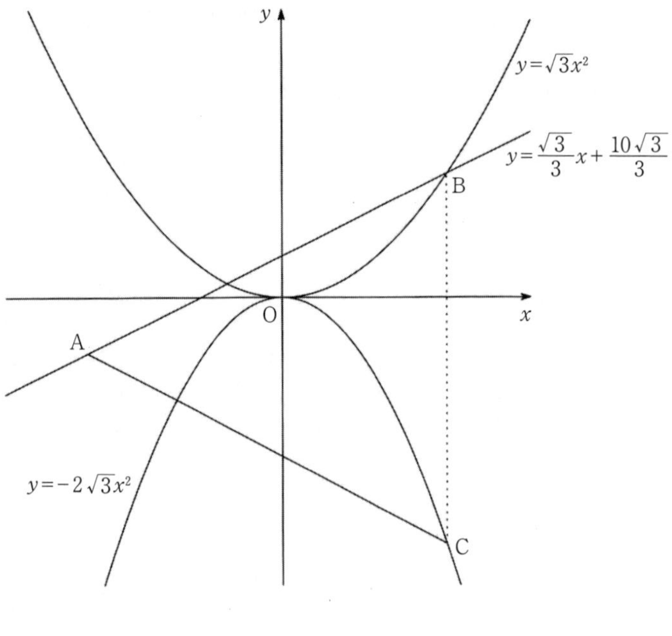

3 　AB＝4，BC＝3，CD＝5，AD＝6，AE＝2，∠ABC＝90°，∠DAB＝90° である四角柱ABCD-EFGHがある。辺CD上に点Pを，辺AD上に点Qをそれぞれ CP＝x，AQ＝x となるようにとる。また，辺BC上に点Rを，CR＝2 となるようにとる。このとき，四角柱ABCD-EFGHを3点G，P，Rを通る平面で切り，切り取ってできた三角錐《すい》CGPRと，四角柱ABCD-EFGHを3点H，P，Qを通る平面で切り，切り取ってできた三角錐DHPQの体積の比が1：3であった。次の問いに答えなさい。

［1］　x の値を求めなさい。

［2］　三角錐CGPRの体積 V を求めなさい。

［3］　線分PRの長さを求めなさい。

［4］　三角錐CGPRにおいて，頂点Cから△GPRに下ろした垂線の長さ h を求めなさい。

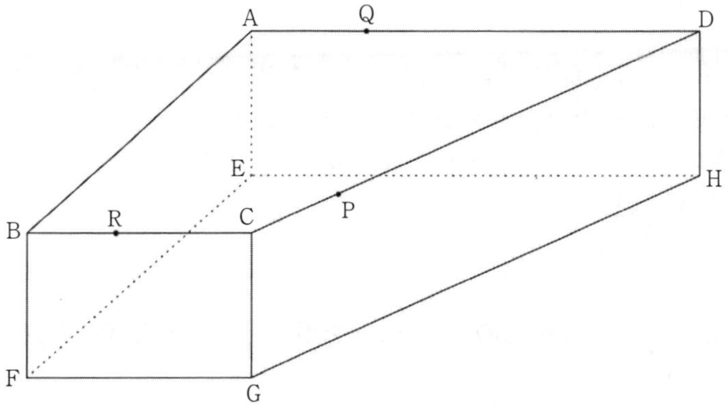

4 　図のような円周上の3点A，B，Cを頂点とする△ABCと，これらの3点と異なる同一円周上の点Pがある。線分BPを直径とする円と線分AB，線分BCの交点をそれぞれD，Eとおく。また，直線DEと直線ACの交点をF，線分DPと線分BEの交点をGとする。∠ABC＝30°，∠BAP＝45°，PE＝$\sqrt{3}$，PD＝6であるとき，以下の問いに答えなさい。

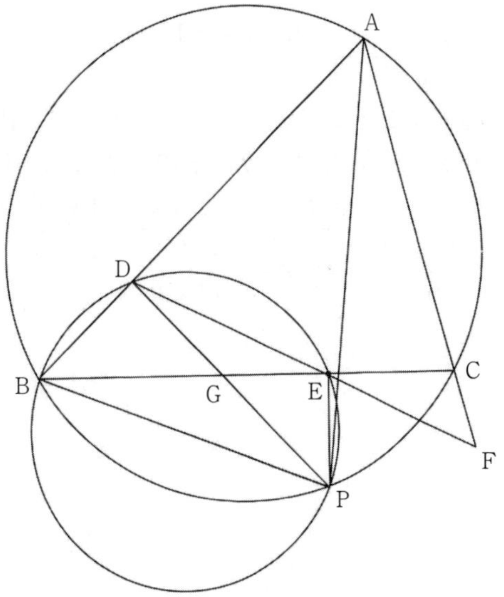

［1］　∠BDPと∠DPEの大きさをそれぞれ求めなさい。

［2］　線分GDの長さを求めなさい。

［3］　線分BE，線分BPの長さをそれぞれ求めなさい。

［4］　∠CBPと角度が等しい角を(ア)～(エ)の中から2つ選びなさい。

(ア)　∠GPB　　(イ)　∠PDF

(ウ)　∠PAF　　(エ)　∠BED

［5］　線分AP，線分AFの長さをそれぞれ求めなさい。

5　s，t，u は $s<t<u$ を満たす5以上の整数とする。$\boxed{1}$，$\boxed{3}$，$\boxed{4}$，$\boxed{s}$，$\boxed{t}$，$\boxed{u}$ の6枚のカードが入っている箱がある。この箱から，カードを1枚取り出して数字を調べ，それを箱にもどしてから，また，カードを1枚取り出す。1回目に取り出したカードの数字を a，2回目に取り出したカードの数字を b とし，二次方程式

$x^2+ax+b=0$……①

が次の＜条件1＞を満たすとき，下の問いに答えなさい。

＜条件1＞　二次方程式①の解の1つが $x=-3$ となる確率が $\dfrac{1}{12}$ である。

［1］　次の文章内の $\boxed{\text{ア}}$ に a を用いたもっとも適切な式を，$\boxed{\text{イ}}$～$\boxed{\text{エ}}$ にもっとも適切な数を入れなさい。

①の解の1つが $x=-3$ のとき，

$b=\boxed{\quad\text{ア}\quad}$……②

と表すことができる。また，カードの出かたは全部で36通りあるが，＜条件1＞より①の解の1つが $x=-3$ となるカードの出かたは3通りしかない。②の式では，$a\leqq 4$ のときは $a>b$ となり，$a\geqq 5$ のときは $a<b$ となるから，①の解の1つが $x=-3$ となる a，b は次の3通りになる。

$(a,\ b)=(4,\ \boxed{\quad\text{イ}\quad})$，$(s,\ t)$，$(t,\ u)$

例えば，$s=7$ の場合は $t=\boxed{\quad\text{ウ}\quad}$，$u=\boxed{\quad\text{エ}\quad}$ となる。

［2］　t，u を s を用いて表しなさい。

［3］　さらに，次の＜条件2＞も満たすとき，下の文章内の $\boxed{\text{オ}}$ に a を用いたもっとも適切な式を，$\boxed{\text{カ}}$～$\boxed{\text{サ}}$ にもっとも適切な数を入れなさい。

＜条件2＞　二次方程式①の解の1つが $x=-10$ となる確率が $\dfrac{1}{36}$ である。

①の解の1つが $x=-10$ のとき，

$b=\boxed{\quad\text{オ}\quad}$……③

と表すことができる。また，カードの出かたは全部で36通りあるが，＜条件2＞より①の解の1つが $x=-10$ となるカードの出かたは1通りしかない。③の式では，$a\leqq 11$ のときは $a>b$ となり，$a\geqq 12$ のときは $a<b$ となる。①の解の1つが $x=-10$ となる a，b が，$(a,\ b)=(s,\ t)$ の場合，［2］より $s=\boxed{\quad\text{カ}\quad}$，$t=\boxed{\quad\text{キ}\quad}$，$u=\boxed{\quad\text{ク}\quad}$ となり，$(a,\ b)=(s,\ u)$ の場合，［2］より $s=\boxed{\quad\text{ケ}\quad}$，$t=\boxed{\quad\text{コ}\quad}$，$u=\boxed{\quad\text{サ}\quad}$ となる。

問二 ［ア］・［イ］に最もよくあてはまる接続語を次の中から選び、番号で答えなさい。

1 そして　2 しかし　3 また
4 つまり　5 さらに

問三 ［X］に最もよくあてはまる語を次の中から選び、番号で答えなさい。

1 基本　2 常識　3 本質
4 客観　5 自発

問四 傍線部Aについて、これはなぜですか、説明しなさい。

問五 傍線部Bについて、どのような問題に対応していますか、二点説明しなさい。ただし、「問題」という言葉で終わるように書くこと。

問六 傍線部Cについて、「一つの答え」とは何ですか、「自己決定」という言葉を含めて説明しなさい。

【作　文】（六〇分）

生命科学技術の発達により、絶滅した動物を復活させる「ディ・エクスティンクション（逆絶滅）」とよばれる研究が進められています。

例えば、絶滅したマンモスを復活させるために、核を取り除いたゾウの卵《らん》に、永久凍土から発見されたマンモスの細胞の核を注入する試みが行われています。

絶滅した動物を人工的に復活させることについて、あなたの考えを六〇〇字以内でまとめなさい。

うまく使いこなしているようだ。トクヴィルはアメリカを旅行して、そのように感じたのでした。

　この新しい民主政を目の当たりにしたトクヴィルは、驚きを持ってそれをヨーロッパの読者に紹介しようとするのです。トクヴィルは、「デモクラシー」なるものの本質に〈individualism〉があると書いています。個人主義は、利己主義とは違うが、自分を大事にするという点において、最後にはエゴイズムに陥る。それゆえ、人間の意識は内向きに働き、パブリックな問題に対してはうまく機能しなくなりかねない。それが、当時の「個人主義」に対する了解でした。念のために書きますが〈individualism〉の語源は「不可分割主義」で、ギリシャ語由来の「アトミズム」(atomism)と意味上は全く同じです。社会をそれ以上分割できない単位(つまり個人)にまで1カンゲンする立場、と考えてよいでしょう。それで、デモクラシーも社会のなかの「大衆」(単なる個人の集合)を前提としている。だから、デモクラシーと個人主義とは2イッカツして負の価値を負わされる、それが一九世紀初頭のヨーロッパの普遍的解釈だったのです。

　ではアメリカ人がどういう工夫でそれを救っているかというと、あらゆることについてB〈association〉(結社)をつくることで対応している、とトクヴィルは書いています。

　結社とは、社会の個人が、X的に他者と手を結んで、自分たちの目的を達するために造り上げるコミュニティです。巨大なものもちっぽけなものもあり、まじめなものもふざけたものもあります。お祭りを実施するため、神学校を創設するため、旅籠《はたご》の建設のため、教会を建立《こんりゅう》するため、書物を頒布《はんぷ》するため、僻遠《へきえん》の地に宣教師を派遣するため、およそ新しい事業を起こそうとするとき、アメリカでは必ず結社がつくられる。病院や刑務所や学校も、結社によってつくられるのです。新たな事業の先頭に立つのはフランスなら政府、イギリスなら大領主ですが、アメリカではどんな場合にもそこに結社の姿が見出される、とトクヴィルは賞賛します。

　禁酒の「アソシエーション」について、あなた信じられますか？　合衆国では十万単位の人々が、仲間を造って、強い酒を飲まないと公に約束しているんですよ、とこんな調子です。トクヴィルは自身、最初に聞いたときは冗談だと思ったそうです。エゴイズムに陥りがちな個人主義を、人々が手をつなぎあい「アソシエーション」をつくることで3コクフクしている、というのはアメリカにおける最大の発見とみなしています。

　個人主義は、近代市民社会の悪い面だと考えられていた。近代以前は、人々は地縁や血縁、あるいは身分制度などでつながり合っていたが、近代では個人主義になったがために人々はお互いのつながりを失って、ばらばらになってしまった。一人ひとりが自然の状態でほったらかしにされている。そういうものの上にたつのが民主主義だとトクヴィルは考えます。これはある意味、近代社会のひとつの4ビョウヘイみたいなものを抉《えぐ》り出していると言えるでしょう。

　独立した市民は同時に無力で、一人ではほとんど何をなす力もない。誰一人として仲間を強制して自分に協力させることはできそうにない。だからこそ、無力に陥らないため助け合う方法を考え、アメリカでは結社をつくりだしたのです。

　自己決定というのは抜きがたくその個人主義と結びついています。ある人の人生はその人のものだというのは当然のことですが、そして、個人主義では、それでおしまいですが、果たして本当にそうか。アメリカの「結社主義」は、その問いにC一つの答えを出しているのかもしれない。そしてそうだとすると、一人の人間の生涯(死も含めた)は、決してその人だけのものではない、という発想が生まれるようにも思われます。死は自分だけのものではなく、自分を取り巻く様々な共同体に深く関わっている。そういう解釈も可能になります。

（村上陽一郎『死ねない時代の哲学』より）

問一　波線部1～4のカタカナを漢字で書きなさい。

二　次の文章を読んで、あとの設問に答えなさい。

俳句はA非常に翻訳しにくいものです。まず、〝てにをは〟の活用の問題があります。〝この道は〟と〝この道や〟がどう違うか、なかなか説明できません。B慣れている人や俳人にとっては、〝この道は〟と〝この道や〟はずいぶん違うのです。

それから芭蕉が唱えたことですが、俳句の場合、取り替えのできない言葉を用いなければならない。もし、ほかの似たような意味の言葉に取り替えられるなら本物の俳句ではないのです。『去来抄《きょらいしょう》』に有名な話があります。芭蕉の

行く春を近江《あふみ》の人と惜しみける

という句に対し、当時軋轢《あつれき》を生じていた門人の尚白《しょうはく》は、C〝近江〟は〝丹波〟に、〝行く春〟は〝行く歳〟にも取り替えられると非難したということです。これに対して、同じ門人の去来《きょらい》は「D尚白が難あたらず。湖水朦朧《もうろう》として春をおしむに*便有《たよりある》べし」と反論し、芭蕉も「古人も此国《このくに》に春を愛する事、*おさ〳〵都におとらざる物を」と応じています。このことから、俳句がいかに、取り替えることのできない絶対的な表現でなければならなかったかがわかります。

（ドナルド・キーン『日本文学を読む・日本の面影』より）

*便…ゆかり。
*おさ〳〵…けっして。

問一　傍線部Aについて、これはなぜですか、説明しなさい。

問二　傍線部Bについて、俳句において〝この道は〟と〝この道や〟はどのように違いますか、説明しなさい。

問三　傍線部Cについて、尚白がこのように発言したのはなぜですか、説明しなさい。

問四　傍線部Dについて、去来がこのように発言したのはなぜですか、場所を含めて説明しなさい。

問五　次の文は、『おくのほそ道』の冒頭です。X・Yに最もよくあてはまる語を漢字で記しなさい。

月日は百代の X にして、行きかふ年もまた Y なり。

三　次の文章を読んで、あとの設問に答えなさい。

日本には、個人主義が確立していないとよく言われます。集団主義で同調圧力に負けてしまう。違う意見を持っていても、集団が決めたことにはおとなしく従う、と。

この個人主義と訳される〈individualism〉という英語は、一九世紀初めころ造語された当初は、負の意味で使われていました。そして実は、遥《はる》かに古くから存在した「デモクラシー」も、A永く負の価値を負わされてきたと言えます。

フランス人のアレクシ・ド・トクヴィル（一八〇五〜一八五九）が書いた『アメリカのデモクラシー』という本があります。ちょうど彼がアメリカへ行ったのは一八三〇年代の初めで、〈individualism〉（個人主義）という言葉が出てきた頃でした。

〈democracy〉の〈demos〉は「大衆」という意味で、〈cracy〉は「統治」です。〈aristocracy〉といえば「貴族統治」という意味ですから、〈democracy〉も、統治形態の一つで、本来は「民主主義」ではなく「民主統治」「民主政」と訳すべきものです。

トクヴィルは名前からもわかるようにもともと貴族の出身で、彼の考え方からすれば、大衆が支配する統治システムというのは、本来、好ましくないものだったのでしょうし、実際、問題のアメリカでも、国を形づくる幾つかの歴史的な基本文書では、「デモクラシー」という言葉を使うことは避けられていました。「市民による政治」、あるいは「市民の統治」、あるいは「共和制」というような言葉が使われました。 ア 当時の常識としては、基本的に「デモクラシー」という言葉は、負のニュアンスでしか使用されていなかったことが判《わか》ります。

 イ 、トクヴィルが実見した時代のアメリカでは、どうやら、この欠点だらけの「デモクラシー」なるものを、新しい方法で

する人物は小柄で赤ら顔の婦人だった、銀髪の詩人は婦人の身なりが粗末であることを看てとり、侮辱されたように思った。

怒りにまかせ、共和国の詩人は半神のごとき＊御稜威《みいつ》をもって虚《こ》空《くう》から十九の言葉をもぎとり、脚韻の装飾をほどこして婦人に投げつけた。

詩人の言葉の美しさに橋の両側に押し寄せた人々は驚嘆し、王国側は負けを覚悟した。勝ち負けは形としては後世にゆだねられていたが、大勢の者が瞬時に分明になると考えていた。

戦はそれで終わったと共和国の詩人は考えた。赤ら顔で肉の厚い婦人はいま怯《おび》え、震えているではないか。

共和国の詩人の考えは間違っていた。婦人はゆっくりと顔をあげて、看るとその顔には笑みがあった。震えているのではなく笑っていたのだった。詩人はなぜ笑うのかと婦人に尋ねた。

存分に力を振るえるのが嬉《うれ》しいのです。Bあなたさまの言葉にはわたしの言葉に耐える強さがあります。

その言葉を聞いて詩人は激怒した。なんという思いあがり。

荒い布のスカートを穿《は》いた太り肉《じし》の婦人は口を開いてひとつの文を口にした。それは嵐が映る鏡であり口のように見える獣であり果実のなかの夜だった。婦人はさらに短い文を幾つかゆっくりと唇から解き放った。

Cその語を耳にして、山の端にかかる雲は形を変じ、老いた石は嗚咽《おえつ》をもらした。

王国の婦人は黄魚街の洗濯女ではないかと後に噂《うわさ》された。戦に臨んだふたりが語った言葉は王の約束通り一冊の書物となった。その書物はどこの図書館でも簡単に読むことができる。ふたりのどちらが優れた詩人だったのか、王の国と首相の国いずれが勝ったのか、D判断するのは貴方《あなた》である。

（西崎　憲『未知の鳥類がやってくるまで』より）

＊俚諺…民間に言い伝えられてきたことわざ。

＊はつかに…わずかに。
＊御稜威…神がかった強い力。

問一　波線部1～6のカタカナを漢字で、漢字の読みをひらがなで書きなさい。

問二　X・Y に最もよくあてはまる語をひらがな二字で記しなさい。

問三　ア に最もよくあてはまる語を次のひらがなから選び、漢字で答えなさい。

せいじつ　ぼんよう　せんさい
けんめい　しょうじき

問四　傍線部Aとなったのは、なぜですか、説明しなさい。

問五　傍線部Bの言葉から、婦人の心情を説明しなさい。

問六　傍線部Cについて、この一文が表現していることは何ですか、説明しなさい。

問七　傍線部Dのように書かれているのはなぜですか、説明しなさい。

問八　本文中の＝の部分を、例にならって品詞分解し、それぞれの品詞名を答えなさい。ただし、活用のあるものは文中での活用形も答えなさい。

	名詞	助詞	名詞	助詞	名詞	助動詞 終止形
（例）	これ	は	今年	の	試験問題	です

二〇二一年度　慶應義塾女子高等学校

【国語】（六〇分）

一　次の文章を読んで、あとの設問に答えなさい。

ふたつのその小さな国は隣りあっていた。東側の国には王が君臨し、西の国には共和制が敷かれていた。ふたつの国は遥《はる》か昔はひとつの国だった。だから同じ言葉を話した。そして両国のあいだで俗にことわざ戦争と呼ばれる争いがあったことは汎《ひろ》く知られている。

ことわざ戦争という名の通り、争いのきっかけはことわざだった。王制の国には昔から「河に降る雨」という＊俚諺《りげん》があって、それは役立たずあるいは能無しという意味であるのだが、共和国の首相が私的な場で王をその諺をもって形容したのである。悪口というものは足が速い。そのことは翌々日の午後には王の臣下たちの知るところとなっていた。もちろん臣下の怒るまいことか。

王国の文化を統《す》べる臣下が三日後に共和国に1赴き、首相に面会を求め、おもむろに2イカンの意を伝えた。

首相は失言を後悔していたが謝るのも業腹だったので、言い逃れることにした。つまり我が国では「河に降る雨」という俚諺は人を貶《おとし》める言葉ではない、と［X］を切ったのである。

臣下の怒りは沸騰したが、冷静を装い、尋ねた。ではお国において、それはいかなる意味を有せるや、と。

首相は＊はつかに言葉に窮したが、ひとたび口を開くと弁舌さわやかに以下の言辞を3弄した。

河に降る雨は幸運な運命に際会した者という意味である。なんとなれば雨も水であり、河も水である。同族に混じったわけであるから雨は幸せであろう。

小賢《ざか》しいことをとA臣下の腹立ちはいっそう深くなったが、おのが4サイチでは首相に太刀打ちすることは難しいと看《み》た。

御身の言葉を王にしかと伝えます、とだけ云い、臣下は王国に戻った。

臣下は言葉通り、隣国の首相の言を一字一句違《たが》えず、王の前で繰りかえした。

王は怒りを表さなかった。単純に怒るにはあまりにも［ア］であったのだ。少時《しばらく》黙し、ややあって口を開いた。

隣国の首相はずいぶんと言葉を操る才に長《た》けているようだ、考えてみれば隣国は詩において名高い国、そしてわが国もまたそれにいささかも劣るところはない詩の国である。どうだろう、隣国と我が国とで5戯れに詩の戦をするのは。

王はさらに語を継いだ。

それぞれひとりずつ詩人を出して競わせるのだ、なかなか優雅ではないか。

王の提案は隣国の首相に伝えられた。その際、戯れに、という言葉も添えられていたが、むろんそれは表向きのことだった。首相は国の威信をかけた勝負を挑まれたことを理解し即座に受けてたつと決めた。

かくしてことわざからはじまった諍《いさか》いは詩の戦と変じた。

王は詩人同士の一騎打ちを提案し、首相も肯《がえ》んじたが、問題は勝ち負けをどうやって決めるかだった。誰が審判を務めるのか。

その問題も王が解決した。勝ち負けを時に6ユダねたのである。つまり一騎打ちを一冊の書物にして優劣を後世の者の判断に任せることにしたのだ。

内心負けることを恐れていた首相はほっと胸を撫《な》でおろした。そして王はほんとうに戯れのつもりなのかもしれないと考えた。

一対一の戦の当日は［Y］にみるほどの快晴で国境をなす河に架かる橋の上で国を代表するふたりはまみえた。橋の王国側には巨《おお》きな人波が見えた。共和国側も同様だった。

共和国を代表する詩人は文学院の要職にある銀の髪の紳士だった。詩人は世界中のそして古今のあらゆる詩に通じていた。王国を代表

2021年度／慶應義塾女子高等学校

英語解答

1 (A) (i)…③ (ii)…② (B) ②

2 問1 ア covered イ calling
ウ keep エ increasing

問2 (例)their habitat was so rich in bamboo that they didn't have to compete with other animals for it

問3 ジャイアントパンダが食べる竹は冬の間中眠るのに十分なエネルギーを与えないので，彼らは一年中食べ続けるためには活動的でなければならない。

問4 A take little care of other species in need
B pay too much attention to the giant panda

問5 ③ 問6 ①，⑥

3 問1 A…③ B…⑦ C…⑧ D…①

問2 ③

問3 ・敵に囲まれた際に，メッセージを書いた天灯を空に飛ばすというアイデアを思いついた諸葛亮の名前にちなむという説。
・諸葛亮が絵の中でよくかぶっていた帽子が天灯に似ているという説。

問4 (例)Thousands of tourists came from all over the world to see more than seven hundred hot air balloons filling the sky.

問5 (A) (あ)…南 (い)…北 (B) ②

問6 1 She had an image of herself leaving her stomach back on the ground.
2 She saw them (going up into the sky) at night.

4 問1 2つの類似した製品のうちどちらを買うかという決定は自分で行うものだと思うかもしれないが，常にそうだとはかぎらない。

問2 ア missing イ other

問3 Ⅰ slowly by having them read words like
Ⅱ wondered why flowers are always located at

問4 (例)A survey shows that two thirds of what we bought in a supermarket was not what we had planned to buy.

問5 ④ 問6 ②

5 (例)In July 2020, all stores in Japan started to charge shoppers for plastic bags. We are encouraged to shop with reusable bags to reduce plastic waste. Although some experts suspect that it is not as effective as expected, I believe it is a big first step because it makes people aware of environmental problems. (54語)

1 〔長文読解総合―グラフを見て答える問題〕

(A)＜長文読解総合―説明文＞≪全訳≫**1**お金はどうやって人々を幸福にすることができるだろうか。ある研究では，研究者が人々に5ドルか20ドルのいずれかを与え，自分自身か他人にそのお金を使うように伝えた。他人にお金を使った人は，自分自身にお金を使った人よりも幸福を感じた。金額は関係なかった。重要なのは彼らがそれをどう扱ったかであった。❷別の研究は幼児を対象に行われた。研究者たちは２歳未満の子どもにクラッカーを与えた。研究者たちはもう１枚クラッカーを見つけたふりをして，子どもたちに「空腹の」ぬいぐるみにそれを与えるように頼んだ。子どもたちはこれをしたとき幸福を感じた。しかし，子どもたちは自分のクラッカーの１枚をぬいぐるみに渡すように頼まれ，これをしたとき，幸福度はずっと高くなった。

(i)＜**要旨把握**＞第１段落第３，４文参照。他人にお金を使った人の方が，自分自身にお金を使った人よりも幸福度が高かった。また，金額は関係なかった。ここでの matter は「重要である」という意味の動詞。

(ii)＜**内容一致**＞「幼い子どもたちでさえ，他人に与えることから幸福を経験した。彼らの幸福度は彼らが(　　)とき特に高かった」―②「他人を助けるために自分自身の資産を使用した」　第２段落最終文参照。much happier の much は「ずっと」の意味で比較級を強調する用法。

(B)＜**内容真偽―グラフを見て答える問題**＞≪**全訳**≫2007年と2014年における，自分の生活に満足していると感じた人の割合／先進国の人々／新興国の人々／貧困国の人々

①「先進国の人々の半数超が2007年と2014年の両方で幸福を感じた」…○　②「幸福を感じた人々の割合は３つのタイプの国全てで2007年よりも2014年の方が高かった」…×　③「幸福を感じた人々の割合は，2007年の新興国の方が2014年の貧困国よりも高かった」…○　④「３つのタイプの国を比較すると，2007年と2014年の両方における幸福を感じた人々の割合は，先進国で最も高く，貧困国で最も低くなっている」…○

2〔**長文読解総合―説明文**〕

≪**全訳**≫❶ジャイアントパンダはかわいい動物であるが，それはいったいどんな動物なのだろうか。その大きくて丸い頭と，毛で覆われた体から，ジャイアントパンダがクマの一種であることは驚くべきことではない。しかし長い間，科学者たちはジャイアントパンダの遺伝情報を研究し，それがクマの遺伝情報に最も近いことを発見するまで，ジャイアントパンダが実際にクマであることを確信していなかったのだ。❷科学者が使用するジャイアントパンダの名前であるアイルロポダ・メラノレウカ(*Ailuropoda melanoleuca*)は「ネコの足，黒と白」を意味する。「ネコの足」とは何に由来するのだろうか。ジャイアントパンダを「ネコの足」と呼ぶ理由はこれまで謎であったが，「ネコ」という語は，ジャイアントパンダの中国語名で「ジャイアントクマネコ」を意味するda xiong maoにも含まれている。実際は，ジャイアントパンダは足ではなく目がネコと似ている。ネコもジャイアントパンダも縦長の瞳孔があり，人間の丸い瞳孔とは形が異なる。縦長の瞳孔は，夜に活動する動物が暗闇の中で見るのを助ける。ジャイアントパンダは深夜も含めて１日に３回活動するので，夜の暗闇の中で動き回るときに縦長の瞳孔が役立つのだ。❸英語名の「panda」は「竹を食べる動物」を意味する言葉に由来する。竹は間違いなくジャイアントパンダの好物であるが，かつて彼らの主な食事は動物の肉であったことをご存じだろうか。科学者たちは，そうした動物が絶滅したために，ジャイアントパンダの食事は変更を余儀なくされたのだと考えている。ジャイアントパンダは新しい食べ物として竹を選んだが，それは竹を得るために他の動物と争う必要がないほど彼らの生息地は竹がとても豊富だったからだ。ジャイアントパンダは長い間竹を食べてきたが，それでも彼らの胃は肉食に適するようにつくられており，食べる竹のうち約

10％しか消化できない。ほとんどの大人のジャイアントパンダは生き抜くために毎日15から20キログラムの竹を食べる。❹新しい研究では，ジャイアントパンダの体全体を覆う黒と白の毛は，おそらく彼らの食生活の結果であるということが示唆されている。ジャイアントパンダが食べる竹は冬の間中眠るのに十分なエネルギーを与えないので，彼らは一年中食べ続けるために活動的でなければならない。これを行うために，彼らには体を夏だけでなく冬の環境にも適合させるための毛が生えているのだ。体を覆う黒と白の毛のおかげで，ジャイアントパンダは雪の中にも森の陰にも隠れて生き抜くことができる。❺ジャイアントパンダの耳と目の周りは，さまざまな理由で黒い。彼らの黒い耳は敵を遠ざけておくのに役立つ。ジャイアントパンダに害を及ぼす可能性のある動物は黒い耳を見ると逃げるかもしれないが，それは，トラなど耳に黒い部分がある動物の多くが彼らを怖がらせるほど強いからだ。ジャイアントパンダの目の周りの黒い部分も，他の動物に離れているように告げるのに役立つ。赤ちゃんを守るために敵をにらむとき，目の周りの毛が逆立ち，敵はジャイアントパンダの目が大きくなったと考える。これにより，ジャイアントパンダは敵を攻撃するのに十分強くて怒っているように見える。また，目の周りの黒い領域は，各円の形状とサイズが異なるため，お互いを覚えておくのにも役立つ。❻多くの竹林が失われたことにより，ジャイアントパンダは絶滅危惧種のリストに載るようになったが，中国がこれらの森林を取り戻すことに成功したため，個体数は徐々に増えている。ジャイアントパンダは人気があるため，パンダを救うための多額のお金が集まっている。そのため，ジャイアントパンダに注意を向けすぎると，助けが必要な他の種の世話がほとんどできなくなるのではないかと心配する人もいるが，それは事実ではない。事実，ジャイアントパンダは中国に生息する他の多くの絶滅危惧種と生息地を共有している。これにより，ジャイアントパンダは「アンブレラ種」になる。ジャイアントパンダの生息地を保護するための全ての努力は，他の多くの種が生き残るのにも役立つのである。

問１＜適語選択・語形変化＞ア．bodies を修飾する語句として，「毛で覆われた」とする。(be) covered with ～「～で覆われて(いる)」　イ．直後の the giant panda “cat foot”は，the giant panda＝目的語(O)，“cat foot”＝補語(C)と判断できるので，‘call＋*A*＋*B*’「*A*を*B*と呼ぶ」の形にする。前置詞 for の後なので動名詞 calling にする。　ウ．後ろの away に着目し，keep ～ away「～を遠ざけておく」の形にする。　エ．直後の内容から，ジャイアントパンダの個体数は徐々に「増えている」と考えられる。

問２＜和文英訳＞「生息地」は habitat(第６段落参照)。「～ほどとても…だ」は‘so … that ～’で表せる。「竹がとても豊富だった」は rich が指定されているので be rich in ～「～が豊富な」の形で表す。「～と争う」は compete with ～。「竹を得るために」は to get it としてもよい。

問３＜英文和訳＞‘Because＋主語＋動詞…, 主語＋動詞…’「～なので…だ」が文全体の枠組み。the bamboo giant pandas eat は，the bamboo の後に目的格の関係代名詞が省略された‘名詞＋主語＋動詞’の形で，「ジャイアントパンダが食べる竹」。give them enough energy は‘give＋人など＋物’「〈人など〉に〈物〉を与える」の形。‘enough ～ to …’は「…するのに十分な～」。sleep through the winter は「冬中〔冬の間〕眠る，冬眠する」。主節の to keep は‘目的’を表す副詞的用法の to不定詞。keep ～ing は「～し続ける」，all year round は「一年中」。

問４＜書き換え＞下線部(3)の主語は too much attention で paid to the giant panda はこれを修飾する過去分詞句(pay attention to ～「～に注意を向ける」)。動詞は might lead。lead to ～ で

「～に至る，つながる」。in need は「助けが必要な，危機に瀕《ひん》した」。以上より直訳は「ジャイアントパンダに向けられる過剰な注目は，助けが必要な他の種の世話がほとんどできなくなることにつながる」となる。与えられた語からこれと同じ内容にするには「人々はジャイアントパンダに注意を払いすぎているので，助けが必要な他の種の世話がほとんどできなくなるかもしれない」という文をつくる。take little care of とすることで否定の意味を出すことがポイント。

問５＜語句解釈＞直後の文が，umbrella species を説明する内容になっている。この内容に当てはまるのは，③「その保護が他の種の保護をもたらす種」。

問６＜内容真偽＞①「ネコよりもクマの方がジャイアントパンダに近い遺伝情報を持っている」…○　第１段落最終文に一致する。ジャイアントパンダの遺伝情報はクマの遺伝情報に最も近い。　②「科学者が使用するジャイアントパンダの名前は，『ネコの足，白と黒』を意味する。これは，ジャイアントパンダがかつてネコの足に似た足をしていたことがわかったからだ」…×　後半部分に関する記述はない。　③「ネコと同様にジャイアントパンダには，形を変えることで他の動物にさまざまな合図を与えるために使用される瞳孔がある」…×　後半部分に関する記述はない。　④「ほとんどの大人のジャイアントパンダは１日に約15～20キログラムの竹しか消化できない」…×　第３段落最後の２文参照。毎日15から20キログラムの竹を食べ，その約10％しか消化できない。　⑤「ジャイアントパンダは黒い耳をしているおかげで，森の陰だけでなく雪の中にも隠れることができる」…×　第４段落最終文参照。黒い耳ではなく，体を覆う黒と白の毛のおかげである。'allow ～ to不定詞'「～が…することを可能にする」　⑥「ジャイアントパンダの目の周りの黒い部分は，赤ちゃんを敵から守るだけでなく，お互いを覚えておくのにも役立つ」…○　第５段落後半に一致する。

３〔**長文読解総合―対話文**〕

≪全訳≫❶エマ(Ｅ)：熱気球に乗ったそうね。❷ケイト(Ｋ)：あなたにその話をするのが待ち遠しかったわ！　ニューメキシコ州アルバカーキにいるおばを訪ねたの。大規模な国際熱気球フェスティバルが開催されていて，おばが私を乗せてくれたのよ！　最初は怖くて，おなかを地面に置き忘れてきたような感じがしたけど，その後はリラックスできるようになったわ。❸Ｅ：すばらしい経験だったわね！　熱気球ってどんな仕組みなの？　気球の下にバーナーがあるのは知っているんだけど。$_{\text{A}}$でもなぜかはよく知らないの。❹Ｋ：バーナーを使って気球の内側の空気を温めることで，その空気は外側の冷たい空気よりも軽くなるでしょ。それによって熱気球が上昇するのよ。気球内の空気が冷えると，ゆっくりと下降し始めるの。だから，パイロットはバーナーのオンとオフを切りかえるのよ。❺Ｅ：２月に台湾で楽しんだ天灯祭りを思い出すわ！　もちろん，天灯にはパイロットがいないけど，その仕組みは同じだわ。バーナーの代わりにキャンドルを使うんだけど。❻Ｋ：そのお祭りはテレビで見たわ！　天灯に何か書かれていたわね。何だったっけ？❼Ｅ：天灯に自分の願いを書くのよ，私たちのメッセージを神々に伝えてくれると言われているから。でも，最初の天灯のメッセージは助けを求める人によって書かれたと言われているわ。❽Ｋ：助けを求めているですって？　$_{\text{B}}$誰が書いたか知ってるの？❾Ｅ：３世紀の中国の軍師である諸葛亮孔明よ。彼が敵に囲まれたとき，メッセージをつけた天灯を空に送るというアイデアを思いついたと言う人もいるわ。実は，天灯は彼の名前にちなんで孔明ランタンとも呼ばれているの。でも，名前の由来を違うふうに説明する人もいるのよ。天灯は絵の中で孔明がよく被《かぶ》っていた帽子に似ているって。⑩K：C<u>ぜひ調べてみるわ！</u>⑪E：そうしてみて。お祭りでは夜空に天灯が送られて，それがとても気に入ったわ。でも，あなたの行った熱気球フェスティバルも感動的なんでしょうね。⑫K：そうよ，すばらしかったわ。何千人もの観光客が，700を超える熱気球が空をいっぱいにするのを見に世界中からやってきたの。⑬E：すごいわね！ パイロットは右とか左に曲がりたいときはどうするの？⑭K：D<u>実はあまり多くのことができないの。</u>たいていは風の向くままということかな。⑮E：それだと熱気球にとって風はとても重要ね。⑯K：そのとおりよ。そして，アルバカーキの風はほぼ完璧なの。低い高度では北から吹いているけど，高い高度では南から吹いているから。これは，熱気球が出発点に戻れることを意味するわ。⑰E：おもしろいわね！

問1＜適文選択＞A．この後ケイトがバーナーの用途を説明しているが，それはエマが気球の下にバーナーがある理由がよくわからないと言ったからだと考えられる。why の後ろには they have a burner underneath the balloon が省略されている。　**B**．この後エマが，天灯に助けを求めるメッセージを書いたのが諸葛亮だと言っているので，ケイトがそれを書いた人を尋ねたのだと考えられる。　**C**．直後の You should.「あなたはそうするべきだ」の後に省略されている言葉を考える。エマから天灯の名前に関する2つの説を聞いたケイトは，それらを調べるつもりだと言ったと考えれば，You should の後に(certainly) check those out が省略されていることになり，会話が成立する。　**D**．熱気球の方向を操舵《そうだ》することができるかどうかを尋ねられたケイトの返答。この後，「たいていは風の向くまま」と説明していることから，あまり多くのことはできないのだと考えられる。

問2＜適語句選択＞空所に当てはめて意味が通るのは③だけ。they は前にある the sky lanterns を受け，「それら〔天灯〕は…だと言われている」という意味になる。「〈主語(S)〉は…だと言われている」は次の3通りで表せる。　①They〔People〕say (that)＋S＋V　②It is said (that)＋S＋V　③S is said to V　(例)「彼女は金持ちだと言われている」→①They〔People〕say (that) she is rich.　②It is said (that) she is rich.　③She is said to be rich.　本問では③の形。

問3＜要旨把握＞「(天灯の)名前の由来」に関する説は下線部の前後にそれぞれ書かれているので，これらをまとめればよい。　'name ～ after …'「…にちなんで～と名づける」

問4＜和文英訳＞「何千人もの観光客」は thousands of ～「何千もの～」を使って表せる。「世界中からやってきた」は came from <u>all over</u>〔every corner of〕the world など。「熱気球が空をいっぱいにするのを見る」は '知覚動詞＋目的語＋～ing〔動詞の原形〕' の形で，see hot air balloons filling〔fill〕the sky と表せる。「700を超える」は over〔more than〕seven hundred。

問5＜要旨把握＞(A)第16段落参照。アルバカーキ市では，風は低い高度では北から，高い高度では南から吹く。　(B)(う)は下降を表す。第4段落最後から2文目参照。この内容と一致するのは，②「気球内の空気の温度が下がる」。

問6＜英問英答＞1．「ケイトが熱気球で怖いと感じたとき，どんなイメージが思い浮かんだか」―「おなかを地面に置き忘れてきたようなイメージを持った」　第2段落最終文参照。what image ときかれているので，image を使って答えるとよい。　have an image of ～「～というイメージ〔印象〕を持つ」　**2**．「エマは1日のどの時間に天灯が空に上がるのを見たか」―「それら(が上がるの)を夜に見た」　第11段落第2文参照。

4〔長文読解総合─説明文〕

≪全訳≫❶あなたは買い物をしており，２つの類似した製品を目にする。どちらを買うかをどのように決定するだろうか。この決定は自分で行うと思うかもしれない──しかし，これは必ずしもそうだとはかぎらない。信じられない？　では，これを試してみてほしい。どの文字が欠けているだろうか。／APPLE　TREE　GRASS　GR_____　❷最初に思いついた言葉は何だろうか。greenだろうか。それはおそらく私たちがあなたの答えに影響を与えたからだろう。tree「木」とgrass「草」という単語があなたに緑色を思い起こさせたのではないだろうか。単語の色があなたの決断に影響を与えたのだ。これは，人々がどのようにプライミングされたかを示す例である。❸プライミングは，ある刺激にさらされた後，人々の行動様式や考え方が変わるときに起こる。重要なのは，人々は自分が刺激の影響を受けていることを知らないということである。プライミングとは，言葉や画像，音，行動などの刺激を使用することである。例えば，調査によると，$_{\text{I}}$誰かに「注意深く」とか「年老いた」というような単語を読ませることで，もっとゆっくり歩くようにプライミングすることができる。子どもが赤いベンチの横にキャンディーの袋を見れば，子どもは次に赤いベンチを見たときにキャンディーを探したり考えたりし始めるかもしれない。❹おそらく誰もがスーパーマーケットで必要以上の買い物をした経験があるだろう。ある調査によると，私たちがスーパーマーケットで買ったものの３分の２が，もともとは買う予定のないものであった。では，なぜそれらを購入するのだろうか。それは私たちがプライミングされているからである。❺$_{\text{II}}$花がなぜいつもスーパーマーケットの入り口にあるのか不思議に思ったことはないだろうか。実はそれは，花を見ると新鮮さについて(気づきさえせずに)考えてしまうからである。花は美しく，いい香りがし，その多くは明るい色をしている──そう，花は私たちにとって新鮮なのである。これがスーパーマーケットに入って最初に気づくことであれば，私たちはスーパーマーケットの全ての製品が新鮮だと考え，その結果たくさん買うようにプライミングされるのだ。しかし，その人が買い物のはじめに，いつも汚れたものでいっぱいのゴミ袋を目にするなら，その人は正反対にプライミングされるだろう。❻色の使用もプライミングの一種である。多くの看板やパッケージが赤を使用していることに気づいただろうか。研究によると，赤は人々に温かい気持ちを与える。この色に結びつく商品については気分が良くなるので買いたくなるのだ。一方，緑は製品を自然に見せる。食品会社は，食品をそのように見せるために緑の包装を使用することがよくある。いくつかの研究では，黄色やオレンジといった明るい色を見ると，人は「健康」についてよく考えることがわかっている。その結果，健康的な食事に興味のある人は，これらの色で包装された製品に気づく可能性が高くなる。❼スーパーマーケットで行われた興味深い実験があった。２週間にわたってフランスとドイツの音楽を１日おきに流し，フランスワインとドイツワインの販売量を記録したのだ。もうおそらく想像できることだろうが，フランス音楽の日にはフランスワインの販売が増え，ドイツ音楽の日にはドイツワインの販売が増えた。ワインを購入した人は，スーパーマーケットを出る前に簡単なアンケートに回答するよう求められた。調査の結果，彼らはその製品を選択したことに対する音楽の影響に気づかなかったことがわかった。音楽は人々が買ったものに大きな影響を与えたのだが，人々はそのことを知らなかったのだ。❽プライミングは至る所にある。次に買い物に行くときは，周りの光景や音，そしてそれらが実際に何を意味するのかをよく考えてみるといい。

問１＜英文和訳＞主語の this は，前で述べられた「２つの類似した製品のうちどちらを買うかという決定は自分で行うものだと思うこと」という内容を受ける。not always は「常に〔いつも，必ずしも〕～だとはかぎらない〔～というわけではない〕」という部分否定の表現。case にはいろいろな意味があるが，ここでは「事実，真相」という意味。この意味の場合，前に the がつく。

問２＜適語補充＞ア．この letters は「文字」の意味。この後にある GR____ は下線部分の文字が「欠けている」。 missing「ある〔いる〕べき所にない〔いない〕，欠けている」 イ．on the other hand「一方で」

問３＜整序結合＞Ⅰ．more の後に副詞の slowly を置く。残りの語句からは，by having(by ～ing「～することによって」の形)と，read words like (“carefully” and “old.”)(この like は前置詞「～のような」)という２つのまとまりができる。have には‘have＋目的語＋動詞の原形’「～に…させる」という‘使役’の形があるので，having them read ... とつなぐ。 Ⅱ．この後の内容から，スーパーマーケットで花が売られている場所の話だと判断できる。Have you ever の後は過去分詞 wondered を置き，その目的語となる節を間接疑問の‘疑問詞＋主語＋動詞’の語順で why flowers are always located とする。最後に at を置いて後ろの the entrance につなげる。

問４＜和文英訳＞「ある調査によると～」は，(A) research〔survey〕shows〔has found〕(that) ～，According to (a) research〔survey〕，～ などで表せる。「３分の２」は two thirds。「私たちが～買ったもの」は，関係代名詞の what を使うと簡潔に表せる。「もともとは買う予定のないものであった」の部分は，過去完了を用いて表すと「もともと」に含まれる「買ったときよりも前」という時間差をうまく表せる。

問５＜文脈把握＞最後の in an opposite way「正反対に」に着目する。スーパーマーケットの入り口に花があれば，人々は全ての製品が新鮮であると考えるのに対して，汚れたものでいっぱいのゴミ袋を目にすれば，その反対に「商品が新鮮でないと感じる」のである。

問６＜文脈把握＞次の文に書かれている調査結果から，アンケートの質問を判断できる。スーパーマーケットでの実験は，フランスとドイツの音楽を１日おきに流したところ，フランスの音楽の日はフランスワインが売れ，ドイツの音楽の日はドイツワインが売れたというもの。ワインを購入した人は自分が買ったワインに対する音楽の影響に気づいていなかったという結果からわかるのは，流れていた音楽にプライミングされていたことに気づいていなかったということ。よって，アンケートの質問内容として適切なのは，②「今日，フランス音楽かドイツ音楽のどちらかが演奏されていることに気づきましたか」。

5〔**テーマ英作文**〕

「今，日本または外国のどのニュースに一番興味がありますか。そのニュースを説明し，それについてあなたの意見を教えてください。英語で書き，約50語を使用してください。解答用紙の(words)欄に単語数を記入してください」 ニュースの内容を説明し，その後，I think などを用いて自分の意見を書く。

2021年度／慶應義塾女子高等学校

数学解答

1 ［1］ $xy=1000y-7800$

［2］ $x=350$，$y=12$

2 ［1］ $(2,\ 4\sqrt{3})$

［2］ $y=-\dfrac{\sqrt{3}}{3}x-\dfrac{22\sqrt{3}}{3}$

［3］ $108\sqrt{3}$　　［4］ 6

3 ［1］ 2　　［2］ $\dfrac{16}{15}$　　［3］ $\dfrac{8\sqrt{5}}{5}$

［4］ $\dfrac{\sqrt{6}}{3}$

4 ［1］ $\angle\mathrm{BDP}=90°$，$\angle\mathrm{DPE}=30°$

［2］ 4　　［3］ BE＝9，BP＝$2\sqrt{21}$

［4］ (イ)，(ウ)

［5］ AP＝$6\sqrt{2}$，AF＝$\dfrac{9\sqrt{42}}{7}$

5 ［1］ ア…$3a-9$　イ…3　ウ…12　エ…27

［2］ $t=3s-9$，$u=9s-36$

［3］ オ…$10a-100$　カ…13　キ…30　ク…81　ケ…64　コ…183　サ…540

1 〔方程式—連立方程式の応用〕

［1］＜立式＞1日目に支払った金額は$(x-100)y$円と表せる。また，2日目の1個の価格は$x\times(1-0.4)=0.6x$(円)であり，買った個数は$1.5y$個だから，2日目に支払った金額は$0.6x\times1.5y=0.9xy$(円)となり，2日目の方が1日目より780円多かったから，$(x-100)y+780=0.9xy$が成り立つ。これより，$xy-100y+780=0.9xy$，$0.1xy=100y-780$，$xy=1000y-7800$……①となる。

［2］＜価格と個数＞1日目と2日目に買った個数の合計は$y+1.5y=2.5y$(個)で，これが必要な個数だから，Aさんが封筒に入れた金額は$x\times2.5y=2.5xy$(円)である。［1］より，1日目に支払った金額は$(x-100)y$円，2日目は$0.9xy$円で，残った金額は3720円だから，$2.5xy-(x-100)y-0.9xy=3720$が成り立つ。これを整理すると，$0.6xy+100y=3720$……②となる。①を②に代入して，$0.6(1000y-7800)+100y=3720$，$600y-4680+100y=3720$，$700y=8400$　$\therefore y=12$　これを①に代入して，$12x=12000-7800$，$12x=4200$　$\therefore x=350$

2 〔関数—関数 $y=ax^2$ と直線〕

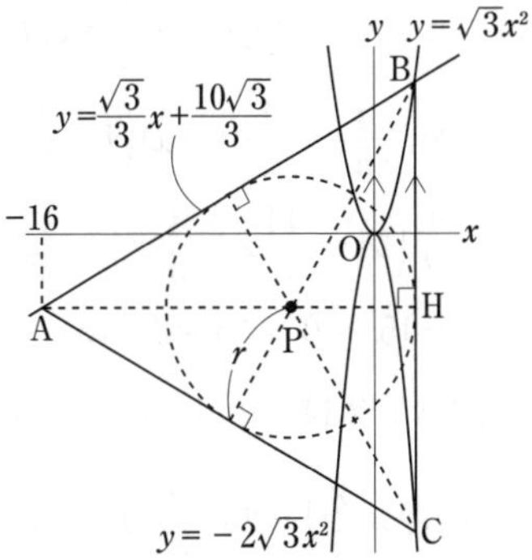

［1］＜座標＞右図で，点Bは直線$y=\dfrac{\sqrt{3}}{3}x+\dfrac{10\sqrt{3}}{3}$と放物線$y=\sqrt{3}x^2$の交点である。2式から$y$を消去して，$\sqrt{3}x^2=\dfrac{\sqrt{3}}{3}x+\dfrac{10\sqrt{3}}{3}$より，$3x^2=x+10$，$3x^2-x-10=0$，解の公式を利用して，$x=\dfrac{-(-1)\pm\sqrt{(-1)^2-4\times3\times(-10)}}{2\times3}=\dfrac{1\pm\sqrt{121}}{6}=\dfrac{1\pm11}{6}$となるから，$x=\dfrac{1+11}{6}=2$，$x=\dfrac{1-11}{6}=-\dfrac{5}{3}$である。よって，点Bの$x$座標は2であり，$y=\sqrt{3}\times2^2=4\sqrt{3}$より，$\mathrm{B}(2,\ 4\sqrt{3})$となる。

［2］＜直線の式＞右図で，点Aは直線$y=\dfrac{\sqrt{3}}{3}x+\dfrac{10\sqrt{3}}{3}$上にあり，$x$座標が$-16$なので，$y=\dfrac{\sqrt{3}}{3}\times(-16)+\dfrac{10\sqrt{3}}{3}=-2\sqrt{3}$より，$\mathrm{A}(-16,\ -2\sqrt{3})$である。また，点Cは放物線$y=-2\sqrt{3}x^2$上にあり，［1］より，$x$座標は点Bの$x$座標と等しく，2だから，$y=-2\sqrt{3}\times2^2=-8\sqrt{3}$より，$\mathrm{C}(2,\ -8\sqrt{3})$である。よって，直線ACの傾きは$\dfrac{-8\sqrt{3}-(-2\sqrt{3})}{2-(-16)}=-\dfrac{\sqrt{3}}{3}$だから，その式は$y=-\dfrac{\sqrt{3}}{3}x+b$とおける。これが，$\mathrm{C}(2,\ -8\sqrt{3})$を通るので，$-8\sqrt{3}=$

$-\frac{\sqrt{3}}{3}\times 2+b$，$b=-\frac{22\sqrt{3}}{3}$となり，直線ACの式は$y=-\frac{\sqrt{3}}{3}x-\frac{22\sqrt{3}}{3}$である。

［3］＜**面積**＞前ページの図のように，点Aから辺BCへ垂線AHを引く。［1］，［2］より，A$(-16,\ -2\sqrt{3})$，B$(2,\ 4\sqrt{3})$，C$(2,\ -8\sqrt{3})$だから，△ABCの辺BCを底辺と見ると，$\mathrm{BC}=4\sqrt{3}-(-8\sqrt{3})=12\sqrt{3}$であり，高さは，$\mathrm{AH}=2-(-16)=18$となる。よって，$S=\frac{1}{2}\times 12\sqrt{3}\times 18=108\sqrt{3}$となる。

［4］＜**長さ―三平方の定理**＞前ページの図のように，△ABCの3辺に接する円の中心をPとし，△ABCを△PAB，△PBC，△PCAに分ける。△PAB，△PBC，△PCAの底辺をそれぞれAB，BC，CAと見たときの高さは，いずれも円の半径rと等しい。よって，△PAB＋△PBC＋△PCA＝△ABCより，$\frac{1}{2}\times\mathrm{AB}\times r+\frac{1}{2}\times\mathrm{BC}\times r+\frac{1}{2}\times\mathrm{CA}\times r=108\sqrt{3}$となる。A$(-16,\ -2\sqrt{3})$，B$(2,\ 4\sqrt{3})$，C$(2,\ -8\sqrt{3})$であり，H$(2,\ -2\sqrt{3})$だから，△ABH，△ACHで三平方の定理より，$\mathrm{AB}=\sqrt{\mathrm{AH}^2+\mathrm{BH}^2}=\sqrt{18^2+\{4\sqrt{3}-(-2\sqrt{3})\}^2}=\sqrt{18^2+(6\sqrt{3})^2}=\sqrt{432}=12\sqrt{3}$，$\mathrm{AC}=\sqrt{\mathrm{AH}^2+\mathrm{CH}^2}=\sqrt{18^2+\{-2\sqrt{3}-(-8\sqrt{3})\}^2}=\sqrt{18^2+(6\sqrt{3})^2}=12\sqrt{3}$となる。したがって，$\mathrm{BC}=12\sqrt{3}$より，$\frac{1}{2}\times 12\sqrt{3}\times r+\frac{1}{2}\times 12\sqrt{3}\times r+\frac{1}{2}\times 12\sqrt{3}\times r=108\sqrt{3}$が成り立つ。これを解くと，$6\sqrt{3}r+6\sqrt{3}r+6\sqrt{3}r=108\sqrt{3}$，$18\sqrt{3}r=108\sqrt{3}$，$r=6$となる。

3 〔空間図形―四角柱〕

［1］＜**長さ―平行線と線分の比**＞右図1で，三角錐CGPRと三角錐DHPQは，底面をそれぞれ△CPR，△DPQと見ると高さが等しいから，体積の比が1：3であるとき，△CPR：△DPQ＝〔三角錐CGPR〕：〔三角錐DHPQ〕＝1：3となる。点Pから辺ABに垂線PIを引くと，△CPR，△DPQで底辺をそれぞれCR，DQと見たときの高さはBI，AIとなる。AD∥IP∥BCだから，

図1

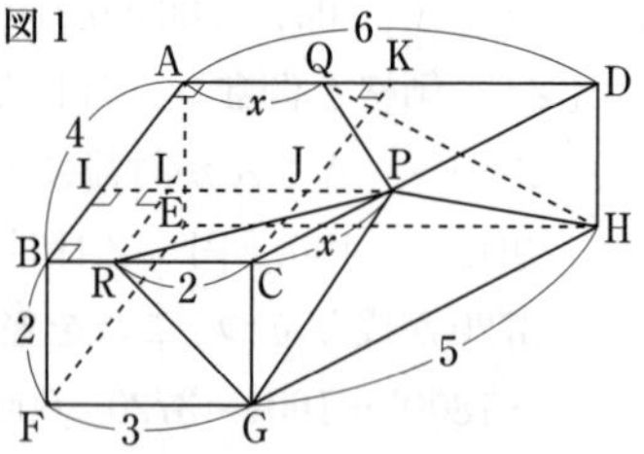

$\mathrm{BI}:\mathrm{BA}=\mathrm{CP}:\mathrm{CD}=x:5$であり，$\mathrm{BI}=\frac{x}{5}\mathrm{BA}=\frac{x}{5}\times 4=\frac{4}{5}x$より，$\mathrm{AI}=\mathrm{AB}-\mathrm{BI}=4-\frac{4}{5}x$となる。よって，$\triangle\mathrm{CPR}=\frac{1}{2}\times\mathrm{CR}\times\mathrm{BI}=\frac{1}{2}\times 2\times\frac{4}{5}x=\frac{4}{5}x$，$\triangle\mathrm{DPQ}=\frac{1}{2}\times\mathrm{DQ}\times\mathrm{AI}=\frac{1}{2}(6-x)\left(4-\frac{4}{5}x\right)$だから，$\frac{4}{5}x:\frac{1}{2}(6-x)\left(4-\frac{4}{5}x\right)=1:3$が成り立つ。これを解くと，$\frac{1}{2}(6-x)\left(4-\frac{4}{5}x\right)\times 1=\frac{4}{5}x\times 3$より，$\frac{1}{2}\left(24-\frac{44}{5}x+\frac{4}{5}x^2\right)=\frac{12}{5}x$，$120-44x+4x^2=24x$，$4x^2-68x+120=0$，$x^2-17x+30=0$，$(x-2)(x-15)=0$　$\therefore x=2,\ 15$　$0<x<5$だから，$x=2$である。

［2］＜**体積**＞右上図1で，［1］より，$\mathrm{BI}=\frac{4}{5}x=\frac{4}{5}\times 2=\frac{8}{5}$だから，$V=\frac{1}{3}\times\triangle\mathrm{CPR}\times\mathrm{CG}=\frac{1}{3}\times\left(\frac{1}{2}\times 2\times\frac{8}{5}\right)\times 2=\frac{16}{15}$となる。

［3］＜**長さ―三平方の定理**＞右上図1で，点Cから辺ADへ引いた垂線と線分PI，辺ADとの交点をそれぞれJ，Kとすると，PJ∥DKより，PJ：DK＝CP：CD＝2：5であり，$\mathrm{DK}=\mathrm{AD}-\mathrm{AK}=\mathrm{AD}-\mathrm{BC}=6-3=3$だから，$\mathrm{PJ}=\frac{2}{5}\mathrm{DK}=\frac{2}{5}\times 3=\frac{6}{5}$となる。また，点Rから線分PIへ垂線RLを引くと，$\mathrm{RL}=\mathrm{BI}=\frac{8}{5}$，$\mathrm{PL}=\mathrm{PJ}+\mathrm{JL}=\mathrm{PJ}+\mathrm{CR}=\frac{6}{5}+2=\frac{16}{5}$となる。よって，△PLRで三平方の定理より，$\mathrm{PR}=\sqrt{\mathrm{RL}^2+\mathrm{PL}^2}=\sqrt{\left(\frac{8}{5}\right)^2+\left(\frac{16}{5}\right)^2}=\sqrt{\frac{64}{5}}=\frac{8}{\sqrt{5}}=\frac{8\sqrt{5}}{5}$である。

[４]＜長さ―三平方の定理＞求める垂線の長さは，前ページの図１で，三角錐 CGPR において，底面を△GPR と見たときの高さである。［１］より，CR＝CP＝CG＝2 だから，△CGR と△CGP はどちらも直角二等辺三角形で，$GR=GP=\sqrt{2}CG=\sqrt{2}\times2=2\sqrt{2}$ であり，△GPR は右図２のような二等辺三角形となる。図２で，点Gから辺 PR へ垂線 GM を引くと，$RM=\frac{1}{2}PR=\frac{1}{2}\times\frac{8\sqrt{5}}{5}=\frac{4\sqrt{5}}{5}$ だから，△RMG で三平方の定理より，$GM=\sqrt{GR^2-RM^2}=\sqrt{(2\sqrt{2})^2-\left(\frac{4\sqrt{5}}{5}\right)^2}=\sqrt{\frac{24}{5}}=\frac{2\sqrt{30}}{5}$ となる。よって，$\triangle GPR=\frac{1}{2}\times PR\times GM=\frac{1}{2}\times\frac{8\sqrt{5}}{5}\times\frac{2\sqrt{30}}{5}=\frac{8\sqrt{6}}{5}$ だから，三角錐 CGPR の体積について，$\frac{1}{3}\times\frac{8\sqrt{6}}{5}\times h=\frac{16}{15}$ が成り立ち，$h=\frac{\sqrt{6}}{3}$ となる。

図２

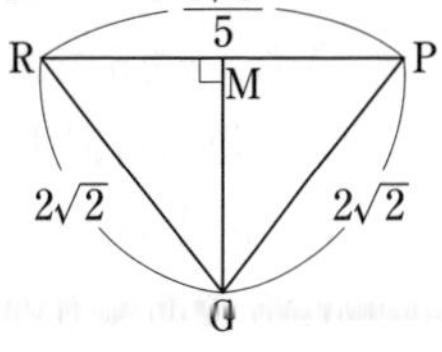

4 〔平面図形―円〕

≪基本方針の決定≫［５］　４点Ａ，Ｄ，Ｐ，Ｆが同一円周上にあることに気づきたい。

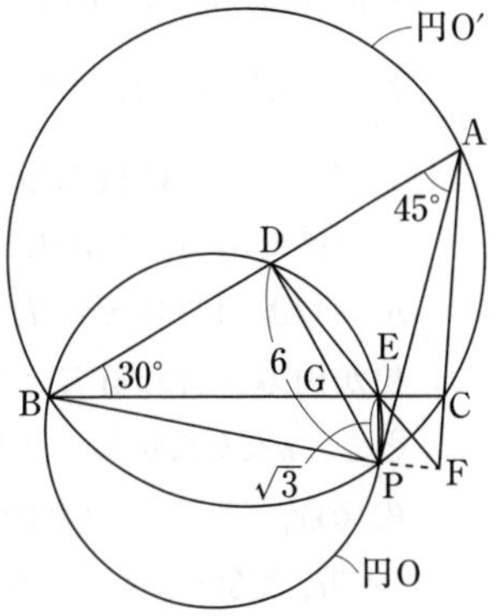

[１]＜角度―円周角＞右図で，線分 BP を直径とする円をＯ，４点Ａ，Ｂ，Ｃ，Ｐを通る円をＯ′とする。線分 BP は円Ｏの直径だから，∠BDP＝90°である。また，円Ｏの $\overset{\frown}{DE}$ に対する円周角より，∠DPE＝∠DBE＝30°となる。

[２]＜長さ―特別な直角三角形＞右図で，線分 BP は円Ｏの直径より，∠PEG＝90°であり，［１］より，∠GPE＝30°だから，△GPE は３辺の比が $1:2:\sqrt{3}$ の直角三角形である。よって，$PG=\frac{2}{\sqrt{3}}PE=\frac{2}{\sqrt{3}}\times\sqrt{3}=2$ であり，GD＝PD－PG＝6－2＝4 となる。

[３]＜長さ―特別な直角三角形，三平方の定理＞右図の△GPE で，［２］より，$GE=\frac{1}{2}PG=\frac{1}{2}\times2=1$ である。△DBG も３辺の比が $1:2:\sqrt{3}$ の直角三角形だから，BG＝2GD＝2×4＝8 である。よって，BE＝BG＋GE＝8＋1＝9 となる。また，△BEP で三平方の定理より，$BP=\sqrt{BE^2+PE^2}=\sqrt{9^2+(\sqrt{3})^2}=\sqrt{84}=2\sqrt{21}$ となる。

[４]＜角度―円周角＞右上図で，円Ｏの $\overset{\frown}{PE}$ に対する円周角より，∠PDF＝∠CBP である。また，円Ｏ′の $\overset{\frown}{PC}$ に対する円周角より，∠PAF＝∠CBP である。

[５]＜長さ―円周角の定理の逆＞右上図で，∠ADP＝180°－∠BDP＝180°－90°＝90°，∠DAP＝45°より，△ADP は直角二等辺三角形だから，$AP=\sqrt{2}PD=\sqrt{2}\times6=6\sqrt{2}$ である。また，［４］より，∠PDF＝∠PAF だから，４点Ａ，Ｄ，Ｐ，Ｆは同一円周上にあり，∠ADP＝90°なので，線分 AP はその円の直径である。これより，点Ｐと点Ｆを結ぶと，∠AFP＝90°となる。よって，△AFP と△BEP で，∠AFP＝∠BEP＝90°，∠PAF＝∠PBE より，２組の角がそれぞれ等しいので，△AFP∽△BEP である。したがって，AF：BE＝AP：BP より，$AF:9=6\sqrt{2}:2\sqrt{21}$ が成り立ち，これを解くと，$AF\times2\sqrt{21}=9\times6\sqrt{2}$，$AF=\frac{9\sqrt{42}}{7}$ となる。

5 〔特殊・新傾向問題―二次方程式と確率〕

[１]＜条件を満たすカードの数字＞二次方程式①の解の１つが $x=-3$ のとき，$(-3)^2+a\times(-3)+b=0$ より，$b=\underline{3a-9}$ア……②と表せる。a，b はそれぞれ１，３，４，s，t，u の６通りのどれかだから，a，b の組は全部で 6×6＝36(通り)ある。二次方程式①の解の１つが $x=-3$ となる確率が $\frac{1}{12}$ となるとき，②を満たす a，b の組は，$36\times\frac{1}{12}=3$(通り)となる。まず，②を満たす$(a,\ b)$

の組のうち，$a≦4$ であるものは，②に $a=1$，3，4 を代入すると，それぞれ $b=-6$，0，3 となるので，$(a,\ b)=(4,\ \underline{3}_{\text{イ}})$ の1通りしかない。次に，②を満たす $(a,\ b)$ の組のうち，$a≧5$ であるものは $3-1=2$(通り)ある。ここで，②では，$a≧5$ のとき，$a<b$ なので，②を満たす $(a,\ b)$ の組のうち，$a≧5$ であるものは $(s,\ t)$，$(s,\ u)$，$(t,\ u)$ のうちのいずれか2通りである。しかし，②では，a の値に対応する b の値は1通りであり，b の値に対応する a の値も1通りだから，$(s,\ t)$ と $(s,\ u)$，$(s,\ u)$ と $(t,\ u)$ がそれぞれ同時に②を満たすことはない。よって，②を満たす $(a,\ b)$ の組のうち，$a≧5$ であるものは $(s,\ t)$，$(t,\ u)$ の2通りである。このとき，$b=3a-9$ に $(a,\ b)=(s,\ t)$，$(t,\ u)$ をそれぞれ代入すると，$t=3s-9$，$u=3t-9$ となるから，$s=7$ の場合，$t=3\times7-9=\underline{12}_{\text{ウ}}$ となり，さらに，$u=3\times12-9=\underline{27}_{\text{エ}}$ となる。

［2］＜関係式＞［1］より，$t=3s-9$ である。また，$u=3t-9$ であるから，これに $t=3s-9$ を代入して，$u=3(3s-9)-9$ より，$u=9s-36$ となる。

［3］＜条件を満たすカードの数字＞二次方程式①の解の1つが $x=-10$ のとき，$(-10)^2+a\times(-10)+b=0$ より，$b=\underline{10a-100}_{\text{オ}}$……③と表せる。また，$a$，$b$ の組は全部で36通りあるので，①の解の1つが $x=-10$ となる確率が $\frac{1}{36}$ となるとき，③を満たす a，b の組は，$36\times\frac{1}{36}=1$(通り)となる。まず，a，b は自然数なので，$a≦11$ のとき，③を満たすのは，$a=11$，$b=10\times11-100=10$ のときだけである。しかし，$(s,\ t)=(10,\ 11)$ は $t=3s-9$ を満たさず，$(s,\ u)=(10,\ 11)$ は $u=9s-36$，$(t,\ u)=(10,\ 11)$ は $u=3t-9$ を満たさない。よって，＜条件1＞を満たすとき，s，t，u の中に10，11が両方含まれることはないから，$(a,\ b)=(11,\ 10)$ となることはない。次に，③では，$a≧12$ のとき，$a<b$ だから，③を満たす $(a,\ b)$ の組は $(s,\ t)$，$(s,\ u)$，$(t,\ u)$ が考えられる。$(a,\ b)=(s,\ t)$ の場合，③より，$t=10s-100$ が成り立ち，これと $t=3s-9$ を連立方程式として解くと，$s=\underline{13}_{\text{カ}}$，$t=\underline{30}_{\text{キ}}$ となり，$s=13$ を $u=9s-36$ に代入して，$u=9\times13-36=\underline{81}_{\text{ク}}$ となる。$(a,\ b)=(s,\ u)$ の場合，③より，$u=10s-100$ が成り立ち，これと $u=9s-36$ を連立方程式として解くと，$s=\underline{64}_{\text{ケ}}$，$u=\underline{540}_{\text{サ}}$ となり，$s=64$ を $t=3s-9$ に代入して，$t=3\times64-9=\underline{183}_{\text{コ}}$ となる。なお，$(a,\ b)=(t,\ u)$ の場合，$u=10t-100$ が成り立ち，これと $u=3t-9$ を連立方程式として解くと，$t=13$ となるが，これを $t=3s-9$ に代入すると，$13=3s-9$，$s=\frac{22}{3}$ より，s が自然数にならないので，不適となる。

2021年度／慶應義塾女子高等学校

国語解答

一 問一　1　おもむ　2　遺憾　3　ろう
　4　才知　5　たわむ　6　委

問二　X　しら　Y　まれ

問三　賢明

問四　王のことを「河に降る雨」と評した首相が，自分の失言を認めて謝るどころか，逆にこざかしい解釈で言い逃れをしようとしたから。

問五　共和国の詩人は自分と勝負できるレベルではあると，相手の力は認めるものの，自分の方がレベルは上だと自信に満ちて，相手を見下している。

問六　王国の婦人の言葉が，それを聞いたもの全てを動かすほど非常にすばらしいものだった，ということ。

問七　どちらが勝ったのかをあえて記さないことで，読者の想像をかきたてることができるから。

問八　なかなか(副詞)／優雅で(形容動詞・連用形)／は(助詞)／ない(形容詞・終止形)／か(助詞)

二 問一　「てにをは」の持つ意味がなかなか説明できないことに加え，言葉の取り替えができないから。

問二　「この道は」では，「この道」について説明的に叙述する表現になるが，切れ字の「や」を用いた「この道や」では，「この道」に対して表現者が感慨を抱いていることがわかる。

問三　尚白と芭蕉の間には軋轢があり，尚白は，芭蕉の句について言葉が取り替え可能だと難癖をつけて，芭蕉を批判しようと考えたから。

問四　琵琶湖の水面がかすんでいる風景は，春を惜しむのにふさわしく，句を成立させるには，琵琶湖のある「近江」と「行く春」は，他の言葉に取り替えることのできない絶対的な表現だから。

問五　X　過客　Y　旅人

三 問一　1　還元　2　一括　3　克服
　4　病弊

問二　ア…4　イ…2　　問三　5

問四　デモクラシーは，「大衆」を前提として個人主義の上に立つものであり，個人主義は，エゴイズムに陥ってパブリックな問題に対しうまく機能しなくなりかねないから。

問五　・個人主義は，最後にはエゴイズムに陥るため，パブリックな問題に対してはうまく機能しなくなりかねない，という[問題。]
・近代になり，個人主義になったためにばらばらになった市民は，無力で，何かをしようとしてもその力がない，という[問題。]

問六　ある人の自己決定は，個人だけで完結するものではなく，その人の人生を取り巻くさまざまな共同体に深く関わっているということ。

一 〔小説の読解〕出典；西崎憲『ことわざ戦争』(『未知の鳥類がやってくるまで』所収)。

問一＜漢字＞1．音読みは「赴任」などの「フ」。　2．「遺憾」は，期待どおりでなく，残念に思うこと。　3．「弄する」は，もてあそぶ，という意味。　4．「才知」は，才能と知恵のこと。　5．音読みは「遊戯」などの「ギ」。　6．音読みは「委員」などの「イ」。

問二＜慣用句＞X．「しらを切る」は，知っているのにわざと知らないふりをする，しらばくれる，という意味。　Y．「まれに見る」は，非常に珍しい，めったにない，という意味。

問三＜文章内容＞首相が，「役立たずあるいは能無し」という意味の「河に降る雨」のことを，「幸運な運命に際会した者」という意味であるなどと言ったのは，見え透いたでたらめである。王のことを見下した言葉を発しておきながら，その非を素直に認めて謝るのではなく，もっともらしいことを言って言い逃れをするのは，王に対してさらに無礼な態度である。しかし，それを無礼だといって「単純に怒る」のでは，売られたけんかを買うようなもので，いかにも大人げない。王は，そこをわきまえて冷静な対応をする賢さを持っていた。

問四＜文章内容＞「河に降る雨」とは，「役立たずあるいは能無し」という意味の「俚諺」である。そんなことを共和国の首相が王国の王について言ったとなれば，王の臣下は当然怒る。しかし，そこで首相に面会を求めたところ，首相は，失言を認めて素直に謝罪するどころか，逆に「河に降る雨は幸運な運命に際会した者という意味である」などと「小賢しいこと」を言って，言い逃れをしようとした。それが，王の臣下にとっては，また腹立たしいことと感じられたのである。

問五＜心情＞「詩の戦」の場で，「あなたさまの言葉」に「わたしの言葉に耐える強さ」があるというのは，「あなたさま」が「わたし」と戦えるレベルにあることを認めるということである。戦いにならないほどレベルが低ければ戦意も喪失するが，相手のレベルはそこまで低くはなかったので，婦人は「存分に力を振るえる」と思った。ただ，言葉としては相手に力があることを認めていても，そのことを口にするのは，自分の方が上だという確信を持って「あなたさま」を見下しているということである。そのため，共和国の詩人は，「なんという思いあがり」と感じて「激怒」した。

問六＜表現＞共和国の詩人を「なんという思いあがり」と「激怒」させた王国の婦人は，いくつかの文を口にした。それは，「山の端にかかる雲」や「老いた石」をも動かした。王国の婦人の言葉は，その言葉を聞いたもの全てを強く揺さぶるような，本当にすばらしいものだったのである。

問七＜表現＞この「戦」の勝負がどうなったのかを書けば，物語は完結してしまう。一方，結果が記されていなければ，読者は，物語の世界に引き込まれ，自分であれこれ想像することができる。

問八＜品詞＞「なかなか」は，活用のない自立語で，用言にかかる。「優雅で」は，「優雅だ」という形容動詞の連用形。「ない」は，上に格助詞の「は」が入っているので，打ち消しの助動詞の「ない」ではなく，形容詞である。「か」は，感動を表す終助詞。

二〔**論説文の読解―芸術・文学・言語学的分野―文学**〕出典；ドナルド・キーン「日本の面影」(『日本文学を読む・日本の面影』所収)。

問一＜文章内容＞俳句を翻訳しにくくしているものとして，まず「〝てにをは〟の活用の問題」がある。例えば，「は」と「や」がどう違うかは，なかなか説明できず，翻訳するのも難しい。また，俳句の表現は，「取り替えることのできない絶対的な表現」を用いなければいけない。

問二＜表現＞「この道は」は，「この道」について説明するごく普通の言い方である。それに対し，「この道や」では，「や」は，切れ字で詠嘆の意味があるため，「この道」に対して表現者が何か特別な思いを込めていることがわかる。

問三＜文章内容＞尚白は，当時芭蕉との間に「軋轢を生じていた」門人である。尚白は，何とか芭蕉の句を批判したかったために，芭蕉の句は，俳句には「取り替えのできない言葉を用いなければならない」という芭蕉自身の主張に反していると，非難したのだと考えられる。

問四＜文章内容＞去来によれば，近江の国の「湖水」(琵琶湖)が「朦朧として」いるということと「春をおしむ」ということは「便」がある。「春をおしむ」ということと「近江」はぴったり合うというのである。丹波ではなく琵琶湖のある近江でなければ，「湖水朦朧として春をおしむ」という意味合いが句にもたらされないので，去来は，尚白の批判は当たらないと言ったのである。

問五＜文学史＞「百代」は，永遠のこと。「過客」は，旅人のことである。「月日は百代の過客にして，行きかふ年もまた旅人なり」は，月日は永遠に旅を続ける旅人のようなもので，来ては去り去ってはまた来る年もやはり旅人のようなものだ，という意味。

三 〔論説文の読解―哲学的分野―哲学〕出典；村上陽一郎『死ねない時代の哲学』「死は自己決定できるか」。

≪本文の概要≫「個人主義」も「デモクラシー」も，もともとは負の価値を負っていた。トクヴィルによると，一八三〇年代のアメリカでは，その「デモクラシー」を新しい方法でうまく使いこなしていた。個人主義をその本質とするデモクラシーは，エゴイズムに陥りやすい。また，近代になって，互いのつながりを失ってばらばらになった人々は，無力で，一人ではほとんど何もできない。そこで，人々が助け合う方法として，アメリカでは結社をつくり出したのである。自己決定は，抜きがたく個人主義と結びついており，個人主義では，ある人の人生はその人のものだとして片づけてしまうが，本当にそうか。その問いに，アメリカの「結社主義」は，一つの答えを出しているのかもしれない。一人の人間の生涯は決してその人だけのものではないという発想も，「結社主義」から生まれるようにも思われる。死は自分だけのものではなく，自分を取り巻くさまざまな共同体に深く関わっているという解釈も，可能になる。

問一＜漢字＞１．「還元」は，もとに戻すこと。　２．「一括」は，一まとめにすること。　３．「克服」は，努力によって困難に打ち勝つこと。　４．「病弊」は，物事の中にある障害や深刻な問題のこと。

問二＜接続語＞ア．「デモクラシー」という「大衆が支配する統治システム」は，「本来，好ましくないものだった」だろうし，実際，アメリカでも歴史的な文書では，「『デモクラシー』という言葉を使うことは避けられて」おり，要するに，当時の常識では，「基本的に『デモクラシー』という言葉は，負のニュアンスでしか使用されていなかった」のである。　イ．「基本的に『デモクラシー』という言葉は，負のニュアンスでしか使用されていなかった」のに，アメリカでは「この欠点だらけの『デモクラシー』なるものを，新しい方法でうまく使いこなしている」ようだった。

問三＜表現＞「結社」は，ある目的の達成のために，複数の人が進んで結びついている団体である。

問四＜文章内容＞「デモクラシー」は，「社会のなかの『大衆』（単なる個人の集合）を前提」としているものであり，社会を個人にまで還元するという点で，「個人主義」につながっている。そして，「個人主義」は，「最後にはエゴイズムに陥る」もので，そこには「人間の意識は内向きに働き，パブリックな問題に対してはうまく機能しなくなりかねない」という問題がある。そのため，デモクラシーも個人主義も，「一括して負の価値を負わされる」のである。

問五＜文章内容＞「個人主義」は，「最後にはエゴイズムに陥る」ことになり，それゆえ，「人間の意識は内向きに働き，パブリックな問題に対してはうまく機能しなくなりかねない」という性質のものである。また，近代は個人主義の時代で，「人々はお互いのつながりを失って，ばらばらになって」しまい，「独立した市民」は，「無力で，一人ではほとんど何をなす力もない」し，「誰一人として仲間を強制して自分に協力させることはできそうにない」ということになった。あらゆることについて結社をつくり協働する「結社主義」は，この両方の問題に対応している。

問六＜文章内容＞「個人主義」では，「ある人の人生はその人のものだ」という考えに基づき，あらゆることについてその人の「自己決定」が尊重される。しかし，「結社主義」では，ある人の人生は「その人のもの」であると同時に，協働する結社の人々のものでもあることになる。「死」に関していえば，自分の人生は自分のものなのだから，死に方も自分で決めればよいというのが，個人主義の考え方であるが，「結社主義」なら，「死は自分だけのものではなく，自分を取り巻く様々な共同体に深く関わっている」ので，死に方についての「自己決定」も，「その人のもの」ではない，ということになる。

2020年度 慶應義塾女子高等学校

【英　語】（60分）

1　これからリスニングのテストを行います。英文と，それに関する質問が２問ずつ放送されます。１つ目の質問は，最も適切な答えを①～④より１つ選び，番号で答える形式です。２つ目の質問は，書き出しの語句に続けて答えを英語で書く形式です。書き出しの語句も含めて10語以内で解答しなさい。放送を聞きながら問題用紙にメモを取ってもかまいません。英文と質問は２回ずつ放送されます。

〈編集部注：放送文は未公表につき掲載してありません。〉

(A)　1　① Both water and sports drinks.
　　　　② Both water and juice.
　　　　③ Both sports drinks and juice.
　　　　④ No drinks.
　　2　He ______________________

(B)　1　① He enjoyed reading stories to his mother.
　　　　② He used the Internet as a research tool.
　　　　③ He read articles about teeth.
　　　　④ He relaxed by reading comic books.
　　2　He's ______________________

(C)　1　① By keeping dogs as pets and training them.
　　　　② By finding bombs with their good smelling sense.
　　　　③ By supporting people who cannot see or hear well.
　　　　④ By noticing moving cars and emergency sounds.
　　2　Because they ______________________

2　次の文章を読んで設問に答えなさい。

About seventy years ago, smoking was thought to be healthy and cool. Beautiful women were often seen smoking in films. Some doctors even said that smoking was good for your health. For example, they said smoking made you stronger against colds and helped your concentration. Of course, now we all know that smoking causes cancer and other terrible diseases. For some people, it is also the first step on the road to using drugs. Even though (1)these facts are known to everyone today, many people can't stop smoking.

The use of drugs in sports is similar to smoking. The use of performance-enhancing drugs has been around for a long time. In fact, during the earliest days of sports, it was thought to be quite common in the same way that smoking was thought to be helpful. Doctors recognized that certain drugs could increase performance levels of people. In ancient Greece, trainers offered athletes various drugs in order to increase their performance. In ancient Rome, gladiators used performance-enhancing drugs. Even horses were also given various drugs to increase their speed and energy.

The word "doping" began to be used for athletes in the beginning of the 20th century. The

1904 Olympic marathon was the first doping case in the history of modern sports. The winner of the race was given an injection of performance-enhancing drugs to keep him going. A race report said, "From a medical point of view, the marathon [I] to athletes in long-distance races." It is surprising to know that at that time people didn't recognize the risks of using such chemicals. Though people now understand that these chemicals have bad effects on our bodies, (2)it wasn't until the 1920s that rules about the use of drugs in sports were first thought necessary.

Incredibly, it [II] action. Finally in 1972, they created stricter rules, and doping tests were started on athletes. As a result, many athletes were disqualified and lost their medals at the 1972 Olympic Games. That led to a fight which began in the 1980s between athletes and officials. Some athletes tried to discover new performance-enhancing drugs that were not yet on the anti-doping list. The officials tried to detect these drugs.

Since the stricter rules were created, the officials have found many athletes using drugs. Perhaps the most famous case is an athlete from Canada, Ben Johnson. He became the "World's Fastest Man" when he broke the world record and got a gold medal for the 100-meter sprint at the 1988 Olympic Games, but he also became famous for the use of drugs. It was one of the biggest doping cases in the history of the Olympic Games. More recently, the whole track and field team of Russia couldn't take part in the 2016 Olympic Games because Olympic officials thought they were using prohibited drugs.

The fight against doping continues, and anti-doping officials have (3)many challenges to overcome. The biggest one is that a large number of people are trying to use drugs in competitions because they are hungry for a victory. Fortunately, the development of technologies helps anti-doping officials detect prohibited drugs easily. Creating new rules about the use of drugs makes doping more difficult for athletes, too. However, people are always developing new types of doping. One such type is called "gene doping." It changes the forms of genes and material in genes for the purpose of improving the performance of athletes. It also has bad effects on our bodies, but the biggest difference is the fact that though regular doping uses drugs, it does not. Anti-doping officials have asked scientists around the world not to recommend "gene doping" to athletes. Though big steps have been made in the fight against doping, (4)we have a long way to go before the end of doping in sports is realized.

［注］ smoke：タバコを吸う　concentration：集中力　drug：薬物
performance-enhancing：運動能力を向上させる　gladiator：剣闘士
doping：ドーピング　marathon：マラソン　modern：近代の
disqualify：失格にする　anti-doping：アンチ・ドーピング　detect：検出する
prohibit：禁止する　development：発展　gene：遺伝子

問１　下線部(1)が指し示す内容を①～⑥より２つ選び，番号で答えなさい。

①　タバコを吸うことは，医師によってすすめられている。
②　タバコを吸うことは，風邪をひきやすくさせる。
③　タバコを吸うことは，かっこいいと考えられている。
④　タバコを吸うことは，ガンやその他の病気の原因になる。
⑤　タバコを吸うことは，集中力を下げる。
⑥　タバコを吸うことは，薬物使用への第一歩になる。

問２　［Ｉ］，［II］を補うように，次の語句を並べかえなさい。

［Ｉ］に用いる語句：be, can, has, how drugs, shown, very useful

［II］に用いる語句：for, many years, Olympic officials, take, to, took

問３　下線部(2)を日本語に直しなさい。

問４　下線部(3)について，次の(A)(B)に答えなさい。

(A)　その中で最大の課題は何か，日本語で答えなさい。

(B)　また，何が(A)の課題を解決する助けとなるのか，日本語で２つ答えなさい。

問５　下線部(4)が示している内容と最も近いものを①～④より１つ選び，番号で答えなさい。

①　We can end doping in sports soon because we have a lot of support all over the world.

②　We can't end doping in sports soon because anti-doping rules don't work at all.

③　It will take a long time before doping in sports ends because there are a lot of difficulties.

④　It won't take a long time before doping in sports ends thanks to the cooperation of doctors.

問６　次の質問に英語で答えなさい。ただし，解答欄の書き出しの語句も含めて６語以内で答えること。

What is the biggest difference between regular doping and "gene doping?"

問７　本文の内容に合っているものを①～⑤より２つ選び，番号で答えなさい。

①　Trainers in ancient Greece gave some drugs to athletes in order to increase their performance.

②　In the 1904 Olympic marathon, drugs helped an athlete to keep running and to win the race.

③　The fight between officials and athletes who tried to discover new drugs began in the 1960s.

④　Ben Johnson won a gold medal at the 1988 Olympic Games without the help of drugs.

⑤　At the 2016 Olympic Games, a lot of athletes from Russia were disqualified and lost their medals.

3　次の会話文を読んで設問に答えなさい。

Emily：You went to Boston?　Did you see any lighthouses there?

David：Yeah, I saw one from the plane just before we landed.

Emily：Please tell me what it was (ア　l—).

David：Well, it was a common lighthouse for me.　I mean, its tower was wider at the base and narrower at the top, and its color was white.　It was on a small island in Boston Harbor.

Emily：That's Boston Light!　It was the first lighthouse in America, built about 300 years ago. It is so popular among photographers!

David：[　A　]　Why?

Emily：Actually, I am interested in all kinds of lighthouses.　My father likes sailing and he has told me a lot about them since my childhood.

David：I see.　[　B　]

Emily：Sure!

David：I wonder why many lighthouses, including Boston Light, have the round-shaped towers.

Emily：It is because the round shape reduces the effect of the wind.　Strong winds on the coast can do a lot of damage.

David：Ah, I see.　By the way, you said Boston Light is the oldest lighthouse in America, and the oldest one in the world is in Spain, right? I just watched a TV program on various world records last week.

Emily : Do you mean the Tower of Hercules? (1)In a sense, yes. I mean, it is the oldest lighthouse which is still used today. I remember it was built in the first century.

David : That's old! But do you know which lighthouse is the oldest in the world?

Emily : [C] But one of the famous lighthouses in the ancient world is the Lighthouse of Alexandria. It was built in Egypt around 300 B.C.

David : Wow, it's much older!

Emily : And can you believe that it was about 130 meters high? Higher than a 30-story building of today! Alexandria was a busy harbor town and the lighthouse had to be seen by sailors on all the ships coming in and out. But you know, a big mirror at the top of the lighthouse also helped them find it easily.

David : Big mirror? [D]

Emily : In order to make the light stronger. It reflected sunlight during the day and the light from fire at night. (2)その灯台の最上部の光は，50キロ離れたところから見ることができたと言われている。

David : Oh, how wise the ancient people were!

［注］ base：基部　harbor：港　Tower of Hercules：ヘラクレスの塔
Lighthouse of Alexandria：アレクサンドリアの大灯台
Egypt：エジプト　B.C.：紀元前　reflect：反射する

問1　(ア)に，指示された文字から始まる最も適切な1語を補いなさい。

問2　[A]～[D]を補うのに，最も適切なものを①～⑧より1つずつ選び，番号で答えなさい。ただし，同じ番号を2度以上選ばないこと。

① Actually no one knows for sure.
② What's the matter?
③ It is incredibly powerful!
④ Why did it have such a thing?
⑤ You know a lot about this lighthouse.
⑥ So can I ask you a question?
⑦ Finally they had to give it up.
⑧ Why do you recommend it to me?

問3　次の文は，下線部(1)が表す内容を具体的に説明したものである。[あ]，[い]にそれぞれ適切な日本語を補いなさい。

「ヘラクレスの塔は，[あ]の中では，[い]ということ。」

問4　下線部(2)を英語に直しなさい。

問5　Davidが見た灯台の形に最も近いものを①～⑥より1つ選び，番号で答えなさい。

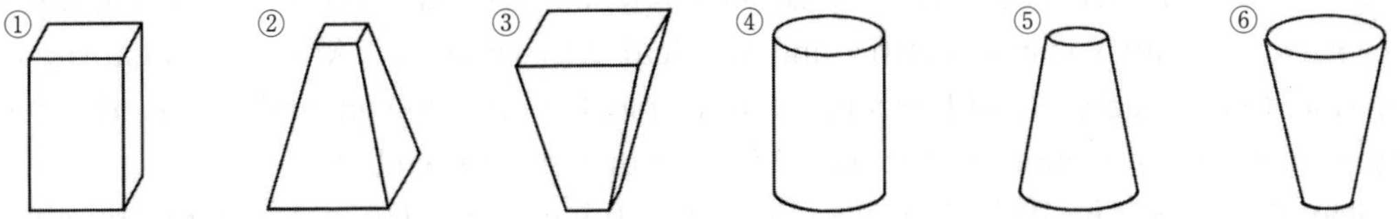

問6　本文の内容に合うように，次の文の(　)を補う最も適切な語を①～④より1つ選び，番号で答えなさい。

It was easy for sailors to find the Lighthouse of Alexandria because it was (　) and it had a big mirror which reflected two kinds of light.

① famous　② old　③ high　④ busy

4 次の文章を読んで設問に答えなさい。

Mae Jemison, born in 1956, realized her lifelong dream of going into space. Actually, she is the first African-American woman to do so. Her success did not come easily—it was the result of years of preparation and hard work.

Through her early school years, Jemison always had a strong interest in science, especially astronomy. When she was in elementary school, her favorite television show was *Star Trek*. One of her favorite characters on the show was a smart scientist and officer, Uhura, (ア) by an African-American actress. At that time, there were very few women or African-Americans in science. All the astronauts in the 1960s were white men. (1)宇宙船に乗っているアフリカ系アメリカ人の女性をテレビで見ることが，ジェミソンに自分が宇宙飛行士になることができると信じさせた。

During her time at high school, however, she became interested in pursuing a career in engineering. She graduated from high school in 1973, and entered Stanford University when she was only sixteen. Studying at a university was sometimes hard for her. She was the youngest engineering student there. Also, there were very few women or African-American people at Stanford at that time. But she was still an eager student, and (2)she didn't let the discrimination she experienced stop her. Jemison had a strong will to pursue her goal of becoming an engineer. In 1977, she graduated from Stanford with a degree in engineering.

Soon after her graduation, she decided to enter Cornell University to study medicine because she also wanted to help people as a doctor. During her years there, though she was busy, (3)she had time to broaden her horizons by studying in several developing countries and working at a refugee camp in Thailand. After she graduated from Cornell in 1981, she started working as a doctor in Los Angeles. For the next two and a half years, she was working as a medical officer for a volunteer group in some countries in Africa.

In 1985, she returned to the United States, and thought it was time to use her knowledge and experience as an engineer and a doctor to realize her lifelong dream. She made a career change and decided to pursue her dream of [A]. In October of that year, she applied for NASA's astronaut training program. Jemison became one of fifteen candidates selected from about two thousand. She became the first African-American woman (イ) to take part in the astronaut training program.

After more than a year of training, Jemison became an astronaut. On September 12, 1992, with six other astronauts, Jemison (ウ) into space aboard the Endeavour. Thanks to her knowledge and experience, she was selected as a science mission specialist. During her eight days in space, she did some scientific and medical experiments. After her historic flight, Jemison said that society should recognize how much both women and members of other minority groups can contribute to the world if they are given the chance.

After leaving NASA in 1993, Jemison did many things—created a company, taught at a college, traveled around the world to give a talk on technology, and even appeared in *Star Trek* as an actress! Today Jemison works with NASA again. But this time she is not an astronaut. She is one of the leaders of the 100 Year Starship Project. The main purpose of the project is inventing systems that humans will need for traveling around in space in one hundred years. Now she is (エ) advantage of her wide knowledge, strong interest in science, and experience as an astronaut. She might be on Earth forever, but she will continue pursuing her star dreams.

［注］ lifelong：終生の　preparation：準備　astronomy：天文学
Star Trek：『スタートレック』(宇宙を舞台としたアメリカのテレビドラマ)
Uhura：ウフーラ(『スタートレック』の登場人物)　pursue：追求する
Stanford University：スタンフォード大学　discrimination：差別
degree：学位　Cornell University：コーネル大学　medicine：医学
apply for：～に応募する　NASA：アメリカ航空宇宙局　candidate：候補者
Endeavour：エンデバー号　mission specialist：搭乗運用技術者
scientific：科学的な　experiment：実験　historic：歴史的な
minority：少数派　contribute：貢献する　starship：宇宙船

問１　(ア)～(エ)を補う最も適切な語を次より１つずつ選び，文脈に合う形で答えなさい。ただし，同じ語を２度以上選ばないこと。

allow, fly, mind, play, refuse, take

問２　下線部(1)を“Seeing”で始まる英語に直しなさい。

問３　下線部(2)を，“the discrimination”で始まる，ほぼ同じ意味の文に書きかえなさい。

問４　下線部(3)を日本語に直しなさい。

問５　[A]を補うのに，最も適切なものを①～④より１つ選び，番号で答えなさい。

①　going into space　②　working as a doctor
③　studying science　④　helping a volunteer group

問６　本文の内容に合うように，次の文の(　)に最も適切な１語を補いなさい。ただし，指定された文字で書き始めること。

Mae Jemison is the first African-American woman to be an astronaut. One of her messages is that women and other minority members should be given the (c―) in order to contribute to the world. Now, her knowledge, interest in science, and experience as an astronaut work a lot for her job with NASA.

5　Do you think homework is necessary? Tell us your idea with two or three reasons. Write in English and use about 50 words. Please write the number of words in the space (　　words) on the answer sheet.

【数 学】（60分）

（注意） 1．途中の計算や式などもすべて解答用紙に書いておくこと。

2．図は必ずしも正確ではありません。

1 次の問いに答えなさい。

［1］ 次の式を計算しなさい。

$$(1+2\sqrt{3})\left(\frac{\sqrt{98}}{7}+\frac{6}{\sqrt{54}}-\frac{\sqrt{3}}{\sqrt{2}}\right)$$

［2］ 自然数Nの約数は３個で，その和は183である。Nの値を求めなさい。

［3］ ２地点A，Bからそれぞれ姉と妹が向かい合って同時に出発したところ，２人はx分後にC地点ですれ違った。そのまま歩き続けて，すれ違ってからy分後に姉はB地点に，24分後に妹はA地点にそれぞれ到着した。

(1) AC：BC をxを用いて表しなさい。

(2) yをxを用いて表しなさい。

(3) BC間にかかる時間が，姉は妹より６分短かったとき，x，yの値を求めなさい。

2 次の文の（あ）～（す）にあてはまる数を答えなさい。（く），（こ），（し）にあてはまる数は小さい方から順に答えること。

数字が書かれたカードが入っている箱から１枚以上のカードを選ぶ。１枚だけを選んだ場合はそのカードに書かれた数字を，複数枚を選んだ場合はそれらのカードに書かれた数字の合計をSとする。最初に箱の中には１と書かれたカード$\boxed{1}$が２枚だけ入っている。

このとき，カードの選び方は次の２通りで，Sの値は，

$\boxed{1}$が１枚で$S=1$

$\boxed{1}$と$\boxed{1}$の２枚で$S=1+1=2$

となる。Sの値として作れるのは１，２だけであるが，数字の書かれたカードを箱に追加すればSの値として３以上の数を作ることができる。そこで，カードを次の規則に従って箱に追加する。

＜規則＞

(a) カード２枚に同じ自然数を記入して追加する。

(b) それまでにSの値として箱の中のカードで作ることのできた数字を追加のカードに記入してはいけない。

(c) Sの値が１，２，３，…と連続して作れるようにする。

２はすでにSの値として作ることができたから，規則(b)より追加するカードに２は記入できない。次に追加するカードは規則(c)よりカード$\boxed{3}$が２枚である。箱の中はカード$\boxed{1}$と$\boxed{3}$がそれぞれ２枚ずつになる。Sの値はカード$\boxed{1}$が２枚だけの場合に加えて，

$\boxed{3}$が１枚で$S=3$

$\boxed{1}$と$\boxed{3}$の２枚で$S=1+3=4$

$\boxed{1}$と$\boxed{1}$と$\boxed{3}$の３枚で$S=1+1+3=5$

（ あ ）と書かれたカード（ い ）枚で$S=6$…のようにして，Sの値を１から連続して（ う ）まで作ることができる。さらにカードを追加する場合，次のカード２枚には（ え ）と記入することになる。このようにSの値を調べてカードを追加することを続けると，数字が（ え ）のカードの次に追加するカード２枚に記入する数字は（ お ）で，Sの値として（ か ）個の数字を新しく作ることができる。Sの値として162個の数字を新しく作ることができるのは（ き ）と記入したカード２枚を追加したときである。また，$S=172$となる場合のカードは，数字が（ く ）のカード（ け ）枚，（ こ ）

のカード(さ)枚，(し)のカード(す)枚を箱から選んだときである。

3　図のように点Tで直線TEに接する円がある。4点A，B，C，Dは円周上の点で，∠ATDは弦BT，CTにより3等分されている。線分ACとBTの交点をFとし，AF=2，∠TAB=75°，∠TCD=45°として，次の問いに答えなさい。

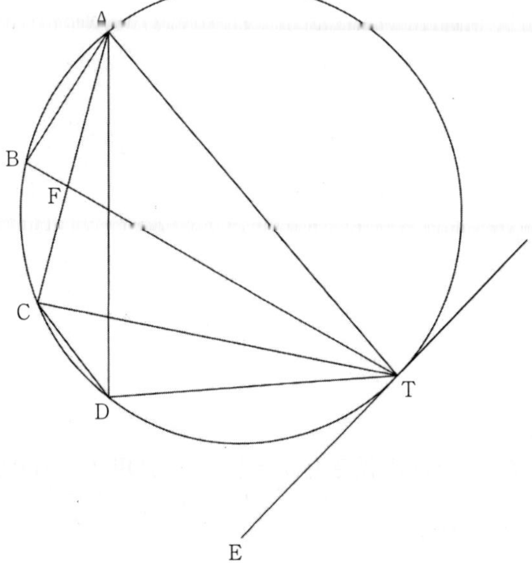

［1］ ∠DTE，∠ATDの大きさを求めなさい。
［2］ AT：CT を求めなさい。
［3］ FCの長さを求めなさい。
［4］ 円の半径 r の長さを求めなさい。

4　図のような放物線 $y=kx^2$ 上の2点A$(a,\ 4)$，B$(b,\ 9)$を通る直線ABと y 軸との交点をCとする。また，2点D，Eも放物線上の点で，直線ABと直線DEは平行である。点D，Eの x 座標をそれぞれ d，e とし，$a<0$，$b>0$ として次の問いに答えなさい。

［1］ AC：CB を求めなさい。
［2］ △AOC=24のとき，k，a，b の値を求めなさい。
［3］ ［2］でAB：DE=5：7のとき，直線DEの式を求めなさい。

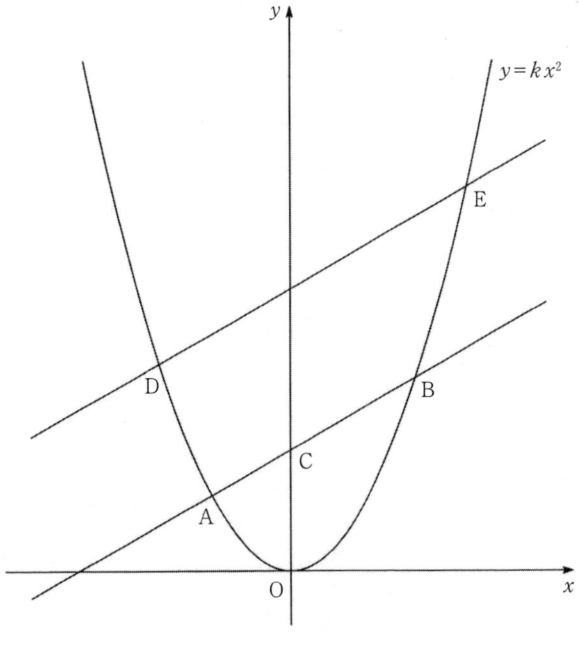

5 　正四角錐O-ABCDはどの辺も長さが8である。頂点Oから底面ABCDに垂線をひき，その交点をEとする。辺OA，OB，OC上にそれぞれ点P，Q，Rをとり，この3点を通る平面と辺OD，線分OEとの交点をそれぞれS，Fとする。OP=3，OQ=4，OR=6，OS=sとして次の問いに答えなさい。

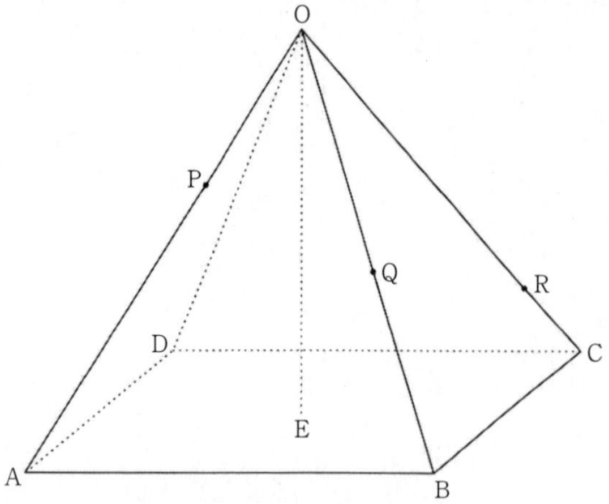

［1］　△OPRの面積を求めなさい。

［2］　点Fから辺OAに垂線をひき，その交点をHとする。FHの長さをhとして，△OFP，△OPRの面積をhを用いて表しなさい。

［3］　hの値を求めなさい。

［4］　sの値を求めなさい。

【作　文】（六〇分）

次の文章を読んで、あなたの考えを六〇〇字以内にまとめなさい。

森が燃えていました
森の生きものたちは
われ先にと逃げていきました
でもクリキンディという名のハチドリだけは
いったりきたり
くちばしで水のしずくを一滴ずつ運んでは
火の上に落としていきます
動物たちがそれを見て
「そんなことをしていったい何になるんだ」
といって笑います
クリキンディはこう答えました
「私は、私にできることをしているだけ」

（辻　信『ハチドリのひとしずく』より）

（編集部注―作文例は解答で省略してあります）

本では科学を母国語で学ぶことができ、専門用語も日本語でつくられていることが多い。そのため、一つの言葉からたくさんのイメージを受け取ることができるのです。例えば「陽子」という言葉からは、「電気的に陽性(プラス)の[2]リュウシ」であることを感じ取ることができるでしょう。しかし、英語の「プロトン」と言われても、日本人からしたら電気的な性質についてはピンとこないかもしれません。生物の「細胞」も、その言葉と漢字の意味合いから「小さく細分化されたものの一区画」ということが直感的にわかると思います。

日本は英語以外で科学について考えられる数少ない国の一つです。そのお陰で、世界を驚かすような発見をいくつもしてきたと言っても[3]カゴンではありません。二〇〇八年にノーベル物理学賞を受賞した益川敏英《ますかわとしひで》博士は、ノーベル物理学賞の受賞講演を日本語で行いました。英語が得意でなくとも世界トップレベルの発見ができるのは、日本語がしっかりとしているからなのです。

ただ、これは日本人が英語を話すことができないことと X です。ごく一般的な日本人は、英語を使わなくとも生活ができるので、英語を身につけようという意欲は低くなります。もっとも、最近は科学に限らず、会話能力を重視し、読み書きの能力を軽視する風潮があるので、日本人の言語リテラシーがこのまま[4]イジされるかわからない状況になってきました。

(池田清彦『進化論の最前線』より)

問一　波線部1~4のカタカナを漢字で、漢字の読みをひらがなで書きなさい。

問二　X に最もよくあてはまる語を次の中から選び、番号で答えなさい。

1　一長一短　　2　言行一致

3　二律背反　　4　表裏一体

問三　傍線部Aについて、これはなぜですか、説明しなさい。

問四　傍線部Bとは、どのような状況ですか、本文の主旨に沿って説明しなさい。

問五　傍線部Cとは、どのようなことですか、文中から句読点を含み二十字程度で抜き出しなさい。

問六　傍線部Dについて、科学を日本語で考える土壌があることが、なぜ日本の科学技術を発達させたのですか、説明しなさい。

問七　本文の内容に合致するものを次の中からすべて選び、番号で答えなさい。

1　英語などの第二言語を使いこなすためには、臨界期までに日本語と英語を使う環境にいなければならない。

2　江戸末期から明治にかけて輸入された様々な概念は、既存の日本語を翻訳語としてうまく当てはめたことで人々に容易に理解された。

3　会話能力を偏重することで、日本人が母語であるはずの日本語ですら使いこなす能力を失ってしまうおそれが出てくる。

4　環境や経験による刺激が受けられなかった結果、ジーニーの脳は適切な発達がなされず言語中枢が縮退していた可能性もある。

5　西周がいなければ、西洋の思想を咀嚼して翻訳語を生み出す作業は滞り、日本語で科学を考える土壌が生まれることはなかった。

6　臨界期を過ぎてしまうと脳の発達は止まってしまうため、幼児期に作られた脳の領域がその後の思考力も決定づけることになる。

問八　本文中の══の部分を、例にならって品詞分解し、それぞれの品詞名を答えなさい。ただし、活用のあるものは文中での活用形も答えなさい。

(例)	これ	は	今年	の	試験問題	です
	名詞	助詞	名詞	助詞	名詞	助動詞 終止形

れていることがわかります。

この神経回路がつくり終わるまでの期間は、「臨界期《りんかいき》」と呼ばれています。発達過程において臨界期を過ぎてしまうと、ある行動の学習が成立しなくなるのです。言語の臨界期は七〜八歳くらいまでと考えられています。この時期に第一言語、つまり母語としての言葉を覚えていくと言われています。

アメリカの哲学者で言語学者でもあるノーム・チョムスキーは、生成文法という言語学の理論を打ち出しました。これは「人間は白紙で生まれてくるわけではなく、最初から言語を習得できるようプログラムされている」という考えです。ヒトには言語を習得するシステムが備わっているので、必要な時期に必要な刺激を受けていれば、ほとんどの人はマスターできます。だから、子どもを臨界期までに日本語と英語を使う環境に入れておけば、両方の言語をネイティブとして話すことのできるバイリンガルに育てることも可能でしょう。

ただし、ネイティブのバイリンガルになることと、言語をCうまく使いこなすことは、また別の問題です。ヒトの大脳の能力には限界があります。それは言語中枢にも言えることで、ヒトは限られた領域の中に言語の情報を入れて活用しているのです。

環境によっては母語として二つの言語を言語中枢の中に入れることもできるのですが、そうすると今度はどちらも中途半端になってしまう可能性が出てきます。そう考えると、より深くその言語を追究するためには、二つの言語を母語として言語中枢に入れるよりも一つに絞ったほうがいいのかもしれません。第二言語は、母語とは別の領域を活用する。ネイティブと同じようにしゃべることはできませんが、要は話が通じればいいのですから、それで十分ではないでしょうか。

臨界期のこともあり、以前は早い時期に英語教育を始めたほうがいいと言われてきましたが、最近の日本ではこの考えが見直されてきています。現在は、まず母語である日本語をしっかりと根づかせてから第二言語として英語を学んだほうがいいという意見が増えてきたのです。

先ほども話しましたが、限られた言語中枢の領域で二つの言語を母語にしてしまうと、結局はどっちつかずになり、どちらの言葉もうまく使いこなせなくなってしまう可能性があります。また、母語を獲得する幼少期に接する言語表現は、どうしても幼くなりがちです。だから、母語として獲得できたとしても、その後の人生の中で言語表現を磨いていかなければ社会では通用しません。

まずは日本語でしっかりと考えたり、表現したりすることのできる基礎的な能力を向上させる。そうすることで日本語の基礎力が支えとなり、英語などの第二言語をより深く学ぶことができるのです。

さらに興味深い例として、「D日本の科学技術が発達したのは、科学を日本語で考える土壌があったからだ」という話もあります。江戸末期から明治期にかけて、日本は西洋からたくさんのものを輸入しました。それと同時に、これまで日本語にはなかった様々な概念が、海外から一緒に入ってきたのです。

日本人は西洋文明を咀嚼《そしゃく》して、積極的に新しい日本語をつくってきました。その時、中心となって活躍したのが西周《にしあまね》という人物です。

（中略）

科学をはじめ、哲学、技術、概念、帰納、定義、知識、理想、意識など、この時代に翻訳してつくられた日本語を挙げれば切りがありませんが、西周はその多くに関与したと言われています。これらの日本語は現在、私たちが普通に使っているものばかりです。

明治の初期にこのような言葉がたくさんつくられたからこそ、日本人は西洋文明をベースにした学問を日本語で学ぶことができたのです。やはり、学問を学ぶには母国語で学んだほうが理解も進みます。だから、日本は庶民でも知識のレベルが高くなったと言われているのです。

多くの国では、科学を基本的に英語で学んでいます。しかし、日

問一　波線部1～4のカタカナを漢字で、漢字の読みをひらがなで書きなさい。
問二　ア～ウにあてはまる語を現代仮名遣いのひらがなで記しなさい。
問三　X・Yに最もよくあてはまることばを記しなさい。
問四　本文に登場する次の人物を時代順に並べ替え、番号で答えなさい。
1　西行　2　紀貫之　3　清少納言
4　小野小町　5　柿本人麻呂
問五　傍線部Aについて、なぜ筆者は西行が「若菜を摘む人を見て自分の青春の日々を思い出した」と考えるのですか、説明しなさい。
問六　傍線部Bについて、
(1)　漢字の読みをひらがなで書きなさい。
(2)　「人日」は五節句の一つですが、現在も一月七日に行う「人日」の風習について説明しなさい。
問七　傍線部Cについて、なぜ若菜は恋の象徴となるのですか、説明しなさい。
問八　傍線部Dについて、これはなぜですか、説明しなさい。
問九　傍線部Eとは、どういうことですか、説明しなさい。
問十　傍線部Fについて、
(1)　どのような技法ですか、筆者の考え方を「技法」に続くように、二〇字以内で説明しなさい。
(2)　なぜこの技法が生まれたのですか、説明しなさい。
問十一　傍線部GとHについて、この部分に用いられている和歌の表現技法をそれぞれ漢字二字で記しなさい。
問十二　傍線部Iについて、どのようなものですか、説明しなさい。
問十三　筆者の考える「興」の技法を用いた歌を次の中から二つ選び、番号で答えなさい。
1　春すぎて夏来にけらし白妙の衣ほすてふ天の香具山
2　吹くからに秋の草木のしをるればむべ山風を嵐といふらむ
3　かくとだにえやはいぶきのさしも草さしも知らじな燃ゆる思ひを
4　いにしへの奈良の都の八重桜けふ九重ににほひぬるかな
5　花さそふ嵐の庭の雪ならでふりゆくものはわが身なりけり
6　風そよぐならの小川の夕ぐれはみそぎぞ夏のしるしなりける

二

次の文章を読んで、あとの設問に答えなさい。

幼少期の脳に対する刺激は非常に大切です。環境や経験によって刺激を受けると、神経回路が急速に増えたり、組み換えが起こったりと、脳は活発に変化していきます。ところが、A幼少期に適切な刺激を受けないでいると、その後の能力獲得に大きな差が発生してくるのです。

幼少期の脳に対する刺激の重要性を示す最も有名な事例として、アメリカのジーニーという少女の話があります。ジーニーは一歳から父親によって部屋の中に監禁されたまま育ちました。一三歳の時に保護されたのですが、外界からずっと隔離されながら生活していたので、幼少期から他人と話す経験をしてこなかったのです。結局、ジーニーは言葉を話すことはできず、ごくわずかな単語しか理解できませんでした。

大脳の前頭葉にはブローカ野、側頭葉にはウェルニッケ野という言語に関係する1中枢領域があることが知られています。ジーニーのように、幼少期に他人との接触を断たれ、言語的な刺激を受けなかった人は、言語中枢の神経回路を整備することができなくなった可能性があるのです。もしかしたら、その回路に刺激がまったくこなかったために、言語中枢の神経細胞自体が縮退したのかもしれません。

B同じようなケースでも、五歳で発見された子は、言葉を話すことができるようになったそうです。このことから、言語に関する神経回路は、言語的な刺激を受けて特定の時期までに集中的につくらごめきはじめ、魚も氷の上に登りはじめる。それぞれは早春折々の自然現象にちなむ名前である。農耕生活の体験から生み出された二十四節気や七十二候は、動植物や気象の変化を具体的にしめし、最適の耕作時期を人々に知らせる。これらの暦は今もなお中国と日本で生き続けている。

『古今集』冒頭の歌に七十二候が詠み込まれたことは、文学に現れた農耕生活の影響と言えよう。

日中の詩人は春夏秋冬を好んで詠む。だが、E春夏秋冬そのものだけが目的ではない。詠みたいのは人の心である。

（中略）

若菜が恋の象徴になりえたのは、春花秋月に心情を託す手法とともに、F興《きょう》という表現技法にもよる。

「興」はおこすということ。詩人はある景物を眼《め》にする。その景物は詩人にある種の感動を与える。そこで、詩人は景物を描写することによって、おのれの感動をうたい出す。つまり、まず他物《たぶつ》を語る。他物から真に語りたいもの、本物を引き興《おこ》す。これが興である。最もよく見られるのは、自然の景物から人間の心情を引き出すことである。

詩人の胸中にさまざまな気持ちが3キョライする。どのようにして、どこを切り口にして、それをうたいだすかが難しい。そこで、目にした景物から入れば入りやすい。それがすなわち興である。

興は『詩経』に起源する。「関雎《かんしょ》」の書き出しは「関関たる雎鳩《しょきゅう》　河の洲《す》に在り」「参差《しんし》たる荇菜《あさざ》これを左右の流れにもとむ」である。河の中洲でかんかんと鳴きあうみさごも、川の中にながれるあさざも、君子淑女と何の関係もない。だが、双双《そうそう》たるみさごの姿に触発され、作者は君子淑女の恋を思う。新緑の若菜から、清清《すがすが》しい淑女の姿を思う。作者が語りたいのは鳥のみさごでもなく、草の若菜でもない。作者が語りたいのは君子淑女の恋である。みさごと若菜という外的な景物を通して、心に4潜む情感を引き出す。自然風物と人情とは、詩歌の中で渾然《こんぜん》一体になる。

和歌にも興がある。紀淑望《きのよしもち》は『古今集』の真名序にて、和歌には六種の風体があり、そのうちのひとつは興であるという。日本古典文学全集は、「興」を「比喩《ひゆ》されるものを表面に示さない、いわゆる暗喩《あんゆ》」と注釈するが、暗喩は比喩の一種であり、興ではないと私は考える。興には比喩の要素があることは確かであり、「比」と「興」を並べて「比興」と言われることが多い。しかし興は比喩そのものではない。興はおこす。他物から本物を引き起こすことをいう。

「花の色は　移りにけりないたづらに　わが身よにGふるながめせしまに」（小野小町・古今集一一三）。「ふる」は「経《ふ》る」と「降る」の意味にかかり、色褪《あ》せて古びゆくさまをあらわす。花の色の変化から老いの悲しみを引き起こす。

「Hあしひきの　山鳥の尾のしだり尾の　ながながし夜をひとりかも寝《ね》む」（柿本人麻呂・拾遺集七七八）。山鳥の長い尾からひとり寝る長夜のさびしさを引き起こす。

片思いの恋をする少女は、庭に飛ぶ蛍を捕まえ、かざみの袖に包み、「つつめども　かくれぬものは夏虫の　身よりあまれる思ひなりけり」（大和物語）と詠む。袖に包んでも隠しきれない。袖から漏れて来る蛍の光よ、まるであの人への私のあふれる思いのようなものだ。隠そう隠そうとしてもつい顕《あら》われてしまうのだ。少女は興の技法で、［X］からおのれの［Y］を引き出して詠んだのである。

和歌も漢詩も、興を用いない作品はほとんどない。興はI含蓄《がんちく》という詩歌の魅力を創《つく》り出す。最初から何もかも露骨に言ってしまえば、趣がない。悲しいときは悲しいという言葉を使わない。秋の落ち葉で悲しみを引き起こす。嬉しいときは嬉しいと言わない。春の花爛漫《らんまん》で心の喜びを引き起こす。引き起こすという過程があるからこそ、かぎりなく味わいが生まれる。

（彭丹『いにしえの恋歌』より）

二〇二〇年度 慶應義塾女子高等学校

【国　語】（六〇分）

一　次の文章を読んで、あとの設問に答えなさい。

若菜摘む　野辺の霞ぞあはれなる　昔を遠くへだつと思へば
西行・山家集

西行（一一一八―一一九〇）もまた、若菜の一首を詠む。A野原で若菜を摘む人を見て自分の青春の日々を思い出したのであろう。

B人日は人間の始まりの日である。この日に若菜を食べると、一年の邪気をはらうことができる。アダムとイブの恋がエデンの園の林檎《りんご》から始まったが、和歌と漢詩の恋は春の山野の若菜から始まる。

春先の風物である若菜は、花の色や鶯《うぐいす》の囀《さえず》りよりもいち早く春の到来を知らせる。若菜から春が始まり、四季が始まる。この大自然の営みに1コオウするかのように、人も春になれば陽気になり、心が弾む。そこで詩人と歌人は、春とともに芽生える若菜を借りて、恋する心の躍動を表現する。

「巻耳《けんじ》を採りても採りても　筐《かご》に盈《み》たず　ああ　我れ　人を懐《おも》いて彼《か》の周行《しゅうこう》に置《お》く」（詩経・周南・巻耳）。旅に出かけた恋人がなかなか帰ってこない。恋人を思いつつ女は巻耳を採る。いくら採っても籠を満たさない。恋に満たされない気持ちをうたう。巻耳は春の七草繁縷《はこべら》のことである。

「彼《か》の南山に陟《のぼ》り　言《ここ》に其《そ》の蕨《わらび》を採る　未《いま》だ君子を見ず　憂心惙惙《ゆうしんてつてつ》たり」（詩経・召南・草蟲《そうちゅう》）。春の南山に登り蕨を採る女も、恋人に会えない寂しさを憂う。もしいま、ここで彼に会い、彼に寄り添うことができればどんなに嬉《うれ》しいことか、と訴える。

C春の始まりを象徴する若菜は、恋の象徴となり、詩歌に盛んに取り入れられるようになる。

若菜が恋の象徴になりえたのは、春夏秋冬の自然風物に心情を託すという詩歌の伝統手法があるからである。

袖《そで》ひちて　むすびし水のこほれるを　春立つけふの風やとくらむ
紀貫之・古今集二

春夏秋冬は日中の文学につねに登場する。

清少納言の『枕草子』は「春はあけぼの。夏は［ア］。秋は［イ］。冬は［ウ］」で始まる。金国、宋国、蒙古の狭間《はざま》で波瀾《はらん》に満ちた生涯を送った元《げん》の劇作家白樸《はくぼく》（一二二六―一三〇六）は、海棠《かいどう》の花から、春夏秋冬の風物を順にとりあげて描写し、歳月の流《る》伝《でん》が夢の如《ごと》く、春花秋月を思う存分に楽しもうと感歎《かんたん》する（白樸・喬木査《きょうぼくさ》）。

そして、詩歌の世界を見てみると、まず春夏秋冬の順で歌を配列する『古今集』が浮上する。いま挙げた一首は二番目の歌である。夏に手で掬《すく》った山の泉水は冬に2凍りついた。凍りついた泉水を、今日の春風は解かす。

わずか三十一文字の中に、春夏秋冬の四季が盛り込まれている。下句の「春立つけふの風やとくらむ」は『礼記・月令《げつれい》』の「孟春《もうしゅん》の月、東風凍《とうふうとう》を解《と》く」に基づく。孟春とは春の初め。「東風凍を解く」とは、初春の暖かい風が氷を解かすことをいう。この語は七十《しちじゅう》二候《にこう》の一つである。

日本も中国も農耕社会である。古代社会において農業は天候頼みの要素が強い。ゆえに人々は自然現象をよく観察し、季節の変化に敏感に反応した。一年を立春や立秋など二十四等分にして二十四節《にじゅうしせっ》気《き》とし、Dさらに各節気を三つに細分して七十二候とした。

「東風凍を解く」はすなわち立春という節気の、「東風凍を解く　蟄虫《ちっちゅう》始《はじめ》て振《うご》く　魚《うお》氷《こおり》に上《のぼ》る」という三候のうちの一候である。春が立つと、風が軒に垂れ下がる氷柱《つらら》を解かしはじめ、地中の虫はう

英語解答

1 放送文未公表

2 問１　④，⑥

問２　Ⅰ　has shown how drugs can be very useful

Ⅱ　took many years for Olympic officials to take

問３　スポーツにおける薬物使用に関する規則が初めて必要だと考えられたのは，1920年代になってからだった。

問４　(A)　多くの人が勝利を求めるあまり，競技会で薬物を使用しようとしていること。

(B)　・技術の発展

・薬物の使用に関する新しいルールづくり

問５　③　　問６　does not use drugs

問７　①，②

3 問１　like

問２　A…⑤　B…⑥　C…①　D…④

問３　あ　現在も使われている灯台

い　最も古い

問４　It is said that the light at the top of the lighthouse could be seen from 50 kilometers away.

問５　⑤　　問６　③

4 問１　ア　played　イ　allowed

ウ　flew　エ　taking

問２　an African-American woman aboard a starship on TV made Jemison believe that she could become an astronaut.

問３　she experienced couldn't stop her

問４　彼女はいくつかの発展途上国で勉強したり，タイの難民キャンプで働いたりすることで視野を広げる時間があった。

問５　①　　問６　chance

5 (例)I think homework is necessary. One reason is that if we have no homework, we will not study at home. Homework helps us to get into a habit of studying. Another reason is that teachers probably give us homework which they think is important. So such homework must be useful for our future.(53語)

1〔放送問題〕放送文未公表

2〔長文読解総合―説明文〕

≪全訳≫❶約70年前，喫煙は健康的でかっこいいものと考えられていた。映画の中では美しい女性の喫煙シーンがよく見られた。医師の中には，喫煙は健康に良いとさえ言う者もいた。例えば，喫煙によって風邪に対する抵抗力が増したり，集中力が高まったりすると言うのだ。もちろん，今では喫煙が癌《がん》や他の恐ろしい病気を引き起こすことを私たちは皆知っている。一部の人にとって，それは薬物使用への道の第一歩にもなる。これらの事実は今日誰にでも知られているが，多くの人々は喫煙をやめられない。❷スポーツにおける薬物使用は喫煙に似ている。運動能力を向上させる薬物の使用は長い間行われてきた。実際，スポーツ興隆の初期の頃は，薬物使用は喫煙が有益だと考えられていたのと同じように，ごく当たり前のことと考えられていた。医師は，特定の薬物が運動能力を向上させる可能性があることを認識していた。古代ギリシャでは，トレーナーがアスリートの運動能力を向上させるためにさまざまな薬物を提供した。古代ローマでは，剣闘士が運動能力を向上させる薬を使用していた。馬にさえ速度とエネルギーを高めるため，さまざまな薬が与えられた。❸「ドーピング」という言葉は，20世紀の初め，アスリートに使われ始めた。1904年のオリンピックのマラソンは，現代スポーツ史上初のドーピング事例となった。マラソンレースの勝者が，持久力をつけるために運動能力を向上させる薬を注射されていたのだ。レースのある報告書には，「医療の観点から，そのマラソンレースは長距離レースのアスリートにとってⅠいかに薬物が大変有益なものになりうるのかを示した」と書かれていた。当時，そのような化学物質を使用するリスクを人々が認識していなかったことを知るのは驚くべきことだ。今日の人々はこれらの化学物質が私たちの体に悪影響を与えることを理解しているが，スポーツにおける薬物使用に関する規則が初めて必要だと考えられたのは1920年代に入ってからだった。❹信じられないことに，Ⅱオリンピックの役員が行動を起こすまでに何年もかかった。ついに1972年，彼らはより厳しい規則をつくり，アスリートのドーピングテストが始まった。その結果，1972年のオリンピックでは多くの選手が失格となり，メダルを失った。それがアスリートと役員の間で1980年代に始まった闘いにつながった。一部のアスリートが，アンチ・ドーピング・リストにまだ載っていない新しい運動能力向上のための薬物を発見しようとした。役員はこれらの薬物を検出しようとした。❺より厳しい規則がつくられて以来，役員は多くのアスリートが薬物を使用していることを発見した。おそらく最も有名なケースは，カナダ出身のアスリート，ベン・ジョンソンだろう。彼は1988年のオリンピック大会の100メートル走で世界記録を更新して金メダルを獲得したとき「世界最速の男」になったが，薬物の使用でも有名になった。これは，オリンピックの歴史上最大のドーピング事例の１つとなった。最近では，ロシアの陸上競技チーム全体が2016年のオリンピックに参加できなかった。オリンピック関係者が彼らは禁止薬物を使用していると考えたためだ。❻ドーピングとの闘いは続き，アンチ・ドーピングの担当役員は克服すべき多くの課題を抱えている。最大のものは，多くの人が勝利を渇望しているため，競技会で薬物を使用しようとしていることだ。幸いなことに，テクノロジーの発展により，アンチ・ドーピングの担当者は禁止薬物を簡単に検出することができる。薬物の使用に関する新しい規則をつくることもアスリートにとってドーピングを困難にさせる。しかし，人々は常に新しいタイプのドーピングを開発している。そのようなタイプの１つは「遺伝子ドーピング」と呼ばれる。アスリートの運動能力を向上させる目的で，遺伝子の形と遺伝子の材料を変更するというものだ。それもまた私たちの体に悪影響を及ぼすが，最大の違いは，通常のドーピングでは薬物を使用するが，それは使用しないという事実だ。アンチ・ドーピングの担当役員は，世界中の科学者に，アスリートに「遺伝子ドーピング」を推奨しないよう求めている。ドーピングとの闘いでは大きな一歩を踏み出したが，スポーツにおけるドーピングが終焉《しゅうえん》を迎えるまでにはまだ長い道のりがある。

問１＜指示語＞直前の２文参照。喫煙が，癌や他の恐ろしい病気を引き起こすこと，薬物使用への道の第一歩になることが述べられている。

問２＜整序結合＞Ⅰ．主語 the marathon を受ける述語動詞を has shown とし，その目的語を，‘疑問詞＋主語＋動詞...’の語順の間接疑問で，how drugs can be very useful とまとめる。　Ⅱ．主語の it と，語群の took，for，to，many years から，‘It takes＋時間＋for ～ to …’「～が…するのに(時間が)―かかる」の形になると判断できる。‘for ～’は to不定詞の意味上の主語である。

問３＜英文和訳＞‘It is not until ～ that＋主語＋動詞...’「～になって初めて〔ようやく〕…だ」の構文。the 1920sは「1920年代」の意(10年間あるので複数形のsがついている)。that以下はrules about the use of drugs in sports「スポーツにおける薬物使用に関する規則」が主語。were thought necessaryは，‘think＋目的語＋形容詞’「～を…と思う」の‘目的語’が主語になった受け身形‘be動詞＋thought＋形容詞’の形で「(～に関する規則が)必要と考えられた」という意味。firstは副詞で「初めて」。

問４＜要旨把握＞(A)直後の文のThe biggest oneのoneは，前に出ているchallengeを受けている。よって，最大の課題はthat以下の内容となる。　a large number of ～「多くの～」　be hungry for ～「～を渇望して」　(B)この課題を解決する助けとなるものは，その後の２つの文で述べられている。helps anti-doping officials detect ... は，‘help＋目的語＋動詞の原形’「～が…するのを助ける」の構文。prohibited drugsは，prohibitedが形容詞的用法の過去分詞で「禁止された薬物」という意味。また，Creatingで始まる次の文は，動名詞句が主語となっている‘make＋目的語＋形容詞’の形。

問５＜英文解釈＞have a long way to goは直訳すれば「行くための長い道がある」，つまり「先は長い」「時間がかかる」ということ。ここでのbeforeは後ろに‘主語＋動詞...’の節が続いているので接続詞で「～する前に」。is realizedはrealize「～を実現する」の受け身形。以上から，下線部(4)は「スポーツにおけるドーピングが終焉を迎えるまでにはまだ長い道のりがある」という意味。同様の内容を表すのは，③「多くの困難があるため，スポーツにおけるドーピングが終焉を迎えるまで長い時間がかかるだろう」。

問６＜英問英答＞「通常のドーピングと『遺伝子ドーピング』の最大の違いは何か」―「遺伝子ドーピングは薬物を使用しない」　第６段落最後から３文目参照。though regular doping uses drugs, it does not.のitはgene dopingを受け，notの後には前半部分の繰り返しになるuse drugsが省略されている。

問７＜内容真偽＞①「古代ギリシャのトレーナーは，運動能力を向上させるためにアスリートにいくらかの薬物を与えた」…○　第２段落第５文に一致する。　②「1904年のオリンピックのマラソンでは，薬物がアスリートの持久力を高め，レースに勝つための助けとなった」…○　第３段落第２～４文に一致する。　③「役員と，新たな薬物を発見しようとしたアスリートとの闘いは，1960年代に始まった」…×　第４段落第４文参照。闘いが始まったのは1980年代。　④「ベン・ジョンソンは，1988年のオリンピックで薬物の助けを借りずに金メダルを獲得した」…×　第５段落第２，３文参照。ベン・ジョンソンは薬物の助けを借りた。　⑤「2016年のオリンピックでは，ロシアの多くの選手が失格となり，メダルを失った」…×　第５段落最終文参照。メダルを失ったのではなく，そもそもオリンピックに参加できなかった。

3〔長文読解総合―対話文〕

≪全訳≫❶エミリー(Ｅ)：ボストンに行ったの？　そこで灯台を見た？❷デービッド(Ｄ)：ああ，着陸する直前に飛行機から見えたよ。❸Ｅ：どんなだったか教えて。❹Ｄ：まあ，僕には普通の灯台に見えたけど。つまり，塔の基部が広く，上部は細くなっていて，色は白だった。ボストン港の小さな島にあったよ。❺Ｅ：それ，ボストンライトよ！　アメリカで最初の灯台で，約300年前に建てられたの。

写真家の間でとても人気があるわ！❻D：Aこの灯台のこと，詳しいんだね。どうして？❼E：実は私，あらゆる種類の灯台に興味があるの。父がヨット好きで，私が子どもの頃からいろいろ話してくれたのよ。❽D：なるほど。Bじゃあ，1つ質問してもいいかな？❾E：もちろん！❿D：ボストンライトを含む多くの灯台が円筒形なのはどうして？⓫E：円筒形だと風の影響を減らせるからよ。海岸の強風は多くの損害を与える可能性があるから。⓬D：なるほど。ところで，ボストンライトはアメリカで最も古い灯台だって君は言ったけど，世界で最も古い灯台はスペインにあるんだよね？　先週，さまざまな世界記録に関するテレビ番組を見たばかりなんだ。⓭E：ヘラクレスの塔のことね？　ある意味では，確かにそうね。つまり，それは今も使用されている最古の灯台だっていうことよ。たしか1世紀に建てられたはずよ。⓮D：それは古いね！　でも，どの灯台が世界最古か知ってるかい？⓯E：C実は，正確なことは誰も知らないの。でも，古代の有名な灯台の1つはアレキサンドリアの灯台よ。エジプトで紀元前300年頃に建てられたの。⓰D：へえ，さっきのよりずっと古いね！⓱E：それに，高さが約130メートルもあるなんて信じられる？　今の30階建ての建物よりも高いのよ！　アレキサンドリアは人の多い港町だったから，灯台は出入りする全ての船の船員から見えなければならなかったの。でもね，灯台のてっぺんにある大きな鏡のおかげで簡単に見つけることができたのよ。⓲D：大きな鏡？　Dなぜそんなものをつけたんだい？⓳E：光を強くするためよ。日中は太陽の光を反射し，夜は焚火《たきび》の明かりを反射したの。その灯台の最上部の光は，50キロ離れたところから見ることができたと言われているわ。⓴D：へえ，古代の人って本当に賢かったんだね！

問1＜適語補充＞この後，デービッドが灯台の見た目の特徴を述べていることに注目する。'What is ＋主語＋like?' は「～はどのようなものか」と，物の外見などを尋ねる表現。ここはそれが tell me の後で '疑問詞＋主語＋動詞…' の語順の間接疑問になっている。

問2＜適文選択＞A．直後の Why? が何の理由を尋ねているかを考える。この前でエミリーは，この灯台についての知識を披露しており，Why? ときかれた後は父から灯台のことをいろいろ教わっていたからだと答えているので，デービッドはエミリーが灯台に詳しい理由をきいたのだとわかる。　B．エミリーが灯台に詳しい理由を聞いた後のデービッドの言葉。この後エミリーが Sure!「もちろん」と答えていることと，その後でデービッドが I wonder why ～「どうして～なんだろう」と疑問の表現を用いていることから，デービッドはエミリーに灯台について質問していいか尋ねたのだと判断できる。　C．世界最古の灯台を尋ねられた後のエミリーの言葉。この後 But と言った後，古代の有名な灯台の1つに関する情報を与えていることに着目する。「よくわからないけど，古代の有名な灯台の1つは～」という流れ。　D．エミリーはこの後，In order to ～「～するため」と，大きな鏡の目的を答えているので，Big mirror を it で受けて，設置理由を尋ねる文となっている④が適切である。

問3＜語句解釈＞In a sense は「ある意味では」という意味。この具体的な内容は直後の文で述べられている。この I mean は「つまり」というような意味で，直前で言った内容について説明を補足する場合などに使われる表現。

問4＜和文英訳＞「Sは～したと言われている」は 'It is said that＋主語＋動詞(過去形)…' の形で表せる。「その灯台の最上部の光」は the light at the top of the lighthouse,「見ることができた」は could be seen,「50キロ離れたところから」は(from) 50 kilometers away。

問５＜要旨把握＞第４，10段落参照。「塔の基部が広くて，上部は細い」，「ボストンライトを含む多くの灯台の塔は円筒形」とある。　round-shaped「丸い，円筒形の」

問６＜内容一致＞「船乗りがアレキサンドリアの灯台を見つけるのは簡単だった。なぜなら，それは（　），２種類の光を反射する大きな鏡を持っていたからだ」―③「高く」　第17段落参照。

4〔長文読解総合―伝記〕

≪全訳≫❶1956年生まれのメイ・ジェミソンは，宇宙に行くという終生の夢を実現した。実際，彼女はそれを成し遂げた最初のアフリカ系アメリカ人女性だ。彼女の成功は容易に得られたわけではない――それは長年の準備と努力の結果だった。❷学校生活の初期の間ずっと，ジェミソンは常に科学，特に天文学に強い関心を持っていた。彼女が小学生のとき，お気に入りのテレビ番組は『スタートレック』だった。その番組での彼女の好きな登場人物の１人は，アフリカ系アメリカ人の女優が演じた賢い科学者兼役人のウフーラだった。当時，科学の世界には女性やアフリカ系アメリカ人はほとんどいなかった。1960年代の宇宙飛行士は皆，白人の男性だった。宇宙船に乗っているアフリカ系アメリカ人の女性をテレビで見ることが，ジェミソンに自分が宇宙飛行士になることができると信じさせた。❸しかし，高校時代の彼女は，工学の分野でキャリアを追求することに興味を持つようになった。彼女は1973年に高校を卒業し，わずか16歳でスタンフォード大学に入学した。大学で勉強するのは彼女にとって大変なこともあった。彼女はそこでは工学を学ぶ最年少の学生だった。また，当時スタンフォードには女性やアフリカ系アメリカ人がほとんどいなかった。しかし，彼女はそれでも熱心な学生であり，彼女が経験した差別が彼女を止めることを許さなかった。ジェミソンにはエンジニアになるという目標を追求する強い意志があった。1977年，彼女は工学の学位を取得してスタンフォードを卒業した。❹卒業後すぐに，彼女はコーネル大学に入学して医学を勉強することに決めた。なぜなら，彼女は医者として人々を助けたいとも思っていたからだ。そこでの数年間は忙しかったが，彼女はいくつかの発展途上国で勉強したり，タイの難民キャンプで働いたりすることによって視野を広げる時間があった。1981年にコーネルを卒業すると，彼女はロサンゼルスで医師として働き始めた。次の２年半の間，彼女はアフリカのいくつかの国でボランティアグループの嘱託医として働いていた。❺1985年，彼女はアメリカに戻り，エンジニアと医師としての知識と経験を活用して終生の夢をいよいよ実現するときがきたと考えた。彼女は転職し，宇宙に行く夢を追求することにした。その年の10月，彼女はNASAの宇宙飛行士訓練プログラムに応募した。ジェミソンは，約2000人から選ばれた15人の候補者の１人になった。彼女は宇宙飛行士の訓練プログラムに参加することを許された最初のアフリカ系アメリカ人女性になったのだ。❻１年以上の訓練の後，ジェミソンは宇宙飛行士になった。1992年９月12日，他の６人の宇宙飛行士と一緒にジェミソンはエンデバー号に乗って宇宙に飛び立った。彼女は，知識と経験を買われて科学の搭乗運用技術者に選ばれた。宇宙での８日間，彼女は科学と医学に関するいくつかの実験をした。歴史的な飛行の後ジェミソンは，機会が与えられれば，女性や他のマイノリティのメンバーでも世界にどれほど多く貢献できるかを社会は認識すべきだと述べた。❼1993年にNASAを離れた後，ジェミソンは多くのことを行った――会社を設立し，大学で教え，世界中を旅して科学技術について講演し，さらに女優としてスタートレックに出演もした。今日，ジェミソンは再びNASAで仕事をしている。しかし，今回は宇宙飛行士としてではない。彼女は100年宇宙船プロジェクトのリーダーの１人なのだ。このプロジェクトの主な目的は，100年後に人間が宇宙を旅するのに必要なシステムを発明することだ。現在，彼女は自らが持つ幅広い知識，科学への強い関心，そして宇宙飛行士としての経験を活用している。彼女は永遠に地球にいるかもしれないが，星の夢を追い続けるだろう。

問1＜適語選択・語形変化＞ア．ウフーラはドラマの登場人物なので，「～によって演じられた」とする。　イ．空所以下はthe first African-American womanを修飾する部分。「宇宙飛行士の訓練プログラムへの参加を許された」とする。‘allow＋人＋to不定詞’「〈人〉に～することを許す」の受け身形be allowed to ～のallowed to ～が過去分詞の形容詞的用法で用いられた形。
ウ．後ろにinto space「宇宙空間に」とあるのでflyが適切。　fly－flew－flown　エ．take advantage of ～で「～を利用〔活用〕する」。現在進行形にする。

問2＜和文英訳＞Seeingで始まる動名詞句を主語にして，「ジェミソンに…を信じさせた」を，‘make＋目的語＋動詞の原形’の形で表す。「宇宙船に乗っている」はin〔on〕 a starshipとしてもよい。　believe that ～「～だと信じる」

問3＜書き換え＞下線部(2)は‘let＋目的語＋動詞の原形’「～が…するのを許す」の形で，直訳は「彼女が経験した差別が彼女を止めることを許さなかった」。これをthe discriminationを主語にするので，「差別は彼女を止めることができなかった」というような意味の文にすればよい。couldn’tはbe able to ～を用いてwas not able to ～としてもよい。

問4＜英文和訳＞broaden her horizonsは「視野を広げる」という意味。andはstudying ～とworking …という2つの動名詞句を結んでいる。つまり，by studying in ～ and (by) working at …「～で勉強したり…で働いたりして」ということ。　developing countries「発展途上国」 *cf.* developed countries「先進国」　refugee camp「難民キャンプ」

問5＜適語句選択＞第1段落第1文参照。彼女の夢は「宇宙に行くこと」である。　dream of ～ing「～するという夢」

問6＜内容一致＞「メイ・ジェミソンは宇宙飛行士になった最初のアフリカ系アメリカ人女性だ。彼女のメッセージの1つは，女性や他のマイノリティのメンバーに，世界に貢献するために，機会が与えられるべきだということだ。現在，彼女の知識，科学への関心，宇宙飛行士としての経験は，NASAでの仕事に大きく貢献している」―「機会」　第6段落最終文参照。

5〔テーマ作文〕

「宿題が必要だと思いますか。2，3の理由を添えてあなたの考えを教えてください。英語で書き，約50語を使用すること。解答用紙のスペースに単語数を記入してください」　まずI think〔don’t think〕 that homework is necessary.といった文で自分の意見を表明し，理由を添えながら考えをまとめるとよい。解答例は「宿題は必要だと思う。理由の1つは，宿題がなければ家で勉強することはなくなるだろうからだ。宿題は学習習慣をつけるのに役立つ。もう1つの理由は，先生方は重要だと考えていることを宿題に出しているはずなので，そうした宿題は将来役に立つに違いないから」という意味。

2020年度／慶應義塾女子高等学校

数学解答

1 ［1］ $\dfrac{11\sqrt{6}}{6}$ ［2］ 169

［3］ (1) 24：x (2) $y=\dfrac{x^2}{24}$

(3) $x=12$，$y=6$

2 (あ)…3 (い)…2 (う)…8 (え)…9

(お)…27 (か)…54 (き)…81 (く)…1

(け)…1 (こ)…9 (さ)…1 (し)…81

(す)…2

3 ［1］ $\angle\mathrm{DTE}=45^\circ$，$\angle\mathrm{ATD}=45^\circ$

［2］ 2：$\sqrt{3}$ ［3］ $\sqrt{3}$

［4］ $2+\sqrt{3}$

4 ［1］ 2：3

［2］ $k=\dfrac{1}{16}$，$a=-8$，$b=12$

［3］ $y=\dfrac{1}{4}x+12$

5 ［1］ 9

［2］ $\triangle\mathrm{OFP}=\dfrac{3}{2}h$，$\triangle\mathrm{OPR}=\dfrac{9}{2}h$

［3］ 2 ［4］ 4

1〔独立小問集合題〕

［1］<平方根の計算>$\dfrac{\sqrt{98}}{7}+\dfrac{6}{\sqrt{54}}-\dfrac{\sqrt{3}}{\sqrt{2}}=\dfrac{7\sqrt{2}}{7}+\dfrac{6}{3\sqrt{6}}-\dfrac{\sqrt{3}\times\sqrt{2}}{\sqrt{2}\times\sqrt{2}}=\sqrt{2}+\dfrac{2}{\sqrt{6}}-\dfrac{\sqrt{6}}{2}=\sqrt{2}+\dfrac{2\times\sqrt{6}}{\sqrt{6}\times\sqrt{6}}-\dfrac{\sqrt{6}}{2}=\sqrt{2}+\dfrac{\sqrt{6}}{3}-\dfrac{\sqrt{6}}{2}=\sqrt{2}-\dfrac{\sqrt{6}}{6}$だから，与式$=(1+2\sqrt{3})\left(\sqrt{2}-\dfrac{\sqrt{6}}{6}\right)=\sqrt{2}-\dfrac{\sqrt{6}}{6}+2\sqrt{6}-\dfrac{3\sqrt{2}}{3}=\sqrt{2}+\dfrac{11\sqrt{6}}{6}-\sqrt{2}=\dfrac{11\sqrt{6}}{6}$となる。

［2］<数の性質>自然数Nが素数のとき，約数は$\{1,\ N\}$の2個である。また，a，bを素数とすると，Nを素因数分解して$N=ab$となるとき，約数は$\{1,\ a,\ b,\ ab\}$の4個，$N=a^2$となるとき，約数は$\{1,\ a,\ a^2\}$の3個である。よって，Nの約数が3個のとき，$N=a^2$と表され，約数の和が183より，$1+a+a^2=183$が成り立つ。これを解くと，$a^2+a-182=0$，$(a+14)(a-13)=0$ ∴$a=-14$，13 aは素数だから，$a=13$であり，$N=13^2=169$である。

［3］<二次方程式の応用>(1)速さが一定であるとき，道のりは時間に比例する。妹はAC間を24分で歩き，BC間をx分で歩いたから，AC：BC＝24：xである。 (2)(1)と同様に，姉についてAC：BCをxとyを用いて表すと，AC：BC＝x：yとなる。よって，(1)より，24：x＝x：yが成り立つ。これをyについて解くと，$24y=x^2$より，$y=\dfrac{x^2}{24}$となる。 (3)BC間にかかる時間が姉は妹より6分短かったことより，$y=x-6$が成り立つ。(2)より，$y=\dfrac{x^2}{24}$だから，2式からyを消去して，$x-6=\dfrac{x^2}{24}$，$x^2-24x+144=0$，$(x-12)^2=0$ ∴$x=12$ このとき，$y=12-6$より，$y=6$となる。

2〔特殊・新傾向問題〕

≪基本方針の決定≫箱に追加するカードに書かれた数字の増え方に着目する。

<解説>箱の中に$\boxed{1}$と$\boxed{3}$のカードが2枚ずつあるとき，3(あ)と書かれたカード2(い)枚で，$S=3+3=6$，$\boxed{1}$，$\boxed{3}$，$\boxed{3}$の3枚で，$S=1+3+3=7$，$\boxed{1}$，$\boxed{1}$，$\boxed{3}$，$\boxed{3}$の4枚で，$S=1+1+3+3=8$となるから，Sの値を1から連続して8(う)までつくることができる。さらにカードを追加する場合，規則(c)より，次のカード2枚には9(え)と記入することになる。$\boxed{1}$，$\boxed{1}$，$\boxed{3}$，$\boxed{3}$の4枚で，1から8までの連続する値をつくることができるから，$\boxed{9}$のカードを1枚選ぶとき，9から$9+8=17$まで，$\boxed{9}$のカードを2枚選ぶとき，18から$9\times2+8=26$までを連続してつくることができる。これより，数字が9のカードの次に追加するカード2枚に記入する数字は27(お)である。このとき，Sの値として新しく27から$27\times2+26=80$までの数字をつくることができるから，新しくつくることができる数字は$80-26=54$(か)

(個)となる。以上より，追加するカードに記入する数字は3，$9=3^2$，$27=3^3$，……となるから，$3^4=$ 81(き)と記入したカードを2枚追加すると，$81\times2+80-80=81\times2=162$(個)の数字を新しくつくることができる。また，$172=81\times2+10=81\times2+9\times1+1\times1$ より，$S=172$ となるのは，数字が1(く)のカード1(け)枚，9(こ)のカード1(さ)枚，81(し)のカード2(す)枚を箱から選んだときである。

3 〔平面図形―円〕

《基本方針の決定》［3］ 角の二等分線の性質を利用する。

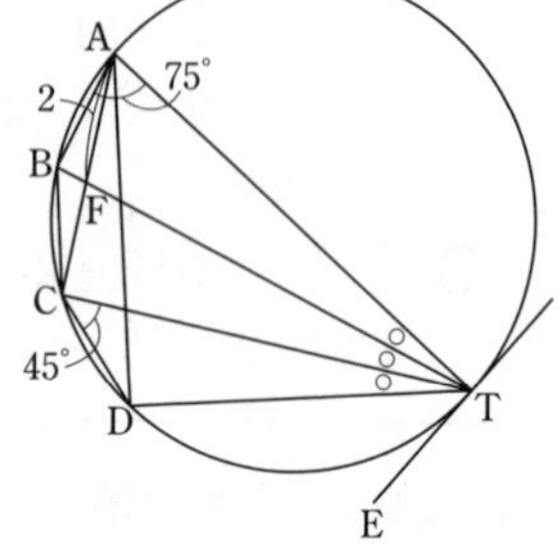

［1］＜角度―円周角＞右図で，$\overset{\frown}{\mathrm{TD}}$ に対する円周角だから，$\angle\mathrm{TAD}=\angle\mathrm{TCD}=45^\circ$ である。これより，$\angle\mathrm{BAD}=\angle\mathrm{TAB}-\angle\mathrm{TAD}=75^\circ-45^\circ=30^\circ$ であり，$\overset{\frown}{\mathrm{BD}}$ に対する円周角だから，$\angle\mathrm{BTD}=\angle\mathrm{BAD}=30^\circ$ である。よって，$\angle\mathrm{ATB}=\angle\mathrm{BTC}=\angle\mathrm{CTD}$ より，$\angle\mathrm{ATD}=\dfrac{3}{2}\angle\mathrm{BTD}=\dfrac{3}{2}\times30^\circ=45^\circ$ となる。また，$\angle\mathrm{TAD}=\angle\mathrm{ATD}=45^\circ$ より，△TADは $\angle\mathrm{TDA}=90^\circ$ の直角二等辺三角形だから，線分TAは円の直径である。直線TEは点Tで円に接しているから，$\angle\mathrm{ATE}=90^\circ$ である。したがって，$\angle\mathrm{DTE}=\angle\mathrm{ATE}-\angle\mathrm{ATD}=90^\circ-45^\circ=45^\circ$ となる。

［2］＜長さの比―特別な直角三角形＞右上図で，［1］より，線分TAは円の直径だから，$\angle\mathrm{TCA}=90^\circ$ である。また，$\overset{\frown}{\mathrm{AC}}=\overset{\frown}{\mathrm{BD}}$ より，$\angle\mathrm{ATC}=\angle\mathrm{BTD}=30^\circ$ だから，△TACは3辺の比が $1:2:\sqrt{3}$ の直角三角形である。よって，$\mathrm{AT}:\mathrm{CT}=2:\sqrt{3}$ となる。

覚えておこう！

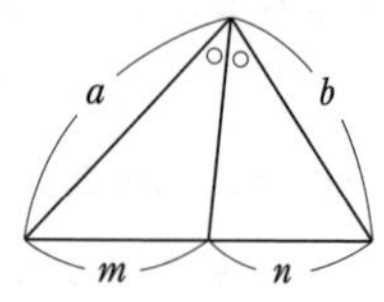

$m:n=a:b$

［3］＜長さ―角の二等分線の性質＞右上図の△TACで，$\angle\mathrm{ATF}=\angle\mathrm{FTC}$ だから，角の二等分線の性質より，$\mathrm{AF}:\mathrm{FC}=\mathrm{AT}:\mathrm{CT}=2:\sqrt{3}$ である。よって，$\mathrm{FC}=\dfrac{\sqrt{3}}{2}\mathrm{AF}=\dfrac{\sqrt{3}}{2}\times2=\sqrt{3}$ である。

［4］＜長さ―特別な直角三角形＞右上図で，［2］より，△TACは3辺の比が $1:2:\sqrt{3}$ の直角三角形だから，$r=\dfrac{1}{2}\mathrm{TA}=\dfrac{1}{2}\times2\mathrm{AC}=\mathrm{AC}=\mathrm{AF}+\mathrm{FC}=2+\sqrt{3}$ である。

4 〔関数―関数 $y=ax^2$ と直線〕

《基本方針の決定》［3］ 直線ABの傾きがわかる。また，与えられた条件から，直線DEにおいて，x の値が d から e まで変化するときの x の増加量 $e-d$ の値がわかる。

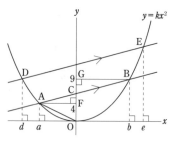

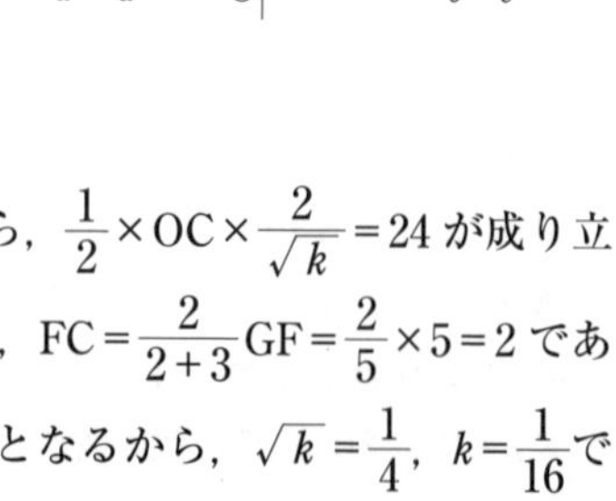

［1］＜長さの比―相似＞右図のように，2点A，Bから y 軸に垂線AF，BGを引く。AF∥GBより，△AFC∽△BGCだから，$\mathrm{AC}:\mathrm{CB}=\mathrm{AF}:\mathrm{BG}$ である。A$(a,\ 4)$ は放物線 $y=kx^2$ 上にあるから，$4=ka^2$ が成り立ち，$a^2=\dfrac{4}{k}$，$a=\pm\sqrt{\dfrac{4}{k}}$，$a=\pm\dfrac{2}{\sqrt{k}}$ となるが，$a<0$ だから，$a=-\dfrac{2}{\sqrt{k}}$ である。よって，$\mathrm{AF}=\dfrac{2}{\sqrt{k}}$ である。同様にして，$b=\dfrac{3}{\sqrt{k}}$ だから，$\mathrm{BG}=\dfrac{3}{\sqrt{k}}$ である。したがって，$\mathrm{AC}:\mathrm{CB}=\mathrm{AF}:\mathrm{BG}=\dfrac{2}{\sqrt{k}}:\dfrac{3}{\sqrt{k}}=2:3$ となる。

［2］＜比例定数，交点の座標＞右上図で，［1］より，$\mathrm{AF}=\dfrac{2}{\sqrt{k}}$ だから，$\dfrac{1}{2}\times\mathrm{OC}\times\dfrac{2}{\sqrt{k}}=24$ が成り立つ。また，$\mathrm{GF}=9-4=5$ であり，$\mathrm{FC}:\mathrm{GC}=\mathrm{AC}:\mathrm{BC}=2:3$ だから，$\mathrm{FC}=\dfrac{2}{2+3}\mathrm{GF}=\dfrac{2}{5}\times5=2$ であり，$\mathrm{OC}=\mathrm{OF}+\mathrm{FC}=4+2=6$ である。これより，$\dfrac{1}{2}\times6\times\dfrac{2}{\sqrt{k}}=24$ となるから，$\sqrt{k}=\dfrac{1}{4}$，$k=\dfrac{1}{16}$ で

ある。よって，［1］より，$a=-\dfrac{2}{\sqrt{k}}=-2\div\dfrac{1}{4}=-8$，$b=\dfrac{3}{\sqrt{k}}=3\div\dfrac{1}{4}=12$ となる。

［3］<直線の式>前ページの図で，［2］より，A$(-8,\ 4)$，B$(12,\ 9)$だから，直線ABの傾きは $\dfrac{9-4}{12-(-8)}=\dfrac{1}{4}$ であり，直線DEの傾きも $\dfrac{1}{4}$ である。また，AB∥DEより，AB：DE＝$(b-a)$：$(e-d)$であり，これが5：7だから，$\{12-(-8)\}$：$(e-d)=5$：7より，$(e-d)\times5=20\times7$，$e-d=28$，$e=d+28$ となる。よって，直線DEの傾きが $\dfrac{1}{4}$ で，x の値が d から e まで増加するときの x の増加量が $e-d=28$ より，このときの y の増加量は $\dfrac{1}{4}\times28=7$ となり，点Eの y 座標は点Dの y 座標より7大きい。したがって，［2］より，放物線の式は $y=\dfrac{1}{16}x^2$ であり，D$\left(d,\ \dfrac{1}{16}d^2\right)$だから，E$\left(d+28,\ \dfrac{1}{16}d^2+7\right)$と表すことができ，これが放物線 $y=\dfrac{1}{16}x^2$ 上にあるから，$\dfrac{1}{16}d^2+7=\dfrac{1}{16}(d+28)^2$ が成り立つ。これを解くと，$d=-12$ となるから，D$(-12,\ 9)$である。よって，直線DEの式を $y=\dfrac{1}{4}x+n$ とすると，$9=\dfrac{1}{4}\times(-12)+n$，$n=12$ となるから，直線DEの式は $y=\dfrac{1}{4}x+12$ である。

5〔空間図形―正四角錐〕

≪基本方針の決定≫［1］　∠AOCの大きさに着目する。　［4］　OF：FEに着目する。

図1

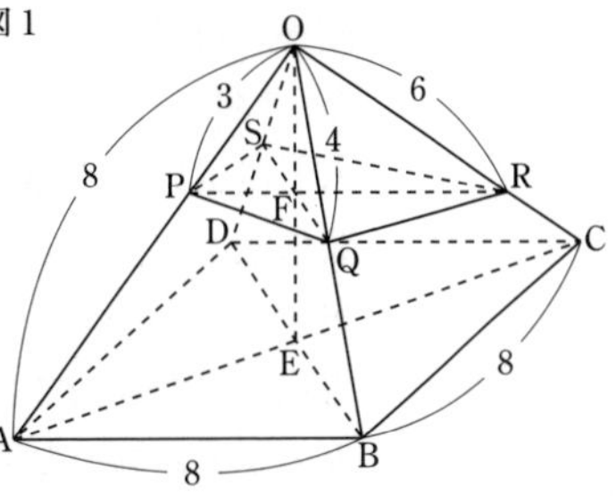

［1］<面積―合同>右図1の△OACと△BACで，OA＝BA，AC＝AC，CO＝CBより，3組の辺がそれぞれ等しいから，△OAC≡△BACである。よって，∠AOC＝∠ABC＝90°だから，△OPR＝$\dfrac{1}{2}\times3\times6=9$ である。

［2］<面積―文字式の利用>右下図2は右図1の正四角錐を3点O，A，Cを通る平面で切断したときの断面図で，△OFP＝$\dfrac{1}{2}\times3\times h=\dfrac{3}{2}h$ である。また，点Fから辺OCに垂線FIを引くと，図形の対称性より，FI＝FH＝h となるから，△OFR＝$\dfrac{1}{2}\times6\times h=3h$ となる。よって，△OPR＝△OFP＋△OFR＝$\dfrac{3}{2}h+3h=\dfrac{9}{2}h$ である。

図2

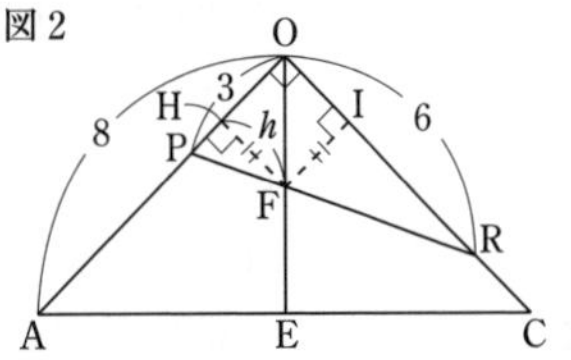

［3］<長さ>［1］，［2］より，$\dfrac{9}{2}h=9$ が成り立つから，$h=2$ である。

［4］<長さ―特別な直角三角形>右上図2で，△OAEは直角二等辺三角形だから，OE＝$\dfrac{1}{\sqrt{2}}$OA＝$\dfrac{1}{\sqrt{2}}\times8=4\sqrt{2}$ である。また，△OFHは直角二等辺三角形だから，OF＝$\sqrt{2}$FH＝$\sqrt{2}\times2=2\sqrt{2}$ である。よって，右上図1で，点Fは線分OEの中点である。また，点Qは辺OBの中点であり，点Sは直線QFと辺ODの交点だから，点Sも辺ODの中点となる。よって，$s=\dfrac{1}{2}$OD＝$\dfrac{1}{2}\times8=4$ である。

国語解答

一 問一 1 呼応 2 こお 3 去来 4 ひそ

問二 ア よる イ ゆうぐれ ウ つとめて

問三 X 蛍の光 Y 恋情

問四 5→4→2→3→1

問五 若菜は歌では恋の象徴であり，「昔」とあるので，西行は，若菜を摘む人を見て，恋をしていた自分の青春の日々を想起したのだろう，と想像できるから。

問六 ⑴ じんじつ

⑵ 春の七草を入れて炊いたかゆを食べる。

問七 四季の自然風物に心情を託す手法と，「興」という表現技法により，人も陽気になる春の風物である若菜に託して，恋する心の躍動を表現することができるから。

問八 古代の農耕社会では農業は天候頼みの要素が強いため，人々は自然現象をよく観察し，具体的な自然の変化によって耕作に最適な時期を示そうとしたから。

問九 詩人が春夏秋冬をよむ際は，自然の景物だけをよもうとしているのではなく，四季の自然の景物に託して人の心情をよもうとしている，ということ。

問十 ⑴ 他物に託して真に語りたいものを表現する［技法］

⑵ 胸中に去来するさまざまな気持ちを表現しようとしても，どこを切り口にしてそれをうたい出すかが難しいが，その際，目にした景物から入れば入りやすいから。

問十一 G 掛詞 H 序詞

問十二 心情をそのまま言葉で露骨に言うのを避け，四季の景物を通してその心情を引き起こす過程をつくることで生まれる，表現の深い味わい。

問十三 3，5

二 問一 1 ちゅうすう 2 粒子 3 過言 4 維持

問二 4

問三 発達過程で，神経回路がつくり終わるまでの期間である臨界期を過ぎると，ある行動の学習が成立しなくなるから。

問四 幼少期に外界からずっと隔離され，他人との接触を断たれていて言語的な刺激を受けなかった，という状況。

問五 しっかりと考えたり，表現したりする

問六 科学を母国語で学ぶことができ，専門用語も日本語でつくられていることが多いため，理解が進み，一つの言葉から多くのイメージを受け取ることもできたから。

問七 3，4

問八 うまく(形容詞・連用形)／使いこなせ(動詞・未然形)／なく(助動詞・連用形)／なっ(動詞・連用形)／て(助詞)／しまう(動詞・連体形)

一 〔論説文の読解―芸術・文学・言語学的分野―文学〕出典；彭丹『いにしえの恋歌――和歌と漢詩の世界』「若菜」。

問一＜漢字＞1．一方の考えや気持ちが相手と通じ合うこと。　2．もう一つの訓読みは「こご(える)」。音読みは「冷凍」などの「トウ」。　3．行き来すること。　4．もう一つの訓読み

は「もぐ(る)」。音読みは「潜水」などの「セン」。

問二＜文学史＞『枕草子』では，四季それぞれについて，趣深い時のことが述べられている。春は「あけぼの」，夏は「夜」，秋は「夕暮れ」，冬は「つとめて」(早朝)がよいとされている。

問三＜文章内容＞少女は，庭に飛ぶ蛍を捕まえてかざみの袖に包み，「袖から漏れて来る蛍の光」は，「あの人への私のあふれる思い」のようだと，「蛍の光」に託して恋情(恋心)を歌によんだ。

問四＜文学史＞柿本人麻呂は，万葉歌人。紀貫之と小野小町は，『古今和歌集』の歌人だが，小町は，『古今和歌集』仮名序で貫之が「ちかき世に，その名きこえたる人」として名を挙げている六歌仙の一人で，貫之より少し前の人。清少納言は，『枕草子』の作者で，『枕草子』の成立は『古今和歌集』より後。西行は，平安時代後期の人で，『新古今和歌集』に多くの歌がとられている。

問五＜文章内容＞「若菜」は「春先の風物」で，若菜から春・四季が始まるが，「人も春になれば陽気になり，心が弾む」ことから，詩人と歌人は，「若菜を借りて，恋する心の躍動を表現」した。「若菜」は「恋する心」と重なり合う「恋の象徴」であり，西行も「若菜摘む」人の姿から「恋する心」を抱いた自身の「昔」を思い出したのだと考えられる。

問六＜古典の知識＞旧暦正月七日は「人日(じんじつ)」といい，七種(ななくさ)のかゆを祝う日である。現代でも一月七日には「春の七草」を入れたかゆを食べ，無病息災を願う風習が残っている。

問七＜文章内容＞「若菜が恋の象徴になりえた」のは，「春夏秋冬の自然風物に心情を託すという詩歌の伝統手法」と「興という表現技法」があったからである。「詩人と歌人」は，この二つの表現技法を用いて，「春とともに芽生える若菜を借りて，恋する心の躍動を表現する」ことができた。

問八＜文章内容＞「古代社会において農業は天候頼みの要素が強い」ため，「人々は自然現象をよく観察し，季節の変化に敏感に反応」し，一年を細分した。一年を二十四節気七十二候としたのは，「動植物や気象の変化を具体的にしめし，最適の耕作時期を人々に知らせる」ためだ，といえる。

問九＜文章内容＞「日中の詩人は春夏秋冬を好んで詠む」が，その際，春夏秋冬の自然の景物そのものをよもうとしているのではない。実際には，春夏秋冬に託して人の心情をよんでいるのである。

問十＜文章内容＞(1)「まず他物を語る。他物から真に語りたいもの，本物を引き興す」ことが「興」である。ある景物をよみ，そのことによって，「恋」など自分の心をよむ技法である。　(2)「詩人の胸中にさまざまな気持ちが去来する」とき，「どのようにして，どこを切り口にして，それをうたいだすかが難しい」が，そのとき「目にした景物から入れば入りやすい」ので，「目にした景物」をよみ，そこから自分の本当によみたい思いを，詩人は表現するのである。

問十一＜和歌の技法＞G．「ふる」には，「『経る』と『降る』の意味」が掛かっている。　H．「あしひきの　山鳥の尾のしだり尾の」が，「ながながし」を引き出す序詞になっている。

問十二＜文章内容＞詩歌において，「最初から何もかも露骨に言ってしまえば，趣がない」ので，例えば，「悲しいとき」に「悲しい」という言葉は使わずに，「秋の落ち葉で悲しみを引き起こす」という方法をとる。こうして，「落ち葉」という言葉が，悲しいという思いを含み持つものとなる。

問十三＜和歌の内容理解＞「かくとだに」の歌は，あなたを慕っていると言うこともできず，伊吹山のさしも草のように私の恋心は燃えている，あなたは知らないだろうが，という内容で，「さしも草」(よもぎ)に託して自分の恋心をよんでいる。「花さそふ」の歌は，桜の花を誘って散らす嵐の日の庭は，桜の花びらが雪のように降っているが，降っていく(古くなっていく)のは雪(のような桜の花)ではなく，老いていく私自身だ，という内容で，「花」に託して老いの嘆きをよんでいる。

二〔論説文の読解―自然科学的分野―人類〕出典；池田清彦『進化論の最前線』「DNA を失うことでヒトの脳は大きくなった」。

≪本文の概要≫幼少期に環境や経験によって刺激を受けることで，脳は活発に変化していく。言語に関する神経回路は，七～八歳までの「臨界期」につくり終わり，この時期の環境次第で，子どもをバイリンガルに育てることも可能であるが，言語中枢の能力には限界があるため，二つの言語を言語中枢に入れるとどちらの言葉もうまく使いこなせなくなる可能性がある。したがって，母語として言語中枢に入れる言語は，一つに絞った方がよい。また，日本の科学技術が発達したのは，日本人が西洋文明を理解しやすいようにとらえ直して積極的に新しい日本語をつくり，西洋文明をベースにした学問を母語で学ぶことができたからだという。日本は，英語以外で科学について考えられる数少ない国の一つで，日本語がしっかりしていれば，世界トップレベルの研究・発見ができる。ただ，これは日本人が英語を話せないことと表裏一体で，会話能力を重視して読み書きの能力を軽視する風潮が出てきたことで，日本人の言語リテラシーがこのまま維持されるかわからない状況になってきた。

問一＜漢字＞1．主要な部分のこと。　2．物質を構成している細かい粒のこと。　3．言いすぎのこと。　4．そのままの状態を保ち続けること。

問二＜四字熟語＞「日本語がしっかりとしている」から「英語が得意でなくとも世界トップレベルの発見ができる」ことと，「日本人が英語を話すことができない」ことは，密接に関わっている。二つのものの関係が密接で切り離せないことを，「表裏一体」という。

問三＜文章内容＞神経回路は，刺激を受けて，臨界期という「特定の時期までに集中的につくられて」いる。「幼少期に適切な刺激を受けない」と，神経回路がつくられないまま臨界期を過ぎ，そうなると「ある行動の学習が成立しなく」なる。

問四＜文章内容＞ジーニーは，一歳から監禁され，「外界からずっと隔離」されていて，他人と話す経験をしてこなかった。そのジーニーと同じように「幼少期に他人との接触を断たれ，言語的な刺激を受けなかった」ケースでも，五歳で発見された子は，言葉を話すことができるようになった。

問五＜文章内容＞「二つの言語を言語中枢の中に入れる」ことで「ネイティブのバイリンガル」になっても，「どちらも中途半端」になる可能性がある。ある言語で「しっかりと考えたり，表現したりする」ことができてこそ，その言語を「うまく使いこなす」ことができているといえる。

問六＜文章内容＞日本人は，江戸末期から明治期にかけて「これまで日本語にはなかった様々な概念が，海外から」入ってきたときに，「西洋文明を咀嚼して，積極的に新しい日本語をつくって」きた。そういう言葉があるからこそ，日本人は「西洋文明をベースにした学問」を母国語である日本語で学ぶことができ，そのために学問の理解をより深めることができた。

問七＜要旨＞ジーニーは，外界からずっと隔離されて他人と話す経験をしてこなかったために，「言語中枢の神経回路を整備すること」ができず，「言語中枢の神経細胞自体が縮退」した可能性がある（4…○）。子どもを言語の臨界期までに日本語と英語を使う環境に置けば，バイリンガルに育てることも可能であろうが，それでは「どちらの言葉もうまく使いこなせなくなってしまう可能性」がある（1…×）。言語に関する神経回路は七～八歳くらいまでの「臨界期」につくり終わるので，その期間に母語をしっかりと根づかせておくことで，子どもは，母語の基礎力が支えとなり，その後言語表現を磨いていくこともできるし，第二言語をより深く学ぶこともできる（6…×）。日本人は，江戸末期から明治期にかけて「西洋文明を咀嚼して，積極的に新しい日本語をつくって」きたので，「西洋文明をベースにした学問を日本語で学ぶこと」ができた（2…×）。日本人が「西洋文明を咀嚼して，積極的に新しい日本語をつくって」きたとき，西周は「中心となって活躍した」だけである（5…×）。「会話能力を重視し，読み書きの能力を軽視する風潮がある」ため，「日本人の言語リテラシーがこのまま維持されるかわからない状況」になってきた（3…○）。

問八＜品詞＞「使いこなせなく」は，動詞「使いこなす」と助動詞「ない」に分けられる。「なって」は，動詞「なる」の連用形と助詞「て」からなる。「しまう」は，「可能性」に続くので連体形。

2019年度 慶應義塾女子高等学校

【英　語】（60分）

1　これからリスニングのテストを行います。英文と，それに関する質問が2問ずつ放送されます。1つ目の質問は，最も適切な答えを①～④より1つ選び，番号で答える形式です。2つ目の質問は，書き出しの語に続けて答えを英語で書く形式です。書き出しの語も含めて10語以内で解答しなさい。放送を聞きながら問題用紙にメモを取ってもかまいません。英文と質問は2回ずつ放送されます。

〈編集部注：放送文は未公表につき掲載してありません。〉

(A) 1 ① In the living room.
② At his company.
③ In the family room.
④ In his bedroom.

2 She ＿＿＿＿＿＿＿＿＿＿＿＿＿＿＿＿

(B) 1 ① Some people dig holes for sea turtles on the beaches.
② Sea turtles dig their nests in the ground in winter.
③ The eggs of sea turtles are round and white.
④ Only a few sea turtles were alive in the past.

2 To ＿＿＿＿＿＿＿＿＿＿＿＿＿＿＿＿

(C) 1 ① David doesn't think swimming in the pool is fun.
② Swimming on a humid day is dangerous.
③ Swimming with a friend is an important rule of water safety.
④ David thinks swimming with a friend is not as fun as swimming alone.

2 His friend ＿＿＿＿＿＿＿＿＿＿＿＿＿＿＿＿

2　次の文章を読んで設問に答えなさい。

On May 15, 2006, a New Zealand man made a historic "first" at the top of Mt. Everest. No, it wasn't Edmund Hillary, the climber from Christchurch who became world-famous in 1953 when he reached the top of the world's tallest mountain.

Forty-seven-year-old Mark Inglis grew up in the South Island of New Zealand, and he said that Edmund Hillary was an inspiration to him. Mark started climbing at a young age, and climbing the highest mountain in the world became his dream. By 20, he was a professional climber, working as a search-and-rescue climber in Mt. Cook National Park. So what made his ascent of Mt. Everest a "first"? Mark Inglis is the first person to climb Mt. Everest with two artificial legs.

How did Mark lose his legs? In 1982, Mark and his climbing partner were climbing Mt. Cook, New Zealand's highest mountain, when a terrible blizzard (ア) the mountain. The two climbers were trapped in an ice cave for 14 days. They suffered severe frostbite, and though Mark was rescued, he lost both of his legs below the knee.

After the accident, he started to wear artificial legs. (1)They were specially made for him, but he still couldn't climb mountains, or even do sports for several years. Even though life with artificial legs was tough, he looked at it as a blank sheet and was curious to know how well he could do things with them.

Skiing was the first sport he did with his new legs. He was lucky enough to have skiing experience before he lost his legs, so he wanted to replace skiing with climbing. Skiing with artificial legs was not as easy as just skiing in normal boots. But he tried again and again, and after some time he was able to ski again. A bigger surprise was that in 1991 he joined an international disabled skiing competition with top skiers in the world.

He also liked cycling, and actually joined some races with his artificial legs. However, in 1997, people in New Zealand were still not so interested in disabled bike races as a sport. He also didn't think these races were (イ) the best athletes, and he had a strong wish for better competition. One of his friends gave him information on Paralympic cycling. He needed a new challenge, so to join the Paralympics was his new goal. Again he tried his best, and he (ウ) a few international competitions.

He was selected as a member of the New Zealand national team for the 2000 Sydney Paralympic Games. Incredibly, he got a silver medal there. Soon after he got that medal, he decided it was time to try and climb Mt. Cook again. Getting the silver medal, he felt more confident, and came to have a strong motivation to reach higher.

In January of 2002, Mark began to climb the mountain. The weather conditions were terrible, so it made climbing very difficult. One of the most dangerous things on Mt. Cook is glaciers. When climbers are traveling on glaciers, the main danger comes from what they can't see: hidden crevasses. (2)They are often covered with snow, so you never know where they are, or, even if you do, then you won't know how strong the snow bridge is. Mark and his team climbed up very carefully and were able to reach the top. After 20 years, he could finally achieve this goal.

In 2004, he also climbed Cho Oyu, the world's sixth-highest mountain. After that, Mark knew he had to try to climb Mt. Everest.

His ascent of Mt. Everest took 40 days. While he was climbing, at about 6400 meters, one of his artificial legs broke. And it was (エ) with tape while another new leg was brought up the mountain. He suffered from fever and also frostbite of the fingers. But even these difficulties couldn't stop Mark from (オ) Mt. Everest. Why didn't he give up? Because he loves challenges. Overcoming them always makes him stronger and more confident. Even though the conditions on Mt. Everest were tough, he enjoyed the challenge. Early in the morning on May 15, it was −40℃ outside. The top was so close, but there was so much hard work still to do. Every step up, especially the last few, needed much energy. With only 10 meters to go, he still needed to stop several times. At last, just before 7 a.m. on May 15, (3)perhaps more than 20 years later than he expected, he really was on the top of the world.

［注］ historic：歴史的な　Mt. Everest：エヴェレスト　climber：登山家
Christchurch：クライストチャーチ　Mt. Cook：マウント・クック　ascent：登山　blizzard：吹雪
frostbite：凍傷　blank sheet：白紙　motivation：やる気，動機　crevasse：クレバス(割れ目)
achieve：達成する　Cho Oyu：チョ・オユー

問1　(ア)～(オ)に入る最も適切な語を次より1つずつ選び，文脈に合う形で答えなさい。ただし，同じ語を2度以上選ばないこと。

attract，climb，happen，hit，repair，sit，win

問2　下線部(1)の具体的な内容を日本語で答えなさい。

問3　下線部(2)を日本語に直しなさい。ただし，“They”，“they”，“do”の具体的な内容を明らかにすること。

問4　次の文は，下線部(3)のような表現が用いられている理由を説明したものである。[あ]，[い]にそれぞれ適切な日本語を補いなさい。

もしマーク・イングリスが1982年に[　あ　]，もしかすると[　い　]かもしれないので。

問5　次の質問に英語で答えなさい。ただし，主語と動詞のある文の形で答えること。

Why did Mark Inglis want to join the 2000 Sydney Paralympic Games？

問6　本文の内容に合っているものを①～⑥より2つ選び，番号で答えなさい。

① Edmund Hillary was the first person to climb Mt. Everest with artificial legs.
② Skiing with artificial legs was more difficult than skiing in normal boots.
③ Disabled bike racing was one of the most popular sports in New Zealand in 1997.
④ Mark was a member of the Australia national team for the 2000 Sydney Paralympic Games.
⑤ Mark gave up climbing Mt. Everest because of his broken artificial legs.
⑥ Mark becomes stronger and more confident when he overcomes challenges.

3　John と Lisa はイギリスに住む高校生である。次の会話文を読んで設問に答えなさい。

John：Tell me, Lisa, you live in (1)the country, don't you？ How is your life there？

Lisa：Why do you ask？

John：Because my parents saw a nice cottage in the village where you live. They really liked it and they have been talking about moving there. My parents like moving. I don't. Do you？

Lisa：No. [　A　] I remember it was hard to part from my friends when I was a small child.

John：I guess you were born in Japan, right？

Lisa：No. Actually, I don't know much about Japan, though I want to learn more about it. I was born in London and then we moved.

John：How long have you been living in the village？

Lisa：For ten years.

John：I see. Well, we've moved many times since I was born！ This is the first time I've lived in the same place for more than three years. Anyway, I hate the idea of living in a village. In my opinion, life is better in a city；different types of shops, nice restaurants and cinemas. [　B　]

Lisa：I don't think so. The village where I live is only twelve miles from the city where you live. If you live in the village, you will take the bus to the city, just like me. But keep in mind there are no buses after eight！

John：[　C　] I'm disappointed.

Lisa : But think about the bad points of life in a city. The (あ c—) of living is high and most goods are very expensive. There are a lot of people and cars. The environment is polluted with smoke, garbage and so on.

John : Well, not every city is like that.

Lisa : OK, but I think life in a village is really nice. It is quiet and safe. Air is clean, and it's easy to get fresh water and food. There are fewer people and there is no traffic jam, so you don't feel frustrated by (い c—) places. People are nice and friendly. Believe me, living in the country has many advantages like this.

John : I agree, but I like to have chances to do and see more. I still (う w—) if village life fits me.

Lisa : Do you like sports?

John : I've played rugby. But now I play tennis a lot.

Lisa : There's a tennis club in the village. It's a small club, but it has some very good players. Have you ever tried horse-riding?

John : No, never.

Lisa : [D] I've been riding for five years. It's great. And it's cheaper in the village.

John : (2)It's nice of you to try to cheer me up. In spite of all you've said, I don't think I'll get used to living in the country until I can ride a motorcycle!

［注］ cottage：小さな家　mile：マイル(距離の単位で，1マイルは約 1.6 km)
in spite of ～：～にもかかわらず

問1　下線部(1)のここでの意味を日本語で答えなさい。

問2　[A]～[D]を補うのに，最も適切なものを①～⑧より1つずつ選び，番号で答えなさい。ただし，同じ番号を2度以上選ばないこと。

① When did you finish it?
② I'm afraid all of this is going to change!
③ I'm not sure you were.
④ I've only moved once.
⑤ Why don't you try it in the village?
⑥ They didn't make up their minds.
⑦ May I ask you a favor?
⑧ Really? That's not convenient!

問3　(あ)～(う)にそれぞれ最も適切な1語を補いなさい。ただし，指定された文字で書き始めること。

問4　下線部(2)とほぼ同じ意味の文になるように，次の文の(　)に最も適切な語を補いなさい。ただし，文字が与えられている場合はその文字から書き始めること。

(　　)(　　)(f—　)(　　) to cheer me up.

問5　本文の内容に合っているものを①～⑥より2つ選び，番号で答えなさい。

① John's parents like moving, but John has the opposite idea.
② Lisa used to live in Japan when she was a child and misses her friends there.
③ According to Lisa, city environment will be less polluted someday.
④ Lisa has a good impression of village life, but she prefers city life.
⑤ John has decided to join either a tennis club or a horse-riding club in the village.
⑥ John thinks it's difficult to get used to village life without riding a motorcycle.

4 次の文章を読んで設問に答えなさい。

Time has always been a part of your life, so it can seem strange to think of it as a resource you can use. It is not something you can see and touch. You cannot store it in the way you can store food, books, or money. If you run out of time, where can you get more? You will find that the only way to save time is to spend it wisely.

(1)How do you use your time resource to make the best use of 24 hours? A schedule can help you to manage time, instead of letting other things take control. You should spend a few minutes making a schedule for an ordinary week in your life. Start on a weekend afternoon or evening, writing down what you expect to be doing for the next week.

A to-do list will help you [I] to you. The activities you must do are the most important. The ones you should do are the second most important. The ones you would like to do are third. You can more easily choose between two activities if one has a higher (A) than the other. You can exchange one activity for another if both have the same (B). This kind of choosing gives you more control of how you use your time.

A to-do list not only can help you make a schedule, it can also help remind you of your duties. Crossing out activities as they are completed is very satisfying.

After you have made your list, start placing each activity on the schedule according to the day and time you plan to do it. You might write in pen all the things you have to do at specific times. Then, with a pencil, you might add the things you must do but have no set times for. Finally, you might add with a different color pencil the things you want to make time for. It will also be a good idea to leave some time free, with no special activities during that period. (2)This time can be used for unexpected things that may happen, and it is a way to easily adjust your schedule.

To evaluate your schedule, take a moment on the next weekend to review it. You will probably find that you spent more time than you thought you would on some things and less on others. (3)立てた計画と実際に使った時間を比べることによって，今後の計画の立て方がよくわかるようになるだろう。

Many of the decisions you make about your time will also involve the use of other people's time. As a part of a family, a club, or a team, you cannot always choose the timing that would be best for you. The [II]. When you have a meeting or a business appointment, for example, your planning involves other people's time as well as your own. If you are late or break an appointment without telling the other person in advance, that person will lose her or his time resource. As you become better at managing your own time, [C] to be on time. This will please others, and make you feel better about yourself.

［注］ wisely：賢く　manage：管理する　to-do list：するべきことのリスト
cross out ～：～に線を引いて消す　satisfying：満足感を与える　specific：特定の
unexpected：予期しない　adjust：調節する　evaluate：評価する　involve：関連する
appointment：約束　in advance：前もって

問1　下線部(1)を日本語に直しなさい。

問2　［I］，［II］を補うように，次の語句を並べかえなさい。

［I］に用いる語句：in, of, put, the order, their importance, your activities

［II］に用いる語句：be, considered, must, needs, that, the whole group, things

問3　(A)と(B)を補う共通の1語として最も適切なものを①～④より1つ選び，番号で答えなさい。

①　experience　　②　hobby　　③　priority　　④　survey

問4　下線部(2)の具体的な内容を日本語で答えなさい。ただし，15字以上25字以内で答えること。

問5　下線部(3)を英語に直しなさい。

問6　[C]を補うのに最も適切なものを①～④より1つ選び，番号で答えなさい。

①　something will be harder　　②　it will be easier

③　they will be shorter　　④　nothing will be longer

5　Which website do you often look at ?　Why do you go to that website ?　Write in English and use about 50 words.　Please write the number of words in the space (　words) on the answer sheet.

【数　学】（60分）

（注意）　1．途中の計算や式などもすべて解答用紙に書いておくこと。

2．図は必ずしも正確ではありません。

1　次の問いに答えなさい。

［1］　次の式を計算しなさい。

$(\sqrt{5}-\sqrt{2}+1)(\sqrt{5}+\sqrt{2}+1)(\sqrt{5}-2)$

［2］　図のように，2点O，O′をそれぞれ中心とする円O，O′は点Aで接する。点B，Cは円Oの円周上の点で，線分BCは点Dで円O′に接し，線分ACは円Oの直径である。また，円O′は線分OCと交わり，その交点を点Eとする。円Oの半径を3cm，∠DEA＝56°として，次の問いに答えなさい。

(1)　∠BOAの角度を求めなさい。

(2)　図の2つの斜線の部分の面積の差を求めなさい。ただし，円周率はπとする。

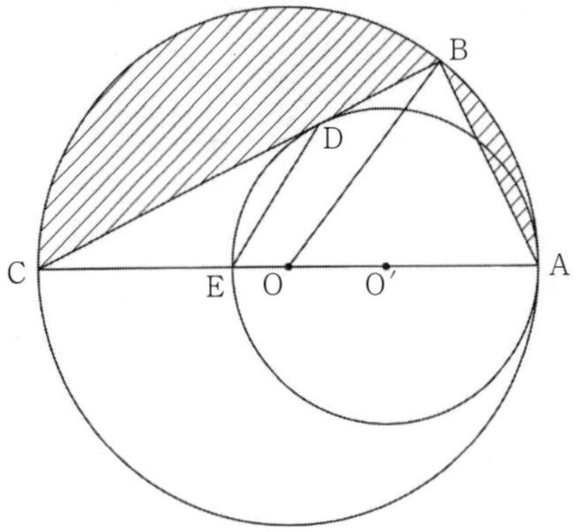

2　△OABが正三角形になるように，放物線 $y=\frac{1}{3}x^2$ 上に x 座標が正である点Aと y 軸上に点Bをとる。放物線 $y=\frac{1}{3}x^2\ (x\geqq 0)$，直線 $y=\frac{\sqrt{3}}{3}x+8$，y 軸の3つに囲まれた図の太線とその内側の部分に，△OABと合同な正三角形を，△OABに続けて，次の(ア)〜(ウ)を満たすようにできるだけ多く置いて図形を作る。

(ア)　どの正三角形も辺以外では重ならない。

(イ)　すでに置いてある正三角形の辺と次に置く正三角形の辺がぴったり重なるように置く。

(ウ)　どの正三角形も太線とその内側から一部でもはみ出さない。

次の問いに答えなさい。

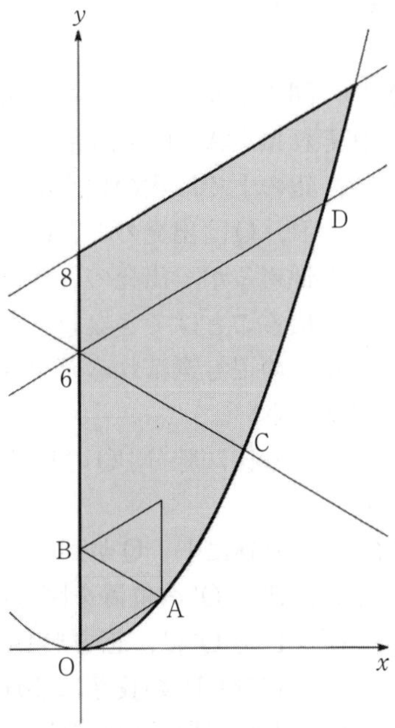

［1］　A，Bの座標を求めなさい。

［2］　放物線 $y=\frac{1}{3}x^2$ と点(0，6)を通り，傾きが $-\frac{\sqrt{3}}{3}$，$\frac{\sqrt{3}}{3}$ である2つの直線との交点の x 座標が正である点をそれぞれC，Dとする。C，Dの座標を求めなさい。

［3］　△OABを含めて置いた正三角形の個数を求めなさい。

［4］　作った図形を y 軸のまわりに一回転させてできる立体の体積を求めなさい。ただし，円周率は π とする。

3　容器Aには濃度2％の食塩水が入っている。濃度6％の食塩水$x$kgを，容器Aに加えると濃度y％，8kgの食塩水になった。次の問いに答えなさい。

［1］　yをxを用いて表しなさい。

　次に，容器Aから$x$kgを抜き取った後，容器Aに水を2kg加えたら濃度2.5％の食塩水になった。

［2］　考えられるxとyの値の組をすべて求めなさい。

4　図の△ABCの辺AB，AC上の点をそれぞれD，Eとし，線分DEを折り目として，点Aが辺BC上にくるように折り返す。Aを折り返した点をA′としたとき，△DBA′∽△ABCとなった。次の問いに答えなさい。

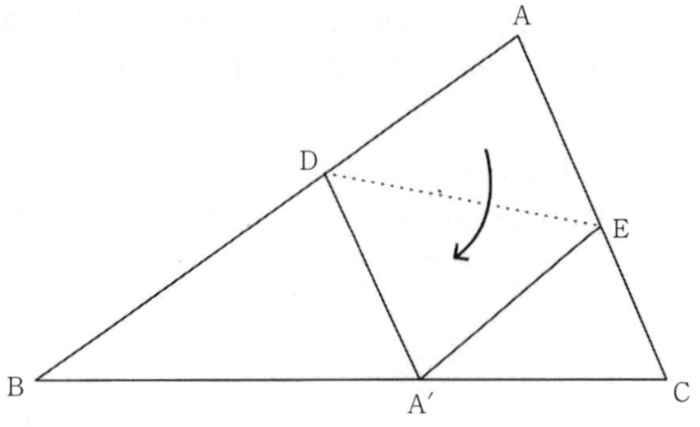

［1］　∠ABC，∠ADEと角度が等しい角を①～⑩の中からそれぞれ選びなさい。ただし，複数ある場合はすべて選びなさい。

①　∠BAC　　②　∠EDA′
③　∠BDA′　　④　∠BA′D　　⑤　∠DA′E　　⑥　∠CA′E
⑦　∠ACB　　⑧　∠CEA′　　⑨　∠DEA′　　⑩　∠AED

［2］　線分ADと長さが等しい線分をすべて書きなさい。

［3］　線分AA′と線分DEを作図しなさい。

［4］　AB＝5cm，BC＝6cm，CA＝3cmのとき，次の長さを求めなさい。

(1)　Aから辺BCにひいた垂線
(2)　BA′
(3)　AA′

5　図のような一辺が$2a$cmの立方体がある。点P，Qはそれぞれ頂点A，Gを出発して，毎秒$a$cmの速さで辺の上を動き，辺の上では次の頂点に着くまでは向きを変えることはない。P，Qは出発のときは，それぞれA，Gを含むどの辺の上も進めるが，出発のとき以外は頂点では，進んできた辺の上を戻ることはできない。また，各頂点では，進むことのできるどの辺も選ばれる確率はすべて同じである。次の問いに答えなさい。

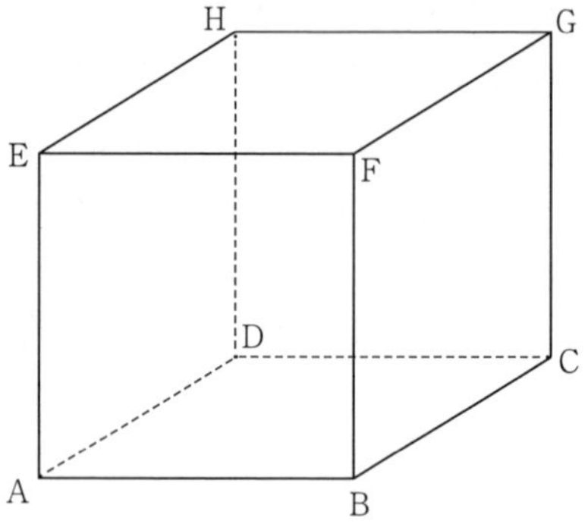

［1］　2秒後に線分PQの長さが$2a$cmになる確率を求めなさい。

［2］　5秒後にP，Qが到達した点をそれぞれP′，Q′とする。P′，Q′が動いた結果が(ア)～(ウ)であったとき，P′とQ′の位置を図の中に書きなさい。ただし，P′とQ′は異なる点とする。

(ア)　P′とQ′は，正方形BCGFの辺の上にある。
(イ)　線分CP′の長さは$2a$cm以下である。
(ウ)　Pの経路とQの経路が重なっているところはない。

［3］　［2］のとき，3点P′，Q′，Hを通る平面でこの立方体を切断したとき，断面の面積を求めなさい。

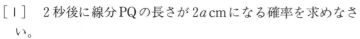

問三　傍線部Aについて、この二句に見られる杜甫の心情を本文中の表現を用いて説明しなさい。

問四　傍線部Bについて、

(1) この人物が活躍した時代を、中国の王朝名で答えなさい。

(2) この人物と並び称される同時期に活躍した詩人を、ひらがな三字で答えなさい。

問五　傍線部Cについて、この詩の形式から生まれ、文章の構成を示す表現となった四字熟語を記しなさい。

問六　傍線部Dについて、この表現の意味として最も適切なものを次の中から選び、番号で答えなさい。

1　強く世間に訴えかけた　　2　全く世間に顧みられなかった

3　広く世間に知れ渡った　　4　長く世間に理想とされた

問七　傍線部Eについて、このようにして生み出された「すぐれた」文学とはどういうものですか、説明しなさい。

問八　傍線部Fとは、どういうものですか、説明しなさい。

問九　傍線部Gについて、牧水が「同化している」とは、どういうことですか、説明しなさい。

問十　傍線部Hについて、杜甫のテーマは「絶句」の中でどのように表されていますか、具体的に説明しなさい。

問十一　二重傍線部を例にならって品詞分解し、それぞれの品詞名を答えなさい。ただし、活用のあるものは文中での活用形も答えなさい。

（例）

これ	は	今年	の	試験問題	です
名詞	助詞	名詞	助詞	名詞	助動詞 終止形

【作　文】（六〇分）

内閣府の「国民生活に関する世論調査」によると、二〇〇四年から二〇一八年まで二十代の「生活に対する満足度」は高くなっている。非正規雇用、格差社会、世代格差といった現実が存在するにもかかわらず、このような調査結果が生じたことについて、あなたの考えを六〇〇字以内にまとめなさい。

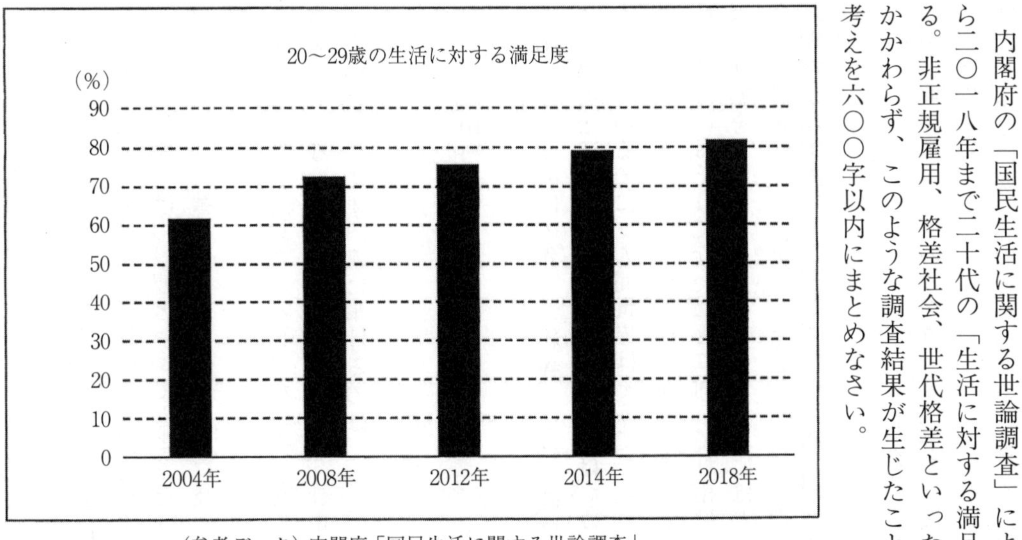

（参考データ）内閣府「国民生活に関する世論調査」

日本の詩歌と似ているといえば、もう一つ、明治から昭和初期にかけて、日本の津々《つつ》浦々《うらうら》を旅した歌人、若山牧水《わかやまぼくすい》の歌もよく引き合いに出されます。

白鳥《しらとり》は哀しからずや空の青海のあをにも染まずただよふ

確かに杜甫の一句目、「江碧《こうみどり》にして　鳥逾《とりいよ》いよ白《しろ》く」を思わせます。杜甫の鳥は川の碧色に対していっそう白く対比されますが、若山牧水の歌でも空・海の青に対して白い姿をくっきりさせて飛ぶ「白鳥」がうたわれています。

しかし、一見すると似ているように見えても、よく読めば両者はまったく違うことに気づきます。牧水の歌では、空・海の青さに染まることなくただよう白鳥の飛翔《ひしょう》、その孤独な姿に自分を重ね合わせています。白鳥は旅から旅へとさすらいを続ける牧水自身なのです。

ところが杜甫の詩では一句目・二句目は自分が見ている、自分の前で春らしさを見せつけている景色の一部としての「鳥」なのです。杜甫は「鳥」に同化するどころか、自分と相容《あいい》れない存在として、もっと大胆にいえば、敵対する存在として見ているとさえいえそうです。

若山牧水の歌との違いから、杜甫の絶句の特色がはっきりしてきます。前半二句、ここで描かれた風景は、杜甫の外側の世界です。G牧水と違って、杜甫はそのなかに同化していません。

山の青、花の赤が対比される第二句では、植物の生命力がピークに達している、春の勢いがほとばしっています。しかしそれは杜甫にとっては、そらぞらしく映《うつ》る。杜甫は生命を燃焼させるどころではない、情けないことに今年もここに居続けてしまった。外界は春の時節が巡《めぐ》ってきたら、春の営《いとな》みをしっかり行っている。それに対して自分は帰りたいと思いながら帰れずにいる、みじめな存在だ。自然が春の景観をあざやかにあらわしていることは、杜甫に対していっそう自分のふがいなさを突きつけるものです。

このように見てくると、前半二句の描写は杜甫がわざと類型的に描いているかに見えてきます。補色関係の色を対比した単純さに加えて、「江」「山」、そして「鳥」「花」、いずれも名も挙げずに観念的に並べられています。具体的な光景を描くのではなく、概念的な春をあらわすだけの景観といってもよさそうです。この絶句ではわざとこのように観念的に捉えているかに見えます。

そんな自然と対比される自分が後半二句で登場しますが、この自然と自分、ないし自然と人間の対比は、杜甫の終生のテーマといってもいいものです。次に挙げるのは、有名な「春望《しゅんぼう》」の詩の冒頭です。

國破山河在　　国破《くにやぶ》れて山河《さんが》在《あ》り

「国」という人間の作った組織、それは破壊され、「山河」という自然はもとのまま存在している。自然は3カッコとして本来の秩序を守っているのに、人間世界はそうでない。

人も自然と同じように秩序を得た、安定した状態であるべきなのに、実際にはそうでないことに対して杜甫は訝《いぶか》り、憤ります。あるべき状態を4キキュウしながら、それにほど遠い人間世界を嘆く、これが杜甫の文学に通底《つうてい》しています。H「絶句」(江碧にして)は短い詩ではありますが、そこにも杜甫のテーマの一端《いったん》を垣間見《かいまみ》ることができます。

（川合康三「漢詩のレッスン」による）

問一　波線部1～4のカタカナを漢字で、漢字の読みをひらがなで書きなさい。

問二　［ア］に漢詩の形式の一つで一首が八句からなる定型詩の名称を漢字二字で記しなさい。

三　次の文章を読んで、あとの設問に答えなさい。

絶句
江碧鳥逾白
山青花欲燃
A今春看又過
何日是帰年

絶句《ぜっく》
江《こう》碧《みどり》にして　鳥《とり》逾《いよ》いよ白《しろ》く
山《やま》青《あお》くして　花《はな》燃《も》えんと欲《ほっ》す
今春《こんしゅん》　看《み》すみす又《ま》た過《す》ぐ
何《いず》れの日《ひ》か　是《こ》れ帰年《きねん》ならん

（中　略）

B杜甫《とほ》（七一二―七七〇）といえば、中国最高の詩人。その評価はどの時代を通しても揺るぎません。ただC絶句はあまり多くなくて、［ア］の方が得意です。杜甫の絶句はいずれも「絶句」という題しかついていませんが、それも絶句に対する作者の軽視を示しているかもしれません。とはいえ、ここにあげるような、D人口に膾《かい》炙《しゃ》した絶句ものこしています。

絶句に限らず、杜甫の詩は彼の人生と切り離して読むことはできません。それは杜甫が空想の世界をうたう詩人ではなく、実際の暮らしのなかの出来事から詩を作ったからです。そして詩の題材となった彼の人生は、実に1キフクに富んだ、たいへんなものでした。しかしE杜甫が嘗《な》めた辛酸《しんさん》の代償として、そこからすぐれた文学が生み出されたともいえます。

洛陽《らくよう》にほど近い鞏県《きょうけん》で生まれたのち、若い時のことは詩をのこしていないのでよくわからないのですが、中国の東の地域、南の地域で長い旅を続けます。三十代も半ばになってから都に出てきて、官職を求める活動を始めます。やっとなんとか官を得たのは四十代も半ば、しかしたまたま安史《あんし》の乱が起きて、都の長安は陥落《かんらく》してしまいます。やがて乱は平定されますが、せっかく得た官をなぜか捨ててしまいます。

そのあとは死ぬまで放浪《ほうろう》が続きます。家族を養っていくために、人を頼って転々と移動する旅です。食べ物に困らないと聞いて移った秦州《しんしゅう》も、同谷《どうこく》も、行ってみれば住める所ではなかった。ついに険しい山道を越えて蜀《しょく》（四川省《しせんしょう》）の成《せい》都にまでたどりつきます。

そこで数年間、落ち着いたものの、また離れて長江に沿《そ》いながら下り、結局最後は洞庭湖《どうていこ》の南の川の上、舟のなかで五十九歳の生涯を終えます。都、故郷に帰りたいという願いをずっといだきながら、実際には都からどんどん遠ざかってしまった、なんとも皮肉な人生《じんせい》行路《こうろ》でした。（中　略）

この絶句はよく知られているせいか、日本の詩歌にも影響を与えたようです。島崎藤村《しまざきとうそん》の「椰子《やし》の実」の詩にある「いずれの日にか国に帰らん」――、これはこの絶句の最後の句、「何《いず》れの日《ひ》か　是《こ》れ帰年《きねん》ならん」と、とてもよく似ていますね。でも杜甫の句のような言い方は珍しくないので、必ずしも藤村が杜甫の句をヒントにしたとは限りません。

それより大きな問題は、杜甫の詩と藤村の詩の情感の違いです。島崎藤村の詩には、友人の柳田国男《やなぎたくにお》から、遠い南の島の椰子の実が伊良湖岬《いらごみさき》まで流れ着いた話を聞いて作られた、という有名な逸話《いつわ》がありますが、F甘やかな旅愁《りょしゅう》が全体にやさしく流れています。同じ島崎藤村に、「小諸《こもろ》なる古城のほとり」とうたいおこされる「千曲川《ちくまがわ》旅情《りょじょう》の歌」がありますが、これにもやはりやわらかな旅愁が漂っています。

それに対して杜甫の詩は強い帰還の願いに加えて、今年もまた帰れないまま春を過ごしてしまった、そんな自分のふがいなさへの憤《いきどお》りまで含んでいるかのようです。もの悲しい旅の愁い、なんていうのとは、ずいぶん違います。

中国にも感傷的な詩はいくらでもありますが、杜甫の場合はそういう情緒に2浸るだけの詩はありません。旅の感傷に浸るのも、文学の美しい情感といえます。しかし中国を代表する文学者の場合、センチメンタルな情感だけではすまされない。やさしい情緒を楽しむ日本の文学、厳しい現実に向き合う中国の文学、そんな対比が杜甫の絶句を通しても浮かび上がってきます。

すべて見えている。この夜のためにうまれた、と、河原で見あげながら、すべての子らが思う。そうしてF僕たちもいつか、あの親たちと溶け合うのだ、と。

（いしいしんじ「この世のみんなが『子』になる祭」による）

問一　波線部1～4のカタカナを漢字で、漢字の読みをひらがなで書きなさい。

問二　傍線部Aとは、どういうことですか、説明しなさい。

問三　傍線部Bとは、どういうことですか、説明しなさい。

問四　傍線部Cについて、これはなぜですか、その説明として最も適切なものを次の中から選び、番号で答えなさい。

1　お盆は、死んだ人と生きている人が交流できる特別な期間だから。

2　お盆は、日付すら忘れるほど祭典で盛り上がる特別な期間だから。

3　お盆は、大人も子供も時間を気にせず楽しめる特別な期間だから。

4　お盆は、家族が日常から離れて一緒に過ごせる特別な期間だから。

問五　傍線部Dが指示する内容を記しなさい。

問六　傍線部Eとは、どういうことですか、説明しなさい。

問七　傍線部Fとは、どういうことですか、説明しなさい。

二

次の文章を読んで、あとの設問に答えなさい。

今は昔、小野篁《をののたかむら》といふ人おはしけり。嵯峨帝《さがのみかど》の御時に、A内裏に札を立てたりけるに、「無悪善」と書きたりけり。帝、篁に、「読め」と仰《おほ》せられたりければ、「B読みは読み候《さぶら》ひなん。されど恐れにて候へば、え申し候はじ」と奏しければ、「ただ申せ」とたびたび仰せられければ、「［ア］と申して候ふぞ。されば君を呪ひ参らせて候ふなり」と申しければ、「Cおのれ放ちては誰か書かん」と仰せられければ、「さればこそ、申し候はじとは申して候ひつれ」と申すに、帝、「さて*何も書きたらん物は読みてんや」と仰せられければ、「何にても読み候ひなん」と申しければ、*片仮名の子文字を十二書かせて給《たま》ひて、「読め」と仰せられければ、「［イ］、ししの子のこじし」と読みたりければ、帝ほほゑませ給ひて、D事なくてやみにけり。

（「宇治拾遺物語」による）

*何も書きたらん物は読みてんや…何でも書いた物は読んでみせるのか。

*片仮名の子文字…当時は「子」が「ね」の片仮名として用いられていた。

問一　［ア］に最もよくあてはまる表現を次の中から選び、番号で答えなさい。

1　さがなくてわろし　　2　さがなくてよからん

3　さがなくてよしあし　　4　さがなくてよからじ

問二　［イ］に最もよくあてはまる表現をひらがな八字で記しなさい。

問三　傍線部Aについて、

(1)　漢字の読みをひらがなで書きなさい。

(2)　これはどのようなところですか、説明しなさい。

問四　傍線部Bとは、どういうことですか、説明しなさい。

問五　傍線部Cについて、帝が篁をどのように見ていることがわかりますか、最も適切なものを次の中から選び、番号で答えなさい。

1　おまえ以外に誰が書くだろうか、と、篁の学の深さを認めている。

2　おまえ以外に誰が書くだろうか、と、篁の図太さをなじっている。

3　おまえが人に書かせたのだろう、と、篁の計算高さに驚いている。

4　おまえが人に書かせたのだろう、と、篁の臆病さにあきれている。

問六　傍線部Dとは、どういうことですか、説明しなさい。

二〇一九年度 慶應義塾女子高等学校

【国語】（六〇分）

一 次の文章を読んで、あとの設問に答えなさい。

これまで暮らした浅草、松本、神奈川県の三崎と、どこも町ぐるみ、本気の祭礼に向かう土地だった。とりわけ小さな港町三崎は、祭しか娯楽がない、といわれるくらい、男も女も老人も子どもも犬も魚たちも、祭の二日のためだけに一年の残りを過ごしている。

どの祭にも「うた」がある。「踊り」がある。昔から伝わる、Aすべてが、大切な「ものがたり」がある。供えられた食物に限らず、この特別な時間のための、あふれんばかりに盛られた「ごちそう」だ。時間のほうも、この日ばかりは二十四時間の枠を越えて、滝みたいにじゃぶじゃぶあふれかえる。

だから子どもは、いつまでも起きていていい。眠くなるより先に、祭の時間は、笑う逃げ水みたいに、先へ先へとまわりこんで、どこまでも伸びていく。

ワールドカップもそうだし、オリンピックもそう。シュートが円弧を描きゴールに吸いこまれる瞬間、ときは止まり、直後、いっせいにあふれ出す。氷上の四回転ジャンプが残す1キセキの上に、僕たちは永遠に立ち止まり、何語かわからない2カンセイをこころから送る。

この世に住んでいるものすべてが子どもになる「まつり」がある。Bお盆のあいだ、僕たちはみな、ひとりひとり、目に見えない誰かの子どもに戻る。目に見えるよ、というひとも、実はけっこうな数、周囲にはいる。おじいちゃんが、ちいちゃんが、ミケが、いまそこに座ってる、笑ってるよ、と。

自分がいま、どこにいるか、何月何日なのか。Cお盆がつづくあいだ、カレンダー上の日付は意味をうしなう。この世にまだいるものと、遠ざかったものの時間が混ざり、家族の「ものがたり」が大きく循環する。

そのなかで僕たちは、帰ってきてくれている、目に見えない大切な誰かに、捧《ささ》げられるかぎりのものを捧げようとする。おじいちゃんが、ちいちゃんが、ミケが、そこにいてくれる、というだけでも、あふれんばかりの贈り物を、僕たちはもらっているのだ。

死は、突然前に突きつけられると目をそむけたくなるものだが、この深い夏の時期、Dそれは、なつかしいなにかに変わる。帰ってきてくれるひとたちのおかげで、僕たちは、いまは生きていること、生きるほかないこと、そして、いずれ必ず、そちらへと旅立っていくことを、ことばをこえた「ものがたり」、「うた」として聞き取る。知っているひとたちばかりでない。あらゆるひとが、なつかしい。血縁をこえ、年齢をこえて、先にいったひとたちはみな、僕たちの親なのだ。

親たちはかたりかけてくれる。きこえない声で、ことばをこえて、一切おしみなく。その振動、「ふるえ」は、3コマクでなく、僕たちのこころをじかに揺らす。おじいちゃんが、ちいちゃんが、ミケが、わたしにさわった、僕の頭を撫《な》でてる。Eそしていま、だんだん浮きあがってきてる。

お盆の最後、京都ではなつかしいひとたちに町ぐるみでアトラクションを贈る。山々に巨大な字と模様を描いてそこに火を放つ。「送り火」の夜、「まつり」の時間は、この上なくふくらむ。空に浮きあがった親たちが子らに懸命に手を振っている。問題ない、また会える、思いだしてくれさえすれば、たまにでいいから。お前らのことは、そこで燃えてる「大」の字みたいに、わたしたちからはいつでも見えてるんだから。

舟、4鳥居のかたち、妙、法の字、ふたつの大。それだけでなく、濃厚な夜空をみあげる僕たち、ひとりひとりのなかで、それぞれの送り火がしずかに燃える。宙に浮かんで遠ざかっていく親たちには

2019年度／慶應義塾女子高等学校

英語解答

1 放送文未公表

2 問1 ア hit イ attracting
ウ won エ repaired
オ climbing

問2 イングリスの(両方の)義足

問3 隠れたクレバスはしばしば雪で覆われているので，クレバスがどこにあるか決してわからないか，あるいはたとえわかったとしても，その雪の橋がどれほどの強度を持つものなのかがわからないだろう。

問4 あ 凍傷で両脚を失っていなければ
い 20年以上前にエベレストに登っていた

問5 (例) Because he needed a new challenge and a new goal.

問6 ②，⑥

3 問1 田舎

問2 A…④ B…② C…⑧ D…⑤

問3 あ cost い crowded
う wonder

問4 Thank you for trying

問5 ①，⑥

4 問1 24時間を最大限に活用するためにあなたは時間という資源をどのように使うか。

問2 Ⅰ put your activities in the order of their importance
Ⅱ things that the whole group needs must be considered

問3 ③

問4 その間特別な活動をしない，空いている時間。(21字)

問5 (例)By comparing the schedule you made with the time you actually spent, you'll learn how to make future schedules.

問6 ②

5 (例)My favorite website is the one about stories. I like reading books but it is difficult to decide which book to read. That website introduces interesting books and we can read readers' impressions about them. After getting these pieces of information, it will be easier to choose the right books.(50語)

1 〔放送問題〕放送文未公表

2 〔長文読解総合─ノンフィクション〕

≪全訳≫❶2006年5月15日，1人のニュージーランド人男性がエベレスト頂上で歴史的な「最初の人」になった。といっても，1953年に世界一高い山に登頂し世界的に有名になったクライストチャーチ出身の登山家エドモンド・ヒラリーのことではない。❷47歳のマーク・イングリスは，ニュージーランドの南島で育ち，エドモンド・ヒラリーが彼を刺激してくれたのだと語った。マークは若い頃に登山を始め，世界で最も高い山に登ることが彼の夢になった。20歳になる頃には，クック国立公園で山岳遭難救助者として働きながら，プロの登山家になっていた。では，何が彼のエベレスト登頂を「最初」のものにしたのだろうか。マーク・イングリスは2本の義足でエベレストに登った最初の人なのである。❸マークはどうして足を失ったのか。1982年，マークと彼の登山同行者がニュージーランド最高峰のクック山に登っていたとき，ものすごい吹雪がその山を襲った。２人の登山者は14日間，氷の洞窟に閉じ込められた。彼らはひどい凍傷にかかり，マークは救出されたが，両足の膝から下を失った。❹事故の後，彼は義足を着用し始めた。それらは彼のために特別につくられたものだったが，彼はそれでも数年間は山に登ることができず，スポーツさえすることができなかった。義足での生活は大変だったが，彼はその状況を白紙と見なし，義足でいかに物事をうまく行えるかを知りたいと思った。❺スキーは彼が新しい足を使ってした最初のスポーツだった。彼は足を失う前に幸運にもスキーの経験があったので，登山の代わりにスキーをしようと考えたのだ。義足でスキーをするのは，普通のブーツでスキーをするほど簡単ではなかった。しかし，彼は何度も何度もトライし，しばらくすると彼は再びスキーをすることができるようになった。さらに驚いたのは，1991年に彼が世界のトップスキーヤーとともに国際障害者スキー大会に参加したことだ。❻彼はまた自転車も好きで，実際に義足でいくつかのレースに参加した。しかし，1997年にはニュージーランドの人々はスポーツとしての障害者自転車レースにそれほど興味を持っていなかった。彼も，これらのレースが最高の選手たちを魅了するものだとは思っていなかったし，彼はもっと良い大会を強く望んでいた。友人の１人が彼にパラリンピックの自転車競技についての情報を与えた。彼は新たな挑戦を必要としていたので，パラリンピックに参加することが彼の新たな目標になった。再び彼はベストを尽くし，いくつかの国際大会で優勝した。❼彼は2000年のシドニーパラリンピックでニュージーランド代表チームの一員に選ばれた。信じられないことに，彼はそこで銀メダルを獲得した。そのメダルを手に入れた後すぐに，彼はクック山の登山に再び挑戦する時期がきたと判断した。銀メダルを獲得したことで彼はより自信を深め，より高い所に到達しようという強い動機を持つようになった。❽2002年１月，マークはその山に登り始めた。気象条件がひどかったので，登山は困難を極めた。クック山で最も危険なものの１つは氷河だ。登山者が氷河を歩いているとき，主だった危険は彼らの目にとまらないもの，つまり隠れたクレバスにある。隠れたクレバスはしばしば雪で覆われているので，クレバスがどこにあるか決してわからない，いや，たとえどこにあるかわかったとしても，その雪の橋がどれほどの強度を持つものなのか，わからないだろう。マークと彼のチームはとても慎重に登り，ついに登頂することができた。20年後に彼はついにこの目標を達成することができたのだ。❾2004年，彼は世界で６番目に高い山であるチョ・オユーにも登った。その後，マークはエベレストに挑戦しなければならないことがわかっていた。❿彼のエベレスト登山は40日かかった。登っている間，約6400メートルの地点で彼の義足の１本が折れた。そして新しい義足が山に運ばれている間，折れた義足はテープで修理された。彼は熱に悩まされ，指も凍傷にかかった。しかし，これらの困難でさえマークが山に登るのを止めることはできなかった。なぜ彼はエベレストを諦めなかったのだろうか。それは挑戦することが大好きだからである。それらを克服することによって彼はいつも強くなり，自信を深める。たとえエベレストの状況が困難であっても彼はそれへの挑戦を楽しんだ。５月15日の早朝，外はマイナス40度だった。頂上はすぐそこだったが，やるべきことがまだたくさんあった。一歩一歩が，特に最後の数歩は，多くのエネルギーを必要とした。残りたった10メートルの所でも，まだ何度か立ち止まらなければならなかった。ついに，５月15日の午前７時の直前，おそらく彼が予想していたより20年以上遅れて，彼は確かに世界の最頂点に立ったのである。

問１＜適語選択・語形変化＞ア.「ものすごい吹雪がその山を襲った」とする。happenedは，後ろにinを必要とするため不可。　hit－hit－hit　イ. the best athletesという‘人’を目的語にとる動詞としてはattract「～を魅了する」が適切。前にwereがあるので進行形にする。　ウ．competitions「競技(会)」を目的語にとる動詞としてはwinが適切。過去の内容なので過去形にする。　win－won－won　エ．前のitはone of his artificial legs「義足の1本」を指し，また，後ろにwith tape「テープで」とあることから「修理される」という意味になるとわかる。受け身なので過去分詞にする。　オ．Mt. Everestを目的語にとる動詞としてはclimbが適切。‘stop＋目的語＋from ～ing’で「…が～するのをやめさせる，妨げる」。

問2＜指示語＞直前にある複数名詞artificial legsを指す。「(両足を失った)彼のために特別につくられた」という記述から，artificial「人工の」の意味を知らなくても「義足」という意味は推測できる。

問3＜英文和訳＞They, theyはいずれも直前にある複数名詞hidden crevasses「隠れたクレバス」を指す。you doのdoは前に出た動詞(句)の代用となる代動詞。ここでは文脈から，前にあるknow where they areを受けているとわかる。　be covered with ～「～に覆われる」　even if ～「たとえ～でも」

問4＜要旨把握＞下線部(3)は「おそらく彼が予想していたより20年以上遅れて」という意味。マーク・イングリスがエベレスト登頂に成功したのは2006年だが，1982年のクック山登山中に，両足の膝から下を失う事故に遭っていなければ，それからほどなくしてエベレストにも登頂できていたかもしれないと考えられる。

問5＜英問英答＞「マーク・イングリスが2000年のシドニーパラリンピックに参加したかったのはなぜか」―「新たな挑戦と新たな目標が必要だったから」　第6段落最後から2文目参照。

問6＜内容真偽＞①「エドモンド・ヒラリーは義足でエベレストに登った最初の人だった」…×　第1，2段落参照。　②「義足でスキーをすることは普通のブーツでスキーをするよりも困難だった」…○　第5段落第3文に一致する。　‘not as ～ as …’「…ほど～でない」　③「障害者の自転車レースは，1997年にニュージーランドで最も人気のあるスポーツの1つだった」…×　第6段落第2文参照。　④「マークは2000年シドニーパラリンピックのオーストラリア代表チームのメンバーだった」…×　第7段落第1文参照。オーストラリアではなくニュージーランド。⑤「マークは義足が折れたためエベレスト登山を諦めた」…×　第10段落参照。マークは義足が折れたにもかかわらずエベレスト登頂を達成した。　⑥「マークは難題を克服するとき，より強く，より自信を深める」…○　第10段落第7，8文に一致する。

3〔長文読解総合―対話文〕

≪全訳≫❶ジョン(J)：ねえ，リサ，君は田舎に住んでいるんだよね。そこでの生活ってどう？❷リサ(L)：そんなこと尋ねるのはどうして？❸J：両親が君の住んでいる村にすてきなコテージを見つけたんだ。彼らはそれがとても気に入って，そこへ引っ越すことについて話してるんだ。両親は引っ越しが好きなんだ。僕は違うけれどね。君は？❹L：私も好きじゃないな。A私は一度だけ引っ越しを経験したことがあるの。幼い頃に友達と別れるのはとても辛かったのを覚えているわ。❺J：確か，君は日本で生まれたんだよね？❻L：いいえ。実は日本についてあまり知らないの，もっと知りたいとは思ってるけど。私はロンドンで生まれて，それから引っ越してきたのよ。❼J：今の村にはどのくらい住んでいるの？❽L：10年よ。❾J：そうなんだ。まあ，僕は生まれてから何度も引っ越してるからね！

同じ場所に3年以上住むのは今回が初めてなんだ。とにかく，僕は村に住むという考えは嫌いだね。僕に言わせれば，生活するなら都会の方がいいさ，いろんな店やすてきなレストラン，それに映画館があるからね。Bこういったことの全てが変わってしまうのが心配だよ！10 L：私はそうは思わないわ。私が住んでいる村はあなたが住んでいる街からわずか12マイルしか離れていないのよ。村に住んでも，私と全く同じようにバスで市内に出られるわ。でも8時以降はバスがなくなることを忘れないでね！11 J：Cほんと？　それは不便だな！　がっかりだよ。12 L：でも都会での生活の悪い点について考えてみて。生活費はかかるし，ほとんどの商品はとても高いわ。人と車が多くて，ばい煙やゴミなんかで環境は汚染されているし。13 J：まあ，全ての都市がそういうわけでもないけどね。14 L：わかったわ。でも村での生活はとてもいいと思うわ。静かで安全だし。空気はきれいで，新鮮な水と食べ物を簡単に手に入れられる。人が少なく，渋滞がないので，混雑した場所でいらいらするようなこともないわ。人々は親切でフレンドリーよ。本当よ，田舎に住むことにはこんなに多くの利点があるの。15 J：そうだろうけどね。でも，もっと多くのことをしたり見たりする機会がある方が僕は好きなんだ。やっぱり村の生活が僕に合うのかなあと思うね。16 L：あなたはスポーツが好き？17 J：ラグビーをやったことがあるよ。でも今はもっぱらテニスだね。18 L：村にはテニスクラブがあるわ。小さなクラブだけど，とても上手な人も何人かいるわ。乗馬の経験はある？19 J：いや，一度もない。20 L：D村でやってみない？私，5年前からやっているの。最高よ。それに村の方が安いし。21 J：僕を元気づけてくれてありがとう。いろいろ言ってくれてありがたいんだけど，バイクに乗れるまでは田舎の生活に慣れるのは無理そうだよ！

問1＜語句解釈＞countryには「田舎」という意味がある。この対話文では村の生活と都会の生活の比較が話し合われているので，その意味で使われているとわかる。

問2＜適文選択＞A．引っ越しのことが話題になっている場面。直後の文は引っ越したときの経験談だと考えられる。　B．都会の魅力として，店，レストラン，映画館があるということを述べた後の発言。この発言に対してリサは「そうは思わない」と反対した後，村といってもジョンの住む街からそれほど遠くなくバスで市内に出られる，つまり街の生活とあまり変わらないという主旨の発言をしているので，ジョンは，田舎に住むと今までの生活が変わってしまうというような内容を言ったと考えられる。　C．都市での生活を好むジョンは，リサから村では8時以降にバスの便がなくなると聞いて，不便だと思ったからがっかりしたのである。　convenient「便利な」　D．乗馬の経験がないというジョンの返事を受けて，この後リサは乗馬のすばらしさを伝えているので，ジョンに乗馬を勧めたと考えられる。Why don't you ～？は「～してはどうですか？」という意味の‘提案・勧誘’の表現。

問3＜適語補充＞あ．都会での生活の悪い点について話している場面。high「高い」と考えられるのは「生活費」。the cost of livingで「生活費」。　い．田舎の利点について話している場面。「人が少なく，渋滞がない」結果として考えられるのは，「混雑した」場所でいらいらするようなこともない。　う．後ろにif節があることに着目する。wonder if ～「～だろうかと思う」の形。

問4＜書き換え―適語補充＞‘It's nice of＋人＋to不定詞’は「～するとは〈人〉は親切だ」という意味。「私を元気づけてくれるとはあなたは親切だ」は「私を元気づけてくれてありがとう」という意味と同じなので，Thank you for ～ing「～してくれてありがとう」の形に書き換えられる。

問５＜内容真偽＞①「ジョンの両親は引っ越しが好きだが，ジョンは反対の考えを持っている」…○　第３段落後半に一致する。 opposite「反対の」　②「リサは子どもの頃日本に住んでいて，そこの友達と会えないのを寂しく思っている」…×　第５，６段落参照。リサは日本に住んだことはない。 miss「～と会えないのを寂しく思う」　③「リサによると，都市の環境の汚染はいつかひどくなくなるだろう」…×　第12段落で現在の環境汚染について話しているが，今後についての発言はない。 less ～「より少なく～」　④「リサは村の生活に好印象を持っているが，彼女は都市生活の方が好きだ」…×　第14段落参照。リサは田舎での生活を気に入っている。 ⑤「ジョンは村のテニスクラブか乗馬クラブのどちらかに入ることにした」…×　そのような発言はない。 'either ～ or …'「～か…のどちらか一方」　⑥「ジョンはバイクに乗らずに村の生活に慣れるのは難しいと考えている」…○　最終段落最終文に一致する。 'get used to＋名詞〔動名詞〕'「～に慣れる」

4 〔長文読解総合―説明文〕

≪全訳≫❶時間はずっと生活の一部として存在しているので，時間を使用可能な資源と考えるのは奇妙に思えるかもしれない。それは見たり触ったりできるものではない。食べ物や本，お金を保存するようには時間を保存することはできないのだ。時間を使い果たした場合，どこでさらなる時間を得ることができるだろうか。時間を節約する唯一の方法は賢く使うことであるということがわかるだろう。❷あなたは24時間を最大限に活用するためにどのように時間資源を使用するだろうか。スケジュールを立てると，他のことに惑わされずに，時間を管理することができる。あなたは数分かけて生活におけるふだんの１週間のスケジュールを立てるべきだ。週末の午後または夕方に始め，翌週の予定を書き込むのだ。❸するべきことのリストは，あなたがⅠ重要な順に活動を並べるのに役立つ。しなければならない活動が最も重要である。した方がよいことは２番目に重要だ。したいことは３番目になる。２つの活動のうちの一方が他方よりも優先度が高い場合，より簡単に選択できる。両方の優先度が同じ場合は，一方の活動を他方の活動と交換できる。このように選択すれば，自分の時間をどのように使うかに対して，より綿密に管理をすることができるのだ。❹するべきことのリストは，スケジュールを立てやすくするだけでなく，あなたの義務を思い出させることもできる。活動が完了したときにそれを消すと達成感がある。❺リストをつくったら，それを行う予定の日時に従って各活動をスケジュールに書き込みなさい。特定の時間にしなければならないことは全てペンで書き込むといい。次に，しなければならないが時間が決まっていないものを鉛筆で書き加える。最後に，そのために時間をつくりたいものを別の色鉛筆で追加してはどうだろう。また，ある期間を空けておいて，その期間中は特別な活動をしないようにしてもいいだろう。この時間は起こりうる予期せぬ事態に使うことができるので，スケジュールを簡単に調整する方法になる。❻あなたのスケジュールを評価するために，次の週末，それを見直すための時間を少し取りなさい。おそらく考えていたよりも多くの時間をかけたものもあれば少ない時間をかけたものもあるということに気づくだろう。立てた計画と実際に使った時間を比べることによって，今後の計画の立て方がよくわかるようになるだろう。❼あなたが時間に対して行った決定の多くは他の人々の時間の使用も含む。家族やクラブ，またはチームの一員として，いつも自分に最適なタイミングを選択できるわけではない。Ⅱグループ全体が必要としている事柄が考慮されなければならない。例えば，会議や仕事の約束がある場合，計画には自分のだけでなく他人の時間も含まれる。あなたが相手に事前に伝えることなく遅刻をしたり，約束を破ったりすると，相手は自分の時間資源を失うことになるのだ。自分自身の時間を管理することがうまくなるにつれて，時間を守ることが一層簡単になるだろう。こうすれば，他人は喜び，自分も良い気分になれるだろう。

問１＜英文和訳＞make the best use of ～ は「～を最大限に活用する」という意味。この to make は‘目的’を表す to不定詞の副詞的用法。　your time resource「あなたの時間資源」

問２＜整序結合＞Ⅰ．‘help＋目的語＋動詞の原形’「～が…するのに役立つ」の形にする。‘動詞の原形’には put を当て，その目的語として your activities を置く。この後，in the order of ～「～の順に」という表現にまとめ，of の目的語を their importance とする。　Ⅱ．まず must be considered がまとまる。「考慮されなければならない」のは「物事，事柄」だと考え The things must be considered とする。ここまでくると，前後の内容から，「グループ全体が必要とする事柄が考慮されなければならない」という文意になると判断できる。残りを that the whole group needs とまとめ，things を後ろから修飾する。

問３＜適語選択＞空所を含む第３段落では，重要度に応じてするべきことに優先順位をつけるという内容になっているので，「重要度，優先度」という意味の priority が適切。

問４＜指示語＞直前で説明されている「時間」を指している。前文の to leave some time free は‘leave＋目的語＋形容詞’「～を…(の状態)にしておく」の形で，直訳は「いくらかの時間を空いている状態にしておく」。これに続く with no special activities during that period は「その期間には特別な活動をしないで」という意味で，これらを指定の字数にまとめる。

問５＜和文英訳＞「～を比べることによって」は，‘compare *A* with *B*’「*A* を *B* と比較する」を用いて By comparing ～ とする。文の主語には you を置き，「今後の計画の立て方」は how to ～ の形で how to make schedules in the future, how to make future schedules などとして表すことができる。また，次に示す(別解例)のように，主語を Comparing で始まる動名詞句で表し，動詞に‘help＋人＋動詞の原形’の形を使って表すこともできる。　(別解例)Comparing your schedule you made with the time you actually spent will help you understand how to make the future schedules.

問６＜適語句選択＞on time は「時間どおりに」。空所に入れて文意が通るのは②のみ。‘It is ～ to …’「…することは～だ」の形式主語構文である。

5〔テーマ英作文〕

「どの Web サイトをよく見ますか。なぜあなたはそのウェブサイトを訪問するのですか。英語で書いて，約50語を使ってください。解答用紙のスペースに単語の数を書いてください」　自分の好きな Web サイトを，実名を挙げても挙げなくてもよいから，その内容を説明し，理由を書けばよい。

(別解例) I frequently check English news websites. Some news media have webpages for English learners in which the articles are written in relatively easy English. I can study English with news articles and videos on many different topics. In addition, it is interesting to read news about Japan from a foreign point of view. (53語)

数学解答

1 ［1］ 2　［2］ (1) 44°　(2) $\frac{23}{10}\pi\text{cm}^2$

2 ［1］ A$(\sqrt{3},\ 1)$，B$(0,\ 2)$

［2］ C$(2\sqrt{3},\ 4)$，D$(3\sqrt{3},\ 9)$

［3］ 16個　［4］ 108π

3 ［1］ $y=\frac{x}{2}+2$

［2］ $(x,\ y)=\left(3,\ \frac{7}{2}\right)$，$(6,\ 5)$

4 ［1］ ∠ABC…⑥

∠ADE…②，⑨，⑩

［2］ AE，A′D，A′E

［3］ 右図1

［4］ (1) $\frac{2\sqrt{14}}{3}$cm　(2) $\frac{15}{4}$cm

(3) $\frac{\sqrt{105}}{4}$cm

5 ［1］ $\frac{2}{3}$　［2］ 下図2

［3］ $\frac{9}{2}a^2\text{cm}^2$

図1（例）

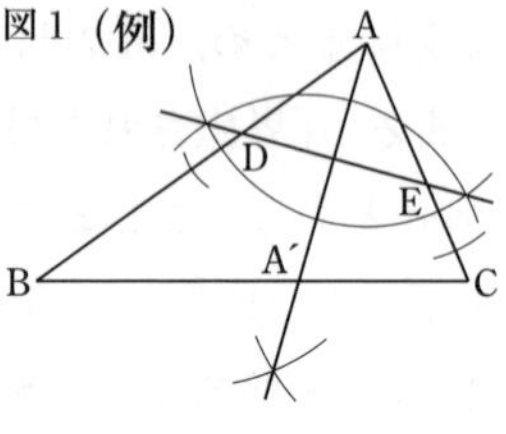

図2

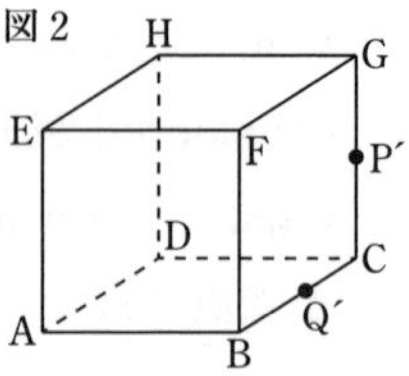

1 〔独立小問集合題〕

［1］＜平方根の計算＞与式$=\{(\sqrt{5}+1)-\sqrt{2}\}\{(\sqrt{5}+1)+\sqrt{2}\}(\sqrt{5}-2)=\{(\sqrt{5}+1)^2-(\sqrt{2})^2\}(\sqrt{5}-2)=(5+2\sqrt{5}+1-2)(\sqrt{5}-2)=(2\sqrt{5}+4)(\sqrt{5}-2)=2(\sqrt{5}+2)(\sqrt{5}-2)=2(5-4)=2\times1=2$

［2］＜図形―角度，面積＞(1)右図のように，2点O′，Dを結ぶ。円Oで，円周角の定理より，∠BOA＝2∠BCAである。また，円O′で，∠DO′A＝2∠DEA＝2×56°＝112°であり，線分BCは円O′の接線だから，∠O′DC＝90°である。よって，△O′DCで内角と外角の関係より，∠BCA＝∠DO′A－∠O′DC＝112°－90°＝22°となるから，∠BOA＝2×22°＝44°である。　(2)右図で，2つの斜線の部分のうち，線分BCと$\overset{\frown}{BC}$で囲まれたものをP，線分ABと$\overset{\frown}{AB}$で囲まれたものをQとする。〔P〕＝〔おうぎ形OBC〕－△OBC，〔Q〕＝〔おうぎ形OAB〕－△OABであり，△OBCと△OABで，辺OC，OAをそれぞれの底辺とすると，底辺も高さも等しいから，△OBC＝△OABである。よって，〔P〕－〔Q〕＝(〔おうぎ形OBC〕－△OBC)－(〔おうぎ形OAB〕－△OAB)＝〔おうぎ形OBC〕－△OBC－〔おうぎ形OAB〕＋△OAB＝〔おうぎ形OBC〕－〔おうぎ形OAB〕となる。よって，∠BOC＝180°－∠BOA＝180°－44°＝136°より，求める面積の差は，$\pi\times3^2\times\frac{136°}{360°}-\pi\times3^2\times\frac{44°}{360°}=\frac{23}{10}\pi(\text{cm}^2)$である。

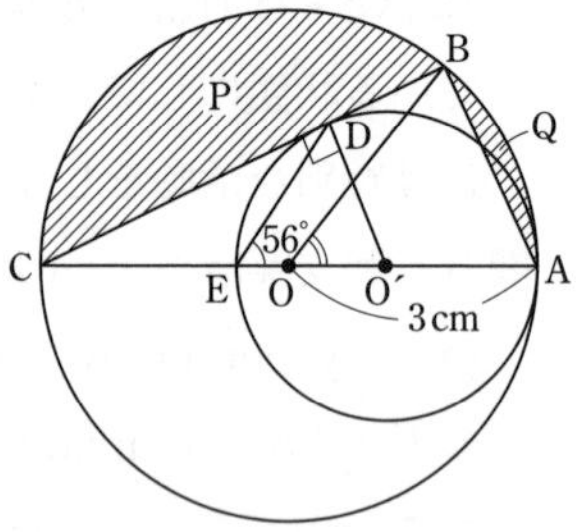

2 〔関数―関数 $y=ax^2$ と直線〕

≪基本方針の決定≫［1］ 特別な直角三角形の辺の比を利用する。

［3］ 平行線を利用して，座標平面を△OABと合同な正三角形に分ける。

［4］ つくった図形は平行四辺形に分けられることに着目する。

［1］＜座標―特別な直角三角形＞右図1のように，点Aからy軸に垂線AEを引く。△OABは正三角形だから，△OAEは3辺の比が1：2：$\sqrt{3}$の直角三角形である。よって，OE：EA＝1：$\sqrt{3}$だから，OE＝t，EA＝$\sqrt{3}t$とおけ，A$(\sqrt{3}t,\ t)$である。点Aは放物線$y=\frac{1}{3}x^2$上にあるから，$t=\frac{1}{3}\times(\sqrt{3}t)^2$が成り立ち，これを解くと，$t=\frac{1}{3}\times3t^2$より，$t^2-t=$

図1

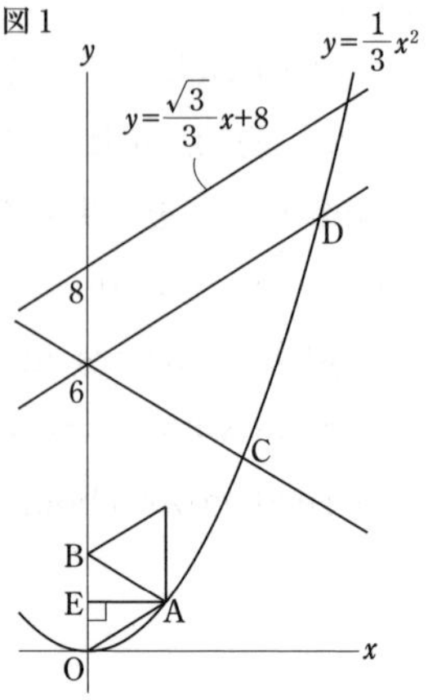

0，$t(t-1)=0$　$\therefore t=0,\ 1$　$t>0$ より，$t=1$ となるから，$A(\sqrt{3},\ 1)$である。また，$OB=2OE=2\times1=2$ だから，$B(0,\ 2)$である。

［2］＜座標＞前ページの図1で，点$(0,\ 6)$を通り，傾きが$-\dfrac{\sqrt{3}}{3}$の直線の式は$y=-\dfrac{\sqrt{3}}{3}x+6$である。点Cは，この直線と放物線$y=\dfrac{1}{3}x^2$の交点だから，2式から$y$を消去して，$\dfrac{1}{3}x^2=-\dfrac{\sqrt{3}}{3}x+6$より，$x^2+\sqrt{3}x-18=0$，$(x+3\sqrt{3})(x-2\sqrt{3})=0$　$\therefore x=-3\sqrt{3},\ 2\sqrt{3}$　$x>0$ より，$x=2\sqrt{3}$ である。よって，$y=\dfrac{1}{3}\times(2\sqrt{3})^2=4$ より，$C(2\sqrt{3},\ 4)$となる。同様にして，点$(0,\ 6)$を通り，傾きが$\dfrac{\sqrt{3}}{3}$の直線の式は$y=\dfrac{\sqrt{3}}{3}x+6$だから，$\dfrac{1}{3}x^2=\dfrac{\sqrt{3}}{3}x+6$より，$x^2-\sqrt{3}x-18=0$，$(x+2\sqrt{3})(x-3\sqrt{3})=0$　$\therefore x=-2\sqrt{3},\ 3\sqrt{3}$　$x>0$ より，$x=3\sqrt{3}$ であり，$y=\dfrac{1}{3}\times(3\sqrt{3})^2=9$ となるから，$D(3\sqrt{3},\ 9)$である。

図2

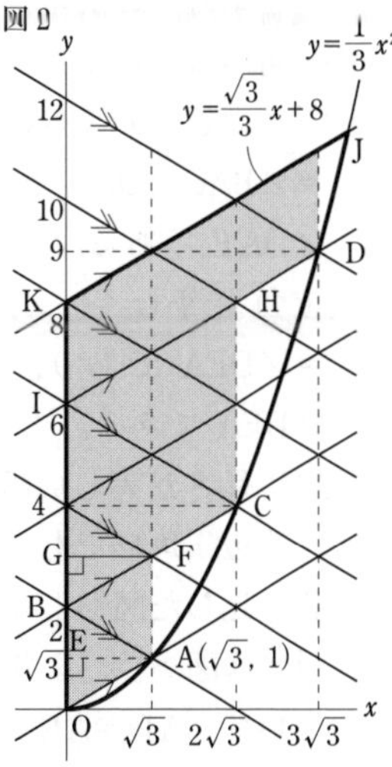

［3］＜個数＞右図2のように，直線OAに平行で切片が2，4の直線，直線BAに平行で切片が4，8，10，12の直線，y軸に平行な直線$x=\sqrt{3}$，$x=2\sqrt{3}$，$x=3\sqrt{3}$ を引くと，条件を満たすのは色をつけた部分の正三角形で16個ある。

［4］＜体積＞右図2のように，点F～Kを定める。図形OAFCHDJKは3つの平行四辺形OAFB，BCHI，IDJKに分けられる。平行四辺形OAFBをy軸の周りに1回転させると，右下図3のような立体ができる。その体積は，〔△OAEがつくる円錐〕＋〔長方形EAFGがつくる円柱〕－〔△BFGがつくる円錐〕で求められるが，△OAE≡△BFGより，〔△OAEがつくる円錐〕＝〔△BFGがつくる円錐〕だから，この立体の体積は，〔長方形EAFGがつくる円柱〕$=\pi\times(\sqrt{3})^2\times(3-1)=6\pi$である。同様にして，平行四辺形BCHI，IDJKがつくる立体の体積は，それぞれ$\pi\times(2\sqrt{3})^2\times(8-4)=48\pi$，$\pi\times(3\sqrt{3})^2\times(11-9)=54\pi$だから，求める立体の体積は$6\pi+48\pi+54\pi=108\pi$である。

図3

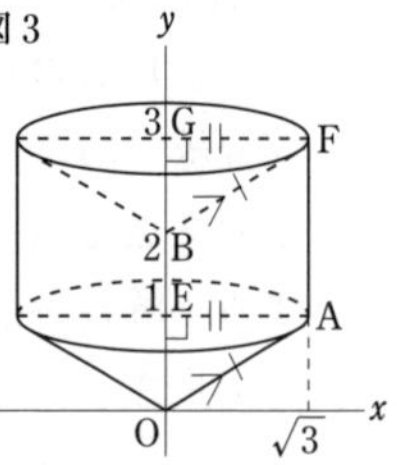

3〔方程式―二次方程式の応用〕

≪基本方針の決定≫［1］　はじめに容器Aに入っていた食塩水の量をxの式で表す。

［1］＜文字式の利用＞はじめに容器Aに入っていた濃度2％の食塩水の量は$8-x$kgと表される。これに含まれる食塩の量は$(8-x)\times1000\times\dfrac{2}{100}=20(8-x)$(g)であり，6％の食塩水$x$kgに含まれる食塩の量は$x\times1000\times\dfrac{6}{100}=60x$(g)，$y$％の食塩水8kgに含まれる食塩の量は$8\times1000\times\dfrac{y}{100}=80y$(g)となる。よって，$20(8-x)+60x=80y$が成り立つ。これを$y$について解くと，$y=\dfrac{x}{2}+2$……①となる。

［2］＜二次方程式の応用＞容器Aの8kgの食塩水から$x$kgの食塩水を抜き取った後，容器Aに水を2kg加えると，容器Aの食塩水の量は$8-x+2=10-x$(kg)となる。［1］より，y％の食塩水8kgに含まれる食塩の量は$80y$gであり，y％の食塩水$x$kgに含まれる食塩の量は$x\times1000\times\dfrac{y}{100}=10xy$(g)，2.5％の食塩水$10-x$kgに含まれる食塩の量は$(10-x)\times1000\times\dfrac{25}{1000}=25(10-x)$(g)だから，$80y-10xy=25(10-x)$が成り立つ。これを整理すると，$16y-2xy+5x-50=0$……②となる。［1］の①を

②に代入すると，$16\left(\frac{x}{2}+2\right)-2x\left(\frac{x}{2}+2\right)+5x-50=0$ より，$x^2-9x+18=0$，$(x-3)(x-6)=0$　∴ $x=3,\ 6$　$x=3$ のとき，$y=\frac{3}{2}+2=\frac{7}{2}$，$x=6$ のとき，$y=\frac{6}{2}+2=5$ となるから，考えられる x と y の値の組は，$(x,\ y)=\left(3,\ \frac{7}{2}\right)$，$(6,\ 5)$ である。

4〔平面図形―三角形〕

≪基本方針の決定≫［3］　四角形ADA′Eの形状に着目する。　［4］(1)　1辺を共有する2つの直角三角形に着目する。

［1］＜大きさの等しい角―相似＞右図1で，△DBA′∽△ABCより∠BDA′＝∠BAC，折り返した図形より∠BAC＝∠DA′Eだから，∠BDA′＝∠DA′Eである。これより，錯角が等しく，AB∥EA′となるので，同位角が等しく，∠ABC＝∠EA′C＝∠CA′E(⑥)となる。また，∠ADE＝∠DEA′であり，折り返した図形より∠ADE＝∠EDA′，∠AED＝∠DEA′である。よって，∠ADE＝∠EDA′(②)＝∠DEA′(⑨)＝∠AED(⑩)となる。

図1

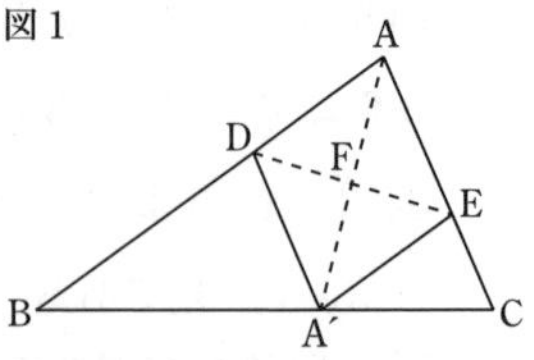

［2］＜長さが等しい線分＞右上図1で，［1］より，∠ADE＝∠AEDだから，△ADEはAD＝AEの二等辺三角形であり，∠EDA′＝∠DEA′だから，△A′DEはA′D＝A′Eの二等辺三角形である。また，折り返した図形より，AD＝A′Dである。よって，AD＝AE＝A′D＝A′Eとなる。

［3］＜作図＞［2］より，右上図1の四角形ADA′Eはひし形である。これより，△ADA′と△AEA′において，AD＝AE，A′D＝A′E，AA′＝AA′(共通)で，3辺の長さがそれぞれ等しいので，△ADA′≡△AEA′である。よって，∠DAA′＝∠EAA′となるから，線分AA′は∠BACの二等分線である。次に，ひし形の対角線は垂直に交わり，それぞれの中点で交わるから，線分DEは線分AA′の垂直二等分線である。以上より，線分AA′と線分DEの作図は，まず，∠BACの二等分線を引き，辺BCとの交点をA′とする。次に，AA′の垂直二等分線を引き，辺AB，ACとの交点をそれぞれD，Eとする。解答参照。

［4］＜長さ―三平方の定理＞(1)右図2のように，点Aから辺BCへ引いた垂線をAHとする。このとき，BH＝$x$cmとすると，CH＝$6-x$ と表せる。これより，△ABH，△ACHで三平方の定理より，$AH^2=AB^2-BH^2=5^2-x^2$，$AH^2=AC^2-CH^2=3^2-(6-x)^2$ となるから，$5^2-x^2=3^2-(6-x)^2$ が成り立つ。これを解くと，$25-x^2=9-(36-12x+x^2)$，$12x=52$，$x=\frac{13}{3}$ である。よって，$AH=\sqrt{AB^2-BH^2}=\sqrt{5^2-\left(\frac{13}{3}\right)^2}=\sqrt{\frac{56}{9}}=\frac{2\sqrt{14}}{3}$(cm)となる。　(2)図2の△DBA′で，BD＝$y$cmとすると，DA′＝DA＝$5-y$ と表せる。ここで，△DBA′∽△ABCより，DB：AB＝DA′：ACとなるから，$y:5=(5-y):3$ が成り立つ。これを解くと，$y\times3=5\times(5-y)$ より，$y=\frac{25}{8}$ となる。よって，BA′：BC＝DB：ADより，BA′：6＝$\frac{25}{8}$：5，BA′×5＝6×$\frac{25}{8}$，BA′＝$\frac{15}{4}$(cm)である。　(3)図2の△AA′Hは，(1)，(2)より，AH＝$\frac{2\sqrt{14}}{3}$，A′H＝BH−BA′＝$\frac{13}{3}-\frac{15}{4}=\frac{7}{12}$ である。よって，三平方の定理より，AA′＝$\sqrt{AH^2+A'H^2}=\sqrt{\left(\frac{2\sqrt{14}}{3}\right)^2+\left(\frac{7}{12}\right)^2}=\sqrt{\frac{945}{144}}=\sqrt{\frac{105}{16}}=\frac{\sqrt{105}}{4}$(cm)となる。

図2

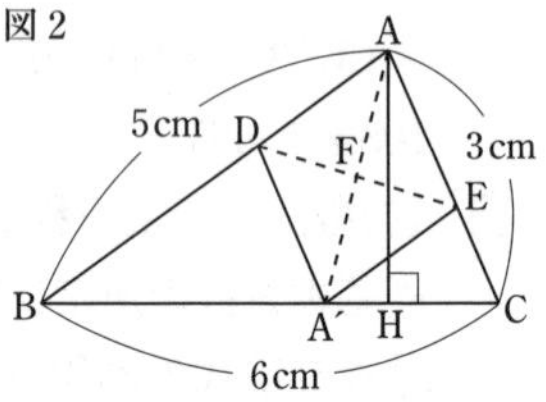

≪(2)の別解≫図2で，線分AA′は∠BACの二等分線だから，BA′：CA′＝AB：AC＝5：3である。よって，BA′＝$\frac{5}{5+3}$BC＝$\frac{5}{8}\times6=\frac{15}{4}$(cm)となる。

覚えておこう！

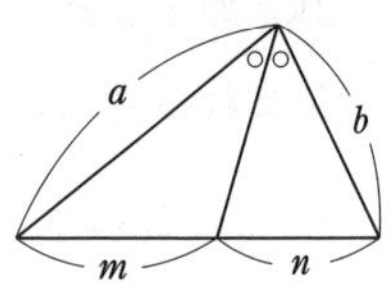

$m:n=a:b$

5 〔空間図形―立方体〕

≪基本方針の決定≫［2］ $CP' \leqq 2a$ に注意する。 ［3］ 平行な2平面を1つの平面で切ると，それぞれの面にできる切り口の線分は平行になる。

図1

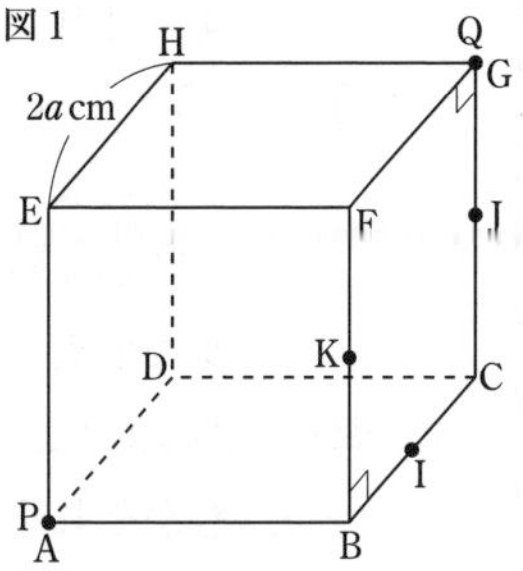

［1］＜確率＞右図1で，2点P，Qの速さは毎秒 $a$cm だから，2秒間に $2a$cm 移動する。よって，2秒後には，点Pは頂点B，D，E，点Qは頂点C，F，Hのいずれかにあり，2点P，Qの位置の組合せは $3\times3=9$(通り)ある。このうち線分PQの長さが $2a$cm になるのは，線分PQが立方体の辺と一致するときだから，(P，Q)＝(B，C)，(B，F)，(D，C)，(D，H)，(E，F)，(E，H)の6通りある。よって，求める確率は $\frac{6}{9}=\frac{2}{3}$ である。

［2］＜点の位置＞点Pは毎秒 $a$cm の速さで動くから，5秒で $5a$cm 移動し，(ア)よりP′は正方形BCGFの辺上にあり，(イ)より線分CP′の長さは $2a$cm 以下である。つまり，点P′は辺BC，CG上にあるから，右上図1のように，辺BC，CGの中点をそれぞれI，Jとすると，点Pは，(i) A→B→C→J，(ii) A→D→C→I，(iii) A→D→C→J と移動する場合がある。また，点Qも同様に5秒で $5a$cm 移動し，(ア)よりQ′は正方形BCGFの辺上にあるから，図1のように辺FBの中点をKとすると，点QはG→F→B→I，G→C→B→Kと動く場合がある。よって，(ウ)より，点Pと点Qの経路が重ならないことから，(iii)のときに点QがG→F→B→Iと動く場合が適するが，(i)のときはどちらも経路が重なり，(ii)のときは点Q′が点P′と同じになるか，経路が重なるため，適さない。したがって，点P′の位置はJ，点Q′の位置はIとなるから，点P′は辺CGの中点，点Q′は辺BCの中点である。

図2

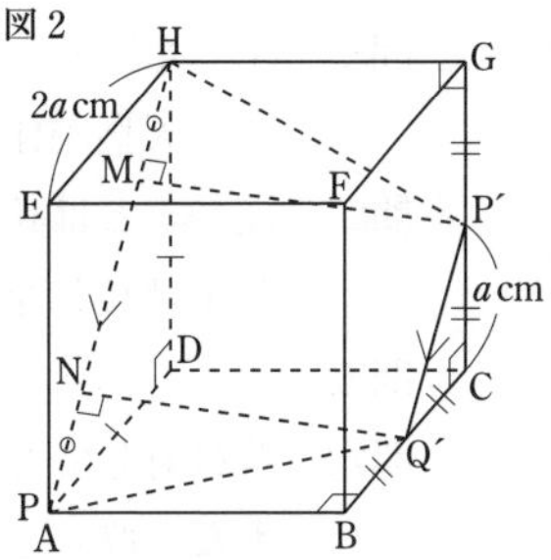

［3］＜面積―三平方の定理＞右図2で，立方体ABCD-EFGHを3点P′，Q′，Hを通る平面で切断したときの，面ADHE上の切り口の線分と面BCGF上の切り口の線分は平行である。△CP′Q′は直角二等辺三角形だから，∠CP′Q′＝45°である。よって，面ADHE上の切り口の線分はHAとなり，切り口の四角形P′HAQ′は台形となる。このとき，△GHP′≡△BAQ′であるから，P′H＝Q′Aとなる。ここで，図2のように，2点P′，Q′から辺HAに垂線P′M，Q′Nを引くと，$P'C=Q'C=\frac{2a}{2}=a$ より，$P'Q'=\sqrt{2}P'C=\sqrt{2}\times a=\sqrt{2}a$，$HA=\sqrt{2}HD=\sqrt{2}\times2a=2\sqrt{2}a$ であり，図形の対称性より，HM＝ANだから，$HM=(HA-MN)\div2=(HA-P'Q')\div2=(2\sqrt{2}a-\sqrt{2}a)\div2=\frac{\sqrt{2}}{2}a$ である。さらに，△P′GHで三平方の定理より，$P'H^2=P'G^2+GH^2=a^2+(2a)^2=5a^2$ だから，△P′HMで，$P'M=\sqrt{P'H^2-HM^2}=\sqrt{5a^2-\left(\frac{\sqrt{2}}{2}a\right)^2}=\sqrt{\frac{9}{2}a^2}=\frac{3\sqrt{2}}{2}a$ となる。したがって，〔台形P′HAQ′〕$=\frac{1}{2}\times(\sqrt{2}a+2\sqrt{2}a)\times\frac{3\sqrt{2}}{2}a=\frac{9}{2}a^2$(cm^2)である。

2019年度／慶應義塾女子高等学校

国語解答

一 問一　1　軌跡　2　歓声　3　鼓膜
　4　とりい

問二　「うた」も「踊り」も昔から伝わる大切な「ものがたり」も皆，祭の特別な時間を彩り盛り上げる重要な要素である，ということ。

問三　お盆には，血縁や年齢を越えて誰もがそれぞれに，すでに死んだ人とつながっている感覚を取り戻す，ということ。

問四　1　　問五　死

問六　お盆が終わりに近づき，死者があの世へ戻ろうとしている，ということ。

問七　今生きている者もいずれ死に，先にいった人たちと一緒になる，ということ。

二 問一　2　　問二　ねこのこのこねこ

問三　⑴　だいり
　⑵　天皇が住んでいるところ

問四　読むことは読むが，恐れ多くて申し上げられない，ということ。

問五　1

問六　篁に対して帝からは何のおとがめもなく終わった，ということ。

三 問一　1　起伏　2　ひた　3　確固
　4　希求

問二　律詩

問三　都や故郷への帰還を願いながらも，今年もまた帰れないまま春を過ごしてしまった自分のふがいなさに，憤っている。

問四　⑴　唐〔盛唐〕　⑵　りはく

問五　起承転結　　問六　3

問七　感傷に浸るのではなく，厳しい現実に向き合い，自然と人間を対比しながら，自然が持つ秩序や安定にはほど遠い人間世界を嘆く文学。

問八　旅の中で感じる，優しくやわらかでセンチメンタルな情感。

問九　空・海の青さに染まることなく漂う白鳥の孤独な姿に，自分自身を重ね合わせている，ということ。

問十　春になれば春の営みをしっかり行っている自然と，都や故郷への帰還を願いながら現実には帰れずにいる自分の姿を，対比して表している。

問十一　帰り(動詞・連用形)／たい(助動詞・終止形)／と(助詞)／いう(動詞・連体形)／願い(名詞)／を(助詞)／ずっと(副詞)／いだき(動詞・連用形)／ながら(助詞)

一〔随筆の読解―哲学的分野―生活〕出典；いしいしんじ「この世のみんなが『子』になる祭」。

問一＜漢字＞1．行為のあと，たどったあとのこと。　2．喜びの声のこと。　3．耳の奥にあり，音波を受けて振動する膜のこと。　4．神社の参道の入り口にある門のこと。

問二＜表現＞「ごちそう」は，ここでは比喩的に，もてなすためのものを表す。「うた」や「踊り」や「昔から伝わる，大切な『ものがたり』」は，どれも「この特別な時間」を盛り上げるための重要な要素になっている。

問三＜文章内容＞「お盆のあいだ」には，この世から「遠ざかったもの」が帰って来て，「この世にまだいるもの」のそばにいる。その人たちとこの世にいる誰もが交わり，「血縁をこえ，年齢をこえて」その人たちと「僕たち」は，つながりを取り戻すのである。

問四＜文章内容＞お盆の間は，今自分がどこにいるか，何月何日であるかなどということよりも，「この世にまだいるもの」と「遠ざかったもの」が一緒にいることに意味があるのである。

問五＜指示語＞「死」は，「突然前に突きつけられると目をそむけたくなるもの」である。しかし，お盆の時期には，「死」は「なつかしいなにか」に変わる。

問六＜文章内容＞「お盆の最後」には，「送り火」の夜があり，「空に浮きあがった親たちが子らに懸命に手を振っ」てあの世へ戻っていく。お盆の終わりが近づくと，この世に帰ってきていた人たちが，あの世へ戻るために，「浮きあがって」いくのである。

問七＜文章内容＞お盆には「先にいったひとたち」は，この世に帰ってくる。その人たちのおかげで今生きている「僕たち」は，「いまは生きていること，生きるほかないこと，そして，いずれ必ず，そちらへと旅立っていくこと」を知る。お盆が終わって「親たち」を送った後，「子ら」は皆，自分たちもいつか「そちらへと旅立っていく」ことになると思うのである。

二〔古文の読解―説話〕出典；『宇治拾遺物語』巻第三ノ十七。

≪現代語訳≫今となっては昔のことであるが，小野篁という人がいらっしゃった。嵯峨帝の御世に，御所に札を立ててあったが，（そこに，）「無悪善」と書いてあった。帝が，篁に，「読め」とおっしゃったので，（篁は，）「読むことは読みましょう。しかし恐れ多いことですので，申し上げられません」と申し上げたが，（帝が）「かまわず申せ」と何度もおっしゃったので，（篁は，）「〈さがなくてよからん〉と申しております。ですから帝を呪い申し上げているのでございます」と申し上げたところ，（帝は）「お前以外に誰が（こんなことを）書こうか」とおっしゃったので，（篁が）「ですから，申しますまいと申しましたのです」と申し上げると，帝は，「では何でも書いた物は読んでみせるのか」とおっしゃったので，「何でも読みましょう」と申し上げると，（帝は）片仮名の「子」という文字を十二個お書きになり（篁に）お与えになって，「読め」とおっしゃったので，（篁が）「〈ねこの子のこねこ〉，ししの子のこじし」と読んだので，帝はほほ笑まれて，おとがめもなく終わった。

問一＜古文の内容理解＞「悪」は「さが」，「善」は「よし」と読むことができる。このときの帝は「嵯峨」帝であるため，篁が読むよう求められても答えようとしなかったのは，「無悪善」を読むと，「さが」がないのがよかろうという意味になり，「嵯峨」天皇を呪う言葉になってしまうからである。

問二＜古文の内容理解＞「子」は，「ね」とも「し」とも「こ」とも読める。「ししの子のこじし」にならって，「し」を「ね」と読むことにすると，「ねこの子のこねこ」と読める。

問三＜古典の知識＞「内裏」は「だいり」と読み，天皇の住まい，つまり，御所，皇居のこと。

問四＜古文の内容理解＞「無悪善」を読めば「さが」がないのがよいだろうと読めるが，それでは嵯峨天皇がいないのがよいだろうという意味になってしまうため，篁は，そんなことは恐れ多くてとても言えないと思ったのである。

問五＜古文の内容理解＞帝は，「無悪善」をどう読むかを篁に尋ね，篁はそれに答えて読んでみせた。帝は，普通はなかなか読めないものでも，学のある篁なら読めるだろうと思ったのである。そして，帝は，それだけの学のある者は篁以外にはいないだろうから，「無悪善」と書いたのも篁に違いないと，言ったのである。

問六＜古文の内容理解＞「やみにけり」は，直訳すれば，やんでしまった，となる。「やむ」は，ここでは，終わる，という意味。「事なくて」は，何事もない，という意味。帝は，篁の学の深さに感心して「無悪善」を書いた篁をとがめ立てなかったのである。

三〔論説文の読解―芸術・文学・言語学的分野―文学〕出典；川合康三『漢詩のレッスン』「絶句を知

ろう」。

≪本文の概要≫杜甫は，実際の暮らしの中の出来事から詩をつくった。彼の人生は起伏に富んだ大変なものだったが，だからこそ，そこから優れた文学が生み出されたといえる。彼は，ようやく得た官職を捨てた後，死ぬまで放浪を続けた。都，故郷に帰りたいという願いを抱きながら，帰ることはできなかった。「江碧鳥逾白　山青花欲燃　今春看又過　何日是帰年」の絶句は，日本の詩歌にも影響を与えた。しかし，島崎藤村の詩と比べると，優しい情緒を楽しむ日本の文学と厳しい現実に向き合う中国の文学という対比が浮かびあがってくる。若山牧水の歌と比べると，杜甫は，自然を描写しても自然と同化することなく，自然を観念的にとらえているかに見える。自然と自分，ないし自然と人間の対比は，彼の終生のテーマといってよいもので，杜甫の文学には，人も自然と同じように秩序を得た安定した状態であるべきなのに実際にはそうではないといって，人間世界を嘆くということが通底している。「江碧〜」の絶句にも，杜甫のテーマの一端を見ることができる。

問一＜漢字＞１．盛んになったり衰えたり，多くの変化があること。　２．他の訓読みは「し(みる)」。音読みは「浸水」などの「シン」。　３．確かでしっかりしていること。　４．願って求めること。

問二＜漢詩の形式＞八句からなるのは，「律詩」という。五言律詩と七言律詩がある。

問三＜漢詩の内容理解＞杜甫の詩は，「強い帰還の願いに加えて，今年もまた帰れないまま春を過ごしてしまった，そんな自分のふがいなさへの憤りまで含んでいるかのよう」である。

問四＜文学史＞⑴杜甫は，盛唐の詩人。　⑵杜甫は，李白と並ぶ詩人で，二人はまとめて「李杜」と称されることがある。

問五＜古典の知識＞絶句は四句からなり，内容は「起承転結」の構成になっている。

問六＜慣用句＞「人口に膾炙する」は，広く人々が語るようになっている，という意味。

問七＜文章内容＞杜甫には，「情緒に浸るだけの詩」はなく，日本の文学が「やさしい情緒を含む」のに対して，中国の文学は「厳しい現実に向き合う」ものだという対比が，杜甫の絶句を通して浮かびあがってくる。また，杜甫は，自然と人間を対比し，「人も自然と同じように秩序を得た，安定した状態であるべきなのに，実際にはそうでない」ことに対していぶかり，憤って，理想からほど遠い人間世界を嘆くのである。

問八＜文章内容＞「甘やかな旅愁」は，「やわらかな旅愁」と同様，「もの悲しい旅の愁い」や「旅の感傷」である。それは，「センチメンタルな情感」である。ただ，杜甫の詩は，「強い帰還の願い」や「自分のふがいなさへの憤りまで含んでいるかのよう」であり，そうした情感だけではすまされないものである。

問九＜文章内容＞「白鳥は」の歌で牧水は，「空・海の青さに染まることなくただよう白鳥の飛翔，その孤独な姿に自分を重ね合わせて」いる。この歌では，「白鳥」は「牧水自身」なのである。

問十＜文章内容＞「杜甫のテーマ」とは，「自然と自分，ないし自然と人間の対比」であり，具体的には「あるべき状態を希求しながら，それにほど遠い人間世界を嘆く」ということである。それが，「江碧〜」の絶句では，今年もまた自然は春らしい情景を見せているのに対し，「強い帰還の願い」を抱きながらも「今年もまた帰れないまま春を過ごしてしまった，そんな自分のふがいなさへの憤りまで含んでいるかのよう」な詩句として表れている。

問十一＜品詞＞「たい」は，願望を表す助動詞。「ずっと」は，用言にかかる副詞。

2018年度 慶應義塾女子高等学校

【英　語】（60分）

1 　これからリスニングのテストを行います。英文と，それに関する質問が2問ずつ放送されます。1つ目の質問は，最も適切な答えを①～④より1つ選び，番号で答える形式です。2つ目の質問は，書き出しの語に続けて答えを英語で書く形式です。書き出しの語も含めて10語以内で解答しなさい。放送を聞きながら問題用紙にメモを取ってもかまいません。英文と質問は2回ずつ放送されます。

〈編集部注：放送文は未公表につき掲載してありません。〉

(A)　1　① Sally woke up late in the morning.
　　　　② Sally went hiking with her family.
　　　　③ Sally took a rest for two hours on the mountain.
　　　　④ Sally got too tired to feel happy on the mountain.
　　2　She ______________________

(B)　1　① Maria called John every day.
　　　　② Maria found a small bag and took it away.
　　　　③ Maria knew that she was in trouble.
　　　　④ Maria went to the nearest police station.
　　2　She ______________________

(C)　1　① How to know more about people.
　　　　② How to clean the floor and carpet.
　　　　③ How to make a good impression on others.
　　　　④ How to have a good time in a car.
　　2　We ______________________

2 　次の文章を読んで設問に答えなさい。

Studies have shown that stress can have some effects on our bodies. When we are stressed by something, such as a loud noise, our bodies respond by making adrenaline. Also, our blood pressure, our body temperature, and the amount of oxygen we use rise. These physiological changes are called (A)a “fight or flight” response. These changes prepare our bodies to either stay and deal with stress or to run away. We are ready to give “fight or flight”, as our ancestors did when they came across a tiger.

However, if we are dealing with stress over a long period of time—for example, in the workplace—the effect on our bodies is not healthy. Toxins stored from the “fight or flight” response could make cells in our bodies age or die earlier. After experiencing stress over a long period, our reaction time becomes shorter, functions of our mind and body start to become worse, and we may (ア) from lack of sleep or become angry very easily. Over time, people can die from stress.

The first case of karoshi (death from overwork) in Japan happened in 1969 with the death from a stroke of a 29-year-old married male worker of Japan’s largest newspaper company. In 1987, the Ministry of Labour started releasing the numbers and the conditions about this new problem.

In 2004, there were 345 karoshi-related deaths in Japan, an increase over a year earlier. In addition, lack of sleep is thought to be the cause of 40% of work-related accidents and long periods of absence.

To reduce stress, a few companies are allowing pets in the office. A company in Japan has filled its work space (あ) many cats that are allowed to move around freely. Office communication has increased a lot, because everybody just can't seem to stop (イ) about the cats. It's a subject that brings workers together and reduces everyone's stress. One worker said, "It's almost impossible to be angry when there's a cute cat around us, but sometimes cats walk on a phone and cut off the call, or they shut down the computers by walking on the off switch."

Meditation and relaxation are also good ways to help reduce the effects of stress, but how does one go about getting the quiet time in a busy city ? (B)Recently, some Japanese companies have started offering products and services to help stressed Japanese workers deal with this problem. Sales of "desk pillows" are increasing. If you don't want your pillow to be seen, try a "dictionary desk pillow." When you open it, you have a comfortable cushion for your tired head. When you're not using it, close it and put it on your shelf.

New types of hotels are also appearing in the center of Tokyo which offer stressed workers a chance to take a nap. These nap hotels offer a bed for short rests from 15 minutes to two hours, with prices from $5 to $16. Some of them serve a cup of coffee to the workers before they lie down, because the caffeine in coffee takes about 20 minutes to take effect, the perfect amount of time for a workday nap.

Also, a Japanese company has designed a talking pillow with sensors that learn the user's regular sleep habits. Depending on head movements, it offers many messages, including advice like, "Try taking a warm bath"and encouraging words like, "You've been sleeping well. Keep it up."

The Japanese government (ウ) to have new laws which limit the number of working hours of workers. They should also encourage companies to give their workers more breaks. Someday, don't be (エ) if you enter a Japanese company and find that workers have their own desk pillows.

［注］ stress：ストレス(を与える)　adrenaline：アドレナリン　physiological：生理的な　flight：逃走
response：反応　ancestor：先祖　toxin：毒素　cell：細胞　age：年をとる
reaction time：反応時間　function：機能　lack：不足　stroke：脳卒中
the Ministry of Labour：労働省(現在の厚生労働省)　~-related：~に関係ある
meditation：瞑《めい》想　relaxation：くつろぎ　go about ~：~にとりかかる　caffeine：カフェイン
sensor：センサー　limit：制限する

問1　下線部(A)について，次の(1)(2)に答えなさい。

(1)　下線部(A)はどのような体内の反応を指すか，具体的に日本語で答えなさい。

(2)　下線部(A)はどのような場面で起こるか，本文中で挙げられているものを①~④より1つ選び，番号で答えなさい。

①　when people meet a tiger　②　when people work with cats
③　when people sleep on desk pillows　④　when people hear encouraging words

問2　(ア)~(エ)に入る最も適切な語を次より1つずつ選び，文脈に合う形で答えなさい。ただし，同じ語を２度以上選ばないこと。

arrive, become, need, suffer, surprise, talk

問３　(あ)に最も適切な１語を補いなさい。

問４　下線部(B)を日本語に直しなさい。

問５　次の質問に英語で答えなさい。ただし，主語と動詞のある文の形で答えること。

What kind of information can talking pillows get?

問６　本文の内容に合っているものを①～⑥より２つ選び，番号で答えなさい。

① In 1969, more than 300 karoshi-related deaths happened in Japanese companies.

② People who have stress for a long time are patient to others.

③ Pets in an office have increased communication among workers there.

④ A dictionary desk pillow can be put on your shelf when it isn't used.

⑤ Caffeine in coffee makes us sleep for many hours.

⑥ New types of hotels offering workers a nap lend a business person a talking pillow.

3　次のJackの家での会話文を読んで設問に答えなさい。

Jack: Have you decided your theme of the science contest at school?

Eric: I'm interested in volcanoes, so I'm thinking of making a model of a volcano. But I haven't started anything. [A]

Jack: I'm planning to study about insects and write a report. Actually, my sister and I have insects. Come over here. I'll show you some of them. We also have lots of books about insects.

Eric: Thanks. I'd love to.

Jack: [B] This jar has two grasshoppers in it. We put grass and twigs in the jar with them. Grasshoppers have two pairs of wings. The back wings are large though the front wings are small and hard. They also have long back legs that help them jump a long way. They can jump twenty times the length of their body.

Eric: That's amazing! I didn't know that. Do you keep any other insects?

Jack: Yes. Let me show you our ant farm. Ants are (ア) insects. That means they live together in large colonies or groups. In a colony, the queen is the only ant that can lay eggs. (あ O—) the queen becomes an adult, she spends the rest of her life laying eggs! The other female ants are worker ants. They build the nest and gather food for the colony. There is a lot of work to be done. They are hard workers.

Eric: You know a lot about insects. Do you know which insect becomes the best (い m—)?

Jack: As far as I know, it's the earwig.

Eric: The earwig? What's it like?

Jack: Well, I have a picture of one. She spends all winter looking after her eggs. She licks them clean and keeps them warm. When they hatch, she feeds them.

Eric: I see. She really does a lot.

Jack: This is a picture of another insect. She also takes good care of her babies. She carries them in a pouch.

Eric: [C]

Jack: Yes, exactly like that. Let me show you one more picture. This shows the insect I like most. It is a giraffe weevil. The name comes from its long neck. Its neck is twice as long as its body.

Eric : Wow! (1)I've become more interested in insects than before. I also want to keep some at home if possible.

Jack : I'm glad to hear that. Summer is a good time to collect insects. Let's go outside and catch some. That should be fun.

Eric : That sounds good, but I have to go home now. [D] So, as soon as I get home, I'll start (2)my science project!

［注］ jar：(広口の)びん　grasshopper：バッタ　twig：小枝　～times：～倍　colony：集団
lay：産む　earwig：ハサミムシ　lick ～ …：～をなめて…にする　hatch：(卵が)かえる
pouch：小袋　giraffe weevil：キリンクビナガオトシブミ

問１　[A]～[D]を補うのに，最も適切なものを①～⑧より１つずつ選び，番号で答えなさい。ただし，同じ番号を２度以上選ばないこと。

① That reminds me of kangaroos!　② I'm inspired by your passion for insects.
③ What's wrong with you?　④ Do you know how long it took?
⑤ They are willing to pay.　⑥ Take a look at this.
⑦ How about you, Jack?　⑧ It was important to remove them.

問２　(ア)に入る最も適切なものを①～④より１つ選び，番号で答えなさい。

① social　② national　③ medical　④ local

問３　(あ)，(い)にそれぞれ最も適切な１語を補いなさい。ただし，指定された文字で書き始めること。

問４　下線部(1)を，"interesting"を用いてほぼ同じ意味の文に書きかえなさい。

問５　下線部(2)の具体的な内容を日本語で答えなさい。

問６　本文の内容に合わないものを①～④より１つ選び，番号で答えなさい。

① Jack has decided his research theme of the science contest.
② The size of the front wings of grasshoppers is different from that of the back wings.
③ Jack and his sister keep earwigs as well as grasshoppers and ants.
④ A giraffe weevil is Jack's favorite insect.

4　次の文章を読んで設問に答えなさい。

A friend is someone you can share things with. A movie is funnier when your friend is laughing by your side. Going horse-riding for the first time is more of an adventure when it's your friend's first time, too. Your fear of moving up a grade is more bearable because your friends feel the same way. Going shopping, going fishing, or making cookies—all these things are better when you have a friend to share them with.

If you are lucky, you have at least one friend you feel really close to, someone you can talk to and rely on. Of all the people you know, this person most nearly [A].

What makes a close friendship special? (1)Part of it may be the length of time you have spent together or the experiences you have shared. Just as important is the quality of the give-and-take between you.

First of all, you accept each other just as you are. You know each other's strong and weak points. Although there [I] about the other, you're ready to accept it for the friendship.

You are true to each other. Your friend can tell you something that he or she thinks is a secret and know that you won't tell it to anyone. You know that your friend will stick up for you when you are not around.

You listen to each other's problems with understanding and a sense of shared feeling. You can tell each other your worst fears and embarrassments and know that you'll be understood. Even if the problem seems bad, you know your friend is on [B].

Perhaps most important of all, you care about each other. If you miss a day at school, your friend calls and lets you know what you missed. If your friend is having problems at home, you find a way to offer hope and encouragement. To each of you, the feelings [II] your own.

Even between good friends, problems can happen. The closer you are to someone, the more you may expect from him or her. This [III] feelings. Your attitude toward another person can be part of the problem.

For example, new friends or interests can interfere with an old friendship. Let's say that you used to walk home from school with your friend every day. Now, suddenly, your friend no longer [C]. There can be many reasons. Perhaps the friend has made a new friend or gotten interested in someone else. It could be that your friend has joined a new group of people—members of a sports team, band or volunteer organization. Whatever the reason is, you feel left out.

Problems that happen between you and your friend like this can make you feel hurt. However, (2)まだ怒っているうちに話すと，あなたはその状況をより悪くしてしまうかもしれない。 It's better to calm down first or to do something physical to use up your energy. Then examine what you feel and how you want to deal with it. A good friendship is worth all the honesty and patience you can bring to it.

［注］ more of a (an) ～：むしろ～　fear：不安　bearable：我慢できる　give-and-take：協力
true：誠実な　stick up for ～：～を支持する，かばう　embarrassment：不愉快なこと
encouragement：励まし　interfere with ～：～を妨げる　whatever：何であろうとも
patience：忍耐力

問１ [A] を補うのに最も適切なものを①～④より１つ選び，番号で答えなさい。

① doesn't fit the friend who is successful　② fits the image of a great leader
③ doesn't fit the friend who worries about you　④ fits the image of a perfect friend

問２ 下線部(1)を日本語に直しなさい。ただし，"it" の内容を明らかにすること。

問３ ［Ｉ］～［III］を補うように，次の語句を並べかえなさい。

［Ｉ］に用いる語句：change, each, like, might be, something, to, would
［II］に用いる語句：almost as, as, matter, much, of, other, the
［III］に用いる語句：and hurt, can, lead, problems, to

問４ [B] に入る最も適切な２語を，本文中より抜き出しなさい。

問５ [C] に入る適切な内容を４語の英語で補いなさい。

問６ 下線部(2)を英語に直しなさい。

5 Some students have part-time jobs during high school. Do you think this is a good idea or not? Give two or three reasons. Write in English and use about 50 words. Please write the number of words in the space (　words) on the answer sheet.

［注］ part-time job：アルバイト

【数　学】（60分）

（注意）　1．途中の計算や式などもすべて解答用紙に書いておくこと。

　　　　　2．図は必ずしも正確ではありません。

1　次の問いに答えなさい。

［1］　次の式を計算しなさい。

$\sqrt{85^2-84^2+61^2-60^2-2\times11\times13}$

［2］　下の図のように7，8，9の書かれた縦長の長方形のカードが1枚ずつ計3枚ある。これらをすべて裏返しにし，よくかきまぜてからカードを選び，長い辺が縦になるように置いてから，カードをおもてにして数字を読む。ただし，数字が上下逆になったとき，7は数字として扱わず，8は8として扱い，9は6として扱うものとする。以下の問いに答えなさい。

(1)　カードを1枚だけ選んで，それをおもてにしたとき6である確率と，8である確率をそれぞれ求めなさい。

(2)　カードを2枚選んで横に並べて，おもてにしたとき2桁の整数が作れる確率を求めなさい。

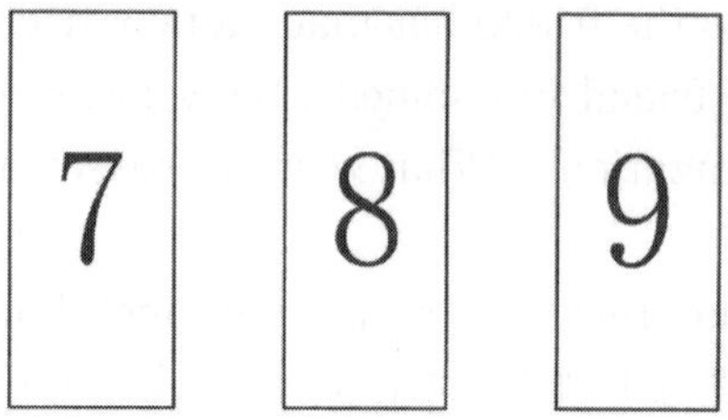

2　図のように放物線 $y=x^2$ と直線 l：$y=\dfrac{4}{3}x+8$ があり，放物線上の点Pを中心とする円が x 軸と直線 l に接している。次の問いに答えなさい。

［1］　直線 l と x 軸との交点Aの座標を求めなさい。

［2］　直線 l と y 軸との交点をBとするとき，線分ABの長さを求めなさい。

［3］　直線APと y 軸との交点Cの座標を求めなさい。

［4］　点Pの座標を求めなさい。ただし，点Pの x 座標は正とする。

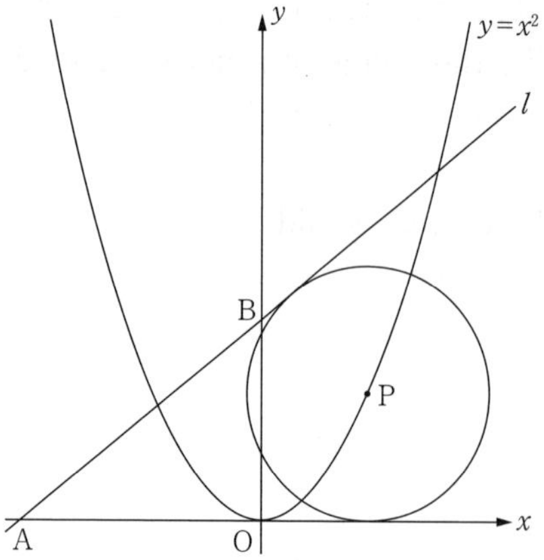

3　平面上の2点A，Bを中心に半径ABの円A，円Bをそれぞれ描きその交点をC，Dとする。また，点Cを中心とする線分ABと同じ長さの半径の円Cを描き，線分CDとの交点をE，AEの延長と弧BDとの交点を図のようにFとする。おうぎ形ABFの面積が6πのとき，次の問いに答えなさい。

［1］　∠BAFの大きさを求めなさい。

［2］　線分ABの長さを求めなさい。

［3］　円A，円B，円Cにより囲まれた図の斜線部分の面積Sを求めなさい。

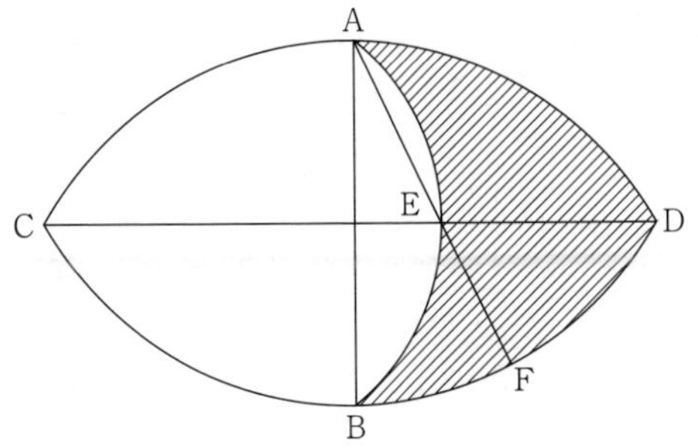

4　百の位，十の位，一の位がそれぞれa，b，cである3桁の数字がある。その3つの数字を並べ替えてできる一番大きい3桁の数字から一番小さい3桁の数字をひいたものを$\langle abc\rangle$で表すものとする。例えば，$\langle 357\rangle=753-357=396$である。次の問いに答えなさい。

［1］　$\langle 123\rangle$，$\langle\langle 123\rangle\rangle$をそれぞれ求めなさい。

［2］　さらに$0<a<b<c<10$のとき，以下の問いに答えなさい。

(1)　$\langle abc\rangle$を，数式を用いて表しなさい。

(2)　$\langle abc\rangle$の百の位，一の位を，a，cを用いてそれぞれ表しなさい。

(3)　$\langle abc\rangle=\langle\langle abc\rangle\rangle$となるとき，$\langle abc\rangle$の値を求めなさい。

5　すべての面が球Aと接し，すべての頂点が球Bの球面上にある正六角柱がある。球Aの半径をr，球Bの半径をR，円周率をπとして次の問いに答えなさい。

［1］　正六角柱の底面の一辺の長さを，rを用いて表しなさい。

［2］　Rを，rを用いて表しなさい。

［3］　$R=7$のとき，球Aの体積Vを求めなさい。

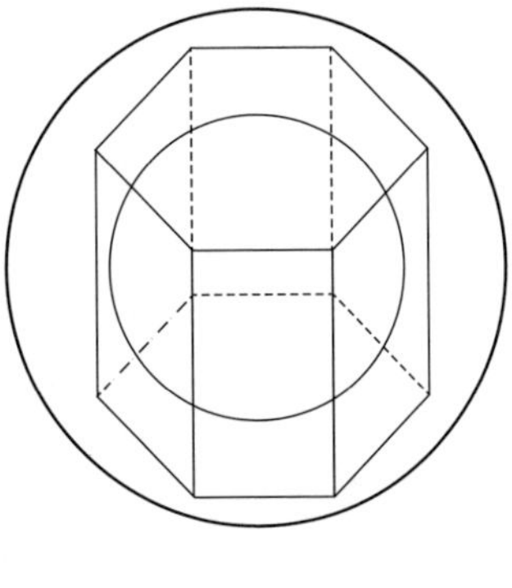

【作　文】（六〇分）

次の詩を読んで、傍線部に関してあなたが思う事を、六〇〇字以内にまとめなさい。

そうだ　うれしいんだ
生きる　よろこび
たとえ　胸の傷がいたんでも

なんのために　生まれて
なにをして　生きるのか
こたえられないなんて
そんなのは　いやだ！
今を生きる　ことで
熱い　こころ　燃える
だから　君は　いくんだ
ほほえんで

そうだ　うれしいんだ
生きる　よろこび
たとえ　胸の傷がいたんでも
ああ　アンパンマン
やさしい　君は
いけ！　みんなの夢　まもるため

（以下　略）

（やなせたかし『わたしが正義について語るなら』より）

三　次の文章を読んで、あとの設問に答えなさい。

私は絵を描くことは全くできないけれど、絵を見ることはとても好きである。旅に出れば、その土地の美術館に足を運ぶ。いや、むしろ絵を見ることがなかったら、その場所に出かけることも、ひょっとするとその街の名前すら知らなかったかもしれない。

私は生物学者だが、生物学者になる前は昆虫少年だった。つまりおたく出身である。おたくの常として、たとえば本を読んで、ミトコンドリアという言葉が出てきたら、それ自体よりも、いったい誰が、どんな意図でこんな奇妙な単語をひねり出したのかを知りたくなる。ちなみに、ミトコンドリアのミトとは「糸」という意味で、細胞の中に糸くずのような絡《から》まりが散らばっていることから名づけられた。

私はおたくとして、あるいはアマチュアの美術ファンとして、名画を見るときも、いつもこのようなマナーで作品を見る。絵のこの不思議な魅力はいったい何に由来するのだろう。絵の中の人物は一心に何を読んでいるのだろう。あるいは画家は何を思ってこのテーマを選んだのだろう。

私の大好きな画家に17世紀の人ヨハネス・フェルメールがいる。日本は今年（２０１２年）フェルメール・イヤー。彼の代表作が次々と6点も来日する。現存作品はたった37点しかない（議論のあるものを含む）ので、この数はなかなかのものだ。

私が提案したいのは、川の源流から河口を辿《たど》るように、時間軸をもって絵を旅してみる、ということである。

Aフェルメールは最初から、ザ・フェルメールだったわけではない。彼は、１６３２年、オランダの小都市デルフトに生まれた。画家を志した20代、彼は迷っていた。自分のスタイルを見つけることができないでいたのだ。前の時代の画家をまねして聖書から題材を取ってきたり、神話にテーマを求めたりした。

やがて彼は、自分が何をどのように描くべきかを徐々に見いだしていく。大きなドラマを描くことをやめ、日常を切り取ることにした。静けさの中で女性がたたずみ、手紙を書き、あるいは楽器を奏《かな》ではじめる。B物語のない物語が語られはじめる。いわゆる「フェルメールの部屋」の発見である。この部屋の中で、今年、来日する「青衣の女」、「真珠の首飾りの女」などの傑作が相次いで（おそらくこの順番で）描かれた。フェルメールは円熟の30代を迎えていた。彼は光の粒を操ることができるようになり、時間を止めることに成功する。やがて光を柔らかく溶かすことまで自在にできるようになる。

つまり名画礼賛《らいさん》のマナーとは、C画家自身の旅路を旅する、という地点に行き着くことである。

（福岡伸一「名画礼賛のマナー」より）

問一　本文には次の一文が省略されています。どこに入れたらよいか、その箇所の直前の五字を記しなさい。ただし句読点は含みません。

「逆に言えば、私にとって名画とは、単に大作、上手、美麗というのではなく、小品であっても絵から問いかけがある絵、ということになる。」

問二　傍線部Aとは、どういうことですか、具体的に説明しなさい。

問三　傍線部Bとは、どういうことですか、文中のことばを用いて説明しなさい。

問四　傍線部Cとは、どのようにすることですか、説明しなさい。

問五　二重傍線部を例にならって品詞分解し、それぞれの品詞名を答えなさい。ただし、活用のあるものは文中での活用形も答えなさい。

	名詞	助詞	名詞	助詞	名詞	助動詞 終止形
（例）	これ	は	今年	の	試験問題	です

戻ってきてしまった。ところが、道長は、平気な顔をして、小刀で大極殿《だいごくでん》の柱を少し切り取って戻ってきた、というのである。少しも怖がらなかっただけでなく、実際に行ってきた証拠を持参するという冷静さまで加わっている。道長のあまりの豪胆さにあきれた帝は、これを疑わしく思い、翌朝、蔵人《くろうど》に命じてその削り屑《くず》を大極殿の柱にあてさせに行ったところ、ぴったりと合ったという。ここまで来ると、Eいかにも兄たちをダシにした武勇伝として眉唾ものという気もするが、二つ合わせて、剛毅《ごうき》な道長像はよく伝わってくる。

それにしても、道長のことばはかっこいい。誰もが一度は口にしてみたいせりふであろうが、時と所をまちがえれば、こちらの面が踏んづけられること4必定である。

（高田祐彦「いまに見ていろ――『大鏡』「道長」」より）

＊逍遥…散歩。気ままに。

＊このエピソード…「三船の才」の逸話のこと。

問一　波線部1～4のカタカナを漢字で、漢字の読みをひらがなで書きなさい。

問二　X・Y にあてはまる口語訳を、あとの中から選び、それぞれ番号で答えなさい。

X
1　まずは後を追いかけて影を踏んで、真っ正面から面まで踏んづけてやるんだ
2　なんとか後を追いかけて影を踏んでも、とても真っ正面からは面は踏めやしない
3　後を追いかけて影なんか踏むもんか、真っ正面から面を踏んづけてやるんだ
4　後を追いかけて影を踏めるもんか、真っ正面から面なんかとても踏めやしない

Y
1　あまり近くでご対面になれないのですよ
2　あまり近くでご対面させないようですよ
3　とても近くでご対面をしているのですよ
4　とても近くでご対面させているのですよ

問三　ア・イ にあてはまる四字熟語を、次の中からそれぞれ番号で選び、漢字に直しなさい。

1　オメイヘンジョウ
2　キショクマンメン
3　トウイソクミョウ
4　メンモクヤクジョ

問四　a～c にあてはまる語を次の中から選び、それぞれ番号で答えなさい。

1　頭
2　尻
3　鼻
4　眼
5　耳

問五　傍線部Aの成立と最も近い年代に成立した作品を、次の中から選び、番号で答えなさい。

1　『今昔物語集』
2　『徒然草』
3　『平家物語』
4　『方丈記』

問六　傍線部Bが示す内容を、具体的に説明しなさい。

問七　傍線部Cとは、どういうことですか、具体的に説明しなさい。

問八　傍線部Dについて、なぜ誇らしかったのですか、説明しなさい。

問九　傍線部Eとは、どういうことですか、説明しなさい。

見て、海外ならば自分でも夢中になれるものが見つかると思ったから。

問八　傍線部Eとは、どういうことですか、説明しなさい。

二　次の文章を読んで、あとの設問に答えなさい。

影をば踏まで、面《つら》をや踏まぬ。（『大鏡』「道長」）

これは、若き日の藤原道長のことばとして、A『大鏡』が伝えるものである。

ある時、道長の父兼家《かねいえ》が、息子たちの前でこう言った。「藤原公任《きんとう》は、どうしてあのように何もかもできるのか。うらやましい。わが子たちが公任の影さえ踏めそうもないのが残念だ」。公任は、道長たちと同年輩の男である。これを聞いた道長の兄、道隆《みちたか》と道兼《みちかね》は、父の言葉に納得しているらしく、いかにも恥ずかしそうにして、何も言えないでいる。そこで、若い道長が言い放った言葉である。「［　X　］」。いかにも鼻っ柱の強い、後年大権力者になる男の若き日の［ア］といったところである。『大鏡』は、これに続けて、「まことにBさこそおはしますめれ。内大臣殿《ないだいじんどの》をだに、近くてえ見たてまつりたまはぬよ（実際に、そのようになられたようですな。公任殿は、内大臣殿〈道長の息子、教通《のりみち》。公任の娘婿〉にさえ、［　Y　］）」と述べている。もっとも、政治家として道長の官位は常に公任よりも上だったので、兼家の嘆きには、物語の誇張があるだろう。

ここには、若い道長の激しい闘争心やみなぎる気迫が、力強く表されている。道長にまつわる、数ある自信家、怖い物知らずのエピソードの中でも、代表的な一つといえるだろう。ここに、若者特有の生意気さを感じて［a］白むか、少壮の覇気を感じて爽快《そうかい》に思うか、人により、また時により異なるであろう。いずれにしても、そこにあるのは、単なるむき出しの闘争心というだけでもなさそうだ。少し、表現そのものに注目してみよう。この簡潔な一句は、「影」と「面」という対を用いながら、七・七のリズムも持った、実に巧みな言い回しになっている。父親のぼやきにシュンとなってしまったふがいない兄たちを［b］目に、［イ］に負けじ魂を表現した、その表現そのものこそ、このエピソードの［c］目なのであろう。ただ単に「絶対あいつに勝つ」などと叫んでも、そんなことばは残りはしない。この秀句というべき表現に、道長という人物が1ギョウシュクしている。C文は人なり、との感を深くせざるをえない。そうした道長像を2アザやかに描き出した『大鏡』の表現力はすばらしい。

諸芸に通じた公任との比較、その基準では、道長たちは公任に3太刀打ちできない。それならば、その基準ではないところで勝負しよう、という発想の転換ともいえる。ここで、同じ『大鏡』が伝える、公任のいわゆる「三船《さんせん》の才《さい》」の逸話を思い合わせてみるのも、おもしろいだろう。

ある時、道長が人々と大井川に＊逍遥《しょうよう》に出かけたとき、諸芸に秀《ひい》でた公任に、和歌、漢詩、管弦いずれの舟に乗るかを尋ねたところ、公任は和歌の舟を選び、秀歌を詠んだ。しかし、公任は、「もし漢詩の舟に乗ってすぐれた漢詩を詠んでいたらもっと名声が上がったろうに。だが、D道長公にどの舟に乗るかと尋ねられたのは誇らしかった」と言った、という話である。

この逸話じたいは、諸芸に秀でた公任を賛美するものとして語られている。しかし、道長の「影をば」のことばを知れば、一流文化人たる公任は、所詮《しょせん》大政治家道長の掌《てのひら》の上の存在に過ぎない、とすら見ることができる。「面を踏んづける」などという型破りな発想をする道長の政治家としての大きさは、公任にはない。

（中略）

さて、＊このエピソードは、『大鏡』ではすぐ後に続くもう一つのエピソードとセットになっている。それは、花山院《かざんいん》が帝位にあった頃、ある気味の悪い雨が降る夜、帝は肝試しとして、道隆、道兼、道長にそれぞれ場所を決めて出かけさせた。道隆と道兼は、不思議なものの声を聞いたり姿を見たりして、恐ろしさのあまり、すぐに

〈D海の向こうに行ってみよう〉

画面の中の見知らぬ風景を見ながら、唐突に私は思った。

そして、黄金の麦畑はイタリア中部地方の光景と知った。

「本校は会話学校ではありませんので、そのつもりで」

語学の最初の授業の日、教授は私たちに教科書を配り終えると、静かにでもきっぱりと言った。イタリア語文法の教科書は、人差し指と親指で摘《つま》めるほど簡素だった。教授は、片手に取りパラパラとページを繰《く》ってみせ、

「夏休みまでに終えてしまいましょう」

淡々と告げた。

それまで唯一関わりのあった外国語は英語で、中学高校六年かけて学び＊苦心惨憺《さんたん》した割にはたいした成果がなかった。それなのにイタリア語を、片手でパラパラ二か月半、で終えることができるのか。

教科書の表紙は、本文の紙より［エ］厚めという程度だった。大学からの帰路、文房具店に寄ってヨーロッパ風の包装紙を買い、早速カバーをかけた。手の中にイタリアを包み込んだようで、嬉しかった。

人差し指と親指の間でイタリアを摘める、と思ったのはしかし大いなる幻想だった。

教授たちの説明は、格調高く丁寧だった。少しの寄り道もせず雑談にとらわれることなく、まっすぐ前を向いて進んでいった。ぼんやり窓の外に気を取られたりしようものならその間に現在形から近未来へと進んでしまい、気付いたときにはもう条件法だの接続法だの、見知らぬイタリア語の世界が待ち受けていたりした。そして［X］が明けた頃、教授は予告したとおり、文法の授業をすべて終えた。

「秋までに、どうでしょうか」

夏休み前の最後の授業で、教授は大判の本を見せた。古典文学で、もちろん原書だった。［オ］動詞の現在形あたりでもがいていた私は、越えられない高い山に行く手をふさがれたように思った。新しい教材はずしりとした手ごたえがあり、E文学の重みを実感した。

（内田洋子『十二章のイタリア』より）

＊苦心惨憺…とても苦労をすること。

問一　波線部1～4のカタカナを漢字で、漢字の読みをひらがなで書きなさい。

問二　本文中の［ア］～［オ］に最もよくあてはまる語を次の中から選び、それぞれ番号で答えなさい。

1　いかにも　2　いまだ　3　思わず

4　たかが　5　やや

問三　［X］に最もよくあてはまる語を漢字二字で記しなさい。

問四　傍線部Aとは、どういう点がひねくれているのですか、説明しなさい。

問五　傍線部Bについて、次の設問に答えなさい。

(1)　どういう様子ですか、説明しなさい。

(2)　それはなぜですか、説明しなさい。

問六　傍線部Cとは、どういうことですか、説明しなさい。

問七　傍線部Dについて、なぜこう思ったのですか、次の中から最も適切なものを一つ選び、番号で答えなさい。

1　高まる気持ちを抱え切れずに、一心不乱に走る青年の姿を見て、自分も青年のように目標に向かって突き進みたいと思ったから。

2　天の青と白、地の黄金、大海原の波のように見える緑の縞を見て、画面の中の見知らぬ風景を自分の目で見てみたいと思ったから。

3　果てしなく広がる麦畑や大海原の波のような若草色の丘陵を見て、雄大な自然は小さな自分を優しく包み込んでくれると思ったから。

4　見知らぬ風景の中を、一心不乱に走る同じ年頃の青年の姿を

二〇一八年度　慶應義塾女子高等学校

【国　語】（六〇分）

一　次の文章を読んで、あとの設問に答えなさい。

入学した東京外国語大学のイタリア語学科は、その年は入学を辞退した人もあり、十数名からなる一クラスきりの小さな学科だった。他にも世界各国の語学科があり、各語学科の規模はそのまま当時の日本とその国との関係の深さを暗示しているようで興味深かった。定員枠が大きかったのは、英米語学科やフランス語、スペイン語学科などだった。

人数の多い語学科には、気のせいか、リーダー的なオーラがあった。新入生も先輩も皆揃《そろ》って、堂々としている。一クラスでは収まらず二、三クラスに分かれていて、教室の場所も主要校舎の真ん中にあったのではなかったか。日の当たる語学科、という印象が強かった。これからの人生は安泰、という自信に満ちているようにも見えた。

同じラテン語圏のフランスやスペインと比べると、当時イタリア語学科は地味で、それほど人気のある学科ではなかった。二十人の枠。それなのになぜ、私はイタリア語学科を選んだのか。確固とした理由などなかった。学ぶことを具体的に選べるほど、イタリアのことを私は知らなかった。ただ、大勢が行く目抜き通りは避けて脇道や路地を1サグってみたい、というようなA少々のひねくれた気持ちと漠然とした好奇心で選んだように覚えている。

最初の授業のとき、語学や文学、思想史など各専門科目の担当教官が教室に集まり、イタリア語を選んだ理由を自己紹介代わりに述べるように、と言った。

クラスは地方出身の男子学生が過半数で、順々にイタリアの美術や音楽についての2憧れや敬意を口にした。中世やルネサンス、近世が頭の中でぐるぐると回ったが、私は皆が賞賛した芸術の何も知らず、教室の端で自分の順番が来るのをB身をすくめて待った。

海の近くで生まれた私に、「太平洋を渡るような人生を」と、祖父は名前を付けた。平凡に思えた名前はそれでも、育つにつれて対面するCそのときどきの分岐点で、絶妙な水先案内をしてくれたように思う。

高校から先は大人への入り口で、3ナマハンカな気持ちでは進路は決められない。そう思うものの十代までの経験など［ア］知れていて、どういうこれからが待ち受けているのか、4皆目見当が付かない。

進路を決めかねていたある日曜日の午後、一人で家にいて、空《くう》に浮いたような自分の現況を持て余していた。点《つ》けっ放しのテレビからは、再放送らしい古びた映画が流れている。

〈天気の良い休日の昼過ぎに、家でテレビを見ている高校生などいるのだろうか……〉

何となく見始めたその映画は、音楽も台詞《せりふ》の言い回しや話す速さもすべてが［イ］前時代的だった。

『ブラザー・サン　シスター・ムーン』

画面いっぱいに、果てしなく麦畑が広がっている。首《こうべ》を垂れた黄金色の穂がびっしりと並び、いっせいに風に揺らいでいる。その向こうには、若草色の丘陵がなだらかに連なっている。農耕地の切れたところから青空が始まり、雲が太く白い縞《しま》模様を成している。麦を掻《か》き分けるようにして、青年が一心不乱に走る。

私と同じ年頃だろうか、と思いながら画面に見入る。

青年は嬉《うれ》しくてならず高まる気持ちを抱え切れなくなって、［ウ］駆け出したらしい。天の青と白、地の黄金、緑の縞が寄せては返す大海原の波のように見える。

2018年度／慶應義塾女子高等学校

英語解答

1 放送文未公表

2 問1 (1) ストレスを受けるとアドレナリンがつくられ，血圧，体温，酸素の消費量が上昇する。

(2) ①

問2 ア suffer　イ talking
ウ needs　エ surprised

問3 with

問4 最近いくつかの日本の会社が，ストレスを抱えた日本人労働者がこの問題を解決するのに役立つ製品やサービスを提供し始めている。

問5 They can get the information about the user's regular sleep habits.

問6 ③，④

3 問1 A…⑦　B…⑥　C…①　D…②

問2 ①

問3 あ Once　い mother

問4 Insects have become more interesting to me than before.

問5 火山の模型をつくること。

問6 ③

4 問1 ④

問2 親密な友情を特別にするものの一部は，一緒に過ごしてきた時間の長さや，共有してきた経験であるかもしれない。

問3 Ⅰ might be something each would like to change
Ⅱ of the other matter almost as much as
Ⅲ can lead to problems and hurt

問4 your side

問5 walks home with you

問6 if you talk (about it) while you are still angry, you may make the situation worse.

5 (例)I think it is a good idea for high school students to have part-time jobs. By working part-time, the students themselves can pay some money for their education to help their parents. Also, they can make friends with other workers who have different backgrounds and interests from those of their school friends.　(52 words)

1 〔放送問題〕放送文未公表

2 〔長文読解総合―説明文〕

≪全訳≫❶研究によれば，ストレスは私たちの体に何らかの影響を与える可能性がある。大きな騒音のようなものからストレスを受けると，私たちの体はアドレナリンをつくって反応する。また，血圧や体温，使用する酸素量も増加する。これらの生理的な変化は，「闘争・逃走」反応と呼ばれる。これらの変化は，ストレスと仲良くつき合うか，逃走するかのどちらかを体に準備させる。私たちは，祖先がトラに出くわしたときと同じように，「戦うか逃げるか」の準備ができているのだ。❷しかし，例えば職場のような場所で長期間にわたってストレスに向き合っている場合，体に与える影響は健康的なものではない。「闘争・逃走」反応によって蓄積された毒素は，体内の細胞を老化させたり，あるいは早期に死滅させたりする可能性がある。長期間のストレスを経験した後は，反応時間が短くなり，心身の機能が悪化し始め，睡眠不足に苦しんだり，怒りっぽくなったりすることがある。ストレスが何年も続くと，それが原因で死亡する場合もある。❸日本で最初の過労死の事例は1969年に発生したが，これは，日本最大の新聞社で働く29歳の既婚男性社員が脳卒中で死亡したものだ。労働省は1987年，この新しい問題に関する数字と状況を発表し始めた。2004年の日本の過労死関連死亡者数は345人で，前年より増加した。また，業務上の事故の40％と，長期間にわたる欠勤の原因は睡眠不足と考えられている。❹ストレスを軽減するために，オフィス内でペットを飼うことを許可している企業もある。日本のある会社の仕事場は自由に動き回れる多くの猫でいっぱいだ。皆が猫のことをつい話してしまうようで，そのせいかオフィス内のコミュニケーションは大きく増えた。これによって，従業員は1つにまとまり，全員のストレスは軽減される。ある従業員は，「周りにかわいい猫がいるので，怒る気などはほとんど起きません。もっとも，猫が電話機の上を歩いて電話を切ってしまったり，電源スイッチの上を歩いて，コンピュータをシャットダウンしたりすることもありますが」❺瞑想とリラクゼーションも，ストレスの影響を軽減するのに効果的だが，忙しい街でどうやって静かな時間を過ごすのだろうか。最近いくつかの日本の会社が，ストレスを抱えた日本人労働者がこの問題を解決するのに役立つ製品やサービスを提供し始めている。「卓上枕」の売り上げが増えている。枕を見られたくなければ，「辞書型の卓上枕」を試してみるのはいかがだろうか。それを開くと，疲れた頭を載せるための快適なクッションが収納されている。使用しないときは，閉じたまま棚に置けばよい。❻東京の中心部に新しいタイプのホテルが登場し，ストレスを感じている会社員に昼寝をする機会を与えている。これらの昼寝ホテルは，5ドルから16ドルの料金で，15分から2時間の間，休憩用のベッドを提供してくれる。横になる前にコーヒーを提供してくれるところもある。これはコーヒーのカフェインが効果を発揮するには約20分かかるからで，20分というのは仕事中の昼寝にはちょうど良い時間なのだ。❼また，ある日本の企業は，利用者のふだんの睡眠習慣を知るセンサーを備えた，話す枕を設計した。頭の動きに応じて，「温かいお風呂に入ったらいかが」などといったアドバイスや，「あなたはよく眠っています。その調子です」といった励ましの言葉など，たくさんのメッセージを提供してくれるのだ。❽日本政府は，労働者の労働時間を制限する新しい法律を設ける必要がある。政府はまた，企業に労働者の休憩を増やすよう働きかけるべきである。いつか，日本の会社に入って，従業員が卓上枕を持っているのを見つけても，驚かないように。

問1＜語句解釈・文脈把握＞⑴「体内の反応」は，第1段落第2，3文に書かれている。この内容をまとめればよい。　blood pressure「血圧」　body temperature「体温」　oxygen「酸素」

⑵2文後に「私たちは，祖先がトラに出くわしたときと同じように，『戦うか逃げるか』の準備ができている」とある。　come across ～「～に出くわす」

問2＜適語選択・語形変化＞ア．suffer from ～「～に苦しむ」　イ．「話すことがやめられないようだ」という意味になると考えられるので，stop ～ing「～するのをやめる」の形にする。

ウ．目的語にto不定詞を取れるものはneed。　need to ～「～する必要がある」　エ．if以下のようなことがあっても「驚かないように」という意味になると推測できる。

問3＜適語補充＞‘fill ～ with …’で「～を…で満たす」。

問4＜英文和訳＞have startedは現在完了の‘完了’用法で「～し始めた(ところだ)」。startedの目的語は動名詞句のoffering products and servicesで，ここまでの意味は「製品とサービスを提供することを始めた」。続くto helpはproductsとservicesを修飾するto不定詞の形容詞的用法。また，ここは‘help＋目的語＋動詞の原形’「～が…するのを助ける(するのに役立つ)」の構文になっている。stressedはJapanese workersを修飾する過去分詞で，「ストレスのある」という意味。　deal with ～「～を処理する，解決する」

問5＜英問英答＞「話す枕はどんな種類の情報を得ることができるか」―「利用者のふだんの睡眠習慣に関する情報を得ることができる」　第7段落第1文参照。

問6＜内容真偽＞①「1969年，日本企業の過労死関連の死者は300人以上に達した」…×　第3段落第1文参照。1969年は日本で最初の過労死が発生した年。　②「長い間ストレスを感じている人は，他人に対して辛抱強い」…×　patient「辛抱強い」　第2段落第3文参照。長期間のストレスを経験した後は，怒りっぽくなることもある，とある。　③「オフィス内のペットはそこで働く従業員のコミュニケーションを増加させた」…○　第４段落前半に一致する。　④「辞書型の卓上枕は，使用しないときは棚に置ける」…○　第５段落後半に一致する。　⑤「コーヒーのカフェインは私たちを何時間も眠らせる」…×　第６段落後半参照。コーヒーのカフェインは摂取後約20分で覚醒作用が生じるのである。　⑥「会社員に昼寝を提供する新しいタイプのホテルは，話す枕をビジネスマンに貸す」…×　第７段落参照。話す枕に関しては，それを開発した企業に言及しているのみ。

3〔長文読解総合―対話文〕

≪全訳≫❶ジャック（Ｊ）：学校の科学コンテストのテーマはもう決めた？❷エリック（Ｅ）：僕は火山に興味があるから，火山の模型をつくろうと思っているよ。でも，まだ何も始めていないんだ。$_A$<u>君はどう，ジャック？</u>❸Ｊ：昆虫のことを研究して，そのレポートを書くつもりだよ。実は，姉〔妹〕と僕は昆虫を飼っているんだ。こっちに来てごらん。いくつか見せてあげるよ。僕たちは昆虫に関する本もたくさん持っているんだ。❹Ｅ：ありがとう。ぜひ見たいよ。❺Ｊ：$_B$<u>ほら，これを見て。</u>このびんの中にはバッタが２匹入っているんだ。バッタと一緒に草や小枝も入っているよ。バッタには２組の羽がある。前の羽は小さくて硬いけど，後ろの羽は大きい。それと，長い距離をジャンプするときに使う長い後ろ脚もあるんだ。バッタって自分の体長の20倍の距離をジャンプできるんだよ。❻Ｅ：それはすごい！　そんなこと知らなかったよ。他の昆虫も飼っているの？❼Ｊ：うん。アリの巣箱を見せてあげるよ。アリって社会的な昆虫なんだ。つまり，大きな群れ，集団で暮らすんだ。群れの中では女王しか卵を産まないんだよ。女王って大人になったら，その後は死ぬまでずっと卵を産んで暮らすんだ！　他の雌アリは働きアリさ。彼女たちは群れのために巣をつくり，食糧を集めるんだ。やるべきことがたくさんある。勤勉な働き手なんだ。❽Ｅ：君は昆虫のことをたくさん知っているね。どの昆虫が一番良い母親になるのか知っている？❾Ｊ：僕の知るかぎり，ハサミムシだね。❿Ｅ：ハサミムシ？　それってどんな虫なんだい？⓫Ｊ：そうだ，写真があるよ。冬中ずっと卵の面倒を見て過ごすんだ。卵をきれいに舐《な》めて暖かく保つ。孵化《ふか》すると，幼虫を養うんだ。⓬Ｅ：なるほど。本当にいろいろなことをするんだね。⓭Ｊ：これは別の昆虫の写真だ。彼女も赤ちゃんの世話をするよ。赤ちゃんを袋に入れて運ぶんだ。⓮Ｅ：$_C$<u>それってカンガルーみたいだね！</u>⓯Ｊ：まさにそのとおりさ。もう一枚見てみてよ。これは僕の一番好きな昆虫なんだ。キリンクビナガオトシブミっていうんだよ。名前はその長い首に由来している。首の長さは体長の２倍もあるよ。⓰Ｅ：わあ！　これまでよりずっと昆虫に興味が湧いてきたよ。僕もできたら家で飼いたいな。⓱Ｊ：そんな言葉が聞けてよかった。夏は昆虫採集にいい時期なんだ。外に出て捕まえようよ。楽しいよ。⓲Ｅ：それはおもしろそうだけど，もう家に帰らないと。$_D$<u>君の昆虫に対する情熱に刺激を受けたよ。</u>だから家に帰ってすぐに，科学の課題を始めることにするよ！

問１＜適文選択＞Ａ．この後，ジャックは自分の科学コンテストのテーマについて話しているので，エリックは自分のテーマを述べた後，ジャックにテーマについて尋ねたと考えられる。　Ｂ．この前の発言でエリックに昆虫を見せてあげると言っており，この直後ではびんの中にいるバッタについて説明しているので，⑥「ほら，これを見て」が適切。　take a look at ～「～を見る」　Ｃ．赤ちゃんを袋に入れて運ぶ，ということを聞いてエリックはカンガルーを思い浮かべたと考えられる。　'remind ～ of …'「～に…を思い出させる」　Ｄ．直後で，家に帰ってすぐに科学の課題を始めると言っているが，その理由としては，ジャックの昆虫に対する情熱に刺激を受けたからだと考えられる。　inspire「～を鼓舞する」　passion「情熱」

問２＜適語選択＞この後に，アリは大きな群れで暮らす，とあるので，「社会的な〔集団で生活する〕」が適切。

問３＜適語補充＞あ．‘(　)＋主語＋動詞…，主語＋動詞…’という形から，接続詞が入るとわかる。「いったん～すれば」という意味の接続詞であるOnceが適切。　(例) Once you learn the basic rules, this game is easy.「基本的なルールをいったん覚えれば，このゲームは簡単だ」　い．この後ジャックは，ハサミムシが冬中ずっと卵の面倒を見て，卵をきれいに舐めて暖かく保ち，孵化すると幼虫を養うこと，つまり母親としての役割を完璧にこなしていることを述べている。また，これらの文の主語がSheであることもヒントになっている。ジャックはエリックの質問を受けて，the earwigのmotherを意識して話しているのである。

問４＜書き換え＞interestedは「〈人〉が〈物〉に興味を持つ」という意味で使うが，interestingは「〈物〉が〈人〉にとって興味深い」という意味。よって，例えば，I am interested in collecting stamps. ⇔ Collecting stamps is interesting to me. という書き換えが成り立つ。本問では，まず‘物’に相当するInsectsを主語にし，動詞を現在完了のhave becomeとし，Insects have become more interestingとした後，to me「私にとって」を置く。

問５＜要旨把握＞エリックの科学の課題は，第２段落からmaking a model of a volcano「火山の模型をつくること」だとわかる。

問６＜内容真偽＞①「ジャックは科学コンテストの研究テーマを決めた」…○　第３段落に一致する。②「バッタの前の羽の大きさは，後ろの羽の大きさとは異なる」…○　第５段落に一致する。③「ジャックと彼の姉〔妹〕はハサミムシだけでなくバッタやアリも飼っている」…×　第11段落参照。ハサミムシに関しては写真を持っているだけである。　④「キリンクビナガオトシブミはジャックの一番好きな昆虫だ」…○　第15段落に一致する。

4 〔長文読解総合―説明文〕

≪全訳≫❶友達とはあなたと物事を共有できる人のことだ。友達があなたのそばで笑っていれば，映画はよりおもしろいものになる。初めての乗馬は，友達も初めてであれば，冒険の趣も増すだろう。学年が上がることに対する不安は，友達も同じように感じているので，耐えられるものとなる。買い物に行くこと，釣りに行くこと，クッキーをつくること――これらは全て，一緒にする友達がいれば，一層楽しめるものなのだ。❷あなたが幸運なら，本当に親しいと感じる友達，つまり話し相手になってくれて信頼できる人が少なくとも一人はいるだろう。あなたが知っている全ての人の中で，このような人は完璧な友達のイメージに最も近い。❸親密な友情を特別にするものは何だろうか。その１つの理由は，一緒に過ごしてきた時間の長さや，分かち合ってきた経験であるかもしれない。それと同じくらい重要なのは，お互いの協力の質だ。❹第一に，お互いをあるがままに受け入れる。あなたたちはお互いの強み，弱みを知っている。それぞれが相手に関して変えたいと思うことがあるかもしれないが，友情のためにそれを敢《あ》えて受け入れている。❺あなたたちはお互いに誠実だ。友達は秘密だと思っていることをあなたに話すこともあり，あなたがそれを誰にも話さないということを知っている。あなたがいないとき，友達があなたをかばってくれることをあなたは知っている。❻あなたたちはお互いの問題を理解と一体感をもって聞く。あなたたちは最も恐れていることや恥ずかしいことをお互いに話すことができ，相手から理解してもらえることがわかっている。問題が良くないように思えても，友達があなたの味方であることがわかっている。❼もしかすると最も重要なのは，お互いを気にかけているということかもしれない。あなたが学校を１日休んだとしても，友達が電話をくれ，その日あった出来事を教えてくれる。友達が家庭の問題で悩んでいれば，あなたは希望と励ましを与える方法を見つける。一人一人にとって，相手の気持ちは自分のと同じくらい重要なのだ。❽仲の良い友達の間であっても問題が起こる可能性はある。親しければ親しいほど，あなたはその人により多くのことを期待してしまう。これは問題を引き起こし，感情を傷つけかねない。別の人に対するあなたの態度が問題の一部になる可能性もある。❾例えば，新しい友達や興味が古い友情を妨げる場合がある。毎日，友達と一緒に学校から帰っていたとしよう。ところが，突然，友達はあなたと一緒に帰らなくなった。それには多くの理由が考えられる。その友達に新しい友達ができた，つまり他の人に興味を持つようになったのかもしれない。友達は，スポーツチーム，バンド，ボランティア組織の新しいメンバーに加わったのかもしれない。理由が何であれ，あなたは取り残されたような気がする。❿あなたと友達の間に起こるこのような問題は，あなたを傷つけかねない。しかし，まだ怒っているうちに話すと，あなたはその状況をより悪くしてしまうかもしれない。まずは気持ちを落ち着けるか，体を動かしてエネルギーを使い切ってしまうといい。それから，あなたが何を感じ，それをどうしたいのかを考えてみよう。良い友情はそれに費やす全ての誠実さと忍耐に値するものなのだ。

問1＜適語句選択＞この文の主語である this person は前の文の one friend you feel really close to あるいは someone you can talk to and rely on を指す。つまり，親友のことなので，「完璧な友達のイメージに合う」という内容の④が適切。

問2＜英文和訳＞下線部(1)の it は，前文 What makes a close friendship special？の内容を受けている。これは‘make＋目的語＋形容詞’「～を(…の状態)にする」の形。よって，it の内容は，「親密な友情を特別にするもの」となる。the length of time you have spent together では time の後ろに，the experiences you have shared では experiences の後ろに，それぞれ目的格の関係代名詞が省略されている。part of ～で「～の一部」。length は long の名詞形で「長さ」。

問3＜整序結合＞Ⅰ．there の後なので，‘there＋be動詞...’の形を考え，there might be とまとめる。前後の内容と残りの語群から「(相手について)変えたいことがあるかもしれない(が)」という意味になると推測できるので，something を置き，この後 each would like to change と目的格の関係代名詞が省略された形にまとめる。　Ⅱ．この段落ではお互いを思いやる行動について述べられている。文の終わりが your own「あなた自身(の)」であり，語群に the，other があることから，相手(友達)の気持ちと自分の気持ちを比較している文だと推測できる。the feelings を of the other で修飾して「相手の気持ち」とし，この後には「重要である」という意味の動詞として matter を置く。残りはこれを修飾する副詞句として almost as much as your own とまとめる。Ⅲ．この This は，前の文の内容，つまり，親しくなるほど多くのことを期待してしまう，ということを指している。この内容から，設問になっている文の意味もある程度推測できる。This の後に，助動詞 can を置き，その後の動詞に lead を続ける。lead to ～「～につながる，～を引き起こす」の形で lead to problems とまとめ，最後に and hurt を置くと文末の feelings につながる。

問4＜適語句補充＞be on ～'s side で「～の味方である」。

問5＜適語句補充＞話の流れから，「ところが，突然，友達はあなたと一緒に帰らなくなった」という文にする。主語の your friend に対応する動詞は前文にある walk home を利用し，最後に with you「あなたと」をたせばよい。no longer は「(以前はそうだったが)今はもう～でない」。

問6＜和文英訳＞「まだ怒っているうちに話すと」は if you talk (about it) while you are still angry など。「その状況をより悪くしてしまうかもしれない」は‘make＋目的語＋形容詞’「～を(…の状態)にする」の形で，you may make the situation〔things〕 worse とする。

5〔テーマ作文〕

「高校生活の間にアルバイトをする生徒がいます。あなたはこれが良いことだと思いますか，それとも悪いことだと思いますか。2つか3つ理由を挙げてください。50語程度の英語で書くこと。解答用紙の(　words)欄に単語数を書いてください」　アルバイトの良い面であれば，新しい友達をつくれることなどを，悪い面であれば，勉強時間が減ることや生活習慣が乱れることなどを考えて書く。

数学解答

1 ［1］ 2

［2］ (1) 6である確率…$\frac{1}{6}$

8である確率…$\frac{1}{3}$

(2) $\frac{2}{3}$

2 ［1］ $(-6,\ 0)$ ［2］ 10

［3］ $(0,\ 3)$ ［4］ $(2,\ 4)$

3 ［1］ 15° ［2］ 12 ［3］ 24π

4 ［1］ $\langle 123\rangle = 198$, $\langle\langle 123\rangle\rangle = 792$

［2］ (1) $99c-99a$

(2) 百の位…$c-1-a$

一の位…$10+a-c$

(3) 495

5 ［1］ $\frac{2\sqrt{3}}{3}r$ ［2］ $R=\frac{\sqrt{21}}{3}r$

［3］ $28\sqrt{21}\pi$

1〔独立小問集合題〕

［1］＜平方根の計算＞$85^2-84^2+61^2-60^2-2\times11\times13=(85+84)(85-84)+(61+60)(61-60)-2\times11\times13=169\times1+121\times1-2\times11\times13=13^2-2\times11\times13+11^2=(13-11)^2=2^2$だから，与式$=\sqrt{2^2}=2$である。

［2］＜確率―カード＞(1)カードが3枚だから選び方は3通りあり，それぞれにおいて，正しい置き方と上下逆になった置き方の2通りあるから，全ての場合は$3\times2=6$(通り)ある。このうち，カードの数が6となるのは，9のカードを選び上下逆に置いた場合の1通りだから，6である確率は$\frac{1}{6}$である。また，8となるのは，8のカードを選び正しく置いた場合と上下逆に置いた場合の2通りだから，8である確率は$\frac{2}{6}=\frac{1}{3}$である。　(2)カードを2枚選ぶとき，選び方は，7と8，7と9，8と9の3通りある。7と8を選んだとき，並べ方は78，87の2通りあり，それぞれで，置き方は7と8のどちらについても正しい置き方と上下逆の置き方の2通りあるから，7と8を選んだとき$2\times2\times2=8$(通り)ある。7と9，8と9を選んだときも同様だから，全ての場合は$8\times3=24$(通り)である。このうち，2けたの整数がつくれない場合を考えると，これは，2枚のうちの一方が7のカードで，それが上下逆になる場合である。7のカードを含む場合は，7と8，7と9を選んだときである。7と8を選んだとき，十の位で7が上下逆になっているとすると，一の位の8は正しい置き方か上下逆の置き方の2通りあり，一の位で7が上下逆になっているとすると，十の位の8は正しい置き方か上下逆の置き方の2通りある。よって，7と8を選んだとき，2けたの整数がつくれない場合は$2+2=4$(通り)ある。7と9を選んだときも同様だから，2けたの整数がつくれない場合は$4\times2=8$(通り)ある。よって，2けたの整数がつくれる場合は$24-8=16$(通り)だから，求める確率は$\frac{16}{24}=\frac{2}{3}$である。

2〔関数―関数 $y=ax^2$ と直線〕

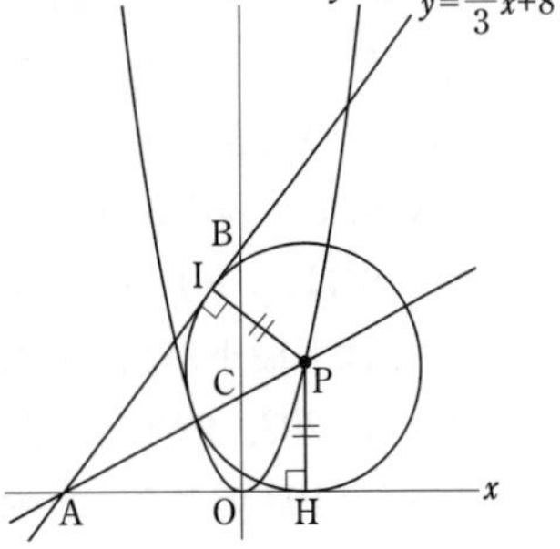

≪基本方針の決定≫［3］　直線$y=\frac{4}{3}x+8$とx軸は円Pの接線である。

［1］＜交点の座標＞右図で，点Aは直線$y=\frac{4}{3}x+8$上にあってy座標は0だから，$0=\frac{4}{3}x+8$より，$x=-6$となり，$A(-6,\ 0)$である。

［2］＜長さ―三平方の定理＞右図で，$A(-6, 0)$，直線$y=\frac{4}{3}x+8$の切片より$B(0, 8)$だから，△AOBで三平方の定理より，$AB=\sqrt{OA^2+OB^2}$

$=\sqrt{6^2+8^2}=\sqrt{100}=10$となる。

[3]＜交点の座標―合同＞前ページの図で，円Pとx軸，直線$y=\frac{4}{3}x+8$との接点をそれぞれH，Iとし，点Pと2点H，Iを結ぶ。このとき，$\triangle$AHP≡$\triangle$AIPだから，∠PAH＝∠PAIであり，直線APは∠BAOの二等分線となる。よって，$\triangle$AOBで角の二等分線の性質より，OC：CB＝OA：AB＝6：10＝3：5となるから，$\mathrm{OC}=\frac{3}{3+5}\mathrm{OB}=\frac{3}{8}\times8=3$となり，C(0，3)である。

[4]＜交点の座標＞前ページの図で，A(−6，0)，C(0，3)より，直線ACの傾きは$\frac{3-0}{0-(-6)}=\frac{1}{2}$，切片は3だから，直線ACの式は$y=\frac{1}{2}x+3$である。点Pはこの直線と放物線$y=x^2$の交点だから，$x^2=\frac{1}{2}x+3$，$2x^2-x-6=0$より，$x=\frac{-(-1)\pm\sqrt{(-1)^2-4\times2\times(-6)}}{2\times2}=\frac{1\pm\sqrt{49}}{4}=\frac{1\pm7}{4}$となり，$x=\frac{1+7}{4}=2$，$x=\frac{1-7}{4}=-\frac{3}{2}$となる。$x>0$だから，$x=2$である。このとき，$y=2^2=4$だから，P(2，4)である。

3 〔平面図形〕

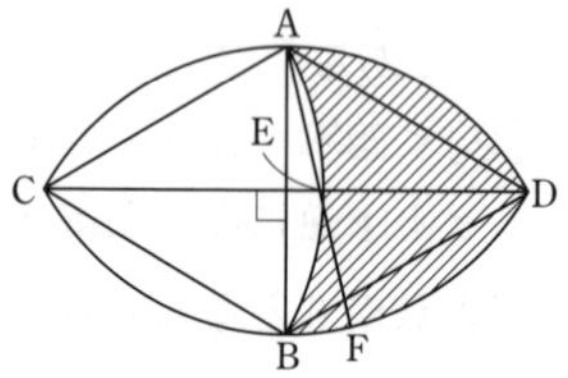

[1]＜角度―円周角＞右図のように，点Cと2点A，Bを結ぶ。CA＝CB＝ABより，$\triangle$ACBは正三角形だから，∠ACB＝60°である。2点A，Bは直線CDについて対称だから，$\angle\mathrm{BCD}=\angle\mathrm{ACD}=\frac{1}{2}\angle\mathrm{ACB}=\frac{1}{2}\times60^\circ=30^\circ$である。よって，$\overset{\frown}{\mathrm{BE}}$に対する円周角と中心角の関係より，$\angle\mathrm{BAF}=\frac{1}{2}\angle\mathrm{BCE}=\frac{1}{2}\times30^\circ=15^\circ$となる。

[2]＜長さ＞右上図で，AB＝xとおく。∠BAF＝15°であり，おうぎ形ABFの面積は6πだから，$\pi x^2\times\frac{15^\circ}{360^\circ}=6\pi$が成り立つ。これを解くと，$x^2=144$，$x^2=\pm12$となり，$x>0$だから，$x=12$である。

[3]＜面積＞右上図で，点Dと2点A，Bを結ぶ。このとき，$\triangle$ABDは正三角形で，$\overset{\frown}{\mathrm{BD}}$，$\overset{\frown}{\mathrm{AB}}$は同じ半径の円の弧だから，線分BDと$\overset{\frown}{\mathrm{BD}}$で囲まれた部分は線分ABと$\overset{\frown}{\mathrm{AB}}$で囲まれた部分と合同である。よって，斜線部分の面積Sは，おうぎ形BDAの面積と同じである。BA＝12，∠ABD＝60°より，おうぎ形BDAの面積は$\pi\times12^2\times\frac{60^\circ}{360^\circ}=24\pi$だから，$S=24\pi$である。

4 〔特殊・新傾向問題―整数の性質〕

[1]＜約束記号＞1，2，3を並べかえてできる一番大きい3けたの数は321，一番小さい3けたの数は123だから，〈123〉＝321−123＝198である。また，1，9，8を並べかえてできる一番大きい3けたの数は981，一番小さい3けたの数は189だから，〈〈123〉〉＝〈198〉＝981−189＝792である。

[2]＜文字式の利用＞(1)$0<a<b<c<10$より，a，b，cを並べかえてできる一番大きい3けたの数は$100c+10b+a$，一番小さい3けたの数は$100a+10b+c$だから，$\langle abc\rangle=(100c+10b+a)-(100a+10b+c)=99c-99a$である。　(2)一の位の計算は，$a<c$より，$a$から$c$をひく計算はできないので，十の位から1くり下げて，$(10+a)-c$を計算することになる。よって，一の位は，$10+a-c$となる。このとき，十の位の計算は，$b-1$からbをひくことになるが，$b-1<b$より，この計算はできないので，百の位から1くり下げることになる。このことから，百の位の計算は$(c-1)-a$となり，百の位は，$c-1-a$である。　(3)(1)より$\langle abc\rangle=99c-99a=99(c-a)$であり，$0<a<b<c<10$より，$c-a$は，最小が2，最大が，$a=1$，$c=9$のときで$9-1=8$である。よって，$\langle abc\rangle$は，$99\times2=198$，$99\times3=297$，$99\times4=396$，$99\times5=495$，$99\times6=594$，$99\times7=693$，$99\times8=792$のいずれかとなる。$\langle abc\rangle=198$のとき，$\langle\langle abc\rangle\rangle=981-189=792$であり，$\langle abc\rangle=297$，792のとき，$\langle\langle abc\rangle\rangle=972-279$

$=693$であり，$\langle abc\rangle=396$，693のとき，$\langle\langle abc\rangle\rangle=963-369=594$であり，$\langle abc\rangle=495$，$594$のとき，$\langle\langle abc\rangle\rangle=954-459=495$だから，$\langle abc\rangle=\langle\langle abc\rangle\rangle$となるのは，$\langle abc\rangle=495$のときである。

5〔空間図形—球，正六角柱〕

≪基本方針の決定≫［2］　球Bの中心と正六角柱の頂点を通る切り口に着目する。

［1］＜長さ—特別な直角三角形＞右図1のように球Aの中心をOとし，正六角柱の各辺の中点をC～Hとする。また，線分CDを含む正六角柱の側面と球Aとの接点をIとする。点Oを通り正六角柱の底面に平行な平面で立体を切ると，図形の対称性より，切り口は右図2のようになる。対角線CF，DG，EHを引くと，正六角形CDEFGHは6つの合同な正三角形に分けられる。点Iは球Aの切り口の円Oと線分CDとの接点だから，2点O，Iを結ぶと，OI⊥CDとなる。よって，△OCIは3辺の比が$1:2:\sqrt{3}$の直角三角形だから，$\mathrm{OC}=\dfrac{2}{\sqrt{3}}\mathrm{OI}=\dfrac{2\sqrt{3}}{3}r$となり，$\mathrm{CD}=\mathrm{OC}=\dfrac{2\sqrt{3}}{3}r$である。

図1

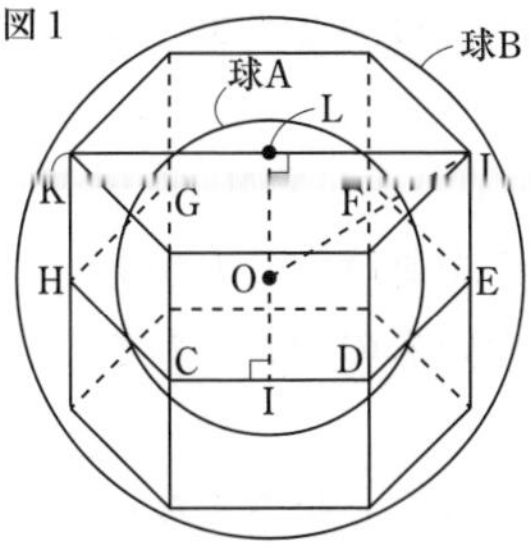

図2

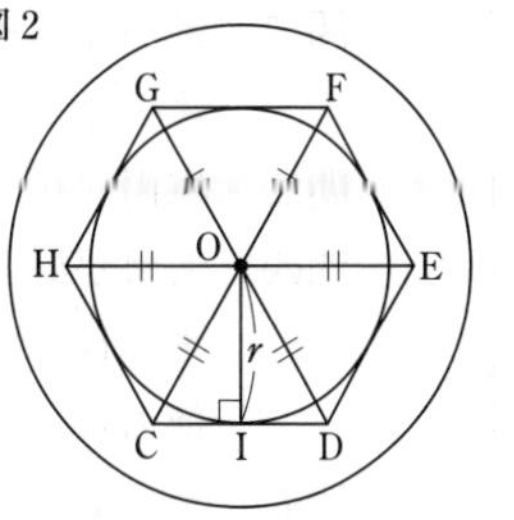

［2］＜長さ＞右上図1のように正六角柱の頂点をJ，Kとし，上の底面と球Aとの接点をLとする。球Aと球Bの中心は一致し，点Lは線分JKの中点だから，3点J，K，Oを通る平面で立体を切ると，切り口は右図3のようになる。点Lは球Aの切り口の円Oと線分JKとの接点だから，OL⊥JK，$\mathrm{OL}=r$である。また，右上図2で，$\mathrm{OE}=\mathrm{OC}=\dfrac{2\sqrt{3}}{3}r$だから，$\mathrm{LJ}=\mathrm{OE}=\dfrac{2\sqrt{3}}{3}r$である。よって，△OLJで三平方の定理より，$\mathrm{OJ}=\sqrt{\mathrm{OL}^2+\mathrm{LJ}^2}=\sqrt{r^2+\left(\dfrac{2\sqrt{3}}{3}r\right)^2}=\sqrt{\dfrac{21}{9}r^2}=\dfrac{\sqrt{21}}{3}r$となるから，$R=\dfrac{\sqrt{21}}{3}r$である。

図3

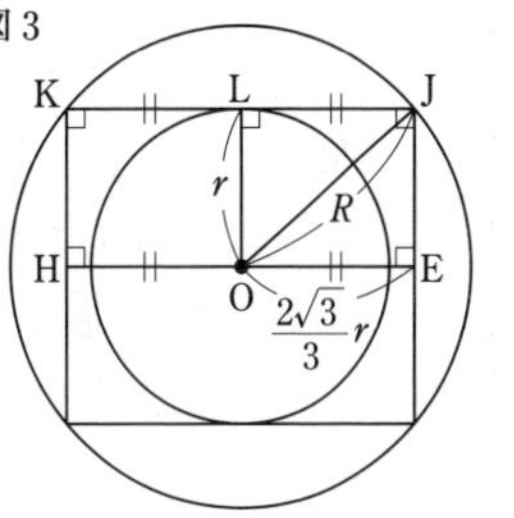

［3］＜体積＞$R=\dfrac{\sqrt{21}}{3}r$に$R=7$を代入すると，$7=\dfrac{\sqrt{21}}{3}r$，$r=\sqrt{21}$となる。よって，球Aの体積Vは，$V=\dfrac{4}{3}\pi\times(\sqrt{21})^3=28\sqrt{21}\pi$である。

国語解答

一 問一 1 探 2 あこが 3 生半可 4 かいもく

問二 ア…4 イ…1 ウ…3 エ…5 オ…2

問三 梅雨

問四 大勢が好むものを避けて，人があまり目を向けないものをわざわざ選ぶ点。

問五 (1) 緊張で身を硬くし小さくなって待っている様子。

(2) イタリア語学科を選んだことについて確固とした理由がなく，イタリアに関する知識もなかったから。

問六 「洋子」という名前が，進路の決断をしなければならない場面場面で，進むべき方向を示唆してくれた，ということ。

問七 4

問八 文学は奥深く，甘い気持ちで取り組めるようなものではないことを，手応えをもって実感した，ということ。

二 問一 1 凝縮 2 鮮 3 たちう 4 ひつじょう

問二 X…3 Y…1

問三 ア 4・面目躍如

イ 3・当意即妙

問四 a…3 b…2 c…4

問五 1

問六 道長が，公任より上の地位に立つこと。

問七 「影をば踏まで，面をや踏まぬ」という表現に，闘争心が激しく気迫がみなぎるとともに，巧みさも持つ道長の人柄が表れている，ということ。

問八 和歌，漢詩，管弦全てに優れていることを，道長に認められているから。

問九 道長の豪胆さや剛毅さを強調するために，兄たちの気弱さを記しているようで，エピソードの真偽は疑わしい，ということ。

三 問一 だのだろう

問二 フェルメールは，現在よく知られている彼の特徴を示す作品を，最初から描いていたわけではない，ということ。

問三 聖書や神話のような大きなドラマではなく，日常の中の一場面のこと。

問四 画家がその作品を描くまでにどんな道筋をたどったのかを，時間軸に沿って捉えること。

問五 ひねり出し(動詞・連用形)／た(助動詞・連体形)／の(助詞)／か(助詞)／を(助詞)／知り(動詞・連用形)／たく(助動詞・連用形)／なる(動詞・終止形)

一〔随筆の読解―自伝的分野―回想〕出典；内田洋子『十二章のイタリア』「辞書」。

問一＜漢字＞1．音読みは「探索」などの「タン」。　2．音読みは「憧憬」などの「ショウ」「ドウ」。　3．中途半端であること。　4．全然，全く，という意味。下に打ち消しの語を伴う。

問二＜表現＞ア．「十代までの経験など」は，あったとしても大したものではない。　イ．その映画は，「音楽も台詞の言い回しや話す速さもすべて」がどうみても「前時代的」だった。　ウ．「嬉しくてならず高まる気持ちを抱え切れなく」なって，無意識に「駆け出した」らしい。　エ．「教科書の表紙」は，「本文の紙」より少々「厚め」という程度だった。　オ．まだ「動詞の現在形あたりでもがいて」いた「私」は，「越えられない高い山に行く手をふさがれたよう」に思った。

問三＜文章内容＞日本の「夏休み」の前の時期に「明け」るのは，「梅雨」である。

問四＜文章内容＞「大勢が行く目抜き通り」は，多くの人々が好んで選ぶ場所である。そういう人々の注目の集まるところを避け，人々があまり目を向けない，目立たないところをわざわざ選ぶのは，多くの人々の考え方や感じ方に倣わないという意味で，「ひねくれている」といえる。

問五⑴＜語句＞「すくめる」は，縮めること。「身をすくめる」は，恐れや気後れなどのために身を硬くし，目立たないように小さくなっている様子。　⑵＜心情＞他の学生は，「順々にイタリアの美術や音楽についての憧れや敬意を口にした」が，「私」は，イタリア語学科を選んだことについて「確固とした理由などなかった」し，「皆が賞賛した芸術の何も知らず」にイタリア語学科に入ってしまった。そのため，「私」は，引けめを感じ，気後れしていたのである。

問六＜文章内容＞「高校から先は大人への入り口」で，進路を決めるこの時期は，人生の「分岐点」である。「私」は，そのような「分岐点」に立つたびに，「太平洋を渡るような人生を」という意図からつけられた「洋子」という名前に導かれるかのように，進むべき方向を決めてきた。

問七＜心情＞「進路を決めかねて」いて「空に浮いたような自分の現況を持て余して」いた「私」は，映画で，青空の下，黄金の麦畑を「一心不乱に走る」青年をみた。その青年は，「嬉しくてならず高まる気持ちを抱え切れなくなって」駆け出したらしかった。その姿を見て「私」は，自分も「海の向こう」に行けば，何か夢中で駆け出したくなるようなことが見つかるかもしれないと思った。

問八＜文章内容＞「私」は，イタリアについて大して知らないのに，「海の向こうに行ってみよう」という軽い気持ちでイタリア語学科へ進んだ。しかし，そこで文法の学習に苦心し，それがまだ自分のものにならないうちに，今度は大判の重い原書を教材として手にすることになった。その本の手応えのある重みを通して，「私」は，イタリア文学の重厚さを思い，軽い気持ちではそれを自分のものにすることなどできないと感じた。

二〔論説文の読解―芸術・文学・言語学的分野―文学〕出典；高田祐彦「いまに見ていろ――『大鏡』「道長」」（『人生をひもとく日本の古典　第四巻　たたかう』所収）。

問一＜漢字＞１．一点に集中すること。　２．音読みは「鮮明」などの「セン」。　３．「太刀打ち」は，張り合って立ち向かうこと。　４．必ずそうなると決まっていること。

問二＜現代語訳＞Ｘ．「踏まで」は，踏まない，ということ。「面をや踏まぬ」は反語表現で，面を踏まないことがあろうか，いや，踏んでやる，という意味。　Ｙ．「え見たてまつりたまはぬよ」の「え」は，下に打ち消しの語（ここでは「ぬ」）を伴って，～できない，という意味を表す。「見たてまつり」は，見申し上げる，つまり対面申し上げる，ということ。

問三＜四字熟語＞ア．「影をば踏まで，面をや踏まぬ」という言葉には，「鼻っ柱の強い，後年大権力者になる男」の若い頃の様子がありありと表れている。様子がありありと表れているさまを，「面目躍如」という。　イ．道長は，父が公任の才能を羨んで「わが子たちが公任の影さえ踏めそうもないのが残念だ」とぼやいたところ，すぐその場で機転を利かせて巧みに「影をば踏まで，面をや踏まぬ」と言った。そのときその場に適応してすばやい機転で巧みな言動を取ることを，「当意即妙」という。

問四＜語句＞ａ．不快に思って興ざめした顔つきになることを，「鼻白む」という。　ｂ．問題にせず，無視することを，「（～を）尻目（に）」という。　ｃ．肝心なところを，「眼目」という。

問五＜文学史＞『大鏡』は，白河院政期の十一世紀末に書かれた。『今昔物語集』は，十二世紀前半の成立。『方丈記』は，鎌倉時代初期の十三世紀初めの成立。『平家物語』は，鎌倉時代前期の十三世紀の成立。『徒然草』は，鎌倉時代末期の十四世紀初めの成立。

問六＜文章内容＞道長は，若い頃，公任の「面」を踏んでやると言った。「面」を踏むとは，権力をもって相手より上の立場に立つことである。後年，道長は，実際に大権力者になった。

問七＜文章内容＞「文は人なり」は，文章はその書き手の人柄を表すということ。「影をば踏まで，面をや踏まぬ」という言葉には，「若い道長の激しい闘争心やみなぎる気迫が，力強く表されて」おり，また，彼は，「秀句というべき表現」をする巧みさも，持ち合わせている。

問八＜文章内容＞公任は，「諸芸に秀でた」人物で，大井川の逍遥でも，和歌，漢詩，管弦のいずれの船に乗ることもできた。そのとき，権力者である道長がどの船に乗るかと尋ねてきたということは，公任がその全てに秀でていることを，道長が認めていたということである。

問九＜文章内容＞花山帝の「肝試し」のエピソードは，道隆と道兼を臆病者として登場させることで，道長の「豪胆さ」を際立たせているようなところがあり，真偽のほどは疑わしいともいえる。「ダシにする」は，何かの手段や口実として利用する，という意味。「眉唾もの」は，真偽の疑わしいもののこと。

三〔論説文の読解―芸術・文学・言語学的分野―芸術〕出典；福岡伸一「名画礼賛のマナー」（『楽しむマナー』所収）。

≪本文の概要≫私は，絵を見ることがとても好きである。私は，生物学者だが，その前は昆虫少年，つまりはおたくだった。おたくの常として，例えば本を読んで，ミトコンドリアという言葉が出てきたら，それ自体よりも，誰がどんな意図でこんな奇妙な単語をひねり出したのかを知りたくなる。絵を見るときも，この不思議な魅力は何に由来するのか，絵の中の人物は何を読んでいるのか，画家は何を思ってこのテーマを選んだのか，などと考えながら見る。作品を見るときに私が提案したいのは，時間軸を持って絵を旅してみることである。フェルメールは，20代では自分のスタイルを見つけることができず迷っていたが，やがて，自分が何をどのように描くべきかを徐々に見出していき，日常を切り取ることにした。そうして傑作が，相次いで描かれていったのである。つまり，名画礼賛のマナーとは，画家自身の旅路を旅するという地点に行き着くことである。

問一＜文脈＞「おたくの常」として，「ミトコンドリア」という言葉が出てくると，「それ自体よりも，いったい誰が，どんな意図でこんな奇妙な単語をひねり出したのかを知りたく」なる。「おたく」だった「私」は，「名画を見るとき」も，いつも「このようなマナー」で作品を見る。逆に言えば，「私にとって名画とは，単に大作，上手，美麗というのではなく，小品であっても絵から問いかけがある絵，ということ」である。

問二＜文章内容＞フェルメールの絵の特徴として，「日常を切り取」り，「光の粒を操」り「時間を止める」ことや，「光を柔らかく溶かすこと」などが知られている。しかし，彼は，最初からそういう絵を描いていたわけではなく，20代では「自分のスタイルを見つけること」ができずに「迷って」いたのである。

問三＜文章内容＞フェルメールは，初めは「自分が何をどのように描くべきか」がわからず迷っていたが，やがて「大きなドラマを描くこと」をやめ，「日常を切り取ること」にした。「大きなドラマ」のような物語性はない日常の中に，彼は，独自の作品世界をつくるようになっていった。

問四＜文章内容＞「私」が絵を見るにあたって提案したいのは，「時間軸をもって絵を旅してみる」ということである。フェルメールは，初めは自分のスタイルを見つけることができずに迷っていたが，やがて「自分が何をどのように描くべきか」を見出していった。そのように，作品が描かれるまでに，画家がどんな道をたどったのかを時間軸に沿って捉えながら，作品を見るとよい。

問五＜品詞＞「ひねり出した」は，動詞「ひねり出す」の連用形と完了の助動詞「た」の連体形。「知りたく」は，動詞「知る」の連用形と願望の助動詞「たい」の連用形。

平成29年度 慶應義塾女子高等学校

【英　語】（60分）

1　これからリスニングのテストを行います。英文と，それに関する質問が2問ずつ放送されます。1つ目の質問は，最も適切な答えを①～④より1つ選び，番号で答える形式です。2つ目の質問は，書き出しの語に続けて答えを英語で書く形式です。書き出しの語も含めて8語以内で解答しなさい。放送を聞きながら問題用紙にメモを取ってもかまいません。英文と質問は2回ずつ放送されます。

〈編集部注：放送文は未公表につき掲載してありません。〉

(A) 1 ① Because she was his teacher in school.
② Because most students picked a grandparent.
③ Because she took care of him.
④ Because her American customs impressed him.

2 He ______________________________

(B) 1 ① Making sure busses run all night and are safe.
② Building shopping centers inside the city.
③ Providing free transportation to sports stadiums outside the city.
④ Raising the price of train tickets so people will drive more.

2 People ______________________________

(C) 1 ① Singing and making loud noises.
② Hitting their tails against each other.
③ Sending signals to each other.
④ Using gestures to show feelings.

2 They ______________________________

2　次の文章を読んで設問に答えなさい。

Sunflowers may be connected to the ground, but that doesn't mean they can't dance. Each day, young sunflowers follow the path of the sun across the sky as they move their heads 180 degrees from east to west. Their slow, beautiful movements even continue at night. After the sun sets, the plants return to their original position by slowly (ア) their heads back to the east. This allows them to begin the cycle again.

The idea of young sunflowers following the sun is not new ― Darwin himself reported on this more than 100 years ago. However, until now no one explained how the young sunflowers move and why. Or why adult sunflowers only face (あ). A group of scientists in California has solved these mysteries by carrying out a number of experiments.

They first planted some sunflowers outside and watched what happened. In time, they discovered that the plants could control their movements. For example, during the shorter nights of summer, young sunflowers took just eight hours to turn their heads from west to east. However, (1)during the longer nights of autumn, it took them twelve hours to do the same thing. To find out how the plants were moving, the scientists marked both sides of their stems with a pen at regular times. By using a special video camera, they were able to see that the east side of the stem grew longer during the day. That made the plant's head turn to the west. At night, the opposite effect occurred.

But what was controlling this growth cycle? Was it the movement of the sun or something else? To better understand what was making the plants act this way the scientists grew some inside a laboratory with lamps instead of the sun. The young sunflowers continued to bend to the west during the day, then turned back toward the east at night. They then turned off the lamps to see the effect it might have. They found that plants (イ) in the dark continued to turn for a while, even without a light source.

The results of the experiments prove that a sunflower's movement is not only influenced by light, but is also controlled by some kind of body clock. It's similar to the one that humans have, and lets us know for example when to wake up or when to eat. This body clock can be very useful since it helps young sunflowers perform activities at certain times of the day, even if something in the environment changes for a short time. This means they will not (ウ) chasing the sun even on a cloudy morning.

In order to understand why sunflowers follow the sun, the scientists put some young ones outside, but tied the stems to the ground. This meant their heads couldn't move with the sun. As a result, the plants [A] that were allowed to move freely. It was clear that the sun promoted growth.

The research team's last experiments were connected to adult sunflowers. They planted a field of sunflowers outside and studied their movements. As the plants grew from young seedlings into adults, the scientists noticed that they slowly (エ) the strength to follow the sun. Once they bloomed, they stopped completely. One scientist said, "For many years, people believed that adult sunflowers moved with the sun. They actually always point to the rising sun."

To see whether or not this was an advantage, the scientists put some adult sunflowers outside facing west and east. They recorded how many bees visited the plants in the morning because bees are most active at that time. (2)東に向いているヒマワリは西に向いているヒマワリより約5倍多くの蜂を得た。 This is because they heated up faster. Earlier research has shown that bees prefer warmer plants. So the scientists realized it was a big (い) for these sunflowers to always face east.

The science community is excited about the new discoveries. It will allow other scientists to improve their research on a wide variety of plants and animals. Millions of years ago the sun, sunflowers, and the bees began their relationship. It's nice, at last, to be able to understand why.

［注］ stem：茎　bend：曲がる　seedling：苗木

問1　(ア)～(エ)に入る語を次より1つずつ選び，文脈に最も適した形で答えなさい。ただし，同じ語を2度以上選ばないこと。

stop, leave, shine, turn, rise, lose, allow

問2　(あ)，(い)に入るそれぞれ最も適切な1語を本文中より抜き出しなさい。

問3　下線部(1)を日本語に直しなさい。ただし，"the same thing" の具体的内容を明らかにすること。

問4　[A] を補うのに最も適切なものを①～④より1つ選び，番号で答えなさい。

① didn't grow as big as the ones　② grew as big as the ones
③ grew bigger than the ones　④ weren't as small as the ones

問5　下線部(2)を英語に直しなさい。

問6　本文の内容に合っているものを①～⑨より3つ選び，番号の小さい順に答えなさい。

① Young sunflowers move in the morning across the sky and then rest at night.

② Recently, a group of scientists from California have discovered that young sunflowers can move with the sun.

③ At night, the west side of a young sunflower's stem will grow longer and that makes the plant's head turn to the east.

④ Most of the experiments on the sunflowers were done with lamps instead of sunlight.

⑤ A sunflower's body clock helps it to do activities at particular points in a day.

⑥ In order to understand a sunflower's body clock and why it follows the sun, scientists carried out experiments in a laboratory.

⑦ The experiments carried out on the adult sunflowers were done outside.

⑧ After sunflowers bloom, they no longer follow the sun because they don't have enough bees.

⑨ Scientists will use the new discoveries about sunflowers to try and understand why and how sunflowers turn with the sun.

3　次の会話文を読んで設問に答えなさい。

Bob : I was surprised to hear that the Canadian government wants to make school summer vacation shorter.

Ann : Most schools generally get eight to ten weeks. Some teachers think this is too much.

Kim : Well, we have used the present summer vacation schedule for a long time.

Bob : Did you know that schedule was based on farming? Kids were supposed to help in the fields. That's the main reason for the long summer break.

Kim : That's what many people think. [A] They actually attended school more in the summer than in the autumn. Can you guess why?

Ann : Because there were more crops to harvest in the (あ).

Kim : You got it! We were lucky we didn't have to do that.

Bob : So what's the reason we have such long summer vacations?

Kim : Imagine what the classrooms felt like in the summers without air conditioners.

Ann : So they couldn't stand the heat. That doesn't surprise me.

Kim : I wonder if the government's new plan means more school days.

Bob : (1)I don't think many kids will like that.

Kim : I agree.

Ann : [B] Instead, they plan to increase vacation days at other times of the year. The number of school days will stay the same.

Kim : Longer breaks in December and March might be nice. So why do they want to make summer vacation shorter?

Ann : One reason is because students forget what they learn in school over the long summer. It's called a "summer slide."

Kim : I've heard of that. It's especially true in math.

Bob : That's also what my teacher said. She has to spend the first few weeks after summer teaching the students past lessons so everyone can catch up.

Ann : That's what I mean. [C] Most of them don't agree with the long summer breaks.

Bob : Does the government think a shorter summer vacation will solve the "summer slide"?

Ann : Yes. In fact, there have been studies which prove it.

Kim : However, just because students are not in school, it doesn't mean they can't (い). There are plenty of other educational activities in the summer.

Bob : Not only that, kids want to take it easy. Some of them go camping or take a vacation with their family.

Kim : That's another reason the government wants to change things. They feel rich families have an advantage. It's easier for them to pay for those summer activities.

Ann : That's a good point.

Bob : I agree. [D] My family didn't have much money when I was growing up. I remember watching a lot of TV while my parents worked.

Kim : I feel we should encourage kids and parents to spend more time together. That's how summer vacation should be. I don't think we need to make it shorter.

Ann : If you ask most kids, they will say the same thing. However, it's time to try something new. I think six weeks is enough.

Bob : [E] On the other hand, we need to deal with the "summer slide" problem. I can't make up my mind.

［注］ harvest：収穫する　educational：教育的な

問１ [A]～[E] を補うのに，最も適切なものを①～⑩より１つずつ選び，番号で答えなさい。ただし，同じ番号を２度以上選ばないこと。

① Teachers think it's a waste of time.
② They didn't go to school at all.
③ Everything depends on you.
④ Kim doesn't agree with me.
⑤ In fact I've experienced this.
⑥ Surprisingly, there's no change to that.
⑦ Summers should be long and fun.
⑧ However, that's not completely correct.
⑨ There will be more.
⑩ Most teachers liked doing that.

問２ (あ)，(い)に入るそれぞれ最も適切な１語を本文中より抜き出しなさい。

問３ 下線部(1)について，"that" の具体的内容を示し，"against" を用いたほぼ同じ意味の文に書きかえなさい。ただし，10語で書くこと。

問４ 本文の内容に合うように，次の質問の答えとして最も適切なものを①～④より１つずつ選び，番号で答えなさい。

1 Why does the Canadian government want to make summer vacation shorter?

① Because other countries are doing it.

② Because the students are needed to help harvest the crops.
③ To prevent the "summer slide."
④ To encourage rich families to spend more time together.

2 Which of the following is true about the conversation?
① Some teachers think summer vacation is not long enough.
② The number of school days will increase.
③ Having long summers helps students remember the class information better.
④ Poor families have fewer choices for activities in the summer.

4 次の文章を読んで設問に答えなさい。

Punctuation marks: they may not look like much — just a few dots — but without them, our sentences would be a mess that couldn't be read. Surprisingly, however, a long time ago people didn't put punctuation marks and even (ア s—) between words at all, andallsentenceslookedlikethis!

In ancient Greece, written sentences were usually meant to be learned very carefully, and then read in a loud voice by a politician or performer, not read in a silent manner by a reader. Punctuation marks were just not that necessary.

About 2,400 years ago, however, Aristophanes, a man working in a library in Greece, invented a simple system of punctuation to [I] a breath during speech. Aristophanes suggested three different dots called the *comma* (·), the *colon* (.), and the *periodos* (˙). The *comma* meant the shortest pause, and the *periodos* meant the longest pause of the three.

Aristophanes's invention didn't really become popular until writing began to take priority over public speaking. This happened in the fourth and fifth centuries. At that time, in order to spread the word of God, Christians began giving the church's ideas in written form. Books became an important part of Christianity. As it spread across Europe, Christian writers [II] when they wrote books.

As time passed, Aristophanes's punctuation changed little by little. The *periodos* dropped to the bottom to become ".", and came to mean the end of a sentence. The *comma* was joined to another popular pause mark, the slash (/), and then dropped to the bottom to become ",". The *colon* added another dot to become ":". The origin of the question mark is less clear, but some people believe it is made from the (イ l—) "q" and "o" from the word *quaestio*. It is the Latin word meaning "question." In the fifteenth century, the printing machine appeared and fixed punctuation marks. The next centuries, therefore, passed with little change.

Until now! With the new ways of communication, such as instant messaging, punctuation is once again changing. The simple period has come to show anger in the relaxed world of instant messaging. The number sign (#) was originally popular only within North America, but it is now used all over the Internet as a sign of the subject of a message. In addition, emojis have come to appear in a sentence. (1)The little cartoon pictures allow us to express a variety of feelings traditional punctuation never could, and lead some people to wonder if emojis are a new form of punctuation.

From Aristophanes's *periodos* to our cartoon emojis, there are many ways for people to communicate. Punctuation is a part of language, and language continues to change.

［注］ punctuation (mark)：句読点　Greece：ギリシャ　pause：小休止　Christian：キリスト教徒(の)
Christianity：キリスト教　Latin：ラテン語の
instant messaging：ネット上でリアルタイムにメッセージをやりとりできるコミュニケーション・ツール

問１　(ア)，(イ)にそれぞれ最も適切な１語を補いなさい。ただし，指定された文字で書き始めること。

問２　［Ⅰ］，［Ⅱ］を補うように，次の語句を並べかえなさい。

［Ⅰ］に用いる語句：take, remember, help, to, when, public speakers

［Ⅱ］に用いる語句：clearer, the meanings, to, punctuation, used, make

問３　本文の内容に合うように，次の文の(あ)～(う)に入る語として最も適切なものを①～③より１つずつ選び，番号で答えなさい。

The (あ) meant a pause longer than the pause meant by the (い). The (う) meant a pause longer than the pause meant by the (あ), and later came to be used to finish a sentence.

①　*comma*　②　*colon*　③　*periodos*

問４　下線部(1)を日本語に直しなさい。

問５　次の質問に英語で答えなさい。

1　Why did punctuation stay almost the same for several centuries until now?

2　How do people feel when they use the simple period in the relaxed world of instant messaging?

5　Tell us about a difficult decision you had to make. How did you decide? What do you think of your decision now? Write in English and use about 50 words. Please write the number of words in the space (　words) on the answer sheet.

【数　学】（60分）

（注意）　1．途中の計算や式などもすべて解答用紙に書いておくこと。

2．図は必ずしも正確ではありません。

1　次の問いに答えなさい。

［1］　次の式を計算しなさい。

$\sqrt{12}(\sqrt{13}+\sqrt{68})+\sqrt{34}(\sqrt{13}+\sqrt{68})-\sqrt{13}(\sqrt{12}+\sqrt{34})-\sqrt{24}(\sqrt{12}+\sqrt{34})$

［2］　1から9までの整数が1つずつ書かれた合計9枚のカードが入っている袋から，Aさんは2，xが書かれた合計2枚のカードを，残った7枚の中からBさんは1，7，8，yが書かれた合計4枚のカードを取り出した。Aさんの持つ2枚のカードに書かれた数字の平均値と，Bさんの持つ4枚のカードに書かれた数字の平均値が等しいとき，xとyの値を求めなさい。また，AさんとBさんそれぞれが，持っているカードから数字を見ないで1枚を同時に出し合い，数字の大きい方を勝ちとするとき，Aさんが勝つ確率pを求めなさい。

［3］　ある商品を1個x円で100個仕入れ，3割の利益を見込んで定価をつけて売った。y個売れ残ったので，定価の2割引きで残りすべてを売ったところ，2160円の利益があったが，すべて定価で売ったときより売り上げは2340円少なくなった。次の問いに答えなさい。

(1)　xの値を求めなさい。

(2)　yの値を求めなさい。

2　放物線$y=x^2$上に3点A$(a,\ a^2)$，B$(-2a,\ 4a^2)$，C$(1,\ 1)$と点Dがあり，直線ABと直線CDの傾きがともに-2であるとき，次の問いに答えなさい。

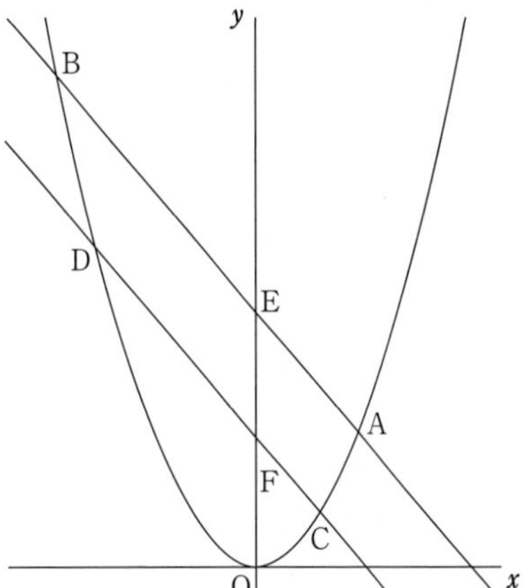

［1］　点Dの座標を求めなさい。

［2］　定数aの値を求めなさい。

［3］　y軸と直線AB，CDの交点をそれぞれE，Fとおく。$\triangle\mathrm{CDG}=\dfrac{1}{2}\triangle\mathrm{CDE}$となる線分EF上の点Gの$y$座標を求めなさい。

［4］　$\triangle\mathrm{PCD}=\dfrac{1}{2}\triangle\mathrm{ACD}$となるような点Pを放物線上にとる。このような点Pのうち，x座標が0と1の間になるような点Pのx座標を求めなさい。

3　2点O，O′をそれぞれ中心とする円O，O′がある。円Oは点O′を通り，2円は2点A，Bで交わる。線分ACは円O′の直径で，点Dは線分BCと円Oの交点である。△OBDが正三角形であるとき，次の問いに答えなさい。ただし，円周率はπとする。

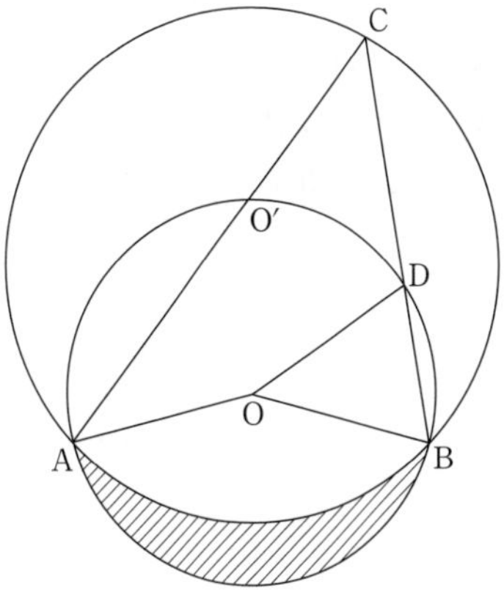

［1］　∠ABC，∠AODの大きさをそれぞれ求めなさい。

［2］　円Oの面積がπであるとき，円O′の面積Sを求めなさい。

［3］　図の斜線の部分の面積Tを求めなさい。

4　3種類のタイルP，Q，Rがある。タイルP，Qは1辺の長さがそれぞれ3 cm，1 cmの正方形で，タイルRは2辺の長さが1 cm，3 cmの長方形である。図1はタイルPを左上に2枚×2枚，タイルQを右下に1枚×4枚，残りをタイルRで敷き詰めて作った長方形である。これらのタイルをすべて余さず使って，図2のように，タイルPを左上に1枚×4枚，タイルQを右下に2枚×2枚，残りをタイルRで敷き詰めると別の形の長方形を作ることができる。

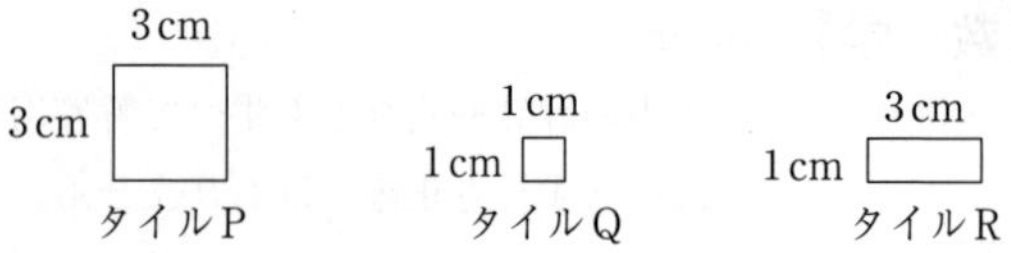

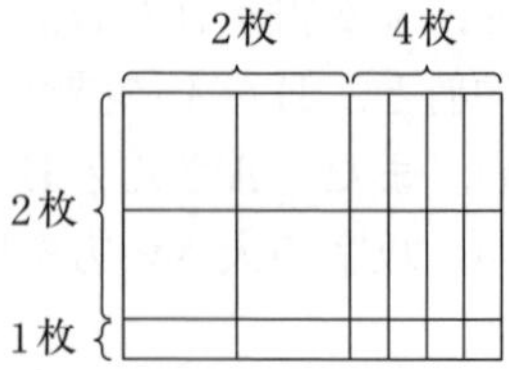

図1

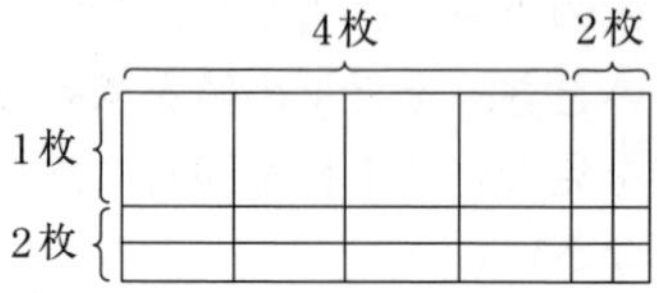

図2

同じようにしてタイルPを左上にx枚×x枚，タイルQを右下にy枚×z枚，残りをタイルRで敷き詰めて，図3のように長方形ABCDを作る。ただし，$y<z$とする。

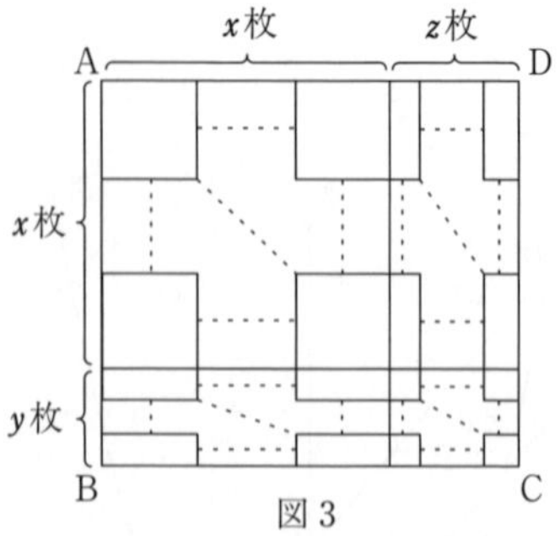

図3

［1］　次の文章内の［ア］，［イ］にx，y，zを用いたもっとも適切な式を，［ウ］～［オ］にy，zを用いたもっとも適切な式または数を入れなさい。

長方形ABCDの2辺の長さは［　ア　］cm，［　イ　］cmであるから，長方形ABCDの面積S cm^{2}は$S=$(［　ア　］)(［　イ　］)と表せ，式を展開し整理すると次のようになる。

$S=$［　ウ　］x^2+(［　エ　］)$x+$［　オ　］

長方形ABCDのタイルをすべて余さず使って，タイルPを左上にy枚×z枚，タイルQを右下にx枚×x枚，残りをタイルRで敷き詰めて別の形の長方形を作ることができる場合について考える。

［2］　x^2をyとzで表しなさい。

［3］　$x=10$のとき，yとzの値の組をすべて求めなさい。

［4］　タイルP，Q，Rを全部あわせると490枚で，長方形ABCDの面積が1870 cm^{2}となるようなx，y，zの値を求めなさい。

5　正四角錐《すい》ABCDEがある。底面BCDEは1辺の長さが12の正方形で，ほかの辺の長さはすべて10である。また，球Oは正四角錐ABCDEの5つの面に接する球である。図1は，この正四角錐を直方体BCDE-FGHIの上にのせたものである。次の問いに答えなさい。

［1］　辺BCの中点をMとして，AMの長さと，正四角錐ABCDEの高さ h を求めなさい。

［2］　球Oの半径 r を求めなさい。

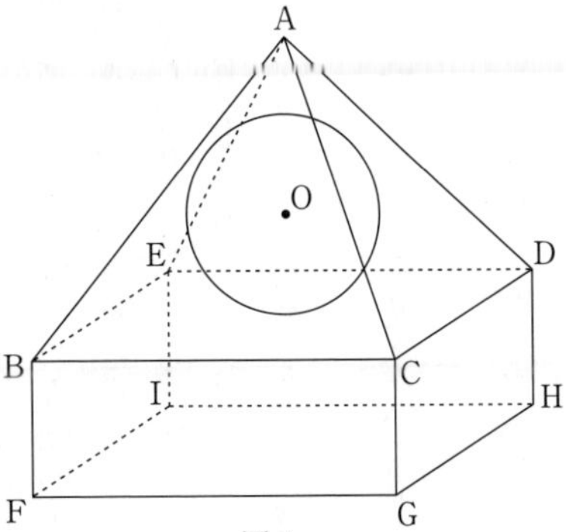

図1

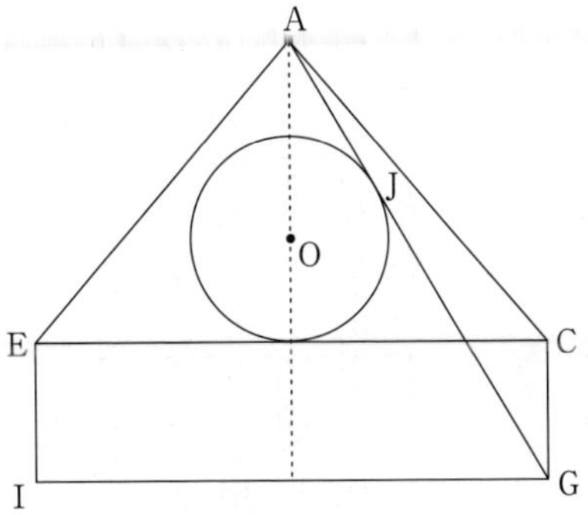

図2

図2は，この立体を頂点A，G，Iを通る平面で切ったときの断面の様子を表したものである。図2において，2点A，Gを結んだところ，線分AGが球の断面の円に点Jで接した。

［3］　線分AJの長さを求めなさい。

［4］　線分CGの長さを求めなさい。

してきたわけですから、この豊かさを実質的に維持しつつ、エコロジー的にも持続可能で、F消費社会の人間的不幸や愚かさといった副作用を排した社会を実現しなければならないわけですが、こうした社会のお手本はまだ存在しないからです。

（白井　聡「消費社会とは何か――「お買い物」の論理を超えて」より）

＊コスパ…コストパフォーマンスの略。かかった費用に対して得られた効果。

問一　波線部1～6のカタカナを漢字で、漢字の読みをひらがなで書きなさい。

問二　空欄X・Yに最も適切な漢字を入れて、四字熟語を完成させなさい。

問三　傍線部Aについて、筆者はどのような行為だと考えていますか、次の中から最も適切なものを一つ選び、番号で答えなさい。

1　授業料という対価を払うことで、卒業証書を手に入れる行為。
2　技能など有用なものを、確実に手に入れることができる行為。
3　商品と貨幣の交換とは全く異なり、有用性が認識できる行為。
4　効果がすぐには認識できない、商品として分かりにくい行為。
5　いつ役に立つか分からないものを、主体的に学ぶという行為。

問四　傍線部Bと同じ内容の表現を、文中から五字で抜き出しなさい。

問五　傍線部Cとは、どのようなことですか、説明しなさい。

問六　傍線部Dとは、具体的にどのようなことですか、説明しなさい。

問七　傍線部Eとは、具体的にどのようなことですか、説明しなさい。

問八　傍線部Fとは、具体的にどのようなことですか、説明しなさい。

問九　二重傍線部を例にならって品詞分解し、それぞれの品詞名を答えなさい。ただし、活用のあるものは文中での活用形も答えなさい。

	名詞	助詞	名詞	助詞	名詞	助動詞 終止形
（例）	これ	は	今年	の	試験問題	です

【作　文】（六〇分）

昨年十一月、アメリカの次期大統領選挙で大接戦を演じたヒラリー・クリントン候補は、開票が行われた翌日のスピーチで、事実上、選挙での敗北を認めた。次に挙げるのは、そのスピーチの中でヒラリー候補が述べた言葉の日本語訳である。これを読んで、あなたの考えを、六〇〇字以内にまとめなさい。

私のこれまでの選挙戦を応援してくださったすべての女性の方々、とりわけ若い女性の方々に申し上げたいと思います。あなた方の考えを述べることができた以上に、私が誇らしく思うことはありません。

今、私に分かっていることは、私たちは、まだ最も高く、最も硬いガラスの天井を壊せずにいるということです。しかし、いつか誰かが、そして願うならば私たちが思っているよりも早く、そうしてくれると信じています。

師の方が一方的に悪い、ということになります。私など、悪い授業態度に対しては、相当強い言葉で注意する方ですが、Cそのようなやり方はリスクを伴います。叱《しか》られた学生が家に帰って、「XXという教師に乱暴な言葉で怒られ、不愉快であった」と親に訴え、それをマに受けた親が「XXという教師は、不2テキカクだ、辞めさせろ」と学校側に要求して来たらどうなるか。もちろん、教師の側にパワーハラスメントを犯した恐れがあるならば話は別ですが、本来ならば、「あんたの子供がなってないだけだ」と言って学校側が取り合わなければよいだけのことです。しかしながら、今日多くの学校が、生徒・学生やその保護者の3リフジンなクレームに対して、筋の通らない対応をするケースが増えています。確かに、お客様は神様であるなら、これを叱りつけることはできなかろうし、学資負担者に至っては最高神だということになりますから、どんな我が儘《まま》でも聞かないわけにはいかないでしょう。

そして、近年大いに問題視されている学力低下や学力崩壊といった現象は、教育が商品視されることによって教育が死ぬことの最も強力な証明です。学力低下に対しては、いわゆるゆとり教育が導入されてみたり、それではやはりダメだということになって学習内容が再び増やされるなど、政策的なブレが続いていますが、その間にも学力の低下は確実に進行している、と私は教育現場で実感しています。つまり、学ぶ内容を減らしてみたり、逆に増やしてみたり、教員の労働環境を締めつけてみたりしたところで、本質には何ら触れることができていない、無効であるということです。要するに、学校で行っていることをあれこれと弄《いじ》ってみたところでこの傾向は止められない、ということはすでに明らかなのです。

それでは家庭学習が悪いのか、と考えたくもなりますが、おそらくは自分の子供の学力について全くどうでもいいと思っている親はほとんどいないはずで、多くの親たちが、自分の子供の学業成績が出来る限り良好であることを願っているはずです。つまり、学力低下の犯人は、学校でも家庭でもない、誰でもないのでしょう。だとすれば、問題はやはり、消費社会の高度化であり、そこに生きる人間の全面的な消費者化に見定められなければなりません。最低限の支出（この場合、学習労力）によって最大限の有用性（この場合、卒業証書）を得ようという、コスパ重視の消費者としてはD合理的な行動原理が、止めどもない学力低下をもたらしています。したがって、「お客様」を「学ぶ主体」に戻さない限り、教育はますます4コウハイするほかありません。

にもかかわらず、政治家をはじめとして社会は「世の中がおかしくなっているのは教育のせいだ、学校が悪い、教師をもっと働かせろ」と盛んに喚《わめ》き散らしています。それはE社会問題の教育問題への転嫁にすぎません。

なぜ、問題が直視されないのでしょうか。それは、すでに述べたように、消費社会化が資本主義経済のメカニズムの動力として、深く埋め込まれてしまっているからです。資本主義経済システムの存続のためには、高度消費社会をますます高度化させねばならず、したがってそこに生きる人間がますます消費者化してくれなければならないのです。つまりは、「お買い物客」であることが場違いである領域での活動においても、ますます人々に「お客様」になってもらわなければならない、という強烈な圧力が働いているわけです。

このような愚昧《ぐまい》な状況がいつまで続くのかはわかりません。あるいは、この愚昧さの泥沼のなかで人類は滅亡するのかもしれませんが、この傾向の一方で、資本主義経済の発展に限界が見え始めていることも確かです。これまで、ひたすらに欲望を煽《あお》り立て、というか欲望の捏造《ねつぞう》のようなことまで行って、つまりは、5要りもしないものを買わせることで、経済発展を実現してきたわけですが、今日の世界経済の全般的な停滞は、その手法が限界を6ムカえつつあることを示しているようにも見えます。

とはいえ、その先に何があるのかは、不透明です。基本的に、産業革命以降の資本主義経済の発展によって豊かな生活を人類は実現く咲きたる桜を、長く折りて、大きなる瓶《かめ》にさしたるこそをかしけれ。桜の直衣《なほし》に出 袿《いだしうちき》して、まらうどにもあれ、御せうとの君達《きんだち》にても、そこ近くゐて物などうち言ひたる、Aいとをかし。

B四月、祭のころ、いとをかし。上達部《かんだちめ》、殿上人《てんじやうびと》も、うへの衣《きぬ》の濃き薄きばかりのけぢめにて、白襲《しらがさね》ども同じさまに、涼しげにをかし。

＊まゆにこもりたる…若芽の状態にある。
＊桜の直衣…（桜色と呼ばれる）表が白で裏が赤の上着。
＊出袿…わざと下に着た服のすそを出して見せること。
＊まらうど…客人。
＊せうと…兄弟。
＊祭…賀茂祭。
＊上達部、殿上人…身分の高い貴族。
＊けぢめ…違い。
＊白襲…夏に着用する白い薄物。

問一　本文の作者をひらがなで記しなさい。

問二　空欄 X に最もよくあてはまる花の名前を、漢字で記しなさい。

問三　傍線部ア・イの意味として最も適切なものを後の中から選び、番号で答えなさい。

ア　1　理想的だ
　　2　言うまでもない
　　3　なおさらだ
　　4　趣がある

イ　1　さびしく　　2　すばらしく
　　3　不快に　　4　大げさに

問四　傍線部Aについて、これはなぜですか、「をかし」の意味もふまえて説明しなさい。

問五　傍線部Bの陰暦名をひらがなで記しなさい。

三　次の文章を読んで、あとの設問に答えなさい。

消費社会が高度化するにしたがって、教育が商品と見なされる場合が増えてきました。A学校に行って授業を受けるとはどのような行為なのか。多くのケースで授業料を収めなければなりませんから、教育サービスとは商品であると定義できるように見えます。つまり、授業料という対価を払うことによって、技能とか資格とか卒業証書といった「有用なもの」（＝商品の効用）を手に入れることができるというわけで、このように見なした場合、教育商品は他の色々な商品と何も変わらないように見えます。

しかし、そう見える一面があるにせよ、教育という行為は商品と貨幣の交換とは全く異なるのです。なぜなら、わかりやすい点から挙げれば、教育の効果（商品で言えば有用性）は、すぐには認識できません。普通の商品ならば、買って手に入れた瞬間から役に立たなければいけませんが、教育においては、「先生があのとき言っていたことの意味が、20年経ってわかってきた」などということがよくあります。もちろん、場合によっては、死ぬまでわからないということもあります。つまり、教育は、一見商品に見えたとしても、その有用性が発揮される仕方が複雑なので、商品であると無理矢理に定義してしまったら、出来1ソコないの商品でしかないのです。

そして、もう一つ、より本質的な点を挙げるならば、教育が徹 X 徹 Y 商品であると見なされた瞬間に、B教育は不可能になります。なぜなら、教育が商品であるならば、生徒や学生はお客様だということになるわけですが、「お客様は神様です」と考えるのが商売の鉄則であるわけで、神様に何かを教えるのは不可能だからです。

例えば、完全に消費者化した生徒・学生に共通する行動様式として、目に余る不真面目な授業態度が挙げられます。こうした現象に対しては、厳しく叱責《しっせき》すべきというのが正論だったはずですが、生徒・学生が神様だとするならば、受講者が居眠りしたくなったり私語したりしたくなったりするようなつまらない授業をやっている教ルトガル人に長崎のカステラを見せると、かなり感動するそうである。カステラの起源は、「ビスコチョ」といわれるスペインのお菓子や「パン・デ・ロー」と呼ばれるポルトガルのお菓子で、語源は、カスティーリャ地方に由来しているらしい。いずれのお菓子も、今でもスペインやポルトガルで親しまれているが、それがその昔、遠い海を渡って、日本でこんなお菓子に姿を変えていたということが、彼らを驚かせるのである。当時の日本人は、材料の制約もさることながら、見様見[X]で、「カステラ」を作ってみたわけだが、これは一種の「誤読力」であり、その結果が、「ビスコチョ」や「パン・デ・ロー」と同じでないからといってカステラを否定する人は誰もいない。

　また、メキシコのウルトラバロック教会なども、もともとのスパニッシュ・バロック教会を何倍もグロテスクにしたような3カジョウな装飾を4施されているが、これもまた、彼らの独創的な「誤読力」の産物である。

　文化というのは、伝播《でんぱ》過程の「誤読力」によって豊かになるものであり、これは本に関しても同じである。

　しかし、見落としては⑥いけないのは、Eこの豊かさは、どちらかというと、本にとっての豊かさである。

　確かに、「誤読力」は、本の可能性を広げてくれる。しかし、「作者の意図」を完全に無視して、いつも「誤読力」頼みで本を読んでいる人は、何をどう読んでも、相も変わらぬ独善的な結論しか導き出せなくなる可能性がある。それは、読者の可能性を狭める本の読み方である。

（平野啓一郎『本の読み方　スロー・リーディングの実践』より）

問一　波線部1〜4のカタカナを漢字で、漢字の読みをひらがなで書きなさい。

問二　空欄[X]に最もよくあてはまる語を、ひらがな二字で記しなさい。

問三　傍線部Aが指示する内容を次の中から選び、番号で答えなさい。

1　「こう読んでもらいたい」という「作者の意図」は必ずあること。

2　「作者の意図」の物証として、「創作ノート」があげられること。

3　シュールレアリストたちが無意識のイメージを言葉にしたこと。

4　シュールレアリストたちの「自動記述」は成功しなかったこと。

問四　傍線部Bについて、これはなぜですか、説明しなさい。

問五　傍線部Cの作者について、次の設問に答えなさい。

(1)　この作者の他の作品を次の中からすべて選び、番号で答えなさい。

1　『故郷』　2　『高瀬舟』　3　『坊っちゃん』

4　『古都』　5　『三四郎』　6　『小僧の神様』

(2)　二〇一六年はこの作者の没後何年に当たっていたか、次の中から選び、番号で答えなさい。

1　五〇年　2　一〇〇年

3　一五〇年　4　二〇〇年

問六　傍線部Dについて、これはなぜですか、説明しなさい。

問七　傍線部Eについて、次の設問に答えなさい。

(1)　誰にとっては豊かではないのですか、記しなさい。

(2)　それはなぜですか、説明しなさい。

問八　二重傍線部①〜⑥の中から、下一段活用の動詞をすべて選び、番号で答えなさい。

二

次の文章を読んで、あとの設問に答えなさい。

　三月三日は、うらうらとのどかに照りたる。[X]の花の今咲きはじむる。柳などをかしきこそアさらなれ。それもまだ、まゆにこもりたるはをかし。ひろごりたるはイうたてぞ見ゆる。おもしろ

平成二十九年度 慶應義塾女子高等学校

【国　語】（六〇分）

一　次の文章を読んで、あとの設問に答えなさい。

作者の立場からすると、小説であろうと、エッセイであろうと、論文であろうと、基本的には、作品の一語一句のレヴェルから作品全体に至るまで、「こう読んでもらいたい」という「作者の意図」は必ずある。それがなければ、そもそも文章は①書けないからだ。作者の死後に公開される「創作ノート」などは、その物証だろう。「無意識」の存在を重視し、意識と理性とに縛られた世界を揺さぶろうと意図したシュールレアリストたちは、「自動記述」という無意識のイメージの連鎖そのものを言葉にしたような文章を書いたりもしているが、これはかなり特殊な例であり、また十分に成功したとも言いがたかった。

しかし、Aその一方で、程度の差はあれ、作者が読者の読みの自由をあらかじめ想定していることも確かである。自分の言いたいことを正確に伝えたい。そういう欲求に導かれなければ、文章は生まれてこない。けれども、言葉というものの性質上、できあがったものが、どう読まれるかは必ずしも予測がつかない。

かつては、B作者の言わんとしたことを正確に理解することが、本の正しい唯一の読み方である、という考え方が支配的だった。この考え方の根源には、一神教の影響があるのだろう。ご存じの通り、ユダヤ教やキリスト教の「預言者」とは、「神の言葉を預かった者」の意である。だから、聖書を読んで、その言葉を発した者(=神)が、どういうことを言おうとしているのか、その意図を考えることは非常に重要だった。ところが、神学論争を見れば②分かる通り、その解釈はいつも対立していて、どちらの解釈が「正しい」かに決着がついたためしはなかった。

文学作品の批評でも同じである。未だに、一〇人いれば、一〇通りのC『吾輩は猫である』の読み方があるだろう。そういうとき、そもそも誰も正確には分からないのに、「作者の意図」こそ、「正しい読み方」だとして、他の読み方をすべて「間違っている」とすることには、根拠がないし、また1フトウに作品の可能性を2狭めてしまうことになる。

そこで、文学の世界では、テクスト理論という、読者の側の創造的な読みをむしろ積極的に評価する立場の批評が一頃流行した。これは、古い立場から③すれば、一種の「誤読力」の評価である。

「誤読」にも、単に言葉の意味を勘違いしているだとか、論理を把握できていないといった「貧しい誤読」と、スロー・リーディングを通じて、熟考した末、「作者の意図」以上に興味深い内容を④探り当てる「豊かな誤読」との二種類がある。

人の勝手な思いこみには、確かに意外な創造性が発揮されることがある。『存在と無』という著書で有名な実存主義者サルトルは、ドイツの哲学者ハイデガーの主著『存在と時間』をある意味で「誤読」し、それによって彼の独特の思想を練り上げていった。これがイヤだったハイデガーは、その後、一般に『ヒューマニズム書簡』と呼ばれている文章を公にして、サルトルの「実存主義」と自分の「実存哲学」とは別物だということをわざわざ説明した。

ハイデガーの著書は、どれも極めて難解である。もともと、「誤読」が生じやすいものだが、しかし、だからといって、サルトルが「誤読」を⑤通じて考えたことが、その意味で否定されなければならない理由はない。その後も、フランスの思想家たちは、ポストモダン時代の代表的な思想家ジャック・デリダに至るまで、ある意味ではハイデガーの魅力的な「誤読」を通じて、思索を巡らせてきたのである。

哲学を例に取ると、こんな堅苦しい話になるが、もっと気楽に、たとえば、食べ物のことでも考えてみると良い。Dスペイン人やポ

英語解答

1 放送文未公表

2 問1　ア　turning　イ　left
　ウ　stop　エ　lost

問2　あ　east　い　advantage

問3　秋，夜が長くなると，若いヒマワリが西から東に向きを変えるのに12時間かかった。

問4　①

問5　(例) Sunflowers facing east got about five times more bees than those facing west.

問6　③，⑤，⑦

3 問1　A…⑧　B…⑥　C…①　D…⑤
　E…⑦

問2　あ　autumn　い　learn

問3　I think many kids will be against more school days.

問4　1…③　2…④

4 問1　ア　spaces　イ　letters

問2　I　help public speakers remember when to take
　II　used punctuation to make the meanings clearer

問3　あ…②　い…①　う…③

問4　小さな漫画の絵によって，私たちは従来の句読点では決して表せなかったいろいろな感情を表せる。

問5　1　Because the printing machine appeared and fixed punctuation marks in the fifteenth century.
　2　They feel angry〔anger〕.

5 (例) I had to choose between the basketball and volleyball club. Then I saw many students in both clubs to ask as many questions as possible. I finally chose the volleyball club, and I feel it is the best club for me. I think getting a lot of useful information helped to make the right decision. (55語)

1〔放送問題〕放送文未公表

2〔長文読解総合─説明文〕

《全訳》❶ヒマワリは地面に根を張っているかもしれないが，だからといってダンスができないわけではない。毎日若いヒマワリは東から西へ顔を180度動かし，空を渡る太陽の軌道をたどる。そのゆっくりとした美しい動きは夜になっても続く。太陽が沈んだ後，植物は顔をゆっくり東に向けて最初の位置に戻る。こうすることによって若いヒマワリは再びこのサイクルを開始できるのだ。❷若いヒマワリが太陽の後をたどるという考えは新しいものではない──100年以上前にこのことを世に知らしめたのはダーウィンだった。だが，若いヒマワリがどのように，そしてなぜ動くのかについて説明した人はこれまでのところいない。また，大人のヒマワリが東にしか向かない理由についても(説明した人はいない)。カリフォルニアの科学者グループはいくつかの実験を行うことによってこれらの謎を解明した。❸彼らはまず，ヒマワリを外に植え，どうなるかを観察した。やがて彼らはその植物が自らの行動をコントロールできるということを発見した。例えば夏，夜が短くなると，若いヒマワリが西から東に向きを変えるのにわずか8時間しかかからなかった。しかし秋，夜が長くなると，同じことをするのに12時間かかった。その植物がどのように動くのかを知るために，科学者たちは定期的に茎の両側にペンで印をつけた。彼らは特別なビデオカメラを用いて，茎の東側が日中の間により長くなったのを見て取ることができた。これによってその植物の顔は西に向いたのだ。夜は逆の現象が起こっていた。❹では，この成長のサイクルをコントロールしているものは何か。それは太陽の動きだったのだろうか，それともそれ以外の何かだったのだろうか。その植物がこのような動きをする理由をもっとよく理解するために，科学者たちは研究所の中で太陽の代わりにランプを使ってヒマワリを育てることにした。若いヒマワリは日中，西に向き続け，夜は東に向き直った。次に彼らはランプを消し，その影響を調べることにした。暗がりの中に放置された植物は，光源がなくてもしばらくの間は向きを変え続けることがわかった。❺実験の結果わかったことは，ヒマワリの運動は光によって影響されるだけでなく，ある種の体内時計によってもコントロールされているということだ。それは人間が持っている，いつ目を覚ますべきか，またはいつ食べるべきかといったことを知らせてくれるものと似ている。この体内時計は大いに役に立ちうる。というのは，たとえ短期間，環境に何か変化が起きても，この体内時計のおかげで若いヒマワリは１日の決まった時間に活動できるからだ。このことは，曇りの朝であってもヒマワリが太陽の後をたどるのをやめないことを意味する。❻ヒマワリが太陽の後をたどる理由を理解するために，科学者たちは外に若いヒマワリを置いて，茎を地面に結んだ。これによってヒマワリの顔は太陽とともに動けなくなった。その結果，その植物は自由に動くことのできたヒマワリほど大きく育たなかった。太陽が成長を促進したことは明白だった。❼研究チームの最後の実験は，大人のヒマワリを対象とするものだった。彼らは外にヒマワリ畑をつくり，ヒマワリの動きを研究した。その植物が若い苗から大人に成長する過程で，太陽の後をたどる力をゆっくり失うことに科学者たちは気づいた。花が咲くところまで成長すると，彼らは完全に動きを止めた。ある科学者は言った。「長い間，人々は大人のヒマワリが太陽とともに動くと思っていました。実際は昇る太陽の方向にいつも向いているのです」❽これが利点であるかどうかを調べるために，科学者たちは外に大人のヒマワリを西と東にそれぞれ向かせて植えた。そして朝，何匹の蜂がその植物を訪問するかを記録した。朝は蜂が最も活発な時間帯だからである。東に向いているヒマワリは西に向いているヒマワリより約５倍多くの蜂を得た。これは東に向いているヒマワリがより早く温かくなったことを意味する。これまでの研究によれば，蜂はより温かい植物を好む。だから科学者たちは，これらのヒマワリはいつも東に向いていることが大きな利点であるということを理解した。❾科学界は新しい発見に興奮している。この発見によって，他の科学者たちによる多種多様な動植物の研究が向上するだろう。数百万年前，太陽とヒマワリ，それに蜂はその関係を開始した。ついにその理由がわかったのは喜ばしいことだ。

問１＜適語選択・語形変化＞ア．‘動詞＋目的語＋to＋方角’という形をとる動詞のturnが適切。前置詞byの目的語なので動名詞turningにする。　**イ．**「暗がりの中に放置された植物」となる，leaveの過去分詞leftが適切(過去分詞の形容詞的用法)。　**ウ．**後ろがchasingなので，動名詞を目的語にとるstopを選び，「たどるのをやめ(ない)」とすると文が成立する。　**エ．**直後の「花が咲くところまで成長すると彼らは完全に動きを止めた」から，「太陽の後をたどる力をゆっくり失う」となるloseを選び，文の前半の時制に一致させて，過去形lostにする。

問２＜適語補充＞あ．第８段落から，大人のヒマワリはいつも東に向いていることがわかる。　**い．**これより前に，東に向いているヒマワリはより多くの蜂を得る，とあるが，これは受粉しやすくなることを意味するので，ヒマワリにとって大きな「利点」である。

問３＜英文和訳＞during the longer nights of autumnは「(夏)より長い秋の夜間に」，「秋，夜が長

くなると」。it took them twelve hours to do ... は ‘It takes ～ 時間＋to…’「～が…するのに〈時間〉が一かかる」の構文。do the same thing「同じことをする」は，直前の turn their heads from west to east を指す。

問 4 ＜適語句選択＞直後に「太陽が成長を促進したことは明白だった」とあることから，「その植物〔＝茎を地面に結ばれたヒマワリ〕は，自由に動くことのできたヒマワリ〔＝太陽の後をたどったヒマワリ〕ほど大きく育たなかった」とすると話がつながる。

問 5 ＜和文英訳＞「東〔西〕に向いているヒマワリ」は sunflowers facing east〔west〕。「約 5 倍多くの蜂を得た」は ‘*N* times＋比較級＋than …’ または ‘*N* times as ～ as …’「…の*N*倍の～」の形で表せる。　（別解）The sunflowers which face east collected about five times as many bees as the ones which face west.

問 6 ＜内容真偽＞①「若いヒマワリは午前中空を渡り，その後，夜に休む」…×　move ～ across the sky はヒマワリではなく太陽の動きを表す。また，ヒマワリは夜に休まず，顔を東に戻す。　②「最近，カリフォルニアの科学者グループが，若いヒマワリは太陽とともに動けるということを発見した」…×　第 2 段落第 1 文参照。　③「夜，若いヒマワリの茎は西側がより長くなり，その結果，その植物の顔は東に向く」…○　第 3 段落後半参照。第 3 段落最終文の「逆の現象」を表している。　④「ヒマワリの実験のほとんどは日光の代わりにランプを使って行われた」…×　第 4 ～ 7 段落参照。ランプを使用した実験は全体の中の一部にすぎない。　⑤「ヒマワリは体内時計によって 1 日の特定の時間に活動する」…○　particular「特定の」(≒certain)　第 5 段落第 3 文に一致する。　⑥「ヒマワリの体内時計とヒマワリが太陽の後をたどる理由を理解するために，科学者は研究所の中で実験を行った」…×　第 8 段落参照。ヒマワリが太陽の後をたどる理由を理解するための実験は，研究所の外で行われた。　⑦「大人のヒマワリを対象とする実験は外で行われた」…○　第 7，8 段落に一致する。　⑧「ヒマワリは花を咲かせた後，太陽の後を追わなくなるが，それは十分な蜂がいなくなるからだ」…×　第 8 段落参照。大人のヒマワリが太陽の後を追わないでずっと東に向いたままでいるのは，より早く温まり，その結果多くの蜂を引き寄せるからである。　⑨「科学者たちは，ヒマワリがどのようにして，そして，なぜ太陽と一緒に向きを変えるのかを理解するために，ヒマワリに関する新しい発見を利用するだろう」…×　第 9 段落参照。ヒマワリに関する新しい発見が利用されるのは，多種多様な動植物の研究を向上させるためである。

3 〔長文読解総合―会話文〕

≪全訳≫❶**ボブ（B）**：カナダ政府が学校の夏休みを短くしたがっていると聞いて驚いたよ。❷**アン（A）**：ほとんどの学校は 8 週間から10週間あるのよね。これが多すぎると言う先生もいるらしいわ。❸**キム（K）**：まあ，私たちは長い間現在の夏休みの日程を使ってきたわけだけど。❹**B**：その日程は農業に基づいているということを知っていた？　子どもは畑で手伝うものとされていたんだ。夏休みが長い大きな理由はそのためなんだよ。❺**K**：それは多くの人が考えることよね。Aでも，それが完全に正しいとは言えないわ。実際には，子どもは秋より夏に学校に多く通ったのよ。なぜだかわかる？❻**A**：秋の方が収穫する作物が多いからでしょ。❼**K**：そのとおり！　私たちはそうする必要がなかったので運が良かったわ。❽**B**：じゃあ，僕たちがこれほど長い夏休みを持つ理由は何なの？❾**K**：エアコンのない教室が夏にどんなふうになるか想像してみてよ。❿**A**：すると暑さに耐えられなかったということね。もっともな話だね。⓫**K**：政府の新しい計画では学校に通う日が多くなるのかな。⓬**B**：多くの子どもたちは嫌がるだろうね。13K：私もそう思う。14A：B驚いたことにそれは変わらないんだって。その代わりに1年の他の時期に休暇を増やすみたいよ。学校に通う日数は同じままで。15K：12月と3月の間の休暇をもっと長くすると良いかもしれないわね。でも夏休みを短くしたいのはなぜなのかしら？16A：1つの理由は学校で教わったことを夏休みの間に忘れてしまうからよ。それは「サマースライド」って呼ばれているんだって。17K：その言葉は聞いたことがあるわ。特に数学に当てはまるそうよ。18B：それは先生も言っていたよ。夏休みが終わった後の数週間は，みんなが追いつけるように以前の単元を教えなければならないってね。19A：私が言いたいのはそのことよ。C先生は時間の浪費だと思うでしょうね。先生のほとんどが長い夏休みに賛成していないわ。20B：政府は夏休みを短くすれば「サマースライド」を解決できると考えているのかな？21A：そうね。実際それを証明する研究もあったそうよ。22K：でも生徒が学校に行っていないからといって，学習できないというわけではないわよね。夏には他の教育活動もたくさんあるわけだし。23B：それだけでなく，子どもだってのんびりしたいよね。キャンプに行ったり，家族と一緒に休暇を取ったり。24K：政府がシステムを変えたがっているもう一つの理由がそれなのよ。彼らは裕福な家庭が有利だと感じているのよ。裕福な家庭の方がそうした夏の活動に簡単にお金を払えるから。25A：それは大事な点ね。26B：僕もそう思う。D実際，僕はそのことを体験したんだ。子どもの頃家にはあまりお金がなかったんだ。両親が働いている間，多くのテレビ番組を見ていたのを覚えているよ。27K：子どもと親がもっと多くの時間を一緒に過ごせるようにしないとね。それこそが夏休みの存在意義よ。それを短くする必要があるとは思えないな。28A：ほとんどの子どもに尋ねたら，同じことを言うでしょうね。でも，そろそろ新しいことをやってみる時期がきているわ。私は6週間あれば十分だと思う。29B：E夏休みって長くて楽しくないといけないよね。一方で「サマースライド」の問題に対処する必要もあるね。僕にはどちらか決められないな。

問1＜適文選択＞A．第4段落でボブが言っていること(＝子どもは畑で手伝うので夏休みが長い)と，キムがAの後で言っていること(＝秋より夏に子どもは学校に多く通った)が互いに対立する内容になっていることから，‘対比’を表すHoweverを含む⑧が文脈に沿う。　not completely「全く～だというわけではない」(部分否定)　B．2つ後の文に「学校に通う日数は同じまま」とあるのに着目する。夏休みが少なくなれば学校へ行く日数が増えると考えていたので，そうではなくて驚いたのである。　C．直後のthemがteachersを指し，また第18段落後半の内容をitが受けていると考えられるので①が適切。　waste「浪費」　D．この後，ボブは自分の体験談を述べているので，⑤「実際，僕はそのことを体験した」が適切。　E．直後のOn the other hand「一方で」に着目。この前には後に続く内容とは対照的な内容がくると考えられるので，この後の「『サマースライド』の問題に対処する必要もある」と対照的な意見である，⑦が入る。

問2＜適語補充＞あ．第5段落でキムは，秋より夏に学校に多く通った理由を尋ねている。その返事は「秋の方が収穫する作物が多いから」とすると話がつながる。　い．‘Just because ～, it doesn’t mean …’は「～だからといって，…というわけではない」という意味。「生徒が学校に行っていないからといって，学習できないわけではない」となるlearnが文脈に沿う。

問3＜書き換え＞条件からbe against ～「～に反対して」を使う。「多くの子どもは嫌がるだろう」とは「多くの子どもが学校に通う日が多くなることに反対すると思う」ということ。なお，thatの内容をthe government’s plan，the new planとするのは，具体性に欠けるので不可。

問4＜英問英答＞1．「カナダ政府が夏休みを短くしたいと考えているのはなぜか」－③「『サマースライド』を防ぐため」　第16，20～21段落参照。　　2．「以下のうち会話の内容に一致するものはどれか」－④「貧困家庭は夏の活動を行う選択肢がより少ない」　第24～26段落に一致する。

4〔長文読解総合―説明文〕

≪全訳≫❶句読点，それは大したものでない――実際，いくつかの点にすぎない――ように見えるかもしれないが，それらなしでは，私たちの文は読むことのできないめちゃくちゃなものになってしまう。だが驚くべきことに昔の人々は，句読点や，語と語の間のスペースさえ全く使わず，全ての文はandallsentenceslookedlikethis!のようになっていたのだ。❷古代ギリシャでは書き記された文章というものはたいていとても慎重に学ぶべきものであり，読者が黙読するのではなく，政治家や役者が声に出して読むものだった。句読点はそれほど必要とされなかった。❸しかしおよそ2400年前，ギリシャの図書館に勤める男性アリストファネスが，演説中にいつ息継ぎしたらよいかを話者に思い起こさせるために句読点の簡単なシステムを発明した。アリストファネスはcomma(·)，colon(.)，periodos(˙)と呼ばれる3つの異なる句読点を提起した。commaは3つの中で最も短い休止を意味し，periodosは最も長い休止を意味した。❹アリストファネスの発明は実際，普及したわけではなかったが，やがて書き言葉が話し言葉よりも優位に立つようになった。これは4，5世紀に起こったことだ。当時，神の言葉を広めるためにキリスト教徒は教会の教えを書面という形で伝えるようになった。本がキリスト教の重要な役割を担うようになったのだ。それがヨーロッパ中に広まるにつれ，キリスト教の書き手たちは本を書くとき，意味を明瞭にするため句読点を使うようになった。❺時がたつにつれ，アリストファネスの句読点は少しずつ変わっていった。periodosは下に下がって「.」になり，文が終わることを意味するようになった。commaは別の広く普及した休止マークであるスラッシュ「/」の仲間になったが，その後，下に下がり「,」になった。colonはもう1つの点を加えて「:」になった。クエスチョン・マークの起源はあまりはっきりしないが，quaestioという単語の「q」と「o」の文字からつくられたと考える人もいる。それは「質問」という意味のラテン語だ。15世紀には印刷機が現れ，句読点を定着させた。そのためその後の何世紀の間はほとんど変化せずに過ぎた。❻だがそれも今日までの話だ。インスタント・メッセージングのような，コミュニケーションの新しい方法とともに，句読点は再び変わろうとしている。インスタント・メッセージングのような気軽な世界では，単なるピリオドは怒りを表すようになった。ナンバー記号の「#」は当初，北アメリカで普及したにすぎなかったが，現在ではメッセージの題の印としてインターネット中で使われている。それに加えて，絵文字が文の中に現れ始めた。小さな漫画の絵によって，昔ながらの句読点が決して表せなかったいろいろな感情が表せるようになり，絵文字は新しい形の句読点といえるのではないかと考え始めている人もいる。❼アリストファネスのperiodosから現代の絵文字まで，人々が意思を伝える方法はたくさんある。句読点は言語の一部であり，言語というものは変わり続けるのだ。

問1＜適語補充＞ア．この後の例andallsentenceslookedlikethis!の語間にないものはスペース。手前のpunctuation marksに合わせて複数形にする。　　イ．後続の内容から「クエスチョン・マークの起源は…「q」と「o」という文字からつくられた」となると文が成立する。「q」と「o」の2つがあるので，複数形にする。

問2＜整序結合＞Ⅰ．まず，空所の直後がa breathなので，最後にtakeを置きtake a breathとする。語群と文脈から，「いつ息継ぎをするかを思い出させるために（句読点の簡単なシステムを発明した）」という文だと推測できるので，‘help＋目的語＋((to)＋)動詞の原形’「～が…するのを助ける」の形で，help public speakers remember とし，remember の目的語を‘疑問詞＋to不定詞’の形で when to take とまとめる。　**Ⅱ**．過去の内容なので，まず文の動詞に過去形の used を置き，その目的語として punctuation を続ける。句読点を使ったのは「意味を明瞭にするため」だと考えられるので‘make＋目的語＋形容詞’「～を…(の状態)にする」の形を用いて to make the meanings clearer と続ける。

問3＜要約文完成＞《全訳》colon は comma によって意味される休止よりも長い休止を意味した。periodos は colon によって意味される休止より長い休止を意味し，その後，文を終えるのに用いられるようになった。

＜解説＞第5段落第2文に，文を終えるのを意味するのは periodos とあるので，(う)は periodos に決まる。また，第3段落最終文から，3つの句読点が意味する休止は長い順に，periodos＞colon＞comma であることがわかる。

問4＜英文和訳＞The little cartoon pictures は「小さな漫画の絵」。‘allow ～ to不定詞’は「～に…することを許す〔可能にする〕」。直訳すると「小さな漫画の絵は私たちが～することを許す〔可能にする〕」となるが，「小さな漫画の絵によって〔のおかげで〕私たちは～できる」と訳すと自然な日本語になる。express は「表す，表現する」。a variety of ～ は「いろいろな〔多種多様の〕～」。feelings の後に関係代名詞が省略されており，また，could の後には express が省略されている。

問5＜英問英答＞1．「句読点が現在まで数世紀の間，ほとんど同じままであったのはなぜか」　第5段落最後の2文にその理由が書かれている。Why できかれているので，Because(または it's because)で書き始めること。　2．「インスタント・メッセージングの気楽な世界で単にピリオドを使うとき，人々はどのように感じているか」　第6段落第3文参照。

5〔**テーマ作文**〕

「あなたがしなければならなかった難しい決定について述べなさい。あなたはどのようにして決めたのですか。今，その決定をどう思いますか。約50語の英語で書きなさい。解答用紙の(　語)というスペースに語数を書いてください」

平成29年度／慶應義塾女子高等学校

数学解答

1 ［1］ $22\sqrt{2}$

［2］ $x=9$，$y=6$，$p=\frac{5}{8}$

［3］ (1) 150 (2) 60

2 ［1］ $(-3,\ 9)$ ［2］ 2

［3］ $\frac{11}{2}$ ［4］ $\frac{-2+\sqrt{6}}{2}$

3 ［1］ $\angle\mathrm{ABC}=90^\circ$，$\angle\mathrm{AOD}=180^\circ$

［2］ 3π ［3］ $\frac{\sqrt{3}}{2}-\frac{1}{6}\pi$

4 ［1］ ア…$3x+y$ イ…$3x+z$ ウ…9 エ…$3y+3z$ オ…yz

［2］ $x^2=yz$

［3］ $(y,\ z)=(1,\ 100)$，$(2,\ 50)$，$(4,\ 25)$，$(5,\ 20)$

［4］ $x=10$，$y=4$，$z=25$

5 ［1］ $\mathrm{AM}=8$，$h=2\sqrt{7}$

［2］ $\frac{6\sqrt{7}}{7}$ ［3］ 2

［4］ $2\sqrt{14}-2\sqrt{7}$

---

1 〔独立小問集合題〕

［1］＜**平方根の計算**＞$\sqrt{13}+\sqrt{68}=A$，$\sqrt{12}+\sqrt{34}=B$ とすると，与式$=\sqrt{12}A+\sqrt{34}A-\sqrt{13}B-\sqrt{24}B=A(\sqrt{12}+\sqrt{34})-B(\sqrt{13}+\sqrt{24})=AB-B(\sqrt{13}+\sqrt{24})=B\{A-(\sqrt{13}+\sqrt{24})\}$ となるから，A，B をもとに戻して計算すると，与式$=(\sqrt{12}+\sqrt{34})\{(\sqrt{13}+\sqrt{68})-(\sqrt{13}+\sqrt{24})\}=(\sqrt{12}+\sqrt{34})(\sqrt{68}-\sqrt{24})=(\sqrt{12}+\sqrt{34})\times\sqrt{2}(\sqrt{34}-\sqrt{12})=\sqrt{2}(\sqrt{34}+\sqrt{12})(\sqrt{34}-\sqrt{12})=\sqrt{2}\times(34-12)=\sqrt{2}\times22=22\sqrt{2}$ となる。

［2］＜**確率―カード**＞2人のカードに書かれた数の平均値が等しいから，$\frac{2+x}{2}=\frac{1+7+8+y}{4}$ が成り立つ。これより，$2x-y=12$ となり，x，y は 3，4，5，6，9 のいずれかだから，$x=9$，$y=6$ である。よって，Aさんの出すカードは 2，9 の 2 通り，Bさんの出すカードは 1，6，7，8 の 4 通りあるから，2 人のカードの出し方は，$2\times4=8$(通り) ある。このうち，Aさんが勝つ場合は，(A，B)$=(2,\ 1)$，$(9,\ 1)$，$(9,\ 6)$，$(9,\ 7)$，$(9,\ 8)$ の 5 通りだから，Aさんが勝つ確率 p は $p=\frac{5}{8}$ である。

［3］＜**一次方程式の応用**＞(1) 1 個 x 円で仕入れた商品に 3 割の利益を見込んでつけた定価は $x\times\left(1+\frac{3}{10}\right)=\frac{13}{10}x$(円) である。100個全てが定価で売れたとすると，利益は $2160+2340=4500$(円) になるから，$\frac{13}{10}x\times100-100x=4500$ が成り立つ。これを解くと，$x=150$(円) となる。 (2)(1)より，商品の仕入れ値は 1 個150円だから，定価は $\frac{13}{10}\times150=195$(円) である。よって，定価で $100-y$ 個売り，y 個は $195\times\left(1-\frac{2}{10}\right)=156$(円) で売ったから，利益について，$195\times(100-y)+156\times y-150\times100=2160$ が成り立つ。これを解くと，$y=60$(個) となる。

2 〔関数―関数 $y=ax^2$ と直線〕

［1］＜**座標**＞右図 1 で，点Dは放物線 $y=x^2$ 上にあるから，$\mathrm{D}(d,\ d^2)$ とおける。$\mathrm{C}(1,\ 1)$ だから，直線CDの傾きは $\frac{1-d^2}{1-d}=\frac{(1+d)(1-d)}{1-d}=1+d$ である。これが -2 であることより，$1+d=-2$ が成り立ち，$d=-3$ となる。$d^2=(-3)^2=9$ だから，$\mathrm{D}(-3,\ 9)$ である。

≪別解≫図 1 で，直線CDは，$\mathrm{C}(1,\ 1)$ を通り傾きが -2 だから，その式は $y=-2x+3$ である。点Dはこの直線と放物線 $y=x^2$ の交点だから，$x^2=$

図 1

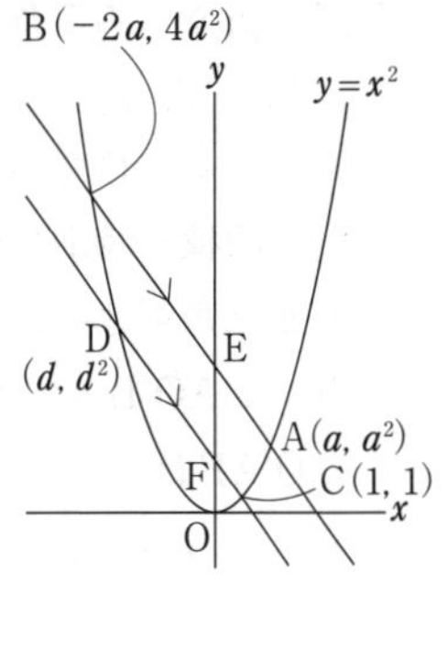

$-2x+3$ より，$x^2+2x-3=0$，$(x-1)(x+3)=0$　$\therefore x=1,\ -3$　よって，点Dの x 座標は -3 だから，$y=(-3)^2=9$ より，D$(-3,\ 9)$ である。

［2］＜**交点の座標**＞前ページの図1で，A$(a,\ a^2)$，B$(-2a,\ 4a^2)$だから，直線ABの傾きは $\dfrac{a^2-4a^2}{a-(-2a)}=\dfrac{-3a^2}{3a}=-a$ である。これが -2 であることより，$-a=-2$，$a=2$ となる。

［3］＜**座標**＞右図2で，［1］より，D$(-3,\ 9)$であり，［2］より，$a^2=2^2=4$，$-2a=-2\times2=-4$，$4a^2=4\times4=16$ だから，A$(2,\ 4)$，B$(-4,\ 16)$ である。2点E，Gから直線CDに垂線EE′，GG′を引くと，$\triangle$CDG：$\triangle$CDE$=\dfrac{1}{2}\times$CD$\times$GG′：$\dfrac{1}{2}\times$CD$\times$EE′$=$GG′：EE′ だから，$\triangle$CDG$=\dfrac{1}{2}\triangle$CDE のとき，GG′$=\dfrac{1}{2}$EE′ となり，GG′∥EE′ だから，GF$=\dfrac{1}{2}$EF となる。つまり，点GはEFの中点となる。直線CDの式を $y=-2x+b$ とおくと，C$(1,\ 1)$を通ることより，$1=-2+b$，$b=3$ となるから，F$(0,\ 3)$である。同様にして，直線ABの切片を求めると8となるから，E$(0,\ 8)$である。よって，点Gの y 座標は $\dfrac{3+8}{2}=\dfrac{11}{2}$ である。

図2

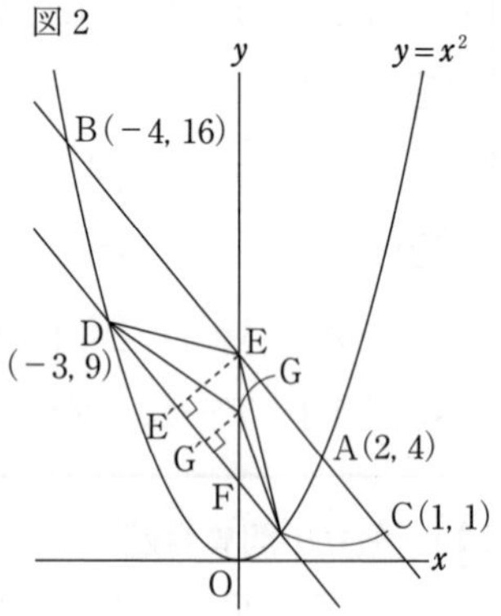

［4］＜**交点の座標**＞点Pの x 座標は0と1の間だから，右図3で，点Pは放物線上の2点O，C間にある。AE∥CDより，$\triangle$ACD$=\triangle$CDE だから，$\triangle$PCD$=\dfrac{1}{2}\triangle$ACD より，$\triangle$PCD$=\dfrac{1}{2}\triangle$CDE である。また，$\triangle$CDG$=\dfrac{1}{2}\triangle$CDE だから，$\triangle$PCD$=\triangle$CDG である。点Pを通り直線CDに平行な直線と y 軸との交点をQとすると，$\triangle$PCD$=\triangle$QCD だから，$\triangle$QCD$=\triangle$CDG となり，QF$=$FG$=\dfrac{11}{2}-3=\dfrac{5}{2}$ である。点Fの y 座標は3だから，点Qの y 座標は $3-\dfrac{5}{2}=\dfrac{1}{2}$ となる。よって，直線PQの式は $y=-2x+\dfrac{1}{2}$ である。点Pはこの直線と放物線 $y=x^2$ との交点だから，$x^2=-2x+\dfrac{1}{2}$，$2x^2+4x-1=0$ より，$x=\dfrac{-4\pm\sqrt{4^2-4\times2\times(-1)}}{2\times2}=\dfrac{-4\pm2\sqrt{6}}{4}=\dfrac{-2\pm\sqrt{6}}{2}$ となる。点Pの x 座標は0と1の間だから，$x=\dfrac{-2+\sqrt{6}}{2}$ である。

図3

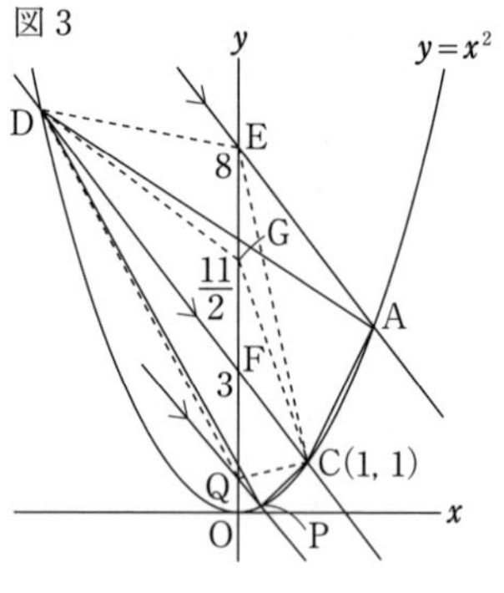

3〔平面図形―円〕

≪**基本方針の決定**≫［1］　∠ABDの大きさに着目する。　［3］　斜線部分をどの図形の一部と見れば面積が求めやすいかを考える。

［1］＜**角度―円周角**＞右図1の円O′で，線分ACは直径だから，∠ABC$=90^\circ$ である。これより，∠ABD$=90^\circ$ だから，線分ADは円Oの直径であり，中心Oを通るから，∠AOD$=180^\circ$ である。

［2］＜**面積―特別な直角三角形**＞右図1で，点O′と点Bを結ぶ。$\triangle$OBDが正三角形より，∠ODB$=60^\circ$ だから，円Oで，$\overset{\frown}{\text{AB}}$に対する円周角より，∠AO′B$=$∠ADB$=$∠ODB$=60^\circ$ である。また，O′A$=$O′B だから，$\triangle$O′ABは正三角形となる。円Oの半径を r とすると，$\pi r^2=\pi$ より，$r^2=1$，$r=\pm1$ となるから，円Oの半径は1である。これより，BD$=$

図1

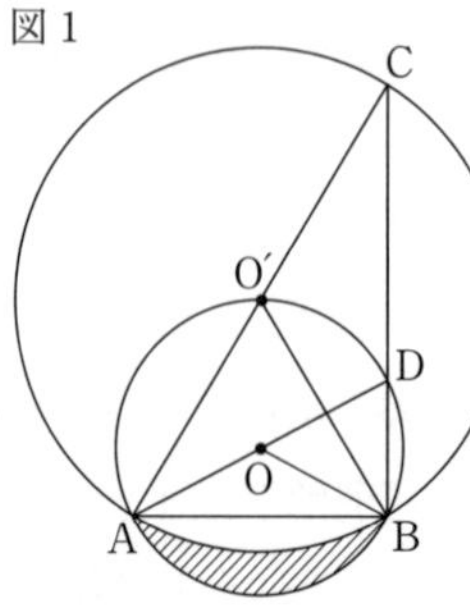

OB=1である。△ABDは3辺の比が1：2：$\sqrt{3}$の直角三角形だから，$AB=\sqrt{3}BD=\sqrt{3}\times1=\sqrt{3}$となり，$O'A=AB=\sqrt{3}$である。よって，$S=\pi\times(\sqrt{3})^2=3\pi$である。

[3]＜面積—特別な直角三角形＞右図2で，点Oと点O′を結び，線分ODと線分O′Bの交点をEとする。$T=$(〔おうぎ形OAB〕+△OO′A+△OO′B)−〔おうぎ形O′AB〕である。円Oで円周角の定理より，$\angle AOB=2\angle ADB=2\times60^\circ=120^\circ$だから，〔おうぎ形OAB〕$=\pi\times\frac{120^\circ}{360^\circ}=\frac{1}{3}\pi$である。また，$\angle AO'B=60^\circ$だから，〔おうぎ形O′AB〕$=3\pi\times\frac{60^\circ}{360^\circ}=\frac{1}{2}\pi$である。さらに，△O′ABは正三角形だから，△OO′Aと△OO′Bと△OABは合同となる。OE⊥O′Bであり，$\angle EOB=60^\circ$だから，△OBEは3辺の比が1：2：$\sqrt{3}$の直角三角形であり，$OE=\frac{1}{2}OB=\frac{1}{2}\times1=\frac{1}{2}$である。よって，$\triangle OO'A=\triangle OO'B=\frac{1}{2}\times\sqrt{3}\times\frac{1}{2}=\frac{\sqrt{3}}{4}$である。以上より，$T=\left(\frac{1}{3}\pi+\frac{\sqrt{3}}{4}+\frac{\sqrt{3}}{4}\right)-\frac{1}{2}\pi=\frac{\sqrt{3}}{2}-\frac{1}{6}\pi$となる。

図2

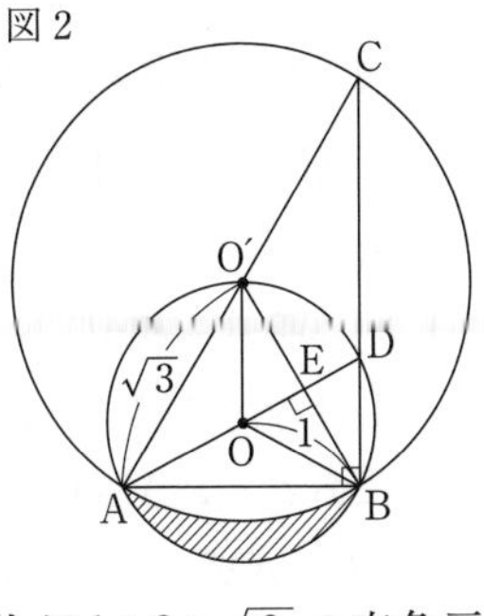

4 〔数と式〕

≪基本方針の決定≫[2]　タイルPの枚数に着目する。　[4]　タイルの枚数と長方形ABCDの面積について連立方程式をつくる。

[1]＜長さ，面積＞右図1の長方形ABCDで，$AB=3x+y$(cm)，$AD=3x+z$(cm)だから，$S=(3x+y)(3x+z)$と表せる。よって，$S=(3x)^2+(y+z)\times3x+yz=9x^2+(3y+3z)x+yz$となる。

[2]＜関係式＞右図1で，タイルPの枚数はx^2枚であり，右下図2で，タイルPの枚数はyz枚だから，$x^2=yz$が成り立つ。

[3]＜値の組＞$x=10$のとき，[2]より，$10^2=yz$，$yz=100$となる。y，zは自然数であり，$y<z$だから，y，zの値の組は，$(y, z)=(1, 100)$，$(2, 50)$，$(4, 25)$，$(5, 20)$である。

図1

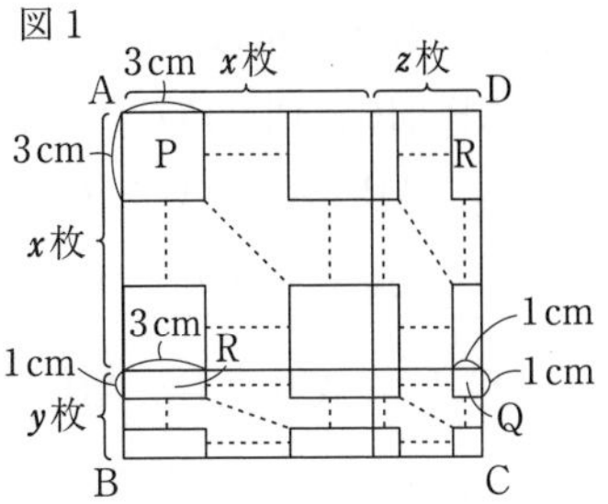

図2

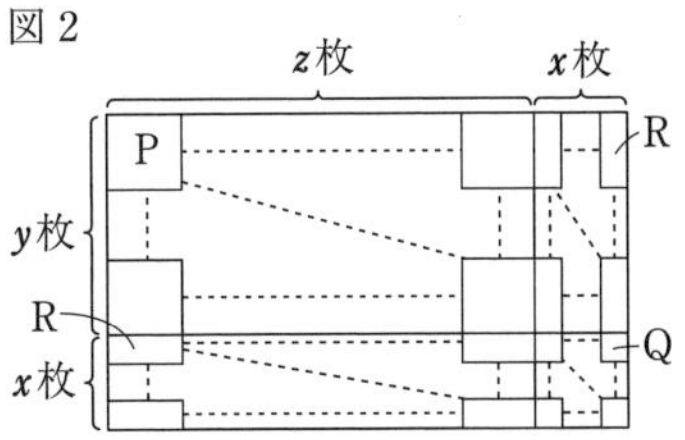

[4]＜連立方程式の応用＞右上図1で，タイルP，Q，Rを全部合わせた枚数は$(x+y)(x+z)=x^2+(y+z)x+yz$(枚)である。よって，$x^2+(y+z)x+yz=490$……①が成り立つ。長方形ABCDの面積が1870cm²のとき，[1]より，$9x^2+(3y+3z)x+yz=1870$……②が成り立つ。$yz=x^2$を①に代入すると，$x^2+(y+z)x+x^2=490$，$2x^2+(y+z)x=490$……③となり，②に代入すると，$9x^2+(3y+3z)x+x^2=1870$，$10x^2+(3y+3z)x=1870$……④となる。④−③×3より，$4x^2=400$，$x^2=100$　$\therefore x=\pm10$　$x>0$だから，$x=10$である。これより，$yz=100$である。また，$x=10$を③に代入すると，$200+10(y+z)=490$より，$y+z=29$となる。よって，y，zの値の組は，[3]で求めた4組のうち和が29になるものだから，$y=4$，$z=25$である。

5 〔空間図形—球〕

≪基本方針の決定≫[2]，[4]　三角形の相似を利用する。

[1]＜長さ—三平方の定理＞次ページの図1で，△ABCはAB=ACの二等辺三角形であり，点Mは底辺BCの中点だから，AM⊥BCである。$BM=\frac{1}{2}BC=\frac{1}{2}\times12=6$だから，△ABMで三平方の定

理より，AM$=\sqrt{\mathrm{AB}^2-\mathrm{BM}^2}=\sqrt{10^2-6^2}=\sqrt{64}=8$ となる。また，点Aから面BCDEに垂線AKを引くと，点Kは底面の正方形BCDEの対角線CEの中点と一致する。よって，MK$=\frac{1}{2}$BE$=\frac{1}{2}\times12=6$ だから，△AMKで三平方の定理より，$h=\sqrt{\mathrm{AM}^2-\mathrm{MK}^2}=\sqrt{8^2-6^2}=\sqrt{28}=2\sqrt{7}$ となる。

図1

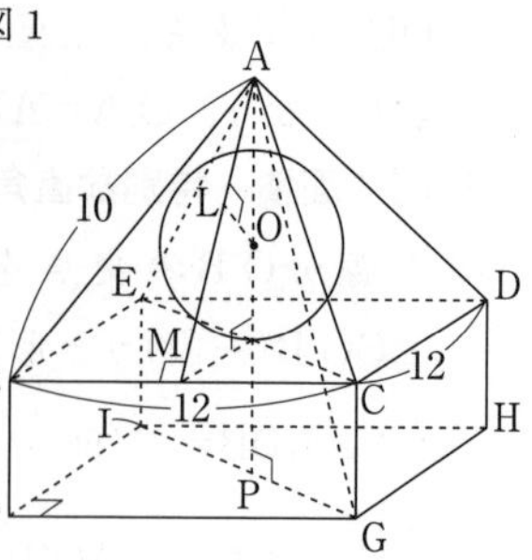

［2］＜**長さ—相似**＞右図1で，球Oと面ABCの接点をLとすると，点Lは線分AM上にあり，OL⊥AMである。また，点Oは線分AK上にある。∠ALO=∠AKM=90°，∠OAL=∠MAKより，△AOL∽△AMKだから，OL：MK=AO：AMである。OL=OK=r，AO=AK−OK=$2\sqrt{7}-r$ だから，$r:6=(2\sqrt{7}-r):8$ が成り立ち，これを解くと，$8r=6(2\sqrt{7}-r)$ より，$r=\frac{6\sqrt{7}}{7}$ となる。

［3］＜**長さ—三平方の定理**＞右図2で，点Oと点Jを結ぶ。線分AGは点Jで円Oに接するから，∠AJO=90°である。OJ$=\frac{6\sqrt{7}}{7}$，AO$=2\sqrt{7}-\frac{6\sqrt{7}}{7}=\frac{8\sqrt{7}}{7}$ だから，△AOJで三平方の定理より，AJ$=\sqrt{\mathrm{AO}^2-\mathrm{OJ}^2}=\sqrt{\left(\frac{8\sqrt{7}}{7}\right)^2-\left(\frac{6\sqrt{7}}{7}\right)^2}=\sqrt{4}=2$ となる。

図2

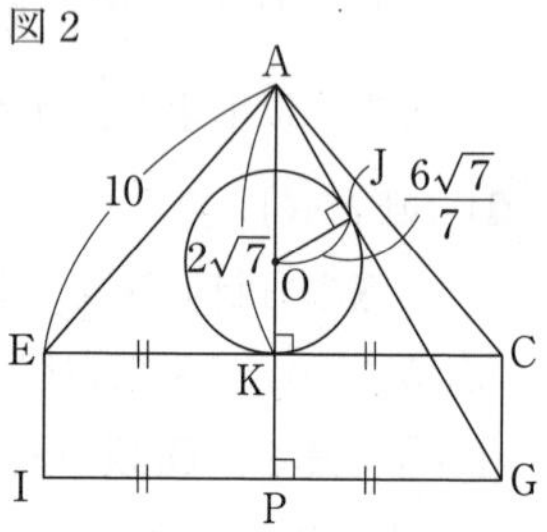

［4］＜**長さ—相似**＞右図2で，直線AKと線分IGの交点をPとすると，AP⊥IG，PI=PGである。∠APG=∠AJO=90°，∠PAG=∠JAOより，△AGP∽△AOJだから，AP：AJ=PG：JOである。右上図1で，四角形FGHIは正方形だから，IG$=\sqrt{2}$FG$=\sqrt{2}\times12=12\sqrt{2}$ であり，図2で，PG$=\frac{1}{2}$IG$=\frac{1}{2}\times12\sqrt{2}=6\sqrt{2}$ である。したがって，AP：$2=6\sqrt{2}:\frac{6\sqrt{7}}{7}$ が成り立ち，AP$\times\frac{6\sqrt{7}}{7}=2\times6\sqrt{2}$ より，AP$=2\sqrt{14}$ となる。よって，CG=KP=AP−AK$=2\sqrt{14}-2\sqrt{7}$ である。

国語解答

一　問一　1　不当　2　せば　3　過剰　4　ほどこ

問二　まね　問三　1

問四　聖書の言葉を発した者(＝神)の意図を考えることを，非常に重視した，一神教の影響があったから。

問五　(1)…3，5　(2)…2

問六　スペインやポルトガルが起源で，今でも親しまれているお菓子が，その昔，遠い海を渡って，日本でカステラに姿を変えているから。

問七　(1)　読者

(2)　「作者の意図」を完全に無視して常に「誤読力」頼みで本を読んでいると，何をどう読んでも，同様の独善的な結論しか導き出せなくなる可能性があるから。

問八　①，④，⑥

二　問一　せいしょうなごん　問二　桃

問三　ア…2　イ…3

問四　咲いた桜の花を長く折って大きな瓶に差し，そのそばで桜色の直衣に出袿といういで立ちで貴族たちが話している光景は，春らしい華やかさがあり，趣深いから。

問五　うづき

三　問一　1　損　2　適格　3　理不尽　4　荒廃　5　い　6　迎

問二　X　頭　Y　尾　問三　5

問四　教育が死ぬ

問五　授業態度の悪さを強い言葉で注意すると，教育を商品と捉えている学生・生徒やその保護者から，クレームがつく可能性がある，ということ。

問六　卒業証書を手に入れるために払う学習労力を，なるべく小さくする，ということ。

問七　学力低下も含めて，世の中で生じている問題の原因は，消費社会の高度化と人間の消費者化にあるのに，悪いのは教育・学校であると，問題をすり替えてしまうこと。

問八　消費社会が高度化する中で，人間が単なる消費者になり，あらゆる領域の物事を，コスパでしか判断できなくなること。

問九　なっ(動詞・連用形)／て(助詞)／ない(形容詞・連体形)／だけ(助詞)／だ(助動詞・終止形)

一　**〔論説文の読解―芸術・文学・言語学的分野―読書〕**出典；平野啓一郎『本の読み方　スロー・リーディングの実践』「作者の意図は必ずある」。

≪本文の概要≫作者の立場からすると，「作者の意図」は必ずあるが，一方で，作者は，読者の読みの自由を想定している。何通りもの読み方があるとき，「作者の意図」こそ「正しい読み方」だとして，他の読み方を全て間違いにすることには根拠がないし，不当に作品の可能性を狭めてしまう。文学の世界では，読者の創造的な読みを積極的に評価する立場の批評が，一頃流行した。これは，一種の「誤読力」の評価である。「誤読」にも，単なる言葉の意味の勘違いや論理が把握できていないといった「貧しい誤読」と，スロー・リーディングを通じて熟考した末に，「作者の意図」以上に興味深い内容を探り当てる「豊かな誤読」とがある。文化とは，伝播過程の「誤読力」によって豊かになるのであり，本でも同じである。ただし，この豊かさは，本にとっての豊かさである。「誤読力」は，本の可能性を広げてくれるが，いつも「誤読力」頼みで本を読んでいる人は，何をどう読んでも，相も変わらぬ独善的な結論しか導き出せなくなる可能性がある。それは，読者の可能性を狭める本の読み方である。

問一＜漢字＞1．道理にはずれていること。正当でないこと。　2．音読みは「狭小」などの「キョウ」，もう一つの訓読みは「せま(い)」。　3．多すぎること。　4．音読みは「施錠」などの「セ」と「施設」などの「シ」。

問二＜語句＞他人のやり方を見てそれを真似することを，「見様見真似」という。

問三＜指示語＞作者は，「『こう読んでもらいたい』という『作者の意図』」を必ず持っている一方で，「読者の読みの自由をあらかじめ想定して」いる。

問四＜文章内容＞「作者の言わんとしたことを正確に理解することが，本の正しい唯一の読み方である」という考え方の根源には，「一神教の影響」がある。ユダヤ教やキリスト教では，「聖書を読んで，その言葉を発した者(＝神)が，どういうことを言おうとしているのか，その意図を考えることは非常に重要」だった。それが本の読み方にも当てはめられ，その本の作者がどういうことを言おうとしているのかを正しく理解しなければならないと考えられたのである。

問五＜文学史＞(1)『吾輩は猫である』『坊っちゃん』『三四郎』は，夏目漱石の小説。『故郷』は，魯迅の小説。『高瀬舟』は，森鷗外の小説。『古都』は，川端康成の小説。『小僧の神様』は，志賀直哉の小説。　(2)夏目漱石は，一九一六年没。

問六＜文章内容＞日本のカステラの起源は，スペインの「ビスコチョ」やポルトガルの「パン・デ・ロー」というお菓子である。どちらも今でもスペインやポルトガルで親しまれているが，そのお菓子は，「その昔，遠い海を渡」り，日本でカステラに姿を変えた。

問七＜文章内容＞(1)「誤読力」は，本の可能性を広げてくれる一方，「読者の可能性を狭める」ため，「誤読力」によってもたらされる豊かさは，「読者」にとっては「豊か」とはいえない。　(2)確かに文化は，「伝播過程の『誤読力』によって豊かになる」ものであり，本もまた，「誤読力」によって豊かになる。しかし，「『作者の意図』を完全に無視して，いつも『誤読力』頼みで本を読んで」いれば，「何をどう読んでも，相も変わらぬ独善的な結論しか導き出せなくなる可能性」がある。

問八＜品詞＞「分かる」は，五段活用動詞の連体形。「すれ」は，サ行変格活用動詞「する」の仮定形。「通じ」は，上一段活用動詞「通じる」の連用形。

二〔**古文の読解―随筆**〕出典；清少納言『枕草子』。

≪現代語訳≫三月三日は，うららかにのどかに日が照っている(のがおもしろい)。〈桃〉の花がこの頃に咲き始める(のもよい)。柳などが趣のあるさまであるのは言うまでもない。それもまだ，繭のように若芽の状態にあるのがおもしろい。開き切ったのは不快に見える(のが，よくない)。趣深く咲いている桜を，長く折って，大きな瓶に差してあるのはおもしろい。桜色の直衣に出袿して，客人でも，御兄弟の君たちでも，その近くにいてお話をしているのは，たいそう風情がある。

四月，祭りの頃は，とても趣がある。上達部や殿上人も，上に着ている衣の色が濃いか薄いかだけの違いで，白襲は同じさまで，涼しげで趣がある。

問一＜文学史＞「をかし」の文学といわれる随筆は，清少納言の『枕草子』である。

問二＜古文の内容理解＞「三月三日」は，「桃の節句」である。この頃に咲く花は，桃である。

問三＜古語＞ア．「さらなれ」は，「さらなり」の「なり」が已然形になったもの。「さらなり」は，言うまでもない，という意味。　**イ．**「うたて」は，次に「あり」「思ふ」「見ゆ」などがあると，嫌だ，という感情を表す。

問四＜古文の内容理解＞桜の枝を長く折って大きな瓶に差してあれば，それだけでも春らしい華やかさや優雅さが感じられる。ここではさらに，「桜の直衣に出袿」という春らしいおしゃれな装いの貴族たちが，その近くで言葉を交わしているので，いっそう上品で華やいだ雰囲気が感じられる。

問五＜古典の知識＞月の名前は，一月から順に，睦月（むつき），如月（きさらぎ），弥生（やよい），卯月（うづき），皐月（さつき），水無月（みなづき），文月（ふづき，ふみづき），葉月（はづき），長月（ながつき），神無月（かんなづき），霜月（しもつき），師走（しわす）。

三〔**論説文の読解―社会学的分野―現代社会**〕出典；白井聡「消費社会とは何か――『お買い物』の論理を超えて」（内田樹他編『転換期を生きるきみたちへ』所収）。

≪本文の概要≫消費社会が高度化するに従い，教育は，商品と見なされるようになってきた。しかし，教育の効果はすぐには認識できないので，教育という行為は，商品と貨幣の交換とは全く異なる。そして，より本質的な点を挙げれば，教育が商品であると見なされれば，教育は不可能になる。なぜなら，教育が商品なら，生徒や学生はお客様ということになるが，お客様は神様だと考えるのが商売の鉄則であり，神様に何かを教えたり，態度が悪いといって叱りつけたりするわけにはいかないからである。学力低下や学力崩壊も，消費社会の高度化と，そこに生きる人間の全面的な消費者化によって生じる現象である。したがって，消費者を「学ぶ主体」に戻さないかぎり，教育は，ますます荒廃する。今は，消費社会化が資本主義経済のメカニズムの動力として深く埋め込まれているため，世の中がおかしくなっているのは教育のせいだといって，この問題は直視されない。資本主義経済の発展に限界が見え始めているのも確かであるが，その先に何があるのかは，不透明である。

問一＜漢字＞1．他の訓読みは「そこ（ねる）」，音読みは「損失」などの「ソン」。　2．その資格にかなっていること。　3．道理に合わないこと。　4．荒れ果てること。　5．音読みは「必要」などの「ヨウ」。　6．音読みは「送迎」などの「ゲイ」。

問二＜四字熟語＞「徹頭徹尾」は，始めから終わりまで，どこまでも，という意味。

問三＜文章内容＞教育とは，「商品と貨幣の交換とは全く異なる」行為で，その効果はすぐには認識できない。教育は，「一見商品に見えたとしても，その有用性が発揮される仕方が複雑」なのである。その教育を受けに学校へ行って授業を受けるということは，教育を受ける側が消費者ではなく，「学ぶ主体」として学ぶということである。

問四＜表現＞教育が「商品であると見なされ」ると，「教育は不可能に」なる。それは，「教育が商品視されることによって教育が死ぬ」ということである。

問五＜文章内容＞教育を商品と見なせば，生徒・学生は消費者ということになる。そうなると，授業中に受講者が居眠りや私語をしても，そうしたくなるようなつまらない授業をしている教師の方が悪いということになる。そういう考え方に立つと，教師が受講者の悪い受講態度を叱れば，叱られた学生が家で親に訴え，それを真に受けた親が学校側にクレームをつけてくる可能性がある。

問六＜文章内容＞「コスパ重視の消費者」の「合理的な行動原理」とは，「最低限の支出（この場合，学習労力）によって最大限の有用性（この場合，卒業証書）を得よう」というものである。

問七＜文章内容＞「学力低下や学力崩壊」を含めて，今の世の中で生じている問題の原因は，「消費社会の高度化」にあり，「そこに生きる人間の全面的な消費者化」にある。しかし，政治家をはじめとして社会は，「世の中がおかしくなっているのは教育のせいだ，学校が悪い，教師をもっと働かせろ」と言って，そうした社会の問題を教育のせいにしている。

問八＜文章内容＞「消費社会」が「高度化」すれば，人間は「消費者化」していく。そして，教育のように「『お買い物客』であることが場違いである領域での活動」においても，「ますます人々に『お客様』になってもらわなければならない，という強烈な圧力」がはたらく「愚昧な状況」が生じ，全てがコスパで判断されるようになる。

問九＜ことばの単位＞「なって」は，動詞の「なる」の連用形に助詞の「て」が付いたもの。「だけ」は，助詞で，活用語の連体形を受けるので，「ない」は，形容詞の「ない」の連体形。

Memo

高校を受験する生徒とご父母のための…

2025年度用 高校合格資料集

■首都圏有名書店にて今秋発売予定！

※表紙は昨年のものです。

内容目次

1. まず試験日はいつ？ 推薦ワクは？競争率は？
2. この学校のことは どこに行けば分かるの？
3. かけもち受験のテクニックは？
4. 合格するために大事なことが二つ！
5. もしもだよ！ 試験に落ちたらどうしよう？
6. 勉強しても成績があがらない
7. 最後の試験は面接だよ！

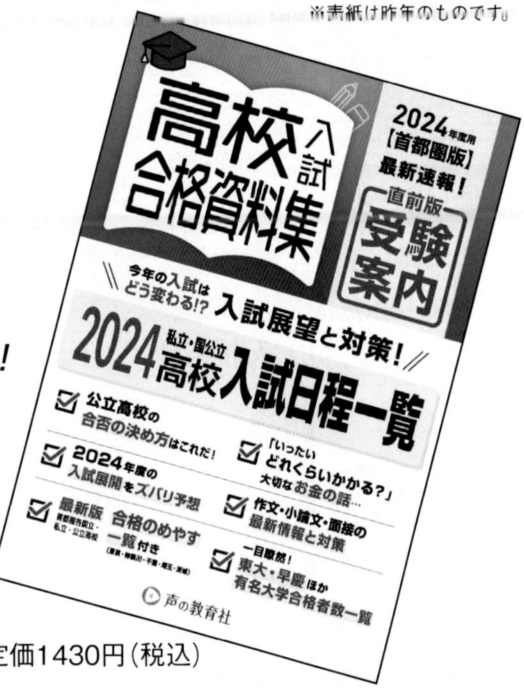

定価1430円（税込）

スーパー過去問の **解説執筆・解答作成スタッフ（在宅）募集！** ※募集要項の詳細は、10月に弊社ホームページ上に掲載します。

2025年度用

高校スーパー過去問

■編集人 声の教育社・編集部

■発行所 株式会社 声の教育社

〒162-0814 東京都新宿区新小川町8-15

☎03-5261-5061㈹ FAX03-5261-5062

https://www.koenokyoikusha.co.jp

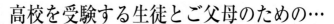

慶應義塾女子高等学校

別冊 解答用紙

丁寧に抜きとって、別冊としてご使用ください。

注意

○ 解答用紙は、収録の都合により縮小したものや、小社独自に作成したものもあります。
○ 学校配点は学校発表のもの、推定配点は小社で作成したものです。
○ 無断転載を禁じます。
○ 解答用紙を拡大コピーする場合、表示した拡大率に対応する用紙サイズは以下のとおりです。
101%~102%=B5　103%~118%=A4　119%~144%=B4　145%~167%=A3
(タイトルと配点表は含みません)

２０２４年度　　慶應義塾女子高等学校

英語解答用紙　No.1

番号		氏名		評点	／100

1

問1	①	②	③	④	⑤
	⑥	⑦	⑧	⑨	⑩

問2	

2

問1	①	②

問2	

問3	(あ)	(い)	(う)

問4		
	[A]	
	[B]	

問5	

問6	

問7			

問8	

3

問1	A	B	C	D	E

問2	1	2	3

問3	(　　) → (　　) → (　　) → (　　) → (　　)

問4	

2024年度　慶應義塾女子高等学校

英語解答用紙　No. 2

4

問1	1	2	3	4

問2

問3	

問4	

問5	(ア)	(イ)

問6	

問7		

問8	

5

(words)

(注) この解答用紙は実物を縮小してあります。Ｂ４用紙に143％拡大コピーすると、ほぼ実物大で使用できます。(タイトルと配点表は含みません)

推定配点		計
	1 問１　各１点×10　問２　２点 2 問１　各２点×２　問２　３点　問３～問８　各２点×11 3 問１，問２　各２点×８　問３，問４　各３点×２ 4 問１　各２点×４　問２　３点　問３，問４　各２点×２　問５　３点 問６，問７　各２点×３　問８　３点　5 10点	100点

2024年度　慶應義塾女子高等学校

数学解答用紙　No. 1

番号		氏名		評点	／100

途中の計算や式などもすべて解答用紙に書いておくこと。

1

［1］

$(a,\ b) =$ ＿＿＿＿＿＿＿＿

［2］

(1)

$xy =$ ＿＿＿＿＿＿＿＿

(2)

$x =$ ＿＿＿＿＿＿＿＿，$y =$ ＿＿＿＿＿＿＿＿

2

［1］

4人のとき＿＿＿＿通り，6人のとき＿＿＿＿通り

［2］

（ア）	（イ）	（ウ）	（エ）	（オ）	（カ）	（キ）	（ク）	（ケ）

3

［1］

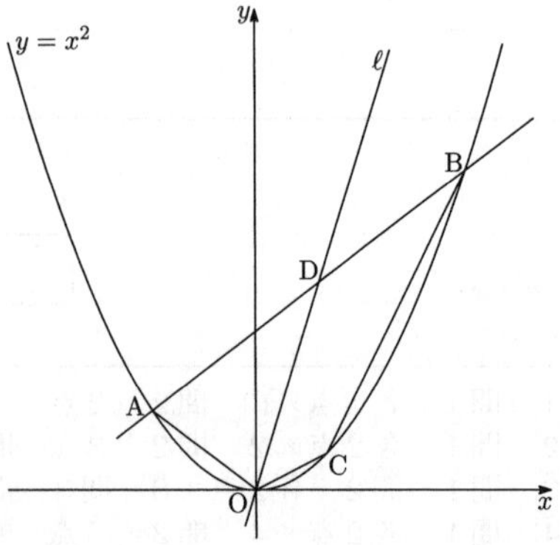

$b =$ ＿＿＿＿＿＿＿＿

［2］

答＿＿＿＿＿＿＿＿

２０２４年度　　　慶應義塾女子高等学校

数学解答用紙　No. 2

［３］

$c=$ ＿＿＿＿＿＿＿＿＿＿

4

［１］

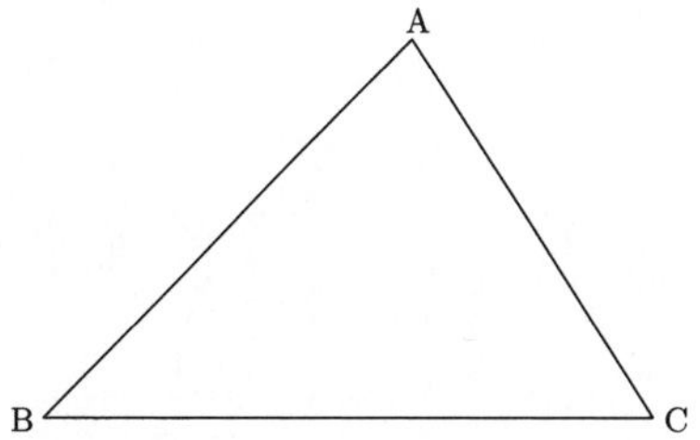

CD = ＿＿＿＿＿＿

［２］

AD = ＿＿＿＿＿＿

［３］

BP = ＿＿＿＿＿＿，CO = ＿＿＿＿＿＿

［４］

MN = ＿＿＿＿＿＿

２０２４年度　　慶應義塾女子高等学校

数学解答用紙　No. 3

5

［1］

$V=$ ＿＿＿＿＿＿

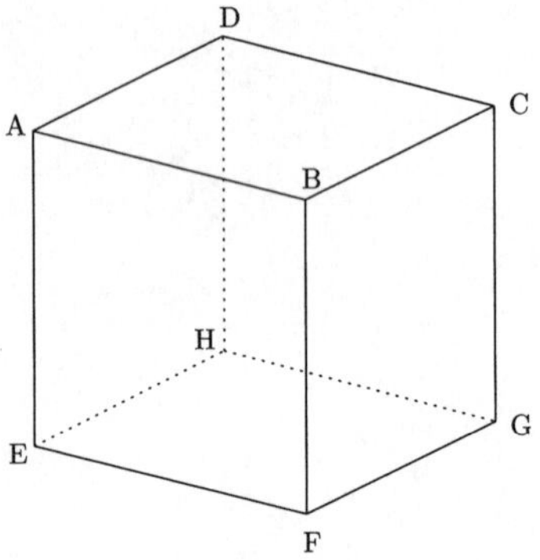

［2］

(1)

交点の数＿＿＿＿(個)

(2)

交線の数＿＿＿＿(本)

(3)

頂点の数＿＿＿＿(個)　辺の数＿＿＿＿(本)　面の数＿＿＿＿(面)

(4)

$W=$ ＿＿＿＿＿＿

(注) この解答用紙は実物を縮小してあります。Ａ３用紙に159％拡大コピーすると、ほぼ実物大で使用できます。(タイトルと配点表は含みません)

推定配点		計
	1 各５点×３　2 各２点×11　3, 4 各５点×８ 5 ［１］ ５点 ［２］ (1), (2) 各５点×２ (3) 各１点×３ (4) ５点	100点

二〇二四年度　慶應義塾女子高等学校

国語解答用紙　No. 1

番号		氏名		評点	/100

一

問一

1	テッパイ	
2	趣き	き
3	俗吏	
4	足袋	
5	カンショウ	
6	イカク	

問二

問三

問四

問五

問六

問七

問八

問九

問十

問十一

問十二

二〇二四年度　慶應義塾女子高等学校

国語解答用紙　No. 2

二

問一

1	シンエン		
2	カイム		
3	乏しい		しい
4	素振り		り

問二

問三

問四

問五

問六

問七

問八　1　2　3　4　5

問九　見　て　く　れ　な　け　れ　ば

(注) この解答用紙は実物を縮小してあります。A３用紙に152%拡大コピーすると、ほぼ実物大で使用できます。（タイトルと配点表は含みません）

推定配点		計
	一 問一　各2点×6　問二、問三　各3点×2　問四〜問九　各4点×6 問十　各2点×2　問十一　5点　問十二　3点 二 問一　各2点×4　問二、問三　各4点×2　問四　3点 問五、問六　各4点×2　問七　5点　問八　各2点×5　問九　4点	100点

2023年度　　慶應義塾女子高等学校

英語解答用紙　No. 1

番号		氏名		評点	／100

1

(A)	

	A	B
(B)		

(C)	

2

問1	

	(あ)	(い)
問2		

	(ア)	(イ)	(ウ)	(エ)
問3				

問4	

問5	

問6	

問7		

3

問1	

	A	B	C	D
問2				

問3	

問4	

	(ア)	(イ)
問5		

2023年度　慶應義塾女子高等学校

英語解答用紙　No. 2

問6	

問7	あ	い

4

問1	

問2	

問3	

問4		問5	

問6	(ア)	(イ)

問7	1	
	2	

5

(　　　words)

（注）この解答用紙は実物を縮小してあります。A3用紙に152％拡大コピーすると、ほぼ実物大で使用できます。（タイトルと配点表は含みません）

推定配点		計
	1 各3点×4　2 問1　3点　問2，問3　各2点×6　問4　3点　問5　2点　問6　3点　問7　各2点×2　3 問1，問2　各2点×5　問3，問4　各3点×2　問5　各2点×2　問6　3点　問7　各2点×2　4 問1　3点　問2　2点　問3～問5　各3点×3　問6　各2点×2　問7　各3点×2　5 10点	100点

２０２３年度　慶應義塾女子高等学校

数学解答用紙　No. 1

番号		氏名	

評点	／100

途中の計算や式などもすべて解答用紙に書いておくこと。

1

［1］

$x =$ ＿＿＿＿＿＿＿＿

［2］

$m =$ ＿＿＿＿, $n =$ ＿＿＿＿, $x =$ ＿＿＿＿

2

［1］

＿＿＿＿＿点

［2］

（あ）	（い）	（う）	（え）	（お）	（か）	（き）	（く）

［3］

＿＿＿＿＿チーム

２０２３年度　　慶應義塾女子高等学校

数学解答用紙　No. 2

3

［１］

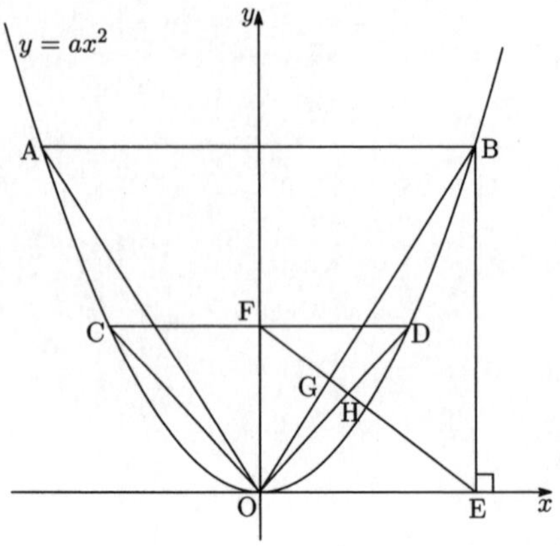

$d =$ ＿＿＿＿＿

［２］

$b : d =$ ＿＿＿＿ ： ＿＿＿＿

［３］

∠DHE = ＿＿＿＿＿ °

［４］

FG：GE = ＿＿＿＿ ： ＿＿＿＿

［５］

$a =$ ＿＿＿＿＿

4

［１］

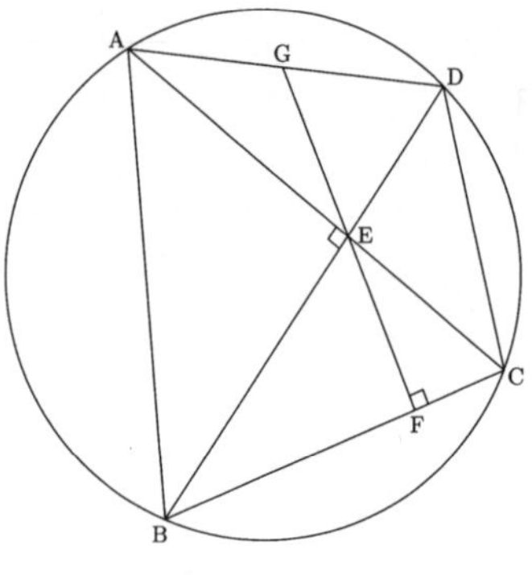

EF = ＿＿＿＿＿

［２］

∠DEG = ＿＿＿＿＿ °

［３］

AG = ＿＿＿＿＿， AD = ＿＿＿＿＿

2023年度　慶應義塾女子高等学校

数学解答用紙　No.3

［4］

$S =$ ＿＿＿＿＿＿

5

［1］

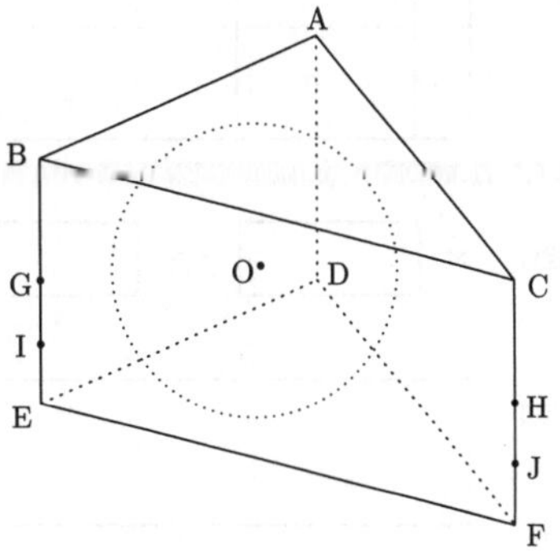

$r =$ ＿＿＿＿＿＿，$V =$ ＿＿＿＿＿＿

［2］

$S =$ ＿＿＿＿＿＿，$T =$ ＿＿＿＿＿＿

（注）この解答用紙は実物を縮小してあります。B4用紙に143%拡大コピーすると、ほぼ実物大で使用できます。（タイトルと配点表は含みません）

推定配点	1　各5点×2 2　［1］　5点　［2］　各3点×4〔う～お，か～くはそれぞれ完答〕　［3］　5点 3　各5点×5 4　［1］，［2］　各4点×2　［3］，［4］　各5点×3 5　各5点×4	計 100点

二〇二三年度　慶應義塾女子高等学校

国語解答用紙 No. 1

番号		氏名		評点	/100

一

問一

1	コンナン		2	危惧	
3	喝破		4	センバイ	
5	エンエンと	と	6	オウボウ	
7	ジッタイ		8	ジョウガイ	

問二　X　　Y

問三

問四

問五

問六　当時のインド

という状況

現代の日本

という状況

問七　　文

二

問一　X　　Y

問二

問三

問四

問五

問六

二〇二三年度　慶應義塾女子高等学校

国語解答用紙　No.2

三

問一

1	殊　に		に	意味
2	知　己			意味

問二

問三

問四

問五　自分

問六　強者

弱者

問七　　賞

問八　なるべく外出させないようにした

（注）この解答用紙は実物を縮小してあります。Ａ３用紙に164％拡大コピーすると、ほぼ実物大で使用できます。（タイトルと配点表は含みません）

推定配点		計
	一　問一、問二　各2点×9〔問二は完答〕　問三　3点 問四、問五　各5点×2　問六　各3点×2　問七　2点 二　問一　各3点×2　問二　2点　問三　5点 問四　2点　問五、問六　各5点×2 三　問一　各1点×4　問二～問五　各5点×4 問六～問八　各3点×4〔問八は完答〕	100点

２０２２年度　慶應義塾女子高等学校

英語解答用紙　No.1

番号		氏名		評点	／100

1

	ア	イ	ウ
(A)			

	(i)	(ii)
(B)		

2

問1		

	(あ)	(い)
問2		

問3	

問4	

	(ア)	(イ)	(ウ)	(エ)
問5				

問6	

問7	

問8		

3

問1	

	A	B	C	D
問2				

問3	

	ア	イ	ウ	エ
問4				

2022年度　慶應義塾女子高等学校

英語解答用紙　No. 2

3

問5	
問0	
問7	

4

問1		
	（ア）	（イ）
問2		
問3		
問4		
問5		
問6	1	
	2	

5

（　　　words）

（注）この解答用紙は実物を縮小してあります。A3用紙に164％拡大コピーすると、ほぼ実物大で使用できます。（タイトルと配点表は含みません）

推定配点		計
	1 各2点×5　2 問1，問2　各2点×4　問3　3点 問4，問5　各2点×5　問6，問7　各3点×2　問8　各2点×2 3 問1，問2　各2点×5　問3　3点　問4，問5　各2点×5 問6　3点　問7　2点　4 問1，問2　各2点×3　問3　3点 問4　4点　問5　2点　問6　各3点×2　5 10点	100点

2022年度　　慶應義塾女子高等学校

数学解答用紙　No. 1

番号		氏名		評点	／100

途中の計算や式などもすべて解答用紙に書いておくこと。

1

［1］(1)

答 ＿＿＿＿＿＿＿＿

(2)

答 ＿＿＿＿＿＿＿＿

［2］(1)

$y =$ ＿＿＿＿＿＿＿＿

(2)

$x =$ ＿＿＿＿＿＿＿＿，$y =$ ＿＿＿＿＿＿＿＿

2

［1］

$S =$ ＿＿＿＿＿＿＿＿

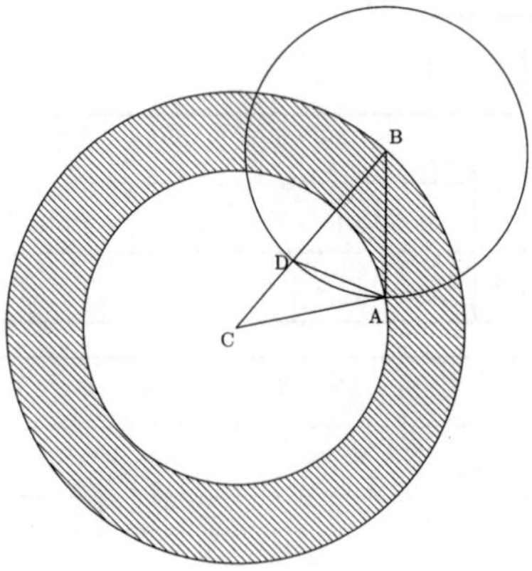

［2］

∠BAC = ＿＿＿＿＿＿ °

［3］(1)

∠ADB = ＿＿＿＿＿＿ °

(2)

$x =$ ＿＿＿＿＿＿＿＿

(3)

答 ＿＿＿＿＿＿＿＿

２０２２年度　　　慶應義塾女子高等学校

数学解答用紙　No. 2

3

［1］

1周目で印をつけた整数の個数＿＿＿＿＿個，２周目の最初に印をつけた整数＿＿＿＿＿

［2］

答＿＿＿＿＿個

4

［1］

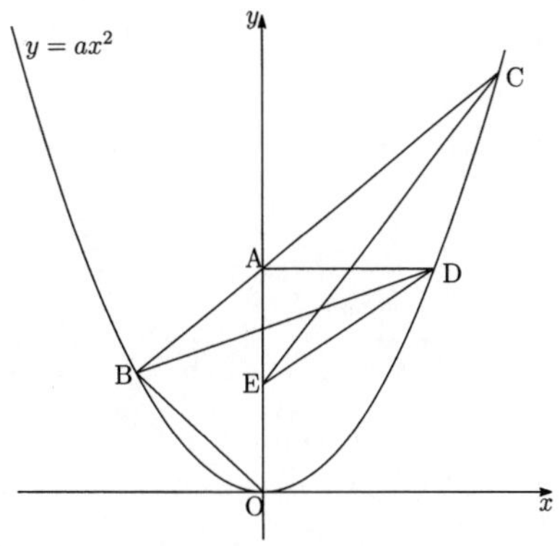

B(　　，　　)，D(　　，　　)，$a =$ ＿＿＿＿

［2］

C(　　，　　)

［3］

AB ＝ ＿＿＿＿＿，∠ABD ＝ ＿＿＿＿＿°

［4］

$S =$ ＿＿＿＿＿

２０２２年度　　慶應義塾女子高等学校

数学解答用紙　No. 3

5

［1］

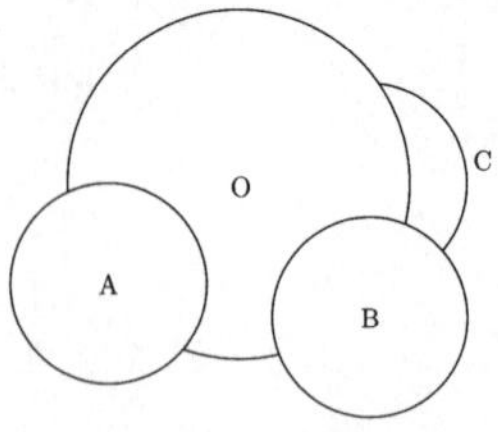

答＿＿＿＿＿＿＿cm^3

［2］

答＿＿＿＿＿＿＿cm

［3］

$r =$ ＿＿＿＿＿＿＿cm

（注）この解答用紙は実物を縮小してあります。Ａ３用紙に156％拡大コピーすると、ほぼ実物大で使用できます。（タイトルと配点表は含みません）

推定配点	1　各５点×４ 2　［１］，［２］　各５点×２　［３］　各６点×３ 3　［１］　個数　３点　整数　２点　［２］　５点 4　［１］　各２点×３　［２］　６点　［３］　各３点×２　［４］　６点 5　各６点×３	計 100点

二〇二二年度　慶應義塾女子高等学校

国語解答用紙　No.1

番号		氏名		評点	/100

一

問一

番号	問題	解答
1	ソウシツ	
2	侮ら	ら
3	ヘンセン	
4	ヘイコウ	
5	シいた	いた
6	旗印	

問二　X

Y

問三

問四

問五　人

問六

問七　。

問八

問九

問十

問十一

問十二　最初　最後

問十三

二〇二三年度　慶應義塾女子高等学校

国語解答用紙　No.2

二

問一
1 クシ
2 アっても　（　　　）っても
3 制御
4 ソンリツ

問二 V　W

問三 X　Y　Z

問四 A　E

問五

問六

問七

問八 1　2　3　4　5

問九
すばらしい工夫なわけです。

（注）この解答用紙は実物を縮小してあります。182％拡大コピーすると、ほぼ実物大で使用できます。（タイトルと配点表は含みません）

推定配点	
一 問一～問三　各2点×9　問四　4点　問五　3点　問六　2点 問七、問八　各4点×2　問九　3点　問十　2点　問十一　4点 問十二　3点　問十三　4点 二 問一～問四　各2点×11　問五　各4点×2　問六　3点　問七　4点 問八　各2点×5　問九　2点	計 100点

２０２１年度　　慶應義塾女子高等学校

英語解答用紙　No.1

番号		氏名	

評点	／100

1

	(i)	(ii)
(A)		

(B)	

2

問1	(ア)	(イ)	(ウ)	(エ)

問2	

問3	

問4	A	
	B	

問5	

問6		

3

問1	A	B	C	D

問2	

問3	
	•
	•

問4	

問5		(あ)	(い)
	(A)		
	(B)		

問6	1	
	2	

2021年度　慶應義塾女子高等学校

英語解答用紙　No. 2

4

問1	

問2	(ア)	(イ)

問3	[Ⅰ]	
	[Ⅱ]	

問4	

問5		問6	

5

(　　　words)

（注）この解答用紙は実物を縮小してあります。A３用紙に161%拡大コピーすると、ほぼ実物大で使用できます。（タイトルと配点表は含みません）

推定配点		計
	1　各２点×３ 2　問１　各２点×４　問２～問６　各３点×７ 3　問１　各２点×４　問２～問６　各３点×９ 4　問１～問３　各２点×５　問４～問６　各３点×３ 5　11点	100点

２０２１年度　　　慶應義塾女子高等学校

数学解答用紙　No. 1

番号		氏名		評点	／100

途中の計算や式などもすべて解答用紙に書いておくこと。

1

［１］

$xy =$ ＿＿＿＿＿＿＿＿＿＿

［２］

$x =$ ＿＿＿＿＿＿， $y =$ ＿＿＿＿＿＿

2

［１］

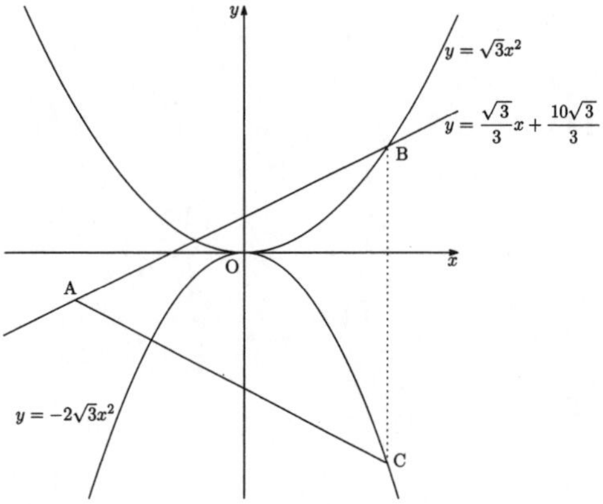

B（＿＿＿＿，＿＿＿＿）

［２］

$y =$ ＿＿＿＿＿＿＿＿＿＿

［３］

$S =$ ＿＿＿＿＿＿

［４］

$r =$ ＿＿＿＿＿＿

２０２１年度　慶應義塾女子高等学校

数学解答用紙　No. 2

3

［1］

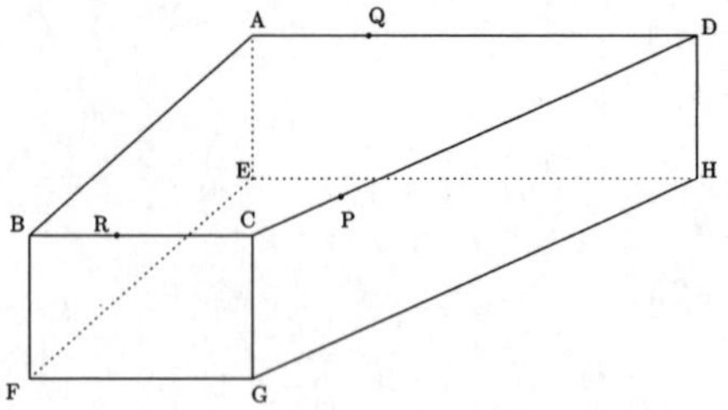

$x =$ ＿＿＿＿＿＿

［2］

$V =$ ＿＿＿＿＿＿

［3］

$\mathrm{PR} =$ ＿＿＿＿＿＿

［4］

$h =$ ＿＿＿＿＿＿

(注) この解答用紙は実物を縮小してあります。Ａ３用紙に149%拡大コピーすると、ほぼ実物大で使用できます。(タイトルと配点表は含みません)

２０２１年度　慶應義塾女子高等学校

数学解答用紙　No. 3

4

［１］

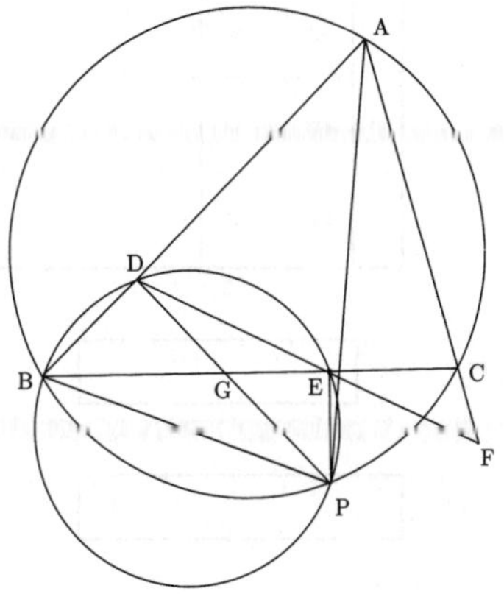

∠BDP = ＿＿＿＿＿＿，∠DPE = ＿＿＿＿＿＿

［２］

GD = ＿＿＿＿＿＿

［３］

BE = ＿＿＿＿＿＿，BP = ＿＿＿＿＿＿

［４］

答 ＿＿＿，＿＿＿

［５］

AP = ＿＿＿＿＿＿，AF = ＿＿＿＿＿＿

5

［１］

ア＿＿＿＿＿＿，イ＿＿＿＿＿＿，ウ＿＿＿＿＿＿，エ＿＿＿＿＿＿

［２］

t = ＿＿＿＿＿＿，u = ＿＿＿＿＿＿

［３］

オ＿＿＿＿＿＿，カ＿＿＿＿＿＿，キ＿＿＿＿＿＿，ク＿＿＿＿＿＿

ケ＿＿＿＿＿＿，コ＿＿＿＿＿＿，サ＿＿＿＿＿＿

推定配点	1　各４点×２　2，3　各５点×８ 4　［１］，［２］　各２点×３　［３］～［５］　各３点×６ 5　［１］　各２点×４　［２］　各３点×２　［３］　各２点×７	計 100点

二〇二二年度　慶應義塾女子高等学校

国語解答用紙　No. 1

番号

氏名

評点　/100

一

問一
1 赴き　き
2 イカン
3 弄した　した
4 サイチ
5 戯れ　れ
6 ユダねた　ねた

問二　X　Y

問三

問四

問五

問六

問七

問八　なかなか優雅ではないか。

二

問一

問二

二〇二一年度　慶應義塾女子高等学校

国語解答用紙　No.2

二

問三

問四

問五　X　　Y

三

問一

1 カンゲン		2 イッカツ	
3 コクフク		4 ビョウヘイ	

問二　ア　　イ

問三

問四

問五　問題。　問題。

問六

（注）この解答用紙は実物を縮小してあります。172％拡大コピーすると、ほぼ実物大で使用できます。（タイトルと配点表は含みません）

推定配点	計
一 問一　各2点×6　問二、問三　各3点×3 問四～問七　各5点×4　問八　2点 二 問一～問四　各5点×4　問五　各2点×2 三 問一、問二　各2点×6　問三　3点　問四　5点 問五　各4点×2　問六　5点	100点

2020年度　　慶應義塾女子高等学校

英語解答用紙　No.1

番号		氏名	

評点	／100

1

	1	2
(A)		He

	1	2
(B)		He's

	1	2
(C)		Because they

2

問1		

問2	[I]	
	[II]	

問3	

問4	(A)	
	(B)	・ ・

問5	

問6	"Gene doping"

問7		

3

問1	

	A	B	C	D
問2				

問3	あ	
	い	

2020年度　慶應義塾女子高等学校

英語解答用紙　No. 2

問4	

問5		問6	

4

問1	(ア)	(イ)	(ウ)	(エ)

問2	Seeing

問3	the discrimination

問4	

問5		問6	

5

(　　　words)

(注) この解答用紙は実物を縮小してあります。B4用紙に137%拡大コピーすると、ほぼ実物大で使用できます。(タイトルと配点表は含みません)

推定配点		計
	1 各2点×6 2 問1～問4　各2点×8　問5～問7　各4点×4 3 問1～問4　各2点×8　問5，問6　各4点×2 4 問1～問4　各2点×7　問5，問6　各4点×2 5 10点	100点

２０２０年度　慶應義塾女子高等学校

数学解答用紙　No. 1

番号		氏名	

評点	／100

途中の計算や式などもすべて解答用紙に書いておくこと。

1

［1］

答 ＿＿＿＿＿＿

［2］

$N =$ ＿＿＿＿＿＿

［3］

（1）

AC : BC ＝ ＿＿＿ : ＿＿＿

（2）

$y =$ ＿＿＿＿＿＿

（3）

$x =$ ＿＿＿＿＿＿，$y =$ ＿＿＿＿＿＿

2

（あ）	（い）	（う）	（え）	（お）	（か）	（き）

（く）	（け）	（こ）	（さ）	（し）	（す）

２０２０年度　　　慶應義塾女子高等学校

数学解答用紙　No. 2

3

［1］

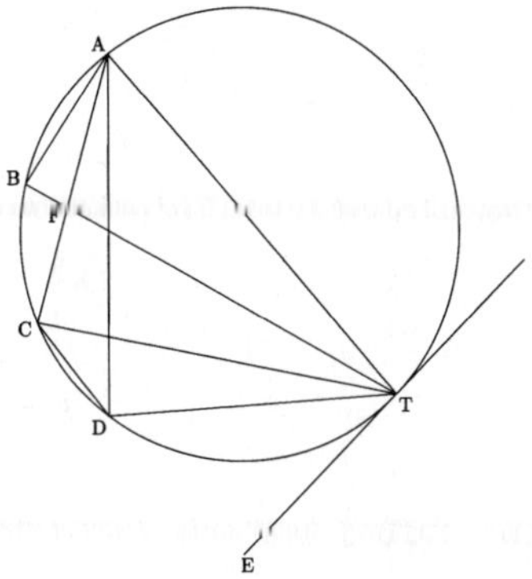

∠DTE = ＿＿＿＿＿＿°，∠ATD = ＿＿＿＿＿＿°

［2］

AT : CT = ＿＿＿ : ＿＿＿

［3］

FC = ＿＿＿＿＿＿

［4］

r = ＿＿＿＿＿＿

4

［1］

AC : CB = ＿＿＿ : ＿＿＿

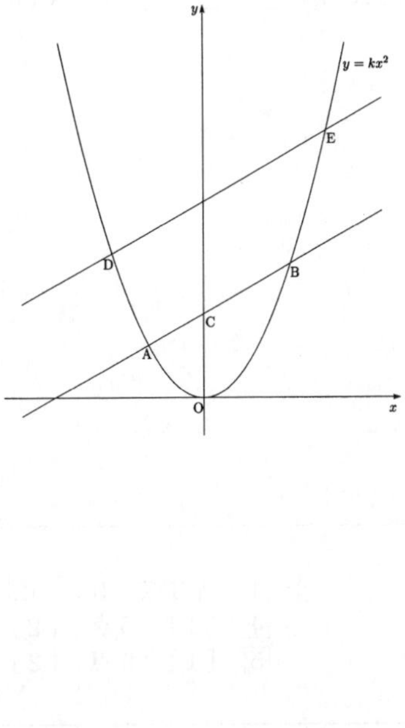

２０２０年度　　慶應義塾女子高等学校

数学解答用紙　No. 3

［２］

$k =$ ＿＿＿＿＿，　$a =$ ＿＿＿＿＿，　$b =$ ＿＿＿＿＿

［３］

$y =$ ＿＿＿＿＿

5

［１］

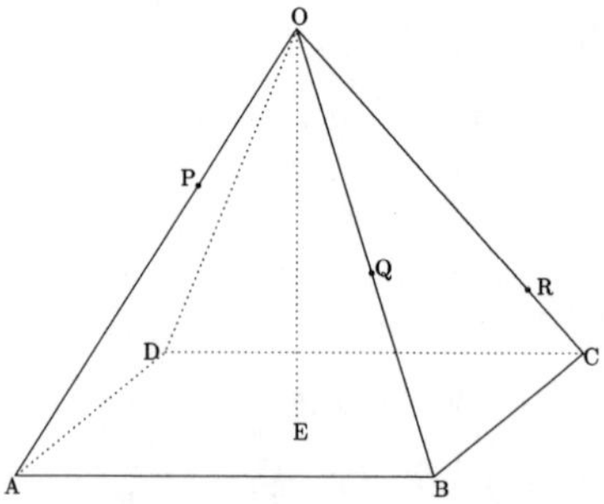

△OPR ＝ ＿＿＿＿＿

［２］

△OFP ＝ ＿＿＿＿＿，△OPR ＝ ＿＿＿＿＿

［３］

$h =$ ＿＿＿＿＿

［４］

$s =$ ＿＿＿＿＿

推定配点		計
	1　各５点×５　　2　各１点×13　　3　各５点×５ 4　［１］　５点　［２］　各２点×３　［３］　５点 5　［１］　５点　［２］　各３点×２　［３］，［４］　各５点×２	100点

二〇二〇年度　慶應義塾女子高等学校

国語解答用紙　No. 1

番号　　氏名　　評点　/100

一

問一
1 コオウ
2 凍り　　り
3 キョライ
4 潜む　　む

問二　ア　イ　ウ

問三　X　Y

問四　→　→　→　→

問五

問六　(1)　(2)

問七

問八

問九

問十　(1)　技法

(2)

問十一　G　H

問十二

問十三

二〇二〇年度　慶應義塾女子高等学校

国語解答用紙　No.2

二

問一

1	中枢	2	リュウシ
3	カゴン	4	イジ

問二

問三

問四

問五

問六

問七

問八

うまく使いこなせなくなってしまう

(注) この解答用紙は実物を縮小してあります。B４用紙に143%拡大コピーすると、ほぼ実物大で使用できます。(タイトルと配点表は含みません)

推定配点		計
	一 問一～問四 各2点×10　問五 4点　問六 各2点×2 問七～問十 各4点×5　問十一 各2点×2　問十二 5点 問十三 各3点×2 二 問一、問二 各2点×5　問三～問五 各4点×3 問六、問七 各6点×2　問八 3点	100点

2019年度　慶應義塾女子高等学校

英語解答用紙　No.1

番号		氏名		評点	／100

1

	1	2
(A)		She

	1	2
(B)		To

	1	2
(C)		His friend

2

問1	(ア)	(イ)	(ウ)
	(エ)	(オ)	

問2	

問3	

問4		
	あ	
	い	

問5	

問6		

3

問1	

問2	A	B	C	D

問3	(あ)	(い)	(う)

2019年度　慶應義塾女子高等学校

英語解答用紙　No. 2

3

問4　(　　　)(　　　)(f　　　)(　　　) to cheer me up.

問5

4

問1

問2　[I]　[II]

問3

問4　15　25

問5

問6

5

(　　　words)

(注)この解答用紙は実物を縮小してあります。B4用紙に141%拡大コピーすると、ほぼ実物大で使用できます。(タイトルと配点表は含みません)

推定配点		計
	1 各3点×6 2 問1　各2点×5　問2〜問5　各3点×5　問6　各4点×2 3 問1〜問4　各2点×9　問5　各4点×2 4 各2点×7　5 9点	100点

２０１９年度　　　慶應義塾女子高等学校

数学解答用紙　No. 1

番号		氏名		評点	／100

途中の計算や式などもすべて解答用紙に書いておくこと。

1

［１］

答 ＿＿＿＿＿＿

［２］

（1）

∠BOA ＝ ＿＿＿＿＿＿ °

（2）

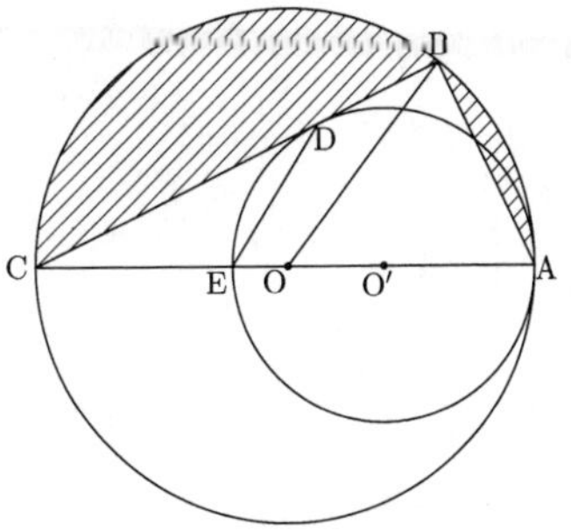

答 ＿＿＿＿＿＿ cm²

2

［１］

A（＿＿，＿＿）　B（＿＿，＿＿）

［２］

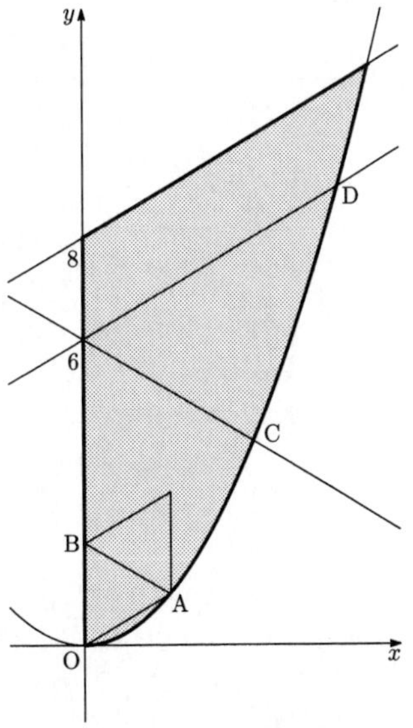

C（＿＿，＿＿）　D（＿＿，＿＿）

［３］

答 ＿＿＿＿＿＿ 個

［４］

答 ＿＿＿＿＿＿

２０１９年度　　　慶應義塾女子高等学校

数学解答用紙　No. 2

3

［１］

$y =$ ＿＿＿＿＿＿＿＿

［２］

$(x,\, y) =$ ＿＿＿＿＿＿＿＿

4

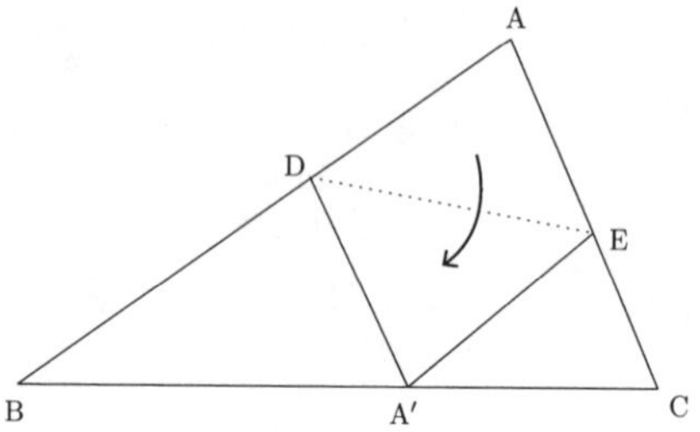

［１］　∠ABC と角度が等しい角＿＿＿＿＿＿＿＿

∠ADE と角度が等しい角＿＿＿＿＿＿＿＿

［２］　答 ＿＿＿＿＿＿＿＿

［３］

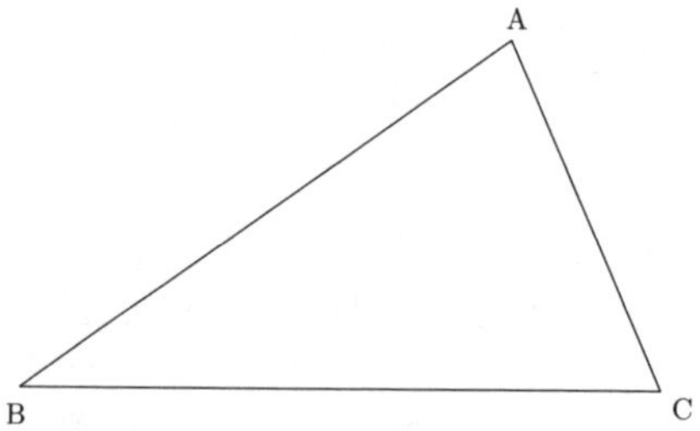

（注）この解答用紙は実物を縮小してあります。Ｂ４用紙に143％拡大コピーすると、ほぼ実物大で使用できます。（タイトルと配点表は含みません）

２０１９年度　　慶應義塾女子高等学校

数学解答用紙　No. 3

［4］

(1)

Aから辺BCにひいた垂線 ＿＿＿＿＿＿ cm

(2)

BA′ = ＿＿＿＿＿＿ cm

(3)

AA′ = ＿＿＿＿＿＿ cm

5

［1］

答 ＿＿＿＿＿＿

［2］

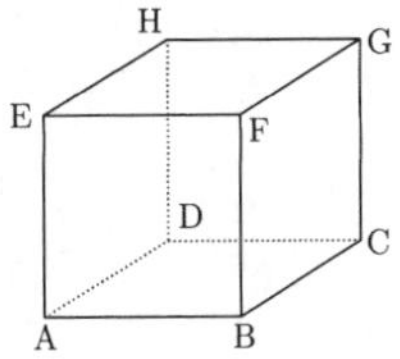

［3］

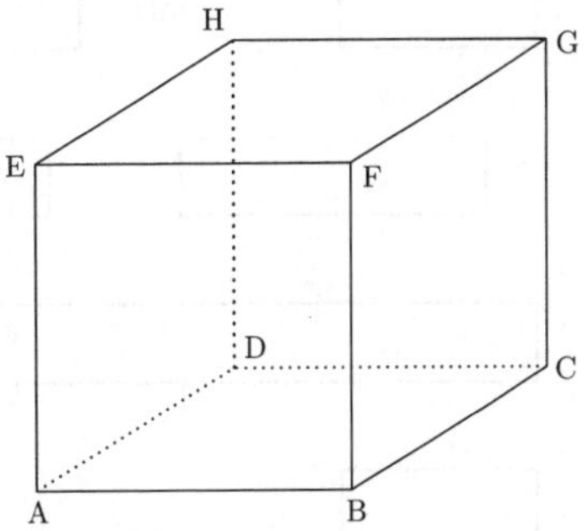

答 ＿＿＿＿＿＿ cm^2

推定配点	1 各6点×3 2 ［1］,［2］ 各3点×4 ［3］,［4］ 各6点×2 3 各6点×2 4 ［1］～［3］ 各2点×5 ［4］ 各5点×3 5 各7点×3	計 100点

二〇一九年度　慶應義塾女子高等学校

国語解答用紙　No. 1

番号

氏名

評点　／100

一

問一　1 キセキ　2 カンセイ　3 コマク　4 鳥居

問二

問三

問四

問五

問六

問七

二

問一

問二

問三　(1)　(2)

問四

問五

問六

二〇一九年度　慶應義塾女子高等学校

国語解答用紙　No.2

三

問一
1 キフク
2 浸　る　　　る
3 ガンコ
4 テキユウ

問二

問三

問四　(1)　(2)

問五

問六

問七

問八

問九

問十

問十一
帰りたいという願いをずっといだきながら

(注) この解答用紙は実物を縮小してあります。Ａ３用紙に161%拡大コピーすると、ほぼ実物大で使用できます。(タイトルと配点表は含みません)

推定配点	
一 問一　各２点×４　問二～問七　各４点×６ 二 問一、問二　各４点×２　問三　各２点×２　問四～問六　各４点×３ 三 問一、問二　各２点×５　問三　４点　問四、問五　各２点×３　問六～問十一　各４点×６	
100点	計

２０１８年度　慶應義塾女子高等学校

英語解答用紙　No.1

番号		氏名	

評点	／100

1

	1	2
(A)		She

	1	2
(B)		She

	1	2
(C)		We

2

問1	
(1)	
(2)	

問2	(ア)	(イ)	(ウ)	(エ)

問3	

問4	

問5	

問6		

3

問1	A	B	C	D

問2	

問3	(あ)	(い)

問4	

問5	

問6	

2018年度　　慶應義塾女子高等学校

英語解答用紙　No. 2

4

問1

問2

問3
[Ⅰ]
[Ⅱ]
[Ⅲ]

問4

問5

問6

5

(　　　words)

(注) この解答用紙は実物を縮小してあります。A３用紙に156%拡大コピーすると、ほぼ実物大で使用できます。(タイトルと配点表は含みません)

推定配点	1 各３点×６ 2 問１～問３　各２点×７　問４～問６　各３点×４ 3 問１　各３点×４　問２～問５　各２点×５　問６　３点 4 問１　３点　問２，問３　各２点×４　問４～問６　各３点×３ 5 11点	計 100点

2018年度　　慶應義塾女子高等学校

数学解答用紙　No. 1

番号		氏名	

評点	／100

途中の計算や式などもすべて解答用紙に書いておくこと。

1

［1］

答 ＿＿＿＿＿＿

［2］

（1）

6である確率＿＿＿＿＿＿，8である確率＿＿＿＿＿＿

（2）

答 ＿＿＿＿＿＿

2

［1］

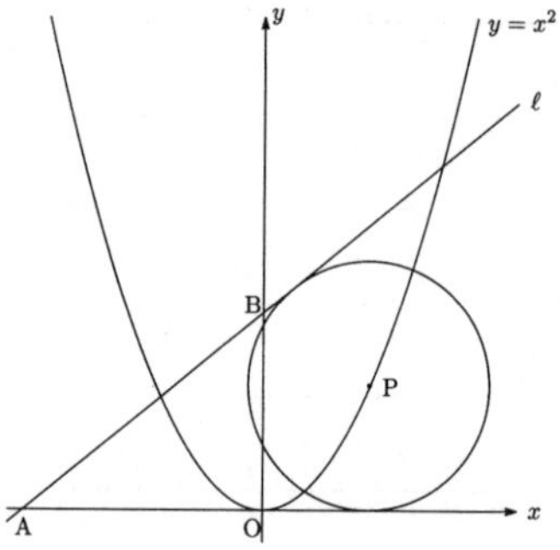

A（＿＿＿＿，＿＿＿＿）

［2］

AB＝＿＿＿＿＿＿

［3］

C（＿＿＿＿，＿＿＿＿）

［4］

P（＿＿＿＿，＿＿＿＿）

2018年度　慶應義塾女子高等学校

数学解答用紙　No. 2

3

［1］

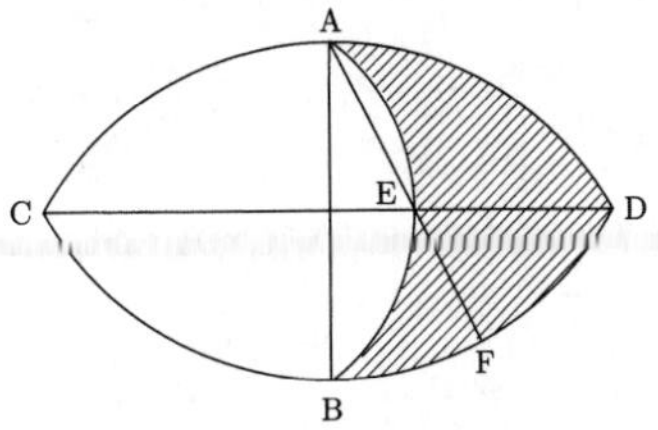

$\angle$BAF = ＿＿＿＿＿ °

［2］

AB = ＿＿＿＿＿

［3］

S = ＿＿＿＿＿

4

［1］

$\langle 123 \rangle$ = ＿＿＿＿＿，$\langle\langle 123 \rangle\rangle$ = ＿＿＿＿＿

［2］

(1)

答 ＿＿＿＿＿

(2)

百の位 ＿＿＿＿＿，一の位 ＿＿＿＿＿

(3)

答 ＿＿＿＿＿

数学解答用紙　No. 3

5

［1］

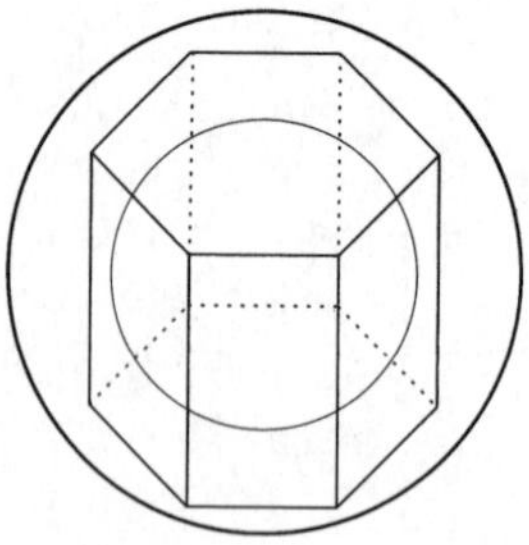

答 ＿＿＿＿＿＿＿＿

［2］

$R=$ ＿＿＿＿＿＿＿＿

［3］

$V=$ ＿＿＿＿＿＿＿＿

(注) この解答用紙は実物を縮小してあります。Ａ３用紙に152%拡大コピーすると、ほぼ実物大で使用できます。(タイトルと配点表は含みません)

推定配点		計
	1 ［1］ 5点 ［2］ ⑴ 各3点×2 ⑵ 5点 2, 3 各6点×7 4 ［1］ 各3点×2 ［2］ ⑴ 6点 ⑵ 各3点×2 ⑶ 6点 5 各6点×3	100点

二〇一八年度　慶應義塾女子高等学校

国語解答用紙 No.1

番号　　氏名　　評点 /100

一

問一
1 サグって　　って
2 憧れ　　れ
3 ナマハンカ
4 皆目

問二　ア　イ　ウ　エ　オ

問三

問四

問五 (1)

(2)

問六

問七

問八

二

問一
1 ギョウシュク
2 アザやか　　やか
3 太刀打ち　　ち
4 必定

問二　X　Y

問三　ア 番号　漢字　イ 番号　漢字

二〇一八年度　慶應義塾女子高等学校

国語解答用紙　No. 2

二

問四　a　b　c

問五

問六

問七

問八

問九

三

問一

問二

問三

問四

問五　ひねり出したのかを知りたくなる

(注)この解答用紙は実物を縮小してあります。A３用紙に156%拡大コピーすると、ほぼ実物大で使用できます。(タイトルと配点表は含みません)

推定配点	
	一 問一、問二　各2点×9　問三　3点　問四　4点　問五　各3点×2　問六　4点　問七　3点　問八　4点 二 問一～問四　各2点×13　問五、問六　各3点×2　問七　4点　問八　3点　問九　4点 三 各3点×5
計	100点

平成29年度　慶應義塾女子高等学校

英語解答用紙　No. 1

番号		氏名	

評点	／100

1

	1	2
(A)		He

	1	2
(B)		People

	1	2
(C)		They

2

問1	(ア)	(イ)	(ウ)	(エ)

問2	(あ)	(い)

問3	

問4	

問5	

問6			

3

問1	A	B	C	D	E

問2	(あ)	(い)

問3	

問4	1	2

平成29年度　　慶應義塾女子高等学校

英語解答用紙　No. 2

4

問1	（ア）	（イ）

問2	[Ⅰ]	
	[Ⅱ]	

問3	あ	い	う

問4	

問5	1	
	2	

5

（　　　　words）

（注）この解答用紙は実物を縮小してあります。Ｂ４用紙に135%拡大コピーすると、ほぼ実物大で使用できます。（タイトルと配点表は含みません）

推定配点		計
	1　各３点×６ 2　問１～問４　各２点×８　問５，問６　各３点×４ 3　問１，問２　各２点×７　問３，問４　各３点×３ 4　問１～問４　各２点×８　問５　各３点×２ 5　９点	100点

平成29年度　慶應義塾女子高等学校

数学解答用紙　No. 1

番号		氏名	

評点	／100

途中の計算や式などもすべて解答用紙に書いておくこと。

1

［1］

答 ＿＿＿＿＿＿

［2］

$x=$ ＿＿＿＿＿＿，$y=$ ＿＿＿＿＿＿，$p=$ ＿＿＿＿＿＿

［3］

（1）

$x=$ ＿＿＿＿＿＿

（2）

$y=$ ＿＿＿＿＿＿

平成29年度　　慶應義塾女子高等学校

数学解答用紙　No. 2

2

［1］

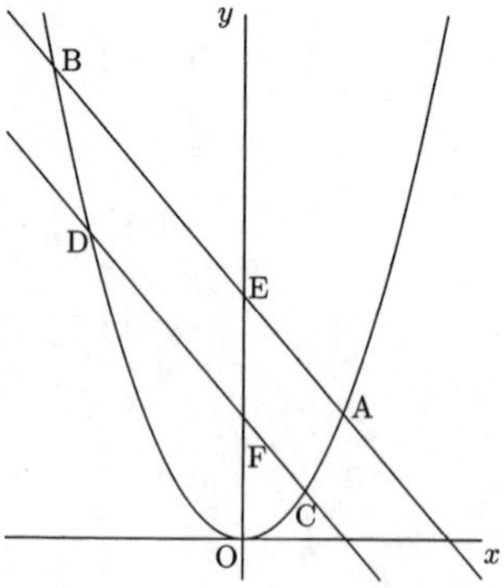

D (＿＿＿＿ , ＿＿＿＿)

［2］

$a =$ ＿＿＿＿＿＿

［3］

答 ＿＿＿＿＿＿

［4］

答 ＿＿＿＿＿＿

3

［1］

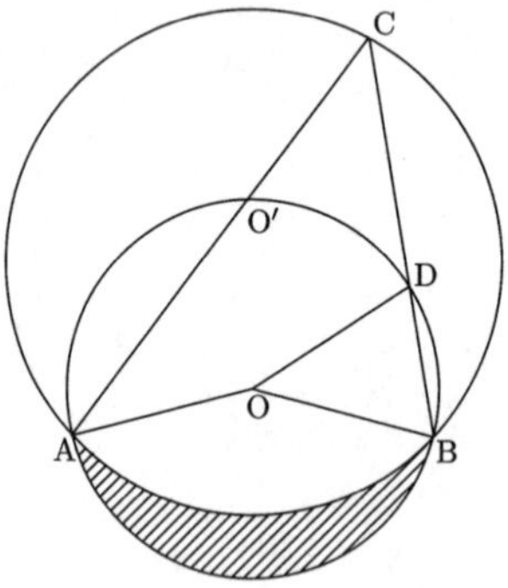

∠ABC = ＿＿＿＿＿＿°，∠AOD = ＿＿＿＿＿＿°

［2］

$S =$ ＿＿＿＿＿＿

［3］

$T =$ ＿＿＿＿＿＿

平成29年度　　　慶應義塾女子高等学校

数学解答用紙　No. 3

4

［1］　ア＿＿＿＿，イ＿＿＿＿，ウ＿＿＿＿，エ＿＿＿＿，オ＿＿＿＿

［2］　$x^2=$ ＿＿＿＿

［3］　$(y, z)=$ ＿＿＿＿

［4］　$x=$ ＿＿＿＿，$y=$ ＿＿＿＿，$z=$ ＿＿＿＿

5

［1］

AM＝ ＿＿＿＿，$h=$ ＿＿＿＿

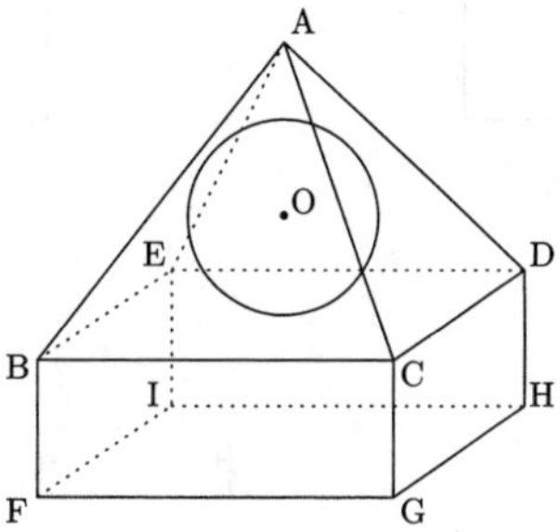

［2］

$r=$ ＿＿＿＿

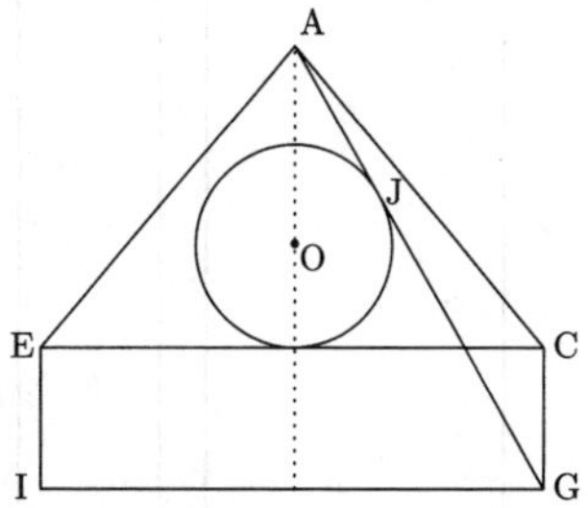

［3］

AJ＝ ＿＿＿＿

［4］

CG＝ ＿＿＿＿

（注）この解答用紙は実物を縮小してあります。A3用紙に156％拡大コピーすると、ほぼ実物大で使用できます。（タイトルと配点表は含みません）

推定配点		計
	1 ［1］ 4点 ［2］，［3］ 各3点×4〔［2］は各3点×2〕 2，3 各5点×8 4 ［1］ 各1点×5 ［2］〜［4］ 各5点×3 5 ［1］ 各3点×2 ［2］〜［4］ 各6点×3	100点

平成二十九年度 国語解答用紙 No.1 慶應義塾女子高等学校

番号

氏名

評点 /100

一

問一

1	2	3	4
フトウ	狭める	カジョウ	施す
	める		す

問二

問三

問四

問五 (1) (2)

問六

問七 (1) (2)

問八

二

問一

問二

問三 ア イ

問四

問五

平成二十九年度 国語解答用紙 No.2 慶應義塾女子高等学校

三

問一

1	2	3	4	5	6
ソコない	テキカク	リフジン	コウハイ	要り	ムカえ
ない				り	え

問二 X Y

問三

問四

問五

問六

問七

問八

問九 なってないだけだ

推定配点

一 問一 各2点×4 問二、問三 各4点×2 問四 5点 問五 各2点×2 問六 5点 問七、問八 各4点×3

二 問一～問三 各2点×4 問四 6点 問五 2点

三 問一、問二 各2点×7 問三～問九 各4点×7

計 100点